D1689002

SCOTT HERSHOVITZ

DER SINN VON ALLEM

SCOTT HERSHOVITZ

DER SINN VON ALLEM

ODER ZUMINDEST FAST

Überraschende Einsichten eines Philosophen

Aus dem amerikanischen Englisch
von Daniel Müller, Elisabeth Schmalen,
Karolin Viseneber

LUDWiG

Die Originalausgabe erschien 2022 unter dem Titel
»Nasty, Brutish, and Short« bei Penguin Press, New York.

Sollte diese Publikation Links auf Webseiten Dritter enthalten,
so übernehmen wir für deren Inhalte keine Haftung,
da wir uns diese nicht zu eigen machen, sondern lediglich
auf deren Stand zum Zeitpunkt der Erstveröffentlichung verweisen.

Der Begriff »Schwarz« wird in diesem Buch großgeschrieben,
sofern er sich auf Personen bezieht. Er bezeichnet keine Eigenschaft,
die sich auf eine Hautfarbe bezieht, sondern wird bewusst von Menschen
als Selbstbezeichnung gewählt, die aufgrund ihrer Hautfarbe Erfahrungen
mit Rassismus machen. Analog dazu ist »weiß« klein und kursiv gesetzt,
um anzuzeigen, dass es sich auch hier um eine soziale Kategorie handelt.

Penguin Random House Verlagsgruppe FSC® N001967

Deutsche Erstausgabe 06/2022

© by Scott Hershovitz 2022
© der deutschsprachigen Ausgabe 2022
by Ludwig Verlag, München,
in der Penguin Random House Verlagsgruppe GmbH,
Neumarkter Straße 28, 81673 München
Redaktion: Heike Gronemeier
Umschlaggestaltung: Guter Punkt GmbH & Co. KG
Illustration: Dirk Schmidt/www.wasmachtdirk.de
Typografie: Marion Blomeyer/Lowlypaper, München
Satz: Leingärtner, Nabburg
Druck und Bindung: GGP Media GmbH, Pößneck
Printed in Germany
ISBN: 978-3-453-28140-0

www.Ludwig-Verlag.de

Für Julie, Rex und Hank

Inhalt

EINLEITUNG Die Kunst des Denkens — 9

Teil 1

Moral verstehen — 35

1 Rechte — 37
2 Rache — 65
3 Strafe — 93
4 Autorität — 121
5 Sprache — 148

Teil 2

Uns verstehen — 177

6 Geschlecht, Gender und Sport — 179
7 Rassismus und Verantwortung — 213

Teil 3

Die Welt verstehen — 247

8 Erkenntnis — 249
9 Wahrheit — 278

10 Geist 311
11 Unendlichkeit 340
12 Gott 367

ENDE Leitfaden zur philosophischen Erziehung 397
Dank 406
ANHANG Weiterführendes Material 410
Anmerkungen 415

EINLEITUNG
Die Kunst des Denkens

»Fii-zuu-zoof!«, stieß Hank mit halb offenem Mund hervor.

»Was sagst du?«, fragte Julie, die im Badezimmer neben ihm stand.

»Fii! Zuu! Zoo-oof!«

»Ich weiß nicht, was du meinst. Sollen wir noch mal spülen?«

»Nain! Fii-zuu-zoof!«, brüllte Hank, den Mund immer noch geöffnet.

»Ich glaube, du musst wirklich nur spülen. Geh zurück zum Waschbecken.«

»Naaaiin!«, insistierte Hank. »*FII! ZUU! ZOO-OOF!*«

»Scott!«, rief Julie. »Ich glaube, Hank braucht dich. Hier wird ein *Philosoph* verlangt.«

Ich bin Philosoph. Gebraucht hat mich allerdings noch nie jemand. Ich lief ins Bad. »Hank, Hank! Ich bin Philosoph. Wie kann ich dir helfen?«

Er sah verwirrt aus. »Fii-zuu-zoof«, sagte er bestimmt.

»Ja doch, Hank, ich bin Philosoph. Das ist mein Beruf. Also, was ist das Problem?«

Er riss den Mund noch weiter auf, sagte aber nichts.

»Hank, was ist das Problem?«

»Za zeckt was in main Zähn. Spüln aba fii-zuu-zoof.«

»Da steckt was in deinen Zähnen? Spülen ist aber viel zu doof?«

»G-nau!«

Wie es aussah, fand Hank lediglich das Spülen *fii-zuu-zoof*, ein *Phi-lo-soph* war jedoch nie vonnöten gewesen. Das passte auch viel besser zu einem Zweijährigen – kleine Kinder finden viele Sachen doof, brauchen aber eigentlich nie einen Philosophen. In dieser Hinsicht unterscheiden sie sich kaum von den meisten anderen Menschen. Philosophen braucht einfach niemand. Das reibt man uns gern unter die Nase.

◆ ◆ ◆

»Was genau tun Philosophen eigentlich?«
»Ähm, also … größtenteils denken wir nach.«
»Und worüber?«
»Alles Mögliche eigentlich. Gerechtigkeit, Fairness, Gleichberechtigung, Religion, Recht, Sprache …«
»Über diese Dinge denke ich auch nach. Bin ich deshalb eine Philosophin?«
»Das könnte schon sein. Denken Sie denn sorgfältig über diese Dinge nach?«

Wie oft ich solche Gespräche schon geführt habe? Na ja, ehrlich gesagt noch nie. Aber so oder ähnlich könnte ich mir ein Gespräch vorstellen, sollte mein Gegenüber mitbekommen, dass ich Philosoph bin. Meist sage ich jedoch, ich sei Anwalt. Außer ich treffe eine Anwältin oder einen Anwalt. Dann sage ich, ich sei Juraprofessor, um meine höhere Stellung zu unterstreichen. Spreche ich jedoch mit einer anderen Juraprofessorin oder einem Juraprofessor, dann bin ich definitiv Philosoph. Gegenüber einem Philosophen oder einer Philosophin bin ich aber wieder ein Anwalt. Es ist ein ausgeklügeltes System, sorgfältig ersonnen, um mir in jeder erdenklichen Unterhaltung einen Vorteil zu verschaffen.

Aber eigentlich bin ich Philosoph. Auch wenn mir das selbst immer noch unwahrscheinlich erscheint. Es war nämlich nie mein Plan. Als Erstsemester an der University of Georgia wollte ich eigentlich den Kurs Einführung in die Psychologie belegen, aber der war bereits voll. Einführung in die Philosophie brachte dieselben Credits. Hätte es in dem Psychologiekurs noch einen Platz für mich gegeben, wäre ich möglicherweise Psychologe geworden und hätte statt diesem hier ein Buch mit jeder Menge praktischen Erziehungstipps geschrieben. Auf diesen Seiten finden sich zwar auch Erziehungstipps, aber nur wenige davon sind praktischer Natur. Mein wertvollster Rat ist einfach: Sprechen Sie mit Ihren Kindern (oder mit den Kindern anderer Leute). Sie sind nämlich verdammt lustig – und auch gute Philosophen und Philosophinnen.

Ich verpasste die erste Vorlesung dieses Philosophiekurses, weil meine Leute – die jüdische Gemeinschaft, nicht die philosophische – das neue Jahr an einem mehr oder weniger willkürlich gewählten Termin im Herbst feiern. Immerhin schaffte ich es zur zweiten und war sofort fasziniert. Der Professor hieß Clark Wolf und fragte uns reihum, was wir für bedeutsam hielten. Er lief im Raum auf und ab und notierte die Antworten zusammen mit unseren Namen und denen berühmter Philosophen mit ähnlichen Ansichten an der Tafel.

Glück: Robyn, Lila, Aristoteles
Lust: Anne, Aristippos von Kyrene, Epikur
Das Richtige tun: Scott, Neeraj, Kant
Nichts: Vijay, Adrian, Nietzsche

Meinen Namen an der Tafel zu lesen, gab mir das Gefühl, meine Gedanken zu der Frage, was bedeutsam sei, könnten wichtig sein. Und dass ich möglicherweise an einem Gespräch teilnehmen könnte, das Leute wie Aristoteles, Kant und Nietzsche führten.

Ein verrückter Gedanke, von dem meine Eltern nicht besonders angetan waren. Ich erinnere mich noch daran, wie ich meinem Vater in einem Hähnchengrill gegenübersaß und ihn von meinem Plan unterrichtete, im Hauptfach Philosophie zu studieren. »Was ist Philosophie eigentlich?«, fragte er. Das ist eine gute Frage. Er kannte die Antwort nicht, weil er als Erstsemester einen Platz im Einführungskurs Psychologie ergattert und genau das auch später im Hauptfach studiert hatte. Mir wurde klar, dass ich ein Problem hatte: Ich kannte die Antwort auch nicht, obwohl ich seit mehreren Wochen einen Philosophiekurs besuchte. Was *ist* Philosophie, überlegte ich, und warum will ich es eigentlich studieren?

Ich entschied mich dazu, es meinem Vater zu zeigen, anstatt es ihm zu erklären. »Wir denken, dass wir an einem Tisch sitzen, Grillhähnchen essen und uns über die Uni unterhalten«, begann ich. »Aber tun wir das wirklich? Was, wenn jemand unsere Gehirne gestohlen, sie in einen Tank gelegt und an Elektroden angeschlossen hat, um sie so zu stimulieren, dass wir denken, wir würden Grillhähnchen essen und über die Uni quatschen?«

»Können die das wirklich machen?«, fragte er.

»Vermutlich nicht, aber darum geht's auch gar nicht. Die Frage ist doch, ob wir sicher sein können, dass sie es nicht gemacht haben. Woher wissen wir, dass wir nicht nur Gehirne in Tanks sind, die sich eine Unterhaltung in einem Hähnchengrill vorstellen?«

»Und so etwas willst du studieren?« Der Ausdruck auf seinem Gesicht war alles andere als ermutigend.

»Ja, verstehst du denn nicht, welche Sorge hinter all dem steckt? Alles, was wir zu wissen glauben, könnte falsch sein.«

Er verstand die Sorge nicht. Unser Gespräch fand einige Zeit vor dem Erfolg von *Matrix* statt, sodass ich nicht auf eine Autorität wie Keanu Reeves verweisen konnte, um die Dringlichkeit der Angelegenheit hervorzuheben. Nachdem ich noch ein paar Minuten über Gehirne und Tanks geschwafelt hatte, schloss ich mit: »Die Fakultät bietet auch eine ganze Menge Logikkurse an.«

»Na dann«, erwiderte mein Vater, »hoffe ich mal, dass du die auch belegst.«

◆ ◆ ◆

Ich sagte eingangs, es komme mir unwahrscheinlich vor, Philosoph zu sein. Aber das stimmt nicht. Unwahrscheinlich ist eher die Tatsache, dass ich *immer noch* Philosoph bin – dass mein Dad der Sache damals im Hähnchengrill oder schon lange davor keinen Einhalt geboten hat. Ein Philosoph war ich nämlich schon von klein an, sobald ich sprechen konnte eigentlich, und darin bin ich kein Einzelfall. Alle Kinder – wirklich alle – sind Philosophen und Philosophinnen. Wenn sie älter werden, hören sie irgendwann damit auf. Gut möglich, dass es beim Erwachsenwerden zum Teil genau darum geht: das Philosophieren aus den Augen zu verlieren und sich stattdessen praktischeren Dingen zu widmen. Wenn das stimmt, bin ich wohl noch nicht erwachsen – was für niemanden aus meinem Bekanntenkreis eine Überraschung sein dürfte.

Meine Eltern können nichts dafür. Ich erinnere mich noch gut daran, wie ich das erste Mal über einem philosophischen Rätsel brütete. Ich war fünf Jahre alt, und der Gedanke kam mir beim Morgenkreis im Kindergarten der jüdischen Gemeinde. Ich dachte den ganzen Tag darüber nach, und als die Abholzeit gekommen war, konnte ich es kaum abwarten, meiner Mutter, die am Ende des Flurs Vorschulunterricht gab, davon zu erzählen.

»Mommy«, sagte ich, »ich weiß nicht, wie Rot für dich aussieht.«

»Doch, das weißt du. Es sieht rot aus«, antwortete sie.

»Ja, ähm … nein«, stammelte ich. »Ich weiß, wie Rot für *mich* aussieht, aber ich weiß nicht, wie es für *dich* aussieht.«

Sie wirkte verwirrt. Der Fairness halber muss ich sagen, dass ich mich unter Umständen nicht klar ausgedrückt hatte. Ich war ein kleiner Knirps, und es bereitete mir einige Schwierigkeiten, ihr meinen Gedanken verständlich zu machen.

»Rot sieht so aus«, sagte sie und zeigte auf einen roten Gegenstand.

»Ich weiß, dass das rot ist«, sagte ich.

»Was ist dann das Problem?«

»Ich weiß nicht, wie Rot für *dich* aussieht.«

»Es sieht so aus«, sagte sie zunehmend genervt.

»Ja«, sagte ich, »aber ich weiß nicht, wie das für *dich* aussieht. Ich weiß nur, wie es für *mich* aussieht.«

»Es sieht genauso aus, mein Großer.«

»Das kannst du nicht wissen«, beharrte ich.

»Doch, kann ich«, sagte sie und zeigte abermals auf einen roten Gegenstand. »Das ist rot, richtig?«

Sie kapierte es nicht, aber ich ließ nicht locker. »Wir bezeichnen dieselben Dinge als rot«, versuchte ich zu erklären, »weil du mir rote Dinge gezeigt hast und dazu gesagt hast, dass sie rot sind. Aber was, wenn ich Rot so sehe, wie du Blau siehst?«

»Tust du aber nicht. Das ist Rot, nicht Blau, richtig?«

»Ich weiß, dass wir beide das Rot nennen«, sagte ich, »aber Rot könnte für dich so aussehen, wie für mich Blau aussieht.«

Ich weiß nicht mehr, wie lange das so weiterging, aber meine Mutter begriff nie, worauf ich hinauswollte. (Mom, wenn du das hier liest, ich erklär's dir gern noch einmal.) Ich weiß jedoch noch genau, wie sie die Unterhaltung beendete: »Hör auf, dir darüber den Kopf zu zerbrechen. Es spielt keine Rolle. Du kannst hervorragend sehen.«

Das war das erste Mal, dass ich gesagt bekam, ich solle das Philosophieren lassen. Das erste Mal von vielen.

◆ ◆ ◆

In der Philosophie nennt man diesen Gedanken, den ich mit meiner Mutter diskutierte, *invertiertes Farbspektrum*[1]. Die Idee dazu wird für gewöhnlich John Locke zugeschrieben, dem englischen Philosophen aus dem 17. Jahrhundert, dessen Ansichten auch die Mütter und Väter der US-amerikanischen Verfassung beeinflussten. Ich gehe allerdings jede Wette ein, dass unzählige Knirpse im Kindergartenalter schon viel früher auf diese Problematik gestoßen waren. Tatsächlich berichtete Daniel Dennett, ein führender Vertreter der Philosophie des Geistes, dass viele seiner Studierenden eigenen Angaben zufolge bereits im Kindesalter über dieses Thema nachgegrübelt hätten.[2] Sehr wahrscheinlich verstanden ihre Eltern weder, was sie sagten, noch, wie bedeutsam es war. Diese Frage ist jedoch tatsächlich sehr bedeutsam, da sie den Blick auf einige der größten Geheimnisse unserer Welt und unseren Platz darin lenkt.

Locke selbst erklärte die Problematik so:

> Auch dann dürfte man unseren einfachen Ideen nicht Falschheit vorwerfen, wenn der verschiedenartige Bau unserer Organe es mit sich brächte, dass dasselbe Objekt im Geist verschiedener Menschen gleichzeitig verschiedene Ideen erzeugen würde. Nehmen wir zum Beispiel an, die Idee, die ein Veilchen im Geist des einen Menschen vermittels der Augen erzeugt, sei dieselbe, die im Geist eines anderen durch die Ringelblume erzeugt werde und umgekehrt.[3]

Ich weiß, was Sie jetzt denken: Mit fünf Jahren konnte ich mich schon verständlicher ausdrücken als der erwachsene Locke. Aber keine Bange, ich werde Sie nicht mit unzähligen Zitaten lang verstorbener Philosophen traktieren. Mit diesem Buch will ich schließlich zeigen, dass wir alle philosophieren können, so, wie das jedes Kind kann. Wenn Kindergartenkinder philosophische Gedanken haben können, ohne Locke zu lesen, dann können wir das auch.

Da wir Locke nun aber einmal gelesen haben, können wir auch schauen, ob wir ihn verstehen. Worum geht es ihm? In diesem Textabschnitt stecken viele Geheimnisse, es geht um den Charakter von Farben, unser Bewusstsein, und die Schwierigkeit – oder sogar

Unmöglichkeit –, manche unserer Erfahrungen in Worte zu fassen. Über einige dieser Geheimnisse werden wir später noch nachdenken. Das letzte von ihnen deutet auf eine sehr beunruhigende Vermutung hin: Der Geist unserer Mitmenschen ist, in einem grundlegenden Sinne, für uns verschlossen.

Möglicherweise sehen andere Menschen die Welt anders, als wir es tun, und dabei geht es nicht nur darum, dass sie abweichende Meinungen zu kontroversen Themen haben. Nein, womöglich sehen sie die Welt tatsächlich anders. Wenn ich in Ihren Kopf schlüpfen und mit Ihren Augen, Ihrem Gehirn sehen könnte, würde ich vielleicht feststellen, dass aus meiner Perspektive alles auf den Kopf gestellt wäre. Vielleicht sähen die Stoppschilder blau aus, vielleicht würde der Himmel rot strahlen. Möglich auch, dass die Unterschiede etwas subtiler wären, eine Farbnuance nur oder ein etwas lebendigerer Ton. Da ich aber nicht in Ihren Kopf schlüpfen kann, weiß ich auch nicht, wie die Welt für Sie aussieht. Ich weiß es noch nicht einmal bei den Leuten, die ich am besten kenne: meiner Ehefrau, meinen Kindern.

Ein trauriger Gedanke. Wenn Locke recht hat, sind wir, in einem wichtigen Sinne, in unseren eigenen Köpfen gefangen, abgeschnitten von den Erfahrungen anderer Menschen. Wir können vermuten, wie diese Erfahrungen aussehen. Aber wissen können wir es nicht.

Es ist sicher kein Zufall, dass vielen Kindern im Kindergartenalter dieser Gedanke kommt. In diesem Entwicklungsabschnitt geht es darum, andere Menschen zu verstehen – die Kinder wollen lernen, die Gedanken der anderen zu lesen. Versteht man nicht, was andere Menschen denken, kommt man in dieser Welt für gewöhnlich nicht sehr weit. Wir müssen in der Lage sein, sowohl die Handlungen unserer Mitmenschen als auch ihre Reaktionen auf unsere Handlungen zu antizipieren. Zu diesem Zweck erstellen und prüfen Kinder ständig Theorien über die Ansichten, Absichten und Motivationen der Menschen in ihrer

Umgebung. Natürlich würden sie das nie auf diese Weise ausdrücken, und sie reflektieren diese Vorgänge auch nicht. Genauso wenig wie das Herunterwerfen der Schnabeltasse vom Hochstuhl, und doch ist auch das ein Experiment – aus dem Bereich der Physik ebenso wie dem der Psychologie. (Die Tasse fällt jedes Mal zu Boden, und irgendjemand hebt sie jedes Mal wieder auf.)

Ich weiß nicht, warum ich an jenem Tag im Kindergarten über Farben nachgrübelte. Was ich dabei jedoch entdeckte – ganz einfach, indem ich die Sache durchdachte –, war eine Begrenztheit meiner Fähigkeit, zu verstehen, was im Kopf anderer Menschen vorgeht. Indem ich das Verhalten meiner Mutter beobachtete, konnte ich eine Menge über ihre Ansichten, Absichten und Motivationen erfahren. Aber ganz gleich, was ich tat, es war unmöglich herauszufinden, ob Rot für sie genauso aussah wie für mich.

Wir werden zu diesem Problem zurückkehren. Wie ich schon sagte, wirft diese Frage einen Blick auf die größten Geheimnisse unserer Welt. Kinder wagen sich immer wieder an diese Geheimnisse heran. Die meisten Erwachsenen haben wohl vergessen, dass es sie überhaupt gibt.

◆ ◆ ◆

Viele sind skeptisch, wenn ich von diesem besonderen Blick der Kinder auf unsere Welt erzähle. *Sicher, du hast als Kind diese Idee mit dem invertierten Farbspektrum gehabt*, sagen sie. *Aber du bist auch Philosoph geworden.* Im Allgemeinen sei das jedoch nicht normal für Kinder. Wenn ich nicht selbst Vater wäre, hätte ich diesen Stimmen wahrscheinlich geglaubt. Aber ich habe zwei Söhne: Hank, den Sie bereits kennengelernt haben, und Rex, der ein paar Jahre älter ist. Mit drei Jahren sagte Rex bereits Dinge, die auf philosophische Themen verwiesen, auch wenn er diese selbst noch nicht sah.

Mit zunehmendem Alter traten die philosophischen Aspekte in den Äußerungen meiner Söhne mehr in den Vordergrund. Eines Tages fragte Julie den damals achtjährigen Hank, was er gern essen wolle, und gab ihm zwei Optionen: Quesadilla oder einen halben Hamburger vom Vortag. Hank tat sich sehr schwer mit der Entscheidung. Man hätte meinen können, es ginge um die Frage, welches Elternteil er vor dem sicheren Tod bewahren solle.* Er brauchte eine Weile.

»Ich nehme den Burger«, sagte er eine gefühlte Ewigkeit später.

»Steht schon auf dem Tisch«, antwortete Julie. Wenn er wählen kann, nimmt Hank immer den Burger.

Hank war nicht glücklich über diese Entwicklung. Er begann zu weinen.

»Was ist los, Hank?«, fragte ich. »Das war doch, was du wolltest.«

»Aber Mommy hat mich nicht entscheiden lassen«, sagte er.

»Doch, das hat sie. Du hast gesagt, du willst den Burger, und jetzt hast du ihn auch.«

»Nein«, sagte Hank. »Sie hat es vorausgeahnt.«

»Ja, aber sie lag doch richtig.«

»Trotzdem, es ist gemein«, insistierte Hank, während sein aufgewärmter Burger über das Gezeter kalt wurde.

In der folgenden Woche behandelte ich in meinem Rechtsphilosophiekurs das Thema der *Vorabbestrafung*. Es geht dabei um den Ansatz, eine Person, von der wir mit hoher Wahrscheinlichkeit annehmen, sie werde ein Verbrechen begehen, noch vor der Tat zu bestrafen. Es gibt skeptische Stimmen, die bezweifeln, dass sich ein Verbrechen genau genug vorhersagen lässt. Ich gehöre nicht dazu. Aber es gibt noch einen anderen Einwand, der

---

* Diese Frage wüsste er sofort zu beantworten – und es würde nicht gut für mich ausgehen.

dem Hanks ähnelt: Demnach ist es respektlos, eine Person so zu behandeln, als habe sie bereits eine Entscheidung getroffen, obwohl das noch nicht der Fall ist – selbst wenn man weiß, wie der oder die Betreffende sich letztendlich entschließen wird. Die individuelle Entscheidung soll den Ausschlag geben, und solange sie noch nicht gefällt ist, muss die Person die Option haben, sich anders zu entscheiden. Selbst wenn wir wissen, dass sie es nicht tun wird. (Oder hat sie diese Option eigentlich gar nicht? Impliziert die Tatsache, dass wir die Entscheidung vorhersagen können, dass die betreffende Person nicht über einen freien Willen verfügt?) Ich sprach mit den Kursteilnehmern über Hank, und wir diskutierten, ob er sich zu Recht respektlos behandelt fühlte. Viele fanden ja.

In meinen Seminaren beginne ich oft mit einer Geschichte über meine Kinder, um die zu vermittelnden Themen zu veranschaulichen. Anschließend wird darüber diskutiert, ob Rex und Hank recht mit dem haben, was sie sagen. Sogar im Austausch mit meinen Kollegen und Kolleginnen gehe ich so vor, weil meine Kinder mir so großartige Beispiele liefern. Die beiden sind mittlerweile schon kleine Berühmtheiten bei uns in der Rechtsphilosophie.

Jahrelang habe ich mir anhören müssen, meine Kinder seien nicht normal, sie beschäftigten sich nur deshalb mit philosophischen Fragen, weil sie einen Philosophen zum Vater hätten. Ich habe das nie geglaubt. Oft tauchten ihre Fragen wie aus dem Nichts auf, es waren keine Reaktionen auf unsere Gespräche. Eines Abends fragte der damals vierjährige Rex beim Essen, ob er sein gesamtes Leben vielleicht nur träume. In der Philosophie beschäftigt man sich schon seit sehr langer Zeit mit dieser Frage. Aber niemand hatte sie je meinem Sohn gestellt oder eine ähnlich gelagerte Diskussion in seinem Beisein geführt. (In Kapitel 8 greifen wir diese Frage wieder auf, wenn wir über das Wesen des Wissens sprechen.) Wenn es einen Unterschied zwischen meinen und anderen Kindern gab, dann hing er wohl eher damit zusammen, dass ich erkannte, wenn sie philosophische Fragen hatten, und sie bei deren Bearbeitung unterstützte.

Ich fand mich in meiner Meinung bestätigt, als ich die Arbeiten von Gareth Matthews entdeckte, ein Philosoph, der sich den Großteil seiner Karriere mit Kindern beschäftigte. Er verstarb im Jahr 2011, als Rex gerade mal ein Jahr alt war. Ich habe ihn nie persönlich kennengelernt, was ich sehr bedauere, da Matthews mehr über die philosophischen Fähigkeiten von Kindern wusste als irgendjemand sonst.

Matthews' Interesse wurde auf ganz ähnliche Weise geweckt wie das meinige. Sein Kind sagte etwas Philosophisches. Fluffy, die Katze der Familie Matthews, hatte Flöhe, und Sarah (vier Jahre alt) fragte ihren Vater, woher sie stammten.[4]

Wahrscheinlich seien die Flöhe von einer anderen Katze auf Fluffys Fell gesprungen, antwortete Matthews.

»Und wie hat *diese* Katze die Flöhe bekommen?«, fragte Sarah.

Wahrscheinlich auch von einer anderen Katze, erklärte ihr Vater.

»Aber, Daddy«, beschwerte sich Sarah, »das kann doch nicht endlos so weitergehen. Das Einzige, was endlos weitergeht, sind Zahlen!«

Damals gab Matthews ein Seminar, das sich mit dem kosmologischen Gottesbeweis beschäftigte, dem Beweis der Existenz Gottes.[5] Es gibt viele und teilweise relativ komplizierte Versionen dieses Beweises. Die grundlegende Idee ist jedoch einfach: Jeder Vorgang hat eine Ursache. Aber diese Kette kann nicht bis ins Unendliche zurückreichen. Demnach muss es eine erste Ursache geben, die nicht verursacht wurde. Einige behaupten, diese erste Ursache sei Gott. Der bekannteste Fürsprecher dieses Ansatzes ist Thomas von Aquin.

Diese Argumentation ist nicht unproblematisch. Warum muss die Kette der Ursachen endlich sein? Vielleicht ist das Universum ja ewig und grenzenlos – unendlich in beide Richtungen? Und selbst wenn es eine erste Ursache gab, warum muss diese dann Gott gewesen sein? (Die Frage nach der Existenz Gottes stellen wir uns in Kapitel 12). Letztendlich ist es egal, ob der Beweis funktioniert oder nicht. An dieser Stelle geht es nur darum festzuhalten, dass Sarah die dem Beweis innewohnende Logik reproduziert hat. »Hier bemühe ich mich nun, meinen Studenten den Beweis für eine ›Erste Ursache‹ nahezubringen«, schrieb Matthews, »und meine vierjährige Tochter kommt einfach so daher und liefert mir einen Beweis für den ›Ersten Floh‹.«[6]

Diese Erkenntnis überraschte Matthews, da er sich auch ein wenig mit Entwicklungspsychologie auskannte. Jean Piaget zufolge, einem Schweizer Psychologen, der für seine entwicklungstheoretischen Schriften bekannt ist, befand sich Sarah im *präoperationalen Stadium* des vorbegrifflichen Denkens[7], was so heißt, weil angenommen wird, dass Kinder diesen Alters noch keine Logik benutzen.*[8] Sarahs Logik war allerdings bestechend – und dazu um einiges überzeugender als die des kosmologischen Arguments. Ob man sich eine unendliche Kette von Ursachen vorstellen kann, ist eine Sache. Bei einer unendlichen Kette von Katzen wird es definitiv schwierig.

Ich höre schon die Einwände: *Matthews ist doch nur ein weiterer Philosoph mit einem philosophisch interessierten Kind. Das sagt uns nicht sonderlich viel über Kinder im Allgemeinen.* Aber Matthews hörte nicht bei seinen eigenen Kindern auf.[9] Er sprach mit Menschen, die wenig mit Philosophie zu tun hatten, und bekam von ihnen ganz ähnliche Geschichten über ihre Kinder zu hören. Daraufhin begann er Schulen zu besuchen, um auch

---

* Matthews dokumentiert mehrfach, wie Piaget ganz einfach nicht versteht, was Kinder sagen – und deshalb die Feinheit ihrer Gedanken übersieht. Häufig besteht das Problem darin, dass Piaget nicht so kreativ ist wie die Kinder.

selbst mit mehr Kindern sprechen zu können. In den Klassen las er Geschichten vor, die philosophische Fragen aufwarfen, und hörte sich dann die daraus entstehenden Diskussionen an.

Meine Lieblingsgeschichte aus dem Fundus von Matthews ist die eines kleinen Jungen namens Ian[10]: Als Ians Eltern eines Tages Besuch bekamen, nahmen die drei Kinder der eingeladenen Freunde den Fernseher in Beschlag, sodass Ian auf seine Lieblingssendung verzichten musste. Als die Gäste gegangen waren, fragte der Junge seine Mutter: »Warum ist es besser, wenn drei Menschen selbstsüchtig sind, als wenn einer es ist?«

Ich liebe diese Frage. Sie ist so einfach – und zugleich so subversiv. Unter Wirtschaftsfachleuten herrscht die Meinung vor, dass die Staatstätigkeit auf die Erfüllung der Wünsche der Bevölkerung ausgerichtet sein sollte. Auch in der Philosophie teilen manche diese Ansicht. Ian allerdings stellt die Frage: Sollten wir auf Wünsche eingehen, wenn diese einfach nur egoistisch sind? In diesem Ansatz steckt auch eine Hinterfragung des demokratischen Systems. Angenommen Ians Mutter hätte die Kinder über das Fernsehprogramm abstimmen lassen. Ist das Zählen egoistischer Kinder etwa ein guter Ansatz zur Lösung dieser Frage?

Ich glaube nicht. Wäre Ian mein Kind, ich hätte ihm erklärt, dass wir die Gäste das Fernsehprogramm bestimmen lassen, weil sie unsere Gäste sind – und nicht, weil sie in der Mehrzahl sind. Es ist ein Zeichen der Gastfreundschaft. Selbst bei umgekehrten Zahlenverhältnissen würden wir es so halten.

Und was ist mit der Demokratie? Darauf kommen wir später zu sprechen, da Rex der Meinung ist, unsere Familie sollte eine sein. Für den Moment möchte ich dazu nur sagen, dass es bei der Demokratie nicht darum gehen sollte, die von Egoismus geleiteten Wünsche der Menschen zusammenzuaddieren. Wählende sollten von Gemeinsinn geleitet sein. Sie sollten versuchen, das Gemeinwohl zu fördern, und auch wichtige Werte wie Gerechtigkeit und Fairness anstatt ihre individuellen Interessen in den Vordergrund zu stellen. Verstehen Sie mich nicht falsch: Ich glaube an die Demokratie, auch wenn sie die an sie geknüpften Ideale nicht erfüllt. Aber ich stimme auch Ian darin zu, dass viele egoistisch handelnde Menschen zu mehr Egoismus führen und nicht unbedingt zu guten Entscheidungen.

Ians Mutter jedenfalls war verwirrt von der Frage ihres Sohns. Sie wusste nicht, wie sie diese beantworten sollte. Ich vermute, die meisten Erwachsenen würden ebenso perplex reagieren wie sie. Oft stellen kleine Kinder Dinge infrage, die für Erwachsene selbstverständlich sind. Das ist einer der Gründe, warum sie gute Philosophinnen und Philosophen abgeben. »Der Erwachsene muss seine Naivität, die zum Philosophieren notwendig ist, geradezu kultivieren«, erklärt Matthews, »dem Kind dagegen ist sie völlig geläufig.«[11]

Das trifft zumindest für die Kleinsten zu. Matthews fand heraus, dass »spontane Ausflüge in die Philosophie«[12] im Alter von drei bis sieben Jahren nicht unüblich sind. Mit acht oder neun Jahren werden sie seltener, zumindest seltener mitgeteilt.[13] Das zu erklären ist schwierig. Möglicherweise hängt es mit einer Interessenverlagerung zusammen oder damit, dass sie den Druck von Gleichaltrigen oder Eltern spüren, diese kindischen Fragen zu unterlassen. Trotzdem war es für Matthews einfach, philosophische Gespräche mit Kindern in diesem Alter und auch mit Älteren in Gang zu bringen. Er war geradezu überrascht von ihren cleveren Gedanken. Daraus schloss Matthews, dass Kinder in mancher Hinsicht bessere Philosophen und Philosophinnen sind als Erwachsene.

◆ ◆ ◆

Sicher, das mag eigenartig klingen. Die Vorstellung von Kindesentwicklung scheint eindeutig zu implizieren, dass der Geist eines Kindes reift und sich im Prozess des Älterwerdens ausdefiniert. Matthews zufolge, zumindest in Bezug auf bestimmte

Fähigkeiten, ist das Gegenteil der Fall.* In Bezug auf philosophische Bemerkungen oder Fragen von Kindern ist für ihn offensichtlich, dass sie mit »einer Unvoreingenommenheit und einem Erfindergeist daherkommen, die selbst dem phantasievollsten Erwachsenen schwerfallen«[14]. Diese Unvoreingenommenheit hängt mit der Tatsache zusammen, dass Kinder die Welt als einen rätselhaften Ort erleben. Vor einigen Jahren hörte sich die Psychologin Michelle Chouinard Aufnahmen von Eltern-Kind-Gesprächen an.[15] In dem mehr als zweihundert Stunden umfassenden Material machte sie knapp fünfundzwanzigtausend Fragen aus. Das sind im Schnitt mehr als zwei pro Minute. Mehr als ein Viertel dieser Fragen verlangte nach Erklärungen: die Kinder wollten wissen, *wie* oder *warum*.

Außerdem gefällt es Kindern, Dinge zu durchdenken. In einer weiteren Studie fand man heraus, dass Kinder, die keine Antworten auf Wie- oder Warum-Fragen bekommen, sich ihre eigenen Erklärungen konstruieren.[16] Und selbst wenn sie Antworten bekommen, geben sie sich damit meist nicht zufrieden. Entweder schieben sie ein weiteres Warum hinterher oder stellen die angebotene Erklärung infrage.

Der wichtigste Grund jedoch, warum Kinder gute Philosophen und Philosophinnen abgeben, fehlt bislang noch: Sie machen sich keine Gedanken darüber, albern zu wirken. Sie haben noch nicht gelernt, dass ernsthafte Menschen sich mit bestimmten Fragen einfach nicht beschäftigen. Matthews erklärt das folgendermaßen:

Der Philosoph fragt beispielsweise: »Was ist Zeit?«, während andere Erwachsene, zweifellos ohne weiter nachzudenken, der Meinung sind, über eine solche Frage hinaus zu sein. Sie

---

* Wie wir in Kapitel 10 sehen werden, teilen viele Fachleute der Entwicklungspsychologie mittlerweile Matthews' Ansicht. Der Verstand von Kindern funktioniert einfach anders – nicht schlechter oder besser.

möchten vielleicht wissen, ob sie genügend Zeit für ihren wöchentlichen Einkauf haben oder ob die Zeit noch ausreicht, sich eine Zeitung zu besorgen. Sie möchten vielleicht von ihrem Arbeitskollegen wissen, »Was die Zeit ist«, aber es kommt ihnen nicht in den Sinn zu fragen: »Was ist Zeit?« Der heilige Augustinus hingegen hat es gut auf den Punkt gebracht: »Was ist also Zeit? Wenn mich niemand fragt, so weiß ich es; will ich es aber jemandem auf seine Frage hin erklären, so weiß ich es nicht.«[17]

Ich habe Jahre damit zugebracht, eine ähnlich albern klingende Frage zu beantworten: Was ist Recht? Ich bin Juraprofessor, man sollte meinen, ich wüsste das. (Ich lehre Rechtswissenschaften und Philosophie an der University of Michigan.) Wenn wir jedoch ehrlich sind, geht es den meisten Rechtsbeiständen wie dem heiligen Augustinus: Wir wissen, was Recht ist; werden wir jedoch danach gefragt, drucksen wir herum.

Die meisten in meiner Zunft ignorieren ihre diesbezügliche Unwissenheit bereitwillig. Sie haben wichtigere Dinge zu erledigen. Und ich vermute, sie halten mich für albern, weil ich mich mit dieser Frage befasse. Ich glaube allerdings, wir alle sollten hin und wieder mal ein bisschen albern sein. Wir sollten unsere praktischen Erwägungen öfter mal beiseitelassen und wie kleine Kinder denken. Auf diese Weise könnten wir zumindest teilweise etwas von ihrer Faszination für die Welt wiedererlangen – und uns selbst bewusst machen, wie wenig wir eigentlich davon verstehen.

◆ ◆ ◆

An seinem ersten Tag in der zweiten Klasse sollte Rex aufschreiben, was er später einmal werden möchte. Die Lehrerin schickte eine Liste mit den Berufswünschen der Kinder an die Eltern, kennzeichnete aber nicht, welches Kind welchen Beruf anstrebte.

Es war trotzdem nicht schwer, den Berufswunsch unseres Sohns auf der Liste zu finden. Es gab ein paar zukünftige Feuerwehrmänner, mehrere Ärztinnen und Lehrer und eine überraschend hohe Anzahl von Ingenieurinnen. Auf der Liste stand allerdings nur ein einziger »Mathephilosoph«.

Beim Abendessen stellte ich Rex die Frage, die ich selbst noch immer nicht beantworten konnte: »Deine Lehrerin meint, du willst Mathematikphilosoph werden. Was ist Philosophie überhaupt?«

Rex dachte kurz nach und sagte dann: »Philosophie ist die Kunst des Denkens.«

Ich rief meinen Vater an. »Erinnerst du dich noch an unser Gespräch in diesem Hähnchengrill, als ich das erste Mal von der Uni nach Hause kam? Damals habe ich dir gesagt, dass ich Philosophie studieren will, und du hast mich gefragt, was das sein soll. Stell dir vor, ich weiß jetzt die Antwort!«

Er erinnerte sich nicht und interessierte sich auch nicht sonderlich für die Antwort. Aber Rex hatte recht. Philosophie ist die Kunst des Denkens. Ein philosophisches Problem verlangt von uns, sorgfältig über die Welt und uns selbst nachzudenken, damit wir beides besser verstehen können.

Erwachsene und Kinder beschäftigen sich auf unterschiedliche Weise mit Philosophie. Erwachsene denken disziplinierter, Kinder sind in der Regel kreativer. Erwachsene wissen viel über die Welt, aber Kinder können ihnen helfen, sich die Begrenztheit ihres Wissens bewusst zu machen. Kinder sind neugierig und mutig, Erwachsene eher vorsichtig und verschlossen.

David Hills, der an der Stanford University lehrt, beschreibt Philosophie als »den unbeholfenen Versuch, für Kinder selbstverständliche Fragen mit für Anwälte selbstverständlichen Methoden zu bearbeiten«.[18] Das ist eine treffende Beschreibung für professionelle Philosophie. Sie enthält allerdings eine Arbeitsteilung, die wir nicht benötigen: Erwachsene und Kinder können sich sehr wohl gemeinsam der Philosophie widmen. Genau genommen sollten sie das sogar. Kinder und Erwachsene ergänzen sich in Gesprächen, da beide Gruppen eigene Ideen einbringen.[19] Und Spaß machen tut es auch. Philosophie ist ein Spiel mit Ideen. Wir sollten definitiv öfter wie kleine Kinder denken. Aber wir sollten auch *mit* ihnen denken.

◆ ◆ ◆

Dieses Buch ist von Kindern inspiriert, aber es ist nicht für Kinder geschrieben. Eigentlich sind die Kinder mein trojanisches Pferd. Ich will die Begeisterung für philosophische Fragen nicht bei den Kindern wecken, sondern bei Ihnen.

Kinder widmen sich ohnehin philosophischen Themen, ob mit Ihnen oder ohne Sie. Ich will Sie dazu bringen, es noch einmal zu versuchen. Indem ich Ihnen die philosophischen Themen zeige, die unseren Alltag prägen, hoffe ich, Ihnen das nötige Selbstvertrauen zu schenken, um mit Ihren Kindern darüber zu reden.

Ich werde Ihnen Geschichten erzählen, größtenteils über Rex und Hank. In einigen dieser Geschichten widmen sich die beiden philosophischen Fragen. Sie erkennen eine Denkaufgabe und versuchen, diese zu lösen. In anderen Geschichten sagen oder tun sie unbewusst etwas, das ein philosophisches Problem darstellt. Darüber hinaus gibt es noch Geschichten über unsere glücklose Erziehung. Bei diesen bietet die Philosophie Einblicke, was falsch gelaufen sein könnte.

Manchmal denken wir gemeinsam mit den Jungs nach. Manchmal denken wir über sie nach. Und manchmal denken wir ganz allein für uns als Erwachsene über Fragen nach, die die Jungs aufgeworfen hatten. Trotzdem geht es immer irgendwie auch um die beiden, da sie einfach viel zu sagen haben.

Rex und Hank nehmen uns mit auf eine Reise durch die zeitgenössische Philosophie. Wie viele großartige Reisen ist auch diese ein bisschen skurril. Einige der Fragen, denen wir begegnen, sind universell. Sie kommen allen Eltern bei der Erziehung ihrer Kinder unter. In diese Kategorie gehören Fragen über Autorität, Strafe und Gott. Andere spiegeln die individuellen Interessen von Rex und Hank, zum Beispiel die Frage nach der Größe des Universums. So ist das eben: unterschiedliche Kinder, unterschiedliche Interessen.

Wenn Eltern von diesem Projekt erfahren, berichten sie mir oft von den Fragen ihrer Kinder. Einige sind phänomenal. So fragte ein Mädchen ihre Mutter über Wochen hinweg jeden Abend: *Warum beginnt immer wieder ein neuer Tag?*[20] Ihre Mom erzählte ihr von der Rotation der Erde, aber es war offensichtlich, dass das Mädchen kein Interesse an den physikalischen Hintergründen hatte. Ich hätte ihr möglicherweise von der fortdauernden Schöpfung erzählt – der (in der christlichen Lehre vertretenen) Vorstellung, dass Gott die Welt in jedem Moment erschafft, nicht nur einmal ganz am Anfang.[21] Ob sie diese Antwort zufriedengestellt hätte, kann ich nicht sagen. Möglich, dass die Frage des Mädchens einen beklemmenden Ursprung hatte, geboren aus einer Angst gegenüber der Welt und allem, was sie mit sich bringt.

Meine Söhne kennen eine derartige Bedrücktheit nicht – noch nicht. Aber ihre Neugier ist riesig, sodass es um sehr viele verschiedene Themen gehen wird. Dieses Buch besteht aus drei Teilen. Der erste trägt den Titel *Moral verstehen*. Darin gehen wir der Frage nach, was Rechte sind und wann es zulässig ist, sie außer Kraft zu setzen. Wir werden uns ansehen, wie man auf das Fehlverhalten anderer reagiert und ob Rache jemals gerechtfertigt ist. Wir werden uns auch mit Strafe beschäftigen – was sie ist und warum wir sie anwenden. Dann werden wir über Autorität nachdenken. Wir werden uns fragen, warum die Formulierung »Weil ich es sage!« tatsächlich ein Grund für Kinder sein kann, eine Anweisung zu befolgen. Abschließend werden wir über

Worte nachgrübeln, die wir eigentlich nicht in den Mund nehmen sollten, wie etwa Schimpfwörter. (An dieser Stelle sollte ich Sie warnen: Ich fluche gelegentlich, öfter sogar. Gehen Sie deswegen nicht zu hart mit mir ins Gericht. Zu meiner Verteidigung lesen Sie mehr in Kapitel 5.)

Im zweiten Teil des Buches mit dem Titel *Uns verstehen* widmen wir uns dem Thema Identität. Wir fragen, was es mit Geschlecht, Gender und *race* auf sich hat. Aber Fragen der Moral bleiben uns trotzdem erhalten. Wenn wir uns mit Geschlecht und Gender befassen, erörtern wir auch, welche Rollen diese im Sport spielen sollten. Und beim Thema *race* ergründen wir, ob dies eine Grundlage für Verantwortung ist – und ob Reparationszahlungen für Sklaverei und Segregation angebracht wären.

Der dritte Teil trägt den Titel *Die Welt verstehen*. Er beginnt mit Fragen zum Thema Wissen. Gemeinsam mit Rex werden wir überlegen, ob wir möglicherweise unser gesamtes Leben über träumen. Und wir werden uns mit dem Skeptizismus beschäftigen – der Befürchtung, dass wir absolut nichts über absolut nichts wissen könnten. Anschließend nähern wir uns dem Thema Wahrheit und denken dabei auch über die Zahnfee nach. Dann setzen wir unsere Gedanken auf unsere Gedanken an und gehen der Frage nach, was Bewusstsein ist. Außerdem nähern wir uns der Unendlichkeit. Am Ende unserer Reise fragen wir, ob es einen Gott gibt.

◆ ◆ ◆

Das Tempo wird hoch sein, zumindest für die philosophische Zunft. Man könnte problemlos sein ganzes Leben mit dem Studium jedes einzelnen dieser Themen zubringen. Deshalb werden wir uns auf die Highlights konzentrieren. Aber wenn alles gut geht, werden Sie am Ende der Lektüre gewappnet sein, um die philosophischen Rätsel und Probleme zu durchdenken, denen Sie – mit Kind oder allein – begegnen. Das ist ein Aspekt, den ich an der Philosophie besonders schätze: Man kann ihr jederzeit und überall nachgehen, in Gesprächen mit anderen oder ganz allein. Man muss einfach nur die Dinge durchdenken.

Deshalb möchte ich Sie bitten, dieses Buch anders zu lesen als andere. Sachbuchautorinnen und -autoren wollen meist, dass man glaubt, was sie in ihren Büchern schreiben. Sie hoffen, dass die Leserschaft ihre Autorität akzeptiert und ihre Sichtweise der Welt übernimmt.

Darum geht es mir nicht. Natürlich würde ich Sie gern überzeugen, die Dinge so zu sehen, wie ich es tue. Die Wahrheit ist jedoch: Ich freue mich darüber, wenn Sie anders denken, solange Sie den betreffenden Sachverhalt erschöpfend analysiert haben. Ich gehe sogar noch weiter und empfehle Ihnen, die von mir vorgetragenen Argumente mit einer gewissen Skepsis zu betrachten. Gehen Sie nicht einfach davon aus, ich hätte immer recht. Im Gegenteil, Sie sollten annehmen, dass ich mich an irgendeiner Stelle irre, und es darauf anlegen, diesen Irrtum aufzudecken.

Aber tun Sie mir dabei bitte einen Gefallen. Seien Sie nicht einfach nur dagegen. Wenn Sie der Meinung sind, ich läge falsch, dann arbeiten Sie die Gründe dafür heraus. Wenn Sie so weit sind, dann stellen Sie sich vor, was ich auf Ihre Fragen erwidern könnte. Und wie Sie reagieren würden und was ich dann Ihrer Antwort entgegenhalten könnte. Und so weiter und so fort, bis Sie der Meinung sind, es gäbe nun nichts mehr dabei für Sie zu entdecken. Aber geben Sie nicht zu früh auf. Je weiter Sie das Spiel treiben, desto mehr werden Sie verstehen.

So funktioniert Philosophie, zumindest in der Erwachsenenversion. Meinen Studierenden sage ich oft Folgendes: Wenn ihr einen Einwand gegen die Arbeit einer Philosophin habt, dann solltet ihr davon ausgehen, dass die Autorin diesen bereits erwogen und durchdacht hat, ihn dann aber zu abwegig fand, um ihn zu erwähnen. Anschließend solltet ihr versuchen herauszufinden, warum das so ist. Wenn ihr trotz größter Anstrengung nicht darauf kommt, wo euer Fehler liegt, dann ist es an der Zeit, mit anderen darüber zu diskutieren. Das Ziel besteht darin, die eigenen Ideen genauso kritisch zu betrachten wie die Ideen anderer Menschen.

Dieser Ratschlag zeigt sich auch in der Art, wie ich mit meinen Söhnen rede. In unserem Haushalt hat niemand per se »ein Recht auf seine Meinung«, wie es viele Menschen in den USA gern ausdrücken. Bei uns muss man seine Meinung verteidigen. Ich löchere die Jungs mit Fragen. Dann hinterfrage ich ihre Antworten, sodass sie ihre eigenen Ideen kritisch unter die Lupe nehmen müssen. Das nervt sie manchmal, aber ich halte das für einen wichtigen Erziehungsaspekt.

Wir sind es gewohnt, unsere Kinder in ihren Interessen zu unterstützen und ihnen dabei zu helfen, neue zu entdecken. Wir bringen ihnen Kunst, Literatur und Musik nahe. Wir ermutigen sie, neue Sportarten auszuprobieren. Wir kochen und tanzen mit ihnen. Wir erklären ihnen Wissenschaft und zeigen ihnen die Natur. Es gibt jedoch eine Aufgabe, die viele Eltern vernachlässigen, weil sie nicht als eigenständige Aufgabe wahrgenommen wird: Kinder sollten als Denker und Denkerinnen gefördert werden.

Dieses Buch vermittelt Ihnen viele Möglichkeiten, wie Sie das tun können. Die einfachste Methode besteht darin, Fragen zu stellen und Antworten zu hinterfragen. Sie müssen dabei jedoch nicht die Lehrkraft spielen. Es ist sogar besser, wenn Sie das nicht tun.

Ähnlich wie Matthews, besucht auch Jana Mohr Lone, die Leiterin des Center for Philosophy for Children (Zentrum für Philosophie für Kinder) der University of Washington, Schulen, um mit Kindern über Philosophie zu sprechen. Sie bringt ihnen allerdings keine Philosophie bei, sondern philosophiert *mit* ihnen.[22] Ein feiner, aber wichtiger Unterschied. Kinder können bereits philosophieren, in mancher Hinsicht sogar besser als Sie.

Also sollten Sie Kinder lieber als Verbündete behandeln. Nehmen Sie ihre Ideen ernst. Versuchen Sie, Probleme *mit* ihnen, nicht *für* sie zu lösen. Wenn es um philosophische Themen geht, ist das gar nicht so schwer, schließlich stehen die Chancen gut, dass auch Sie noch keine Antworten auf die Fragen haben.

Das bringt mich zu meiner letzten Bitte: Legen Sie Ihre Erwachsenenbefindlichkeiten ab. Die meisten Erwachsenen sind wie mein Vater. Sie haben keine Geduld für die Art von Problemen, über die wir uns in der Philosophie den Kopf zerbrechen und die alles andere als praktischer Natur sind. Durch das Nachdenken darüber, dass die Welt nicht so ist, wie sie scheint, wird die Wäsche nicht fertig. Das mag stimmen. Aber ich hoffe, dass die Jungs und ich den Spieß umdrehen können, zumindest für eine Weile. Warum die Wäsche erledigen, wenn die Welt möglicherweise nicht ist, was sie vorgibt zu sein?

◆ ◆ ◆

In letzter Zeit haben Rex und Hank sich gefragt, warum dieses Buch auf Englisch den Titel *Nasty, Brutish, and Short* (Garstig, brutal und kurz) trägt. Wahrscheinlich haben Sie diese Formulierung schon einmal gehört. Sie stammt von Thomas Hobbes, der ungefähr zur selben Zeit wie Locke lebte. Hobbes interessierte sich für die Frage, wie das Leben ohne irgendeine Art der Regierung wäre, ein Zustand, den man in der Philosophie den *Naturzustand* nennt. Hobbes war überzeugt, das müsse schrecklich sein. Er nahm an, es käme in dieser Situation zu einem »Krieg aller gegen alle«.[23] Im Naturzustand wäre das Leben Hobbes zufolge »solitary, poor, nasty, brutish, and short« – also einsam, kümmerlich, garstig, brutal und kurz.[24]

Mit dem Naturzustand kenne ich mich nicht aus, aber »ein Krieg aller gegen alle« ist eine treffende Beschreibung des Lebens in einem Haushalt mit kleinen Kindern.

Wir haben Glück. Unser Leben ist nicht einsam oder kümmerlich. Aber unsere Kinder sind garstig, brutal und kurz. Sie sind aber auch süß und freundlich. Auch in dieser Hinsicht haben wir Glück. Rex und Hank sind außergewöhnlich süß und freundlich. Aber alle Kinder sind nun mal beizeiten garstig und brutal. Aus diesem Grund werden wir über Rache nachdenken und die Frage stellen, ob Strafe geeignet ist, bessere Individuen aus den Bestraften zu machen.

Die Kinder nehmen meine Beschreibung ihres Wesens bereitwillig an, zumindest teilweise.

»Bist du garstig und brutal?«, fragte ich Hank.

»Ich kann garstig sein«, sagte er, »aber ich bin nicht *global*.«

Rex versuchte, mich für einen anderen Titel zu gewinnen. Er wollte das Buch *Nicht garstig oder brutal, nur kurz* nennen. Da er mit diesem Vorschlag nicht weit kam, bettelt er mich neuerdings an, unter diesem Titel bloggen zu dürfen. Halten Sie also die Augen offen. Vielleicht sind seine Beiträge schon bald in einem Internet Ihrer Wahl erhältlich.

Bis dahin ist er erst mal, zusammen mit seinem kleinen Bruder Hank, der Star dieser Show. Die beiden sind zwei der besten Philosophen, die ich kenne. Außerdem gehören sie zu den witzigsten. Und machen irrsinnig viel Spaß.

Teil 1
Moral verstehen

1
Rechte

Ich liebe es, ein Bad einzulassen. Nicht für mich natürlich. Ich bin ein heterosexueller Mann und wurde im letzten Jahrhundert sozialisiert. Ich bade also weder, noch äußere ich die volle Bandbreite menschlicher Gefühle. Aber meine Kinder baden, und jemand muss ihnen das Bad einlassen. Meistens fädele ich es so ein, dass ich dieser Jemand bin.

Warum? Weil das Badezimmer oben ist, im ersten Stock, und unten ist ein verdammtes Irrenhaus. Wenn die Kinder müde werden, steigt ihre Bewegungsenergie, und ihre Selbstkontrolle setzt aus. Der Lärm ist so ohrenbetäubend wie auf einem Rockkonzert. Irgendjemand schreit, weil es an der Zeit ist, Klavier zu üben, oder weil keine Zeit mehr ist, Klavier zu üben. Oder weil es keinen Nachtisch gab oder weil es Nachtisch gab und dieser auf dem T-Shirt landete. Oder ganz einfach, weil eben geschrien werden muss. Geschrei ist die kosmologische Konstante.

Ergo: ich fliehe. »Ich fang schon mal mit Hanks Bad an«, sage ich und steige die Treppe hinauf, dem besten Teil meines Tages entgegen. Ich schließe die Badezimmertür, drehe das Wasser auf und stelle die Temperatur ein. Nicht zu warm, nicht zu kalt. Ein bisschen nach links, dann wieder nach rechts, als ob ich es so hinbekommen könnte. Fest steht: Das Wasser wird zu warm sein. Oder zu kalt. Oder beides, denn der Satz vom Widerspruch gilt bei meinen Kindern nicht. Ich werde also scheitern. Und trotzdem bin ich von Frieden erfüllt, denn das Badewasser dämpft das Geschrei. So sitze ich allein auf den Fliesen, allein mit meinen Gedanken (und wenn ich *Gedanken* sage, meine ich *Telefon*) und sauge die Einsamkeit auf.

Meine Frau hat mich durchschaut und kommt mir manchmal zuvor. »Ich fang schon mal mit Hanks Bad an«, sagt sie dann und zermalmt damit meine Seele. Aber sie ist eine heterosexuelle Frau und wurde im letzten Jahrhundert sozialisiert; also nutzt sie die Chance nicht. Sie stellt das Badewasser an, aber anstatt dann auf ihrem Telefon herumzuspielen, während sich die Wanne füllt, tut sie etwas Sinnvolles, wie Wäsche waschen. Oder aber etwas Unerklärliches, wie zu den Kindern zurückzukehren, um … nun ja, sie zu erziehen? Ich weiß, dass ich ein schlechtes Gewissen wegen dieser Sache haben sollte. Und das habe ich auch. Aber nicht aus dem Grund, der eigentlich naheliegen sollte. Einsamkeit ist der größte Luxus, den wir uns leisten können. Irgendjemand sollte ihn sich gönnen. Eher Julie als ich, sicher, aber wenn nicht sie, dann definitiv ich.

Da sitze ich also, auf dem Boden im Badezimmer, und mir schwant, dass der Wahnsinn im Erdgeschoss wahnsinniger ist als normalerweise. Hank (fünf Jahre alt) hat eine ausgewachsene Heulattacke, sodass es sich um etwas Ernstes handeln muss (und mit *ernst* meine ich *nichtig*). Irgendwann muss ich das Wasser abstellen, und meine Gelassenheit ist dahin.

»Hank, dein Bad ist fertig«, rufe ich die Stufen hinab.

Keine Antwort.

»HANK, DEIN BAD IST FERTIG!«, schreie ich, um seine Schreie zu übertönen.

»HANK, DEIN BAD IST FERTIG!«, wiederholt Rex genüsslich.

»HANK, DEIN BAD IST FERTIG!«, sagt Julie verärgert.

Dann quält sich das Schluchzen die Treppe hinauf. Langsam. Ein. Schritt. Nach. Dem. Anderen. Bis Hank, vollkommen außer sich und auch außer Atem, schließlich im Bad eintrifft.

Ich versuche, ihn zu beruhigen. »Hank«, sage ich sanft, »was ist los?« Keine Antwort. »Hank«, flüstere ich noch etwas sanfter, »was ärgert dich?« Er kann immer noch nicht antworten. Ich ziehe ihm die Sachen aus, während er versucht, wieder zu Atem zu kommen. Als er schließlich in der Wanne sitzt, versuche ich es noch einmal. »Hank, was ärgert dich?«

»Ich habe keine ... Ich habe keine ...«

»Was hast du nicht, Hank?«

»ICH HABE KEINE RECHTE!«, bricht es aus Hank heraus, und wieder kullern die Tränen.

»Hank«, sage ich leise, weiterhin in der Hoffnung, ihn beruhigen zu können, aber auch neugierig. »Was sind Rechte?«

»Ich weiß nicht«, wimmert er, »aber ich habe keine.«

◆ ◆ ◆

Dieses Mal brauchte Hank einen Philosophen. Glücklicherweise hatte er einen.

»Hank, du hast sehr wohl Rechte.«

Das ließ ihn aufhorchen und seine Tränen etwas langsamer kullern.

»Und zwar eine ganze Menge.«

»Wirklich?«, fragte Hank, während sich seine Atmung normalisierte.

»Ja, hast du. Willst du mehr über deine Rechte wissen?«

Er nickte.

»Dann lass uns über Tigi reden«, sagte ich. Tigi ist für Hank wie Hobbes für Calvin: ein weißer Plüschtiger, der Hank seit der Geburt begleitet. »Kann dir irgendjemand Tigi wegnehmen?«

»Nein«, sagte er.

»Kann jemand mit Tigi spielen, ohne dich vorher zu fragen?«

»Nein«, erwiderte Hank. »Tigi gehört mir.« Die Tränen waren fast verschwunden.

»Das stimmt«, sagte ich. »Tigi gehört dir. Und das bedeutet, dass du ein Recht auf ihn hast. Niemand kann Tigi nehmen oder mit ihm spielen, wenn du es nicht erlaubst.«

»Aber es *könnte* jemand kommen und Tigi wegnehmen«, wandte Hank ein und stand wieder kurz vor den Tränen.

»Das ist richtig«, sagte ich. »Jemand *könnte* Tigi nehmen. Aber wäre das in Ordnung? Oder wäre das falsch?«

»Es wäre falsch«, sagte er.

»Richtig. Und wenn es falsch ist, dass jemand deinen Tigi nimmt, dann bedeutet das: du hast ein Recht darauf, dass ihn niemand nehmen darf.«

Hanks Gesicht leuchtete auf. »Ich habe ein Recht auf alle meine Toffstiere!«, sagte er und brachte mich mit seinem niedlichen Buchstabendreher zum Schmunzeln.

»Das ist richtig! Das hast du! Genau das bedeutet es, dass sie deine Stofftiere sind.«

»Ich habe ein Recht auf alle meine Spielzeuge!«, sagte Hank.

»Ja, das hast du!«

Dann verzog sich sein süßes Gesicht. Wieder Schluchzen, wieder Tränen.

»Hank, warum bist du jetzt traurig?«

»Ich habe kein Recht auf Rex.«

Das war also der Grund für den Tumult im Erdgeschoss. Hank wollte mit Rex spielen. Rex jedoch wollte lesen. Und Hank hatte, de facto, kein Recht auf Rex.

»Nein, du hast kein Recht auf Rex«, erklärte ich. »Er kann selbst entscheiden, ob er spielen möchte oder nicht. Wir haben kein Recht auf andere Menschen, außer wenn sie etwas versprechen.«

Zugegeben, das ist ein wenig vereinfacht. Manchmal haben wir nämlich Ansprüche an andere, selbst wenn sie uns nichts versprochen haben. Ich entschied mich allerdings dafür, eine eingehendere Erörterung des Themas so lange aufzuschieben, bis der

Lernende sich emotional stabilisiert hatte. Stattdessen sprachen wir darüber, was Hank allein unternehmen könnte, wenn Rex mal wieder lesen wollte.

◆ ◆ ◆

Mit den Tränen kämpfend, machte Hank eine scharfe Beobachtung über Rechte. Ich fragte ihn, ob jemand Tigi ohne seine Erlaubnis nehmen könne. Er sagte Nein. Einen Augenblick später besann er sich eines Besseren. Jemand könnte Tigi ohne seine Erlaubnis nehmen. Interessanterweise hatte Hank nur wenige Jahre zuvor genau das mit den Spielsachen von Rex gemacht. Der Tigi von Rex heißt Giraffi. (Und bevor Sie die Namenskonventionen meiner Söhne kritisieren, sollten Sie wissen, dass ich als Kind sogar noch einfallsloser war. Meine Begleiter hießen Affe und Giraffe.) Als Hank krabbeln lernte, verschwand er, wann immer sich die Gelegenheit bot, im Zimmer von Rex, stopfte sich Giraffi unters Kinn und kam in Höchstgeschwindigkeit wieder heraus. Rex hatte ein Recht auf Giraffi, genauso wie Hank ein Recht auf Tigi hat. Aber Hank *konnte* Giraffi nehmen und tat es auch.

Was sagt uns das über Rechte? Nun, Hanks Recht auf Tigi schützt den Besitz von Tigi. Aber der durch dieses Recht verliehene Schutz ist nicht physischer Natur. Es gibt kein Kraftfeld um Tigi herum, das andere Menschen daran hindert, ihn zu nehmen. Stattdessen ist der Schutz, den ein solches Recht bietet, in Philosophensprech *normativ*. Das bedeutet, dass dieser Schutz durch die Normen und Standards entsteht, die gutes Verhalten definieren. Jemand, der sich gut verhalten will, würde Tigi nicht ohne Hanks Erlaubnis nehmen (zumindest nicht ohne einen wirklich guten Grund, darauf kommen wir gleich noch einmal zurück). Aber nicht alle Menschen streben danach, sich gut zu verhalten. Der Schutz, den ein Recht bietet, hängt von der Bereitschaft der anderen ab, dieses Recht anzuerkennen und zu respektieren.

◆ ◆ ◆

Bevor wir zum nächsten Punkt kommen, möchte ich mich kurz zum Thema Sprachpedanterie äußern. Wie beschrieben fragte ich Hank, ob jemand ohne seine Erlaubnis Tigi nehmen könne, und er sagte Nein. Dann dachte er noch einmal genauer nach und antwortete mit Ja. Er hatte beim ersten Mal recht. Und beim zweiten Mal auch.

Moment mal. Wie bitte? Wie kann das sein?

Das Wort *können* ist äußerst flexibel. Hier kommt eine kurze Geschichte zur Veranschaulichung:

Als ich in Oxford studierte, nahm mich ein Freund mit in eine Bar. Er bestellte zwei Pints.

»Sorry, Mate, kann ich nicht machen. Wir haben geschlossen«, sagte der Mann hinter der Bar.

Mein Freund sah auf die Uhr. Es war eine Minute nach elf, die Bar schloss um elf. »Ach, komm schon, nur zwei Pints.«

»Sorry, ich kann nicht. Vorschriften.«

»Na ja, du *kööööönntest* schon«, sagte mein Freund.

Kurze Pause. Wollte mein Bekannter damit sagen, dass der Mann hinter der Bar die Bedeutung des Wortes *können* nicht kannte? Nein. Es gibt eine Lesart, nach der uns der Barkeeper keine Getränke verkaufen konnte. Und eine andere Lesart, nach der er es sehr wohl hätte tun können. Das lang gezogene *köööööönnte* meines Bekannten sollte die Aufmerksamkeit des Barmanns auf die zweite Lesart lenken. Der Mann teilte uns mit, dass es ihm nicht *erlaubt* sei, uns zwei Pints zu verkaufen. Mein Freund wies darauf hin, dass es dennoch *möglich* sei – schließlich war niemand da, der es hätte verraten können.* Das Manöver funktionierte: Der Mann gab uns zwei Pints, obwohl er es

---

* Tatsächlich war es sogar noch in einem weiteren Sinne möglich: Der Barkeeper hatte Bier, Gläser und zwei funktionierende Hände, sodass er in der Lage war, zwei Pints auszuschenken. Wie diese Anmerkung deutlich macht, kann sich auch die Bedeutung des Worts *möglich* je nach Kontext verschieben.

(zulässigerweise) nicht konnte, aber (da konsequenzlos) doch konnte.

Hank vollzog mitten in unserem Gespräch einen ähnlichen Wandel. Er verstand, dass ich fragte, ob jemand (zulässigerweise) Tigi nehmen konnte, und er antwortete (korrekt) mit Nein. Aber dann machte er sich Sorgen darüber, dass jemand (möglicherweise) Tigi nehmen könnte, und stand wieder kurz vor den Tränen.

Warum nehme ich mir die Zeit, diesen Sachverhalt auseinanderzudividieren? Nun, genau das tut man in der Philosophie: Wir achten sehr genau darauf, wie Worte funktionieren. Sicher gibt es auch in Ihrem Bekanntenkreis jemanden, der auf Ihre höfliche Frage »Kann ich eine Tasse Tee haben?« mit »Ich weiß nicht, kannst du?« antwortet und diese Replik für unheimlich lustig hält.

Vermutlich ist diese Person der Meinung, Sie hätten die Frage präziser stellen sollen: »Könnte ich eine Tasse Tee haben?« Aber ich verrate Ihnen etwas: Diese Person ist ein Dummschwätzer. Lassen Sie sie links liegen. Und wenn Sie das tun, dann sagen Sie ihr bitte zum Abschied, dass sie sich in puncto sprachlicher Präzision das ein oder andere Kleinkind zum Vorbild nehmen kann, könnte, sollte oder müsste.

◆ ◆ ◆

Aber zurück zu den Rechten. Was genau sind Rechte? Schwer zu sagen. Hank und ich sprachen eines Tages darüber. Er war gerade acht Jahre alt und hatte den Nachmittag damit verbracht, sein Zimmer aufzuräumen. Er rief mich hinzu, um mir das Ergebnis seiner Mühen zu präsentieren.

»Wow, das sieht echt gut aus«, sagte ich.
»Danke! Ich habe fast alles weggeräumt.«
»Wo hast du deine Rechte hingeräumt?«, fragte ich.
»Was meinst du?«

»Deine Rechte – zum Beispiel dein Recht auf Tigi. Wo ist es?«
»Das habe ich nicht weggeräumt«, sagte Hank. »Das ist in mir.«
»Echt? Wo genau? In deinem Bauch?«
»Nein«, sagte Hank. »Das ist nicht an einem bestimmten Ort, sondern einfach nur in mir.«
»Warum nimmst du es nicht raus? Dann musst du es nicht mit dir herumschleppen.«
»Es ist keine Sache, die man einfach aus sich herausnehmen kann«, sagte Hank. »Man kann es ja noch nicht mal in der Hand halten.«
»Kann man es denn herausrülpsen?«, fragte ich.
»Nein«, antwortete Hank, »Rechte sind nicht rülpsbar.«

Und dann lief er weg. Bis auf die Feststellung ihrer Unrülpsbarkeit, konnten Hank und ich das Wesen von Rechten damals nicht näher eingrenzen.

Diese Aufgabe kann ich aber jetzt übernehmen. Hank lag zur Hälfte richtig. Rechte kann man nicht in der Hand halten. Aber sie sind auch nicht in einem. Rechte sind Beziehungen.

Lassen Sie mich das veranschaulichen. Angenommen ich schulde Ihnen 1 000 Dollar, dann haben Sie ein Recht darauf, dass ich Ihnen die Summe bezahle. Ihr Recht ist ein Anspruch auf dieses Geld. Dieser Anspruch richtet sich gegen mich, und wenn ich die einzige Person bin, die Ihnen dieses Geld schuldet, dann richtet er sich nur gegen mich. Manchmal jedoch hat man aber auch ein Recht mehreren Personen gegenüber (vielleicht schulden Julie und ich Ihnen das Geld gemeinsam). Zudem besitzt man auch einige Rechte allen Menschen gegenüber. Zum Beispiel hat man ein Recht darauf, nicht ins Gesicht geschlagen zu werden. Wenn also *irgendjemand* vorschlägt, Sie ins Gesicht zu schlagen, können Sie diese Person an ihre Verpflichtung erinnern, es nicht zu tun.

Der letzte Satz deutet es bereits an: Wenn Sie ein Recht haben, hat jemand anders eine Pflicht. Deshalb sagte ich, dass Rechte im Grunde Beziehungen sind. Zu jedem Recht gibt es mindestens zwei Personen, die eine Beziehung eingehen: Rechtsinhaberin und Pflichtträger. Rechte und Pflichten gehen Hand in Hand. Sie sind zwei Seiten ein und derselben Beziehung.

Was ist das Wesen dieser Beziehung? An dieser Stelle können wir uns von einer meiner Lieblingsphilosophinnen unterstützen lassen: Judith Jarvis Thomson, eine Ethik-Expertin. Sie hatte ein Händchen für das Erstellen von Gedankenexperimenten, also jener kurzen Geschichten, mit denen man in der Philosophie Ideen überprüft. Gleich werden wir einige davon kennenlernen. Aber Thomson war auch für ihre Rechtstheorien berühmt.[25]

Wenn man ein Recht hat, so Thomson, steht man in einer Beziehung zu der Person, der die damit zusammenhängende Pflicht zukommt. Diese Beziehung kann sehr unterschiedliche Ausprägungen haben. Hier einige davon: Wenn ich Ihnen 1 000 Dollar schulde und diese am nächsten Dienstag bezahlen soll, muss ich Sie vorwarnen, falls ich dazu nicht in der Lage sein werde. Wenn ich zum festgelegten Zeitpunkt meine Schulden nicht begleichen kann, muss ich mich dafür entschuldigen und dieses Versäumnis auf irgendeine Art kompensieren. Am wichtigsten ist jedoch: Unter sonst gleichen Bedingungen muss ich Ihnen am nächsten Dienstag die 1 000 Dollar zahlen.

Was meine ich mit *unter sonst gleichen Bedingungen*? Das ist eine in der Philosophie häufig verwendete Formulierung, um auszudrücken, dass manchmal unvorhergesehene Dinge passieren. Ich schulde Ihnen 1 000 Dollar, zahlbar am Dienstag. Aber am Dienstag stellt sich heraus, dass ich das Geld für die Miete brauche, andernfalls wird meine Familie auf die Straße gesetzt. Sollte ich meine Schulden begleichen? Vielleicht. Möglich, dass es Ihnen noch viel schlechter ergeht, sollte ich es nicht tun. Wenn für Sie allerdings nichts Schwerwiegendes zu befürchten ist, dann sollte ich meine Miete bezahlen, mich bei Ihnen für die nicht erfolgte Rückzahlung entschuldigen und versuchen, diese so bald wie möglich nachzuholen.

Eine der drängendsten Fragen in der Moralphilosophie lautet: Was muss alles geschehen, um ein Recht außer Kraft zu setzen? Die Antwort darauf: nicht viel. Vielleicht sollten wir die Rechte der Menschen immer dann nicht beachten, wenn sich dieser Schritt als besser erweist, als diese zu respektieren. Wenn wir dieser Sichtweise folgen, können Sie mich ins Gesicht schlagen, sollten die positiven Ergebnisse dieser Handlung die negativen überwiegen.

In den Ohren mancher Menschen mag das vernünftig klingen. Vorsicht ist jedoch geboten, da Rechte dadurch belanglos werden. Anstatt zu überlegen, wer welche Rechte hat, könnten wir einfach fragen: Hat die geplante Handlung gute oder schlechte Konsequenzen? Bei positiven Folgen können Sie es tun, andernfalls sollten Sie es lieber unterlassen. Rechte spielen in diesem Szenario keine Rolle bei der Frage, was Sie tun sollten.

Diese Perspektive nennt sich *Konsequentialismus*[26], weil sie davon ausgeht, dass der moralische Wert einer Handlung von den Konsequenzen selbiger abhängt. Die bekannteste Version des Konsequentialismus ist der *Utilitarismus*, der verlangt, dass wir nach der Maximierung des Wohlergehens aller Betroffenen streben sollten. Was ist damit gemeint? Es gibt viele Möglichkeiten der Auslegung. Eine verbreitete Ansicht besagt, dass die Freude das Leid im Universum überwiegen sollte. Wenn Sie also wissen wollen, ob Sie mich ins Gesicht schlagen können, würde manch ein Utilitarist (einer bestimmten Richtung) Ihnen raten, sich zu fragen, ob die aus dem Schlag entstehende Freude für die Menschen größer wäre als das durch ihn verursachte Leid. Rechte spielen bei dieser Betrachtungsweise keine Rolle.

Ronald Dworkin missfiel diese Art, über Moral nachzudenken. Deshalb schrieb er ein Buch mit dem Titel *Bürgerrechte ernstgenommen*, in dem er dafür plädiert, dass wir, nun ja, Rechte ernst nehmen sollten.[27] Dworkin war Rechtsphilosoph, möglicherweise sogar der einflussreichste der letzten Jahrzehnte. Meine philosophische Arbeit ist in gewisser Weise eine Fortführung der seinigen. Dworkin borgte sich ein Konzept aus der Welt der Kartenspiele, wie Bridge, um die Relevanz von Rechten zu erklären. In einer moralischen Debatte, so Dworkin, *übertrumpfen* Rechte das Streben nach allgemeinem Wohlergehen.[28]

Zum besseren Verständnis von Dworkins Anliegen greifen wir auf folgendes Gedankenexperiment zurück, das unter dem Titel *Transplantation*[29] bekannt ist: Sie arbeiten in einem Krankenhaus, und es sind schwere Zeiten. Sie haben fünf Patienten und Patientinnen, die dringend Transplantationen benötigen, alle unterschiedliche Organe. Die fünf werden sterben, sollten sie das benötigte Organ nicht sofort bekommen. Just in dieser Situation kommt ein Mann in die Notaufnahme. Er hat sich den Arm gebrochen, nichts Lebensbedrohliches also. Da kommt Ihnen ein Gedanke: Wenn Sie diesen Mann töten, können Sie ihm die benötigten Organe entnehmen und die anderen fünf retten. Sie fragen ihn, ob es ihm etwas ausmachen würde, und er antwortet: Ja, und zwar eine ganze Menge.

Sollten Sie es trotzdem tun? Unterm Strich würde das allgemeine Wohlergehen wahrscheinlich steigen, wenn nur ein Mensch stirbt und nicht fünf.* Na und? Der Mann hat das Recht zu leben. Und dieses Recht übertrumpft das Wohlergehen der anderen.

◆ ◆ ◆

---

* Ich sage *wahrscheinlich*, weil es Sekundäreffekte geben könnte. Wenn Menschen Angst haben, in Notaufnahmen getötet zu werden, weil jemand ihre Organe haben will, werden sie diese Orte meiden. Das könnte zu einer Abnahme des allgemeinen Wohlergehens führen. In der Philosophie versucht man, derartige Sekundäreffekte zu begrenzen, indem die jeweiligen Fälle mit Bedingungen versehen werden. Bei dem Gedankenexperiment *Transplantation* zum Beispiel wird vorausgesetzt, dass das Töten im Geheimen stattfinden könnte, sodass niemand je davon erfährt. Das erleichtert den Fokus auf die wesentliche Frage: Ist die Tötung dieses Patienten falsch, selbst wenn es das allgemeine Wohlergehen verbessert?

Oder vielleicht doch nicht? Mit dieser Frage nähern wir uns dem berühmtesten Denkrätsel der modernen Philosophie: dem Trolley-Problem.

Um das Problem zu verstehen, brauchen wir neue Gedankenexperimente – wir brauchen die Geschichten von Thomson. Die erste nannte sie *Trolley: Weiche*[30], und sie geht so: Ein Trolley (sprich eine Straßenbahn) ist außer Kontrolle geraten und droht fünf Arbeiter zu überrollen, die in einiger Entfernung Gleisarbeiten auf der Strecke durchführen. Fährt der Trolley weiter, tötet er die fünf Arbeiter. Die gute Nachricht: Sie stehen an einer Weichenstellanlage, mit der sich der Trolley auf eine andere Strecke umleiten lässt! Es gibt aber auch eine schlechte Nachricht: Auf diesem Ausweichgleis befindet sich auch ein Arbeiter, einer nur, aber er wird sicher sterben, wenn Sie den Trolley umleiten.

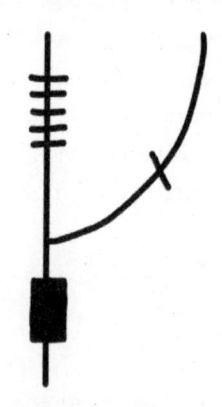

Was würden Sie tun?

Die meisten Menschen sagen, sie würden den Schalter umlegen, sodass der Trolley nur eine anstelle von fünf Personen tötet.

Moment mal! Haben wir nicht gerade gesagt, dass der Mann mit dem gebrochenen Arm im Fall *Transplantation* das Recht hat zu leben, auch wenn durch seine Tötung fünf andere Menschen gerettet werden könnten? Warum hat der allein auf dem Gleis werkelnde Arbeiter nicht auch dieses Recht?

◆ ◆ ◆

Vor Kurzem habe ich in einem meiner Seminare das Trolley-Problem behandelt. Die Lehrveranstaltung fand bei uns zu Hause statt, damit auch meine Söhne daran teilnehmen konnten. Mit einem Eisenbahn-Bausatz stellten sie den Fall der Weichenstellanlage nach. Bei jeder neuen Fallvariation passten sie das Modell entsprechend an.

Die Lieblingsversion meiner Jungs stammt aus einem weiteren von Thomsons Gedankenexperimenten mit dem Titel *Fat Man* – in der deutschen Übersetzung *Trolley: Brücke*.[31] (Nein, der englische Titel *Fat Man* (Dicker Mann) ist nicht besonders toll, obwohl die Korpulenz des Mannes eine entscheidende Rolle spielt.) Die Geschichte geht so: Der Trolley ist wieder außer Kontrolle und fährt auf die fünf Gleisarbeiter zu. Sie selbst befinden sich dieses Mal jedoch nicht einmal ansatzweise in der Nähe einer Weichenstellanlage. Sie stehen auf einer Brücke und sehen von oben zu. Da bemerken Sie, dass neben Ihnen ein korpulenter Mann am Geländer lehnt. Wenn Sie ihm einen kleinen Stupser gäben, fiele er vornüber und nach unten aufs Gleis. Sein massiger Körper würde den Trolley stoppen und die Arbeiter retten. Allerdings würde der Zusammenstoß den dicken Mann töten, falls er nicht schon durch den Sturz das Leben verloren hätte.

Was würden Sie tun? Den Mann von der Brücke in den Tod stoßen und damit die Arbeiter retten? Oder sie vom Trolley zerquetschen lassen?

Die meisten Menschen sagen, dass sie den dicken Mann *nicht* von der Brücke stoßen und stattdessen die fünf Arbeiter sterben lassen würden.

Aber warum? Die moralische Rechnung – fünf Menschen sterben lassen oder stattdessen einen Menschen töten – ist in allen bisher besprochenen Fällen die gleiche. In *Trolley: Weiche* finden es die meisten in Ordnung zu töten. In *Trolley: Brücke* und *Transplantation* finden es die meisten nicht in Ordnung.

Warum? Wo ist der Unterschied? Genau das ist das Trolley-Problem.

◆ ◆ ◆

Das Trolley-Problem zwingt uns, unsere Aussagen zum Fall *Transplantation* zu überdenken. Wir sagten, es sei falsch, den Patienten zu töten, weil er das Recht hat zu leben. Der einzelne Arbeiter auf dem Gleis hat allerdings auch das Recht zu leben, und trotzdem geht es für die meisten Menschen in Ordnung, ihn im Fall *Trolley: Weiche* zu töten. Manchmal, so scheint es zumindest, tritt das Recht zu leben in den Hintergrund, wenn das Überleben von vielen Menschen auf dem Spiel steht. Wir brauchen also eine neue Erklärung, warum das Töten in den Fällen *Transplantation* und *Trolley: Brücke* unzulässig ist.

Wir suchen nach einem Recht, das in *Transplantation* und *Trolley: Brücke* gebrochen wurde, nicht aber in *Trolley: Weiche*.

Gibt es ein derartiges Recht? Vielleicht. Zur Inspiration verweisen einige auf Immanuel Kant.

Kant lebte im Deutschland des achtzehnten Jahrhunderts und steht zusammen mit anderen wie Platon und Aristoteles auf der Shortlist der einflussreichsten Philosophen aller Zeiten. Kants Leben war streng durchorganisiert. Es heißt, sein Tagesablauf sei derart rigide gewesen, dass die Menschen in seiner Nachbarschaft die Uhr nach seinen Spaziergängen stellen konnten.

Kant bestand darauf, dass wir andere Menschen niemals bloß als *Mittel zur Erfüllung* unserer Zwecke benutzen sollten.[32] Stattdessen sollten wir Menschen *als Menschen* behandeln. Das setzt jedoch voraus, dass wir ihre Menschlichkeit anerkennen und respektieren – also das, was sie von alltäglichen (in angemessener Weise als Mittel zu einem Zweck benutzten) Gegenständen abgrenzt. Was unterscheidet Menschen von Gegenständen? Nun, Menschen haben die Fähigkeit, für sich selbst Ziele festzulegen, darüber nachzudenken, was ihre Ziele sein sollten, zu ergründen, wie sie selbige erreichen können und so weiter und so fort. Um Menschen *als Menschen* zu behandeln, müssen wir diese Fähigkeiten respektieren.

An dieser Stelle muss gesagt werden, dass Kant der Meinung war, es sei in Ordnung, Menschen gelegentlich als Mittel zum Zweck zu benutzen. Wenn Studierende mich bitten, ihnen ein Empfehlungsschreiben auszustellen, benutzen sie mich als Mittel zu einem Zweck. Sie hoffen, dass mein Schreiben ihnen hilft, einen Job zu bekommen. Allerdings benutzen sie mich nicht so, wie sie einen Computer benutzen würden, um ihre Bewerbungsunterlagen zu verfassen. Indem sie mich bitten, das Schreiben für sie aufzusetzen, treten sie mit mir als Person in Kontakt. Sie überlassen es mir, ob ich ihr Ziel zu meinem mache. Der Computer hat kein Mitspracherecht bei der Angelegenheit. Ich schon.

Kann Kant uns bei der Lösung des Trolley-Problems helfen? Einige meinen, dass er das kann. Das Recht, um das es diesen Menschen zufolge geht, ist das Recht, als Person und nicht einfach nur als Mittel zu einem Zweck behandelt zu werden.

Schauen wir uns unsere Beispiele noch einmal an. In *Transplantation* würde dieses Recht klar verletzt werden, wenn Sie den Mann mit dem gebrochenen Arm töten. Sie haben ihn gefragt, ob er sich für die anderen opfern möchte, und er hat Nein gesagt. Wenn Sie ihn trotzdem töten, behandeln Sie ihn wie einen Sack mit Körperteilen, nicht wie eine Person, die ein Recht darauf hat, ihre eigenen Entscheidungen zu fällen.

Dasselbe gilt für *Trolley: Brücke*. Stoßen Sie den korpulenten Mann über das Geländer, behandeln Sie ihn wie einen Gegenstand, nicht wie eine Person. Für Sie zählt in diesem Moment nur, dass er das nötige Körpergewicht mitbringt, um den Trolley zu stoppen.

Wie verhält es sich in dem Fall von *Trolley: Weiche*? Auf den ersten Blick sieht es auch dort schlecht aus, da Sie von dem einzelnen Arbeiter auf den Gleisen keine Erlaubnis für Ihr Vorhaben bekommen. Es bleibt einfach keine Zeit dafür. Andererseits benutzen Sie ihn auch nicht einfach nur als Mittel zu einem Zweck. Er ist nicht Teil Ihres Plans. Wäre er gar nicht da, würden Sie den Trolley trotzdem umleiten. Sein Tod ist nur eine bedauernswerte Folge Ihres Plans, fünf Menschenleben zu retten, indem Sie den Trolley auf eine andere Strecke umleiten.[33] Wenn der einzelne Arbeiter irgendwie entkäme, wären Sie überglücklich.

Das ist es, was diesen Fall von *Trolley: Brücke* und *Transplantation* unterscheidet. In letzteren beiden Fällen würde ein Entkommen des Einzelnen Ihre Pläne durchkreuzen. Es scheint also, als hätten wir vielleicht, aber nur vielleicht, die Lösung für das Trolley-Problem gefunden.

◆ ◆ ◆

Oder vielleicht auch nicht. Thomson wusste natürlich von Kant. Und sie erwog ebenfalls die Lösung, die wir uns gerade erarbeitet haben, verwarf sie jedoch.[34]

Warum? Nun, Thomson hatte noch eine Geschichte auf Lager.

Dieser Fall heißt *Trolley: Loop*.[35] Er ist genauso wie *Trolley: Weiche*, nur mit einem kleinen Haken oder besser gesagt einem Loop. Der Trolley rollt auf fünf Gleisarbeiter zu. Wenn Sie den Schalter der Weichenstellanlage umlegen, fährt der Wagen auf ein anderes Streckenstück, auf dem nur ein Arbeiter tätig ist. So weit, so bekannt. Dieses Streckenstück aber, und hier kommt der

Loop, führt nach einer Kurve wieder zurück auf das ursprüngliche Gleis. Wäre der einzelne Arbeiter nicht da, würde der Trolley um die Kurve fahren und die fünf Arbeiter von der anderen Seite kommend zermalmen. Wie es jedoch der Zufall so will, ist der einzelne Arbeiter massig genug, um den Trolley zu stoppen. Durch den Aufprall wird er allerdings getötet.

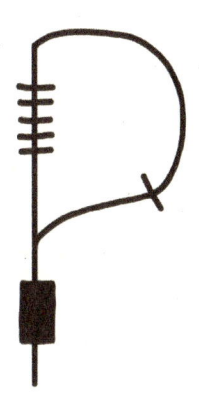

Ist es zulässig, den Trolley auf die Loopstrecke umzuleiten? Bedenken Sie: In diesem Fall behandeln Sie den Arbeiter sehr wohl als ein Mittel zum Zweck. Wäre er nicht da (weil er irgendwie entkommen konnte), würde Ihr Plan zur Rettung der fünf Arbeiter durchkreuzt. Erneut kommt es für Sie auf seine Körpermasse an, um den Trolley zu stoppen, andernfalls sterben die fünf Arbeiter. Damit ähnelt der Fall *Trolley: Loop* dem Fall *Trolley: Brücke* sehr.

Und doch argumentierte Thomson, dass es zulässig sei, den Trolley im Loop-Fall umzuleiten. Sie war der Meinung, das Hinzufügen von einem kleinen Stück Gleisstrecke hinter dem einzelnen Arbeiter mache keinen moralischen Unterschied. Aus ihrer Perspektive war der Fall *Trolley: Loop* genauso wie der Fall *Trolley: Weiche*. Das zusätzliche Schienenstück war bedeutungslos. Der Trolley würde es noch nicht einmal berühren!

Wenn Thomson richtig liegt, dann stellt der kantianische Ansatz – der auf dem Recht basiert, als Person und nicht als bloßes Mittel zum Zweck behandelt zu werden – keine Lösung für das Trolley-Problem dar.

◆ ◆ ◆

In der Philosophie gibt es einige, die Thomson recht geben. Rex ist einer von ihnen. Vor Kurzem unterhielten wir uns über *Trolley: Loop*.

»Würdest du den Schalter umlegen?«, fragte ich.

»Ja, das ist genauso wie im ersten Fall«, sagte er. Er meinte *Trolley: Weiche*. »Die Strecke ist länger, aber das ändert überhaupt nichts.«

»Nun, eine Sache hat sich schon geändert«, sagte ich. Dann erklärte ich ihm, dass man durch die Hinzufügung des Loops den Körper des Arbeiters benutzt, um den Trolley zu stoppen. »Damit ist es wie Trolley: Brücke.«

»Na ja, es ist ein bisschen wie der Fall mit dem dicken Mann«, sagte Rex. »Aber auch anders.«

»Inwiefern?«

Er zögerte. »Man benutzt ihn, aber irgendwie doch nicht.«

»Was meinst du?«

»Der Mann ist schon auf der Strecke. Bei dem Fall mit der Brücke muss man ihn erst auf die Gleise hinunterstoßen. Ich glaube, das ist ein Unterschied.«

Rex hat recht. Das ist ein Unterschied. Die Frage ist: Spielt der Unterschied eine Rolle? Einige glauben, das tue er.[36] Bei den Fällen *Transplantation* und *Trolley: Brücke* gibt es einen körperlichen Kontakt mit der Person, die man tötet. Das macht die Sache ein wenig grausam.

Aber spielt es moralisch gesehen eine Rolle? Um die Idee auf die Probe zu stellen, sollten wir noch einen weiteren Fall untersuchen. Wir nennen ihn *Trolley: Brücke mit Falltür*.[37] Er beginnt genauso wie der Fall mit dem dicken Mann: ein Trolley außer Kontrolle, fünf Arbeiter auf dem Gleis, ein dicker Mann auf einer Brücke. Wie es der Zufall will, steht der Mann auf einer Falltür direkt über der Strecke. Sie haben nun die Möglichkeit, die Falltür mit einem Hebel zu öffnen, sodass der Mann auf das Gleis fällt, wo sein Körper den Trolley stoppt und den fünf Arbeitern das Leben rettet. Ach ja, der Mann stirbt dabei. Aber Sie müssen ihn nicht berühren.

Rettet das die Geschichte? Ich finde nicht. Es mag weniger grausam sein, einen Hebel zu betätigen, als den Mann über das Geländer zu stoßen, aber in beiden Fällen stürzt man ihn in den Tod. Der Mechanismus spielt wohl eher eine untergeordnete Rolle.

Die Literatur zum Trolley-Problem ist umfangreich.* Sie bietet eine schwindelerregende Anzahl weiterer Fälle, bei denen man schnell den Überblick verliert. Es kommen Lawinen, Bomben, zweite Trolleys und Drehteller zum Einsatz.

Dieser Bereich der Philosophie wird manchmal auch Trolleyology genannt, eine zum Teil sicherlich abschätzige Bezeichnung, die signalisieren soll, dass die ganze Angelegenheit im Wortsinn entgleist ist.[38] Wir haben mit ernsthaften moralischen Fragen begonnen – über den Umfang und die Grenzen unserer Rechte – und sind irgendwann bei nicht enden wollenden Argumentationsketten über Trolleys in schwer vorstellbaren

---

* Die wahrscheinlich überraschendste Äußerung war Thomsons letztes Wort zum Thema. Zum Ende ihres Lebens hin änderte sie ihre Meinung und erklärte, dass es doch nicht zulässig sei, den Trolley im Fall *Trolley: Weiche* umzulenken. Für sie war der Fall wie *Transplantation* und *Trolley: Brücke*. Wenn Thomson recht hat, gibt es kein Trolley-Problem mehr zu lösen, da die eigentliche Herausforderung die ganze Zeit über darin bestand, unsere Ansichten über diese Fälle zu vereinheitlichen. Die meisten Menschen sind allerdings weiterhin der Meinung, dass es zulässig ist, den Trolley im Fall *Trolley: Weiche* umzulenken und damit das Trolley-Problem am Leben zu erhalten.

Geschichten gelandet. Auf Dritte muss das alles ziemlich abgedreht wirken.

Es gibt eine Kritik an der Trolleyology, die mir besonders gefällt. Sie wurde von einem Eisenbahningenieur namens Derek Wilson verfasst. In einem Brief an die *Globe and Mail* schrieb er[39]:

Die ethischen Dilemmata außer Kontrolle geratener Trolleys veranschaulichen die Uninformiertheit, die den Leuten in Philosophiekursen die Sicht vernebelt. Bei Straßenbahnen und Zügen ist es sehr unwahrscheinlich, dass sie außer Kontrolle geraten und führerlos weiterfahren. Sie verfügen nämlich über eine sogenannte Totmanneinrichtung, mit der die Bremse betätigt wird, sollte der Fahrer außer Gefecht gesetzt sein.

Ein potenzieller Retter hätte zudem gar nicht die Möglichkeit, einfach »den Hebel umzulegen«, da Weichenstellanlagen grundsätzlich per Schlüssel gesichert sind, um Vandalismus vorzubeugen. Außerdem hinge die Reaktion des Retters von der Geschwindigkeit der Bahn ab. Bei weniger als 15 km/h könnte der Retter aufspringen, die Hupe betätigen und alle fünf Leben retten. Bei weniger als 30 km/h könnte der Retter (mit einem entsprechenden Schlüssel für die Weichenstellanlage) den Hebel umlegen und nur die eine Person auf der Nebenstrecke töten.

Bei mehr als 30 km/h jedoch könnte das Umlegen des Hebels zu einer Entgleisung führen, die zwar die Arbeiter auf der Strecke retten, aber die Passagiere in der Bahn verletzen oder töten würde. In diesem Fall wäre es besser, die volle Straßenbahn auf der Hauptstrecke weiterfahren zu lassen, wodurch bedauerlicherweise die fünf Arbeiter getötet werden würden.

Mir gefällt dieser Brief aus zwei Gründen. Zum einen erinnert er daran, dass die echte Welt nie so einfach ist wie die hypothetische Welt in der Philosophie.

Manchmal ist sie einfacher. So sieht es Wilson zumindest. Wenn man nur ein bisschen Ahnung von Straßenbahnen hat, so denkt er, erkennt man, dass das Trolley-Problem einfach zu lösen ist.

Gleichzeitig zeigt Wilson auf, dass die echte Welt sehr viel komplexer ist als philosophische Gedankenexperimente. Man braucht sich nur einmal anzusehen, wie viele Details wir ausgelassen haben: die Totmanneinrichtung, die Geschwindigkeit des Trolleys und, besonders wichtig, die Tatsache, dass der Hebel für die Weichenstellung wahrscheinlich gesichert ist.

Echte Trolley-Probleme sehen ganz und gar nicht wie das Trolley-Problem aus! Und doch gibt es einen Grund dafür, warum sich die Philosophie dieser einfachen Geschichten bedient. Auf diese Weise versuchen wir, ein Problem zu isolieren, da die echte Welt die unschöne Angewohnheit hat, uns oft mehrere davon gleichzeitig vorzusetzen.

Der zweite Grund, aus dem ich Wilsons Brief so mag, ist, dass er sich selbst der Philosophie widmet, indem er Philosophen kritisiert. Er folgt einem utilitaristischen Ansatz – rette so viele Menschen wie möglich –, wenn er bei einer Geschwindigkeit von weniger als 30 km/h den Hebel umlegen und den einzelnen Arbeiter auf der Nebenstrecke töten würde. Bei einer höheren Geschwindigkeit hingegen würde er die fünf Arbeiter sterben lassen, um so die (vermutlich größere Anzahl) Passagiere in der Bahn vor dem Tod bei einer Entgleisung zu retten.

Wilson nimmt an, dass diese Art zu handeln so offensichtlich ist, dass es nicht einmal einer Diskussion darüber bedarf. Dabei ist sie alles andere als offensichtlich. Wäre Wilson einer meiner Studierenden, würde ich ihn nach seinen Gedanken zu dem Fall *Transplantation* fragen. Wenn er einen Arbeiter tötet, um fünf zu retten (wir nehmen an, der Trolley fährt zwischen 15 und 30 km/h), würde er dann auch im Krankenhaus ein Leben opfern? Lautet seine Antwort Nein, wäre das der

Startschuss für eine neue Diskussion genau jener Geschichten, die ihn so ärgern.

◆ ◆ ◆

»Wie lautet denn nun die Antwort auf das Trolley-Problem?«, fragt mich Hank immer wieder. Er kennt viele der Fälle, die ich in meinen Vorlesungen erörtere.

»Erzähl mir von einem Fall, Daddy«, sagt er oft, wenn er sich langweilt.

Und er weiß, dass ich ihm nach einer kleinen Diskussion über seinen Lösungsvorschlag für den Konflikt immer erzähle, was das Gericht entschieden hat. Seitdem ich zum ersten Mal vom Trolley-Problem berichtet habe, fragt er bei meinen Schilderungen stets irgendwann: »Und was hat der Richter gesagt?« Meine Erklärungen, dass die Geschichte nicht in Wirklichkeit passiert ist, akzeptiert er nicht. Er will unbedingt die Antwort wissen.

Genau wie ich. Aber in der Philosophie gibt es keinen Lösungsschlüssel. Man muss die Dinge selbst durchdenken, so gut man eben kann. Geben Sie mir ein Whiteboard und einen Nachmittag Zeit, und ich würde versuchen, Sie davon zu überzeugen, dass Rex beim Fall *Trolley: Loop* falsch liegt und Thomson ebenso. Ich würde argumentieren, dass das zusätzliche Streckenstück sehr wohl einen Unterschied macht. Ich würde neue Fälle auf dem Whiteboard skizzieren und die kantianische Idee verteidigen, dass wir nicht eine Person benutzen dürfen, um fünf andere zu retten.

Anschließend würde ich eine besondere Überraschung aus dem Hut zaubern. Die hier untersuchten Fälle haben nämlich auf Umwegen auch etwas mit der Abtreibungsdebatte zu tun. Wenn der Staat eine Frau dazu zwingt, eine Schwangerschaft auszutragen, benutzt er ihren Körper als Mittel zum Zweck. Das ist nicht zulässig, selbst wenn ein Leben auf dem Spiel steht. (So würde ich zumindest argumentieren. Ich sagte ja bereits, dass es eine ganze Weile dauern könnte.)

Mit diesem Argument würde ich den Kreis zum Trolley-Problem schließen, denn Trolleys wurden von einer englischen Philosophin namens Philippa Foot eingeführt – und zwar in einer Abhandlung über das Thema Abtreibung.[40] Thomson machte die Trolleys später berühmt, indem sie Foots Geschichte weiterentwickelte und neue Fälle hinzufügte. Es ging jedoch nie darum, was Menschen wie Derek Wilson – oder andere, die beruflich mit Trolleys zu tun haben – tun oder lassen sollten, wenn ein Schienenfahrzeug außer Kontrolle gerät.

In der Philosophie sind Trolleys nützliche Werkzeuge, um über das Wesen der Moral nachzudenken – um darüber zu sinnieren, welche Rechte wir haben und wann diese Rechte zugunsten der Bedürfnisse anderer vernachlässigt werden. Es sind Werkzeuge, um über ernste Themen nachzudenken, zum Beispiel über Abtreibung und ... das Kriegsvölkerrecht.

Stellen wir uns vor, Sie wären Harry Truman und müssten entscheiden, ob Sie eine Atombombe (auch *Fat Man* genannt) auf die Stadt Nagasaki abwerfen. Die Bombe wird Zehntausende töten. Aber sie wird den Krieg verkürzen und damit das Leben von deutlich mehr Menschen retten.*

Wann hat man das Recht, einige Menschen zu töten, um andere zu retten? Das ist eine wichtige Frage. Das Trolley-Problem hilft uns, dieses Thema zu analysieren. Wenn es für Dritte albern wirkt, dann hauptsächlich deshalb, weil die Trolleys mittlerweile in die Populärkultur eingegangen sind, jedoch ohne die wichtigen Fragen, die daran geknüpft sind.

◆ ◆ ◆

---

* Das ist zumindest anzunehmen. Man könnte hier allerdings auch falsch liegen, wodurch sich eine Reihe anderer moralischer Fragen auftut: Wie soll man derartige Entscheidungen fällen, wenn man nicht sicher über die Ergebnisse selbiger ist?

Trolleys mögen nicht so wichtig sein. Rechte hingegen schon. Ganz besonders, wenn man mit kleinen Kindern zusammenlebt. Hank wusste nicht, was Rechte sind, als er annahm, selbst keine zu haben. Aber er war bereits versiert darin, sie durchzusetzen. Jedes Mal, wenn er »Meins!« sagte, um ein anderes Kind davon abzuhalten, mit einem Spielzeug zu spielen, erhob er Anspruch auf einen Gegenstand – und verteidigte sein Recht, andere davon fernzuhalten, auch wenn es nur für kurze Zeit war.

Wenn ein Baby nach der Geburt aus dem Krankenhaus nach Hause kommt, besteht die Hauptaufgabe darin, das Kind am Leben zu halten. Grundlegende Pflege ist angesagt: Füttern, Bäuerchen fördern, Baden und Unmengen an Windeln wechseln. Am nächsten Morgen heißt es dann Aufstehen (möglicherweise ohne geschlafen zu haben) und alles noch mal von vorn. Erst mehr als ein Jahr später ist es Zeit für die nächste Aufgabe, die Integration des Kindes in die Gemeinschaft. Um das zu tun, müssen dem Kind Konzepte wie Rechte und Pflichten beigebracht werden – auch wenn das noch anders benannt wird. Wenn Hank Giraffi kidnappte, erklärten wir ihm, dass er erst fragen musste, da Giraffi Rex gehörte. Wir erklärten Hank auch, welche Sachen ihm gehörten und wann Rex ihn um Erlaubnis für deren Benutzung bitten musste.

Diese frühen Lektionen in puncto Eigentum wurden bald ergänzt durch Lerneinheiten in Sachen Versprechen, Privatsphäre sowie Nähe und Distanz zu anderen. Manchmal schien es, als würden wir eine kleine Jurafakultät für Studierende leiten, die nichts über ihre Rechte und Pflichten wussten. In Vertragsrecht lernten die Jungs, Versprechen einzuhalten. In Deliktsrecht lernten sie, ihre Hände bei sich zu behalten und bei geschlossenen Türen anzuklopfen. In Strafrecht lernten sie, dass schlechtes Benehmen Konsequenzen hat.

Das Thema Moral allerdings geht über Rechte und Pflichten hinaus. Tatsächlich besteht eine der wichtigsten Lektionen für

Kinder darin, nicht immer auf das eigene Recht zu pochen. Stattdessen sollte mit anderen geteilt werden, was einem gehört, zumindest für eine Zeit lang, auch wenn es das Recht gibt, andere in dieser Hinsicht auszuschließen. Das ist ein zugewandtes und mitfühlendes Verhalten, und wenn Kinder diese Tugenden erlernen, verlieren Rechte an Bedeutung. In den ersten Jahren der Kindererziehung geht es jedoch, in der ein oder anderen Form, größtenteils um Moral. Genau aus diesem Grund haben wir unsere Reise mit Fragen zum Thema Rechte begonnen und werden uns nun den Bereichen Rache, Strafe und Autorität zuwenden, die allesamt auf ihre ganz eigene Art mit den Rechten in Verbindung stehen.

◆ ◆ ◆

Unsere Söhne lernten viel über Rechte und wurden mit der Zeit kleine Anwälte – sie waren in der Lage, ihre Rechte durchzusetzen (wie wir in Kapitel 3 sehen werden) und sich selbst gegen Behauptungen zu verteidigen, denen zufolge sie die Rechte anderer verletzt haben sollten. Als Hank verinnerlicht hatte, was Rechte sind, sah er sie quasi überall.

Eines Abends gingen wir mit den Jungs Tacos essen. Hank (damals sechs) fielen als Erstes die Fanta-Flaschen im Getränkekühlschrank auf. Er fragte sechs oder sieben Mal, ob er eine haben könne. Wir sagten Nein und setzten uns, um zu essen. Hank war sauer und protestierte. Er behauptete sogar, wir würden seine Rechte missachten.

»Um welches Recht genau geht es denn dabei?«, fragte ich.

»Um das Recht, dass ich selbst entscheiden darf, was ich trinke.«

»Hast du denn dieses Recht?«

»Ja!«, sagte er überzeugt.

»Warum?«, konterte ich.

Dieses *Warum?* ist einer meiner Lieblingskniffe in Erziehungsgesprächen. Kinder nutzen diese Nachfrage wie eine Waffe. Oft fragen sie aus echter Neugier, und in diesen Fällen ist es auch sinnvoll, eine Erklärung anzubieten, wenn man denn eine hat. Eine vollständige Erklärung gibt es jedoch nicht, irgendetwas bleibt stets ungesagt, sodass die Knirpse eigentlich immer die Möglichkeit zu einem weiteren *Warum?* haben. Wieder und wieder, *ad nauseam*.

Anfangs machen sie es, weil sie Spaß daran haben, zu sehen, wie viele Erklärungen ihr Gegenüber anbietet. Mit zunehmendem Alter erkennen sie allerdings, dass ein gut platziertes *Warum?* die wackligen Grundfesten elterlicher Autorität offenbart oder die Erziehungsberechtigten in den Wahnsinn treibt.

Als Erwachsener hat man jedoch die Möglichkeit, den Spieß umzudrehen und selbst nach dem Warum zu fragen, damit das Kind nach einer Begründung sucht.

Und genau das tat ich mit Hank. Ich fragte ihn: »Warum hast du das Recht zu entscheiden, was du trinkst?«

»Ich weiß nicht«, sagte er schulterzuckend. »Hab ich einfach.«

»Nein, so funktioniert das nicht«, erwiderte ich. »Wenn du behauptest, ein bestimmtes Recht zu haben, solltest du auch einen Grund nennen können.«

Die Mühlen in Hanks Oberstübchen begannen zu mahlen, und kurz darauf lieferte er mir nicht nur einen Grund, sondern gleich zwei.

»Wenn du entscheiden darfst, was ich trinke«, sagte Hank, »dann zwingst du mich vielleicht dazu, etwas zu trinken, das ich nicht mag.« Nennen wir es das *Argument der Selbstkenntnis*. Anschließend fügte Hank hinzu: »Du entscheidest, was du trinkst, also sollte ich entscheiden können, was ich trinke.« Nennen wir es das *Argument der Gleichberechtigung*.

Taugen diese Argumente etwas? Nein, keineswegs.

Beginnen wir mit dem Argument der Selbstkenntnis. Das Risiko, dass Hank etwas trinken muss, das er nicht mag, ist gering. Meistens hat er nur zwei Optionen: Milch oder Wasser. Milch mag er ganz gern, und auch wenn er Wasser nicht explizit mag, verabscheut er es auch nicht.

Zudem geht das Argument der Selbstkenntnis davon aus, dass es entscheidend sei, ob Hank ein Getränk vorgesetzt bekommt, das er mag. Das kann vielleicht stimmen, aber es gibt einen Aspekt, der bei dieser Frage eine noch größere Rolle spielt. Hank muss sich gesund ernähren. Darum bieten wir ihm Wasser oder Milch an. Zuckerhaltige Getränke gibt es nur zu besonderen Anlässen. Würden wir Hank diese Entscheidung überlassen, er wäre nach einer Woche zuckerkrank.

Wie steht es mit dem Argument der Gleichberechtigung? Diese Art der Begründung ist nur zwingend, wenn sich die betreffenden Personen in einer ähnlichen Lebenslage befinden. Auf Hank und mich trifft das nicht zu. Ich habe einen Wissensvorsprung. Zum Beispiel weiß ich, was Diabetes ist und wie er ihn bekommen könnte. Außerdem bin ich zu einem Maß der Selbstkontrolle fähig, über das Hank noch nicht verfügt. Am wichtigsten ist allerdings, dass ich Verantwortung für ihn trage, er aber nicht für mich. Hank wird unweigerlich erwachsen werden, aber meine Aufgabe besteht darin, sicherzustellen, dass er ein erwachsener Erwachsener wird und nicht ein zu groß gewachsenes Kind. Deshalb muss ich Grenzen setzen, nicht zuletzt in Bezug auf die Menge an Fanta, die Hank konsumiert.

Das sind alles Gründe dafür, dass Hank nicht selbst entscheiden darf, was er trinkt. Tatsächlich sind es Gründe dafür, dass ich (oder eher: Julie und ich gemeinsam) entscheiden darf, was er trinken kann.

Ich erklärte Hank einiges davon. Und ich erinnerte ihn daran, dass er als Erwachsener seine eigenen Entscheidungen treffen dürfe, im Moment aber auf uns hören müsse.

Dann machte ich ihm einen Vorschlag. Ich wollte den Krieg beenden.

»Hör mit der Quengelei auf«, sagte ich, »und du kannst Samstagabend, wenn unsere Freunde zu Besuch kommen, eine Limonade trinken.«

»Versprochen?«, fragte Hank.

»Ja.«

»Okay«, sagte er.

Am Samstag kamen unsere Freunde. Kaum waren sie durch die Tür getreten, sprang Hank auf, um sich eine Limonade zu holen.

Auf dem Weg verkündete er: »Ich habe *das Recht* auf eine Limo!«

2
Rache

Hank hatte einen Tag frei, genau wie ich. Wir waren gerade mit seinem liebsten Zeitvertreib beschäftigt. Ich warf ihn auf dem Bett hin und her, während er sich scheckiglachte. Dann wurde Hank plötzlich still.

»Was ist los? Alles in Ordnung?«

»Gestern«, begann Hank, »hat Caden zu mir Furzwurz gesagt, und dann kam Kelly, um mit mir ein ernstes Wörtchen zu reden.«

Dieser Satz wirft sicherlich eine Menge Fragen auf. Einige davon sind leicht zu beantworten. Caden war ein Kind aus der Vorschulgruppe, in die Hank (damals fast vier Jahre alt) seit kurzer Zeit ging.[*] Kelly war die verantwortliche Erzieherin. Da ich all das wusste, fragte ich: »Was ist ein Furzwurz?«

»Daddy, es ist was Schlimmes.«

»Bist du sicher? Vielleicht ist so ein Furzwurz ja cool. Sollen wir es mal googeln?«

»Daddy! Furzwurze sind *nicht cool*!«

Wir diskutierten noch ein wenig über diese Frage, hauptsächlich, weil es lustig ist, »Furzwurz« zu sagen, und noch lustiger, es

---

[*] Nur um das klarzustellen: Caden heißt natürlich nicht Caden. Ich habe die Namen der Kinder anderer Leute geändert, um die Unschuldigen zu schützen – und Caden.

aus dem Mund von Hank zu hören. Aber natürlich hatte Hank recht. Es ist schrecklich, ein Furzwurz zu sein, selbst wenn niemand weiß, was zum Henker ein Furzwurz eigentlich sein soll. Da kann man ja gleich ein Sackgesicht sein. (Funfact: Was ein Sackgesicht ist, weiß auch niemand. Kein Wunder, Schimpfwörter sind in dieser Hinsicht echt komisch.)

Eigentlich wollte Hank aber eher über den zweiten Teil der Geschichte mit mir sprechen. Den Teil, in dem Kelly ihn beiseitenimmt.

»Hat Kelly auch mit Caden geredet?«
»Nein«, sagte Hank empört. »Nur mit mir.«
»Warum? Hast du ihr gesagt, wie Caden dich genannt hat?«
»Erst danach.«
»Erst wonach?«
Hier verstummte der Zeuge.
»Hank, was hast du mit Caden gemacht?«
Stille.
»Hank, hast du Caden etwas getan?«
»Kelly hat mit mir geredet.«
»Worüber, Hank?«

Der Zeuge schwieg beharrlich, was ich respektieren musste, und so blieb mir nichts anderes übrig, als meine Taktik zu ändern.

»Hank, denkst du, dass es in Ordnung war, gemein zu Caden zu sein, weil er gemein zu dir war?«

»*Ja*«, sagte Hank, als wäre ich schwer von Begriff. »*Er hat Furzwurz zu mir gesagt!*«

◆ ◆ ◆

An diesem Punkt hätte ein guter Vater dem Nachwuchs sicher den Motown-Klassiker »Two Wrongs Don't Make a Right« (Zweimal Unrecht ergibt kein Recht) vorgespielt, der in den Pop-Moral-

Charts gleich hinter dem Kinderklassiker »The Golden Rule« (Die goldene Regel) rangieren dürfte.*

Allerdings bin ich kein guter Vater, sondern ein fantastischer. Und so verbrachten wir die nächsten zwanzig Minuten damit, zu Rachesongs abzurocken, angefangen mit dem funkfantastischen »The Payback« (Vergeltung) von James Brown aus dem Jahr 1973. (»Revenge! I'm mad! Gotta get payback! Need some get back! Payback!«)

So cool bin ich dann aber leider doch nicht. Zumindest nicht in Echtzeit. Also legte ich weder James Brown auf, noch brachte ich Hank bei, dass Unrecht und Unrecht kein Recht ergeben. Die Sache mit James Brown bereue ich ein wenig, denn wie ich Jahre später entdeckte, finden Kinder seine Texte urkomisch. (»Uh! Ha! Good God! Darn good!«) Sie lieben auch seine Musik. Was nur allzu verständlich ist. (Bei der Songauswahl ist allerdings Vorsicht geboten, wenn man eine Diskussion über Sexmaschinen vermeiden will, wie sie Hank und ich bereits geführt haben.)

Wissen Sie, was ich nicht bereue? Den Moment verpasst zu haben, um Hank beizubringen, dass Unrecht und Unrecht kein Recht ergeben. Dieser Lehrsatz ist für mich ein äußerst missliches Stück elterlicher Propaganda, denn Unrecht und Unrecht kann sehr wohl Recht ergeben. Oder besser gesagt kann das zweite Unrecht die Sache wieder in Ordnung bringen. Wir belügen unsere Kinder, und möglicherweise auch uns selbst, wenn wir etwas anderes behaupten.

◆ ◆ ◆

---

* Ohne Quatsch: Berry Gordy Jr. und Smokey Robinson schrieben einen Song namens »Two Wrongs Don't Make a Right«, der 1961 von Barrett Strong und 1963 von Mary Wells aufgenommen wurde.

Warum tun wir Rache eigentlich so schnell ab? Nun, zuerst einmal ist sie riskant. Wer versucht, jemandem wehzutun, kann dabei selbst verletzt werden. Aber schlimmer noch: Rache kann zu Vergeltung führen, und darauf folgt wieder Rache und wieder Vergeltung und wieder Rache und wieder Vergeltung. Im schlechtesten Fall entsteht daraus ein endloser Zyklus der Gewalt.

Wir lehnen Rache jedoch nicht nur wegen des Risikos ab. Viele Menschen halten Gewalt für sinnlos. Nehmen wir den alttestamentarischen Rechtssatz *Auge um Auge* als Beispiel und bauschen Cadens Angriff auf Hank etwas auf. Angenommen, Caden hätte Hank das Auge ausgestochen. Was bitte würde es besser machen, wenn Hank sich im Gegenzug Cadens Auge holt? Hank bekäme sein Auge dadurch nicht zurück. Es gäbe lediglich ein Kind mehr, das mit nur einem Auge leben müsste.

Warum also streben wir nach Rache, wenn sie so sinnlos ist?

Eine mögliche Antwort lautet, dass wir von Natur aus darauf gepolt sind, nach Rache zu trachten, wenn uns jemand unrecht getan hat. So ist nachgewiesen, dass gerade kleine Kinder dazu tendieren, sich rächen zu wollen. Für eine Studie ließ man vier- bis achtjährige Testpersonen ein Computerspiel spielen, in dem andere (durch das Forschungsteam gesteuerte) Figuren ihnen Sticker stehlen oder Sticker schenken konnten.[41] Wenn sich die Möglichkeit bot, nahmen die Kinder Rache an denjenigen, die sie zuvor bestohlen hatten, und bereicherten sich an ihnen viel stärker als an anderen Testpersonen. Beim Schenken war eine derartige Reziprozität jedoch nicht zu beobachten. Hatte ein Kind ein Geschenk erhalten, zeigte es keine Bereitschaft, den Schenkenden mehr zurückzugeben als anderen. Es jemandem heimzuzahlen, entspricht wohl eher unserer Natur, als uns erkenntlich zu zeigen.

Es gibt noch weitere Belege für die Annahme, dass das Bedürfnis nach Rache in unseren Genen festgeschrieben ist. Wissenschaftliche Studien zeigen, dass Beleidigungen Rachegelüste auslösen, und zwar im wahrsten Sinne des Wortes. Sie aktivieren nämlich den Teil des Gehirns, der aufleuchtet, wenn Menschen danach streben, ihren Appetit zu stillen oder andere Bedürfnisse zu befriedigen – den präfrontalen Cortex.[42] Homer hatte also recht mit seiner Annahme, Rache sei süß.[43] Und das ist vielleicht noch untertrieben. Vor einiger Zeit entdeckte ich ein T-Shirt, auf dem stand, Rache sei besser als Sex. Stalin ging diesbezüglich noch einen Schritt weiter – er hielt Rache für das größte Vergnügen im Leben.*[44]

Ich bin mir da nicht so sicher. Sex kann ziemlich großartig sein. Und Stalin war ein Soziopath. Rache kann sicherlich Befriedigung bringen, und das Vergnügen, das wir aus ihr ziehen, könnte durchaus von einem tief in unseren Gehirnen verankertem Mechanismus ausgelöst werden. Aber selbst wenn wir aufgrund eines animalischen Instinkts nach Rache streben, stellt sich immer noch die Frage, welchem Zweck sie dient – und ob wir, bei genauerer Überlegung, diesem Impuls folgen oder ihn zügeln sollten. Soll heißen: Es bleibt zu diskutieren, ob Rache wirklich so sinnlos ist, wie es scheint.

◆ ◆ ◆

William Ian Miller ist einer meiner unterhaltsamsten Kollegen. Er ist ein führender Experte für das Thema Rache und kennt sich bestens mit den Kulturen aus, für die sie zentral war. Und ja, der Mann ist genauso amüsant, wie es sein Fachgebiet erahnen lässt – er kennt die tollsten Geschichten und hat eine besondere

---

* Simon Sebag Montefiore schildert die Begebenheit so: »Bei einer alkoholseligen Mahlzeit forderte Kamenev alle an der Tafel auf, ihr größtes Vergnügen im Leben zu nennen (...) Dann erwiderte Stalin: ›Mein größtes Vergnügen ist es, mir ein Opfer auszuwählen, meine Pläne detailliert vorzubereiten, unversöhnliche Rachegefühle zu stillen und dann ins Bett zu gehen. Gibt es etwas Süßeres auf der Welt?‹«

Sicht auf die Welt. Einmal erzählte er mir, er habe bewusst eine zu geringe Lebensversicherung abgeschlossen. »Meine Familie soll nicht mittellos sein, wenn ich sterbe«, erklärte er, »aber vermissen soll sie mich schon.« Er fragte, ob ich denn gut versichert sei, was ich bejahte, und riet mir anschließend, ich solle auf der Hut sein. (Zum Zeitpunkt dieses Gesprächs war Rex wohlgemerkt noch ein Kleinkind.)

Miller hat keinerlei Verständnis für diejenigen, die Rache für irrational halten. An sich nützt Hank Cadens Auge nichts. Caden das Auge zu nehmen, allerdings schon. Denn wenn andere davon ausgehen müssen, dass Hank zurückschlägt, werden sie sich einen Angriff zweimal überlegen. Die anerkannte Bereitschaft zum Rachenehmen ist eine Versicherungspolice, die vor Verletzungen schützt. Das macht sie sogar besser als eine gewöhnliche Versicherung, da sie Verletzungen vorbeugt, anstatt nur Geld für das Leben danach bereitzustellen.

Rache kann also durchaus rational sein. Dieses eiskalte Kalkulieren erklärt allerdings weder das empfundene Vergnügen noch den Willen, zur Befriedigung eines Rachebedürfnisses die Grenze des Rationalen zu überschreiten. Dieses Vergnügen, so scheint es, ist eine Form der Schadenfreude – die Freude über das Leid einer anderen Person, insbesondere der Person, die einem selbst Leid angetan hat.

Aber warum sollte uns das Freude bereiten? Eine verbreitete Antwort lautet: Weil die andere Person es eben verdient. Tatsächlich glauben viele, es gäbe eine besondere Form der Gerechtigkeit: die *Vergeltungsgerechtigkeit*. Diese verlangt, dass diejenigen, die anderen (unrechtmäßig) Leid zufügen, selbst Leid erfahren sollen. Bis dieses Leid nicht ausgeführt wurde, ist irgendein kosmisches Konto nicht ausgeglichen. Das Vergnügen besteht in diesem Fall darin, mitzuerleben, wie der Gerechtigkeit Genüge getan wird.

Das klingt allerdings etwas unpersönlich. Wer nach Rache

trachtet, will für gewöhnlich selbst Leid zufügen und nicht nur dabei zusehen. Hier ist keine kosmische Rechnung offen, sondern eine zwischenmenschliche. *Es ist an der Zeit, es ihr heimzuzahlen,* heißt es. Oder: *Er muss dafür bezahlen, was er getan hat.* Das klingt irgendwie nach Buchhaltung und etwas inkonsistent, denn in den Metaphern wechselt, wer Schuldner und wer Gläubiger ist.[45] Aber das spielt keine Rolle. Fakt ist: Es sind Rechnungen offen, also muss vergolten werden.

◆ ◆ ◆

Sollten wir derartiges Gerede ernst nehmen? Nun, im Laufe der Menschheitsgeschichte haben das viele, wenn nicht sogar die meisten getan. Daher widerstrebt es mir, es einfach abzutun. Dennoch habe ich ernsthafte Vorbehalte. Ich weiß nicht, wer die kosmischen Rechnungsbücher führt oder warum es uns interessieren sollte, was in ihnen steht. Wenn sie Gott gehören, wird er sie sicher ausgleichen. (»Die Rache ist mein; ich will vergelten, spricht der Herr.«[46]) Meiner Meinung nach benötigen wir zudem mehr als nur eine Metapher als Rechtfertigung, um einer anderen Person das Auge auszustechen.

In der Philosophie lehnen einige das Konzept der Vergeltungsgerechtigkeit ab. Sie sind der Meinung, dahinter stecke eine fehlgeleitete Bildsprache, ein Ansatz, den wir doch lieber vergessen sollten. Ich denke jedoch, dass wir das zugrunde liegende Konzept rehabilitieren können. Das werden wir allerdings erst im nächsten Kapitel versuchen, beim Thema Strafe. Jetzt möchte ich den Fokus auf eine andere Art der Gerechtigkeit lenken. Oder besser gleich zwei.

Vor langer Zeit unterschied Aristoteles zwischen *Verteilungsgerechtigkeit* und Tauschgerechtigkeit bzw. *ausgleichender Gerechtigkeit*.[47] Wenn wir über Ungleichheit sprechen, geht es um Verteilungsgerechtigkeit. Angenommen, es gibt einen Kuchen, und wir diskutieren darüber, wie er aufzuteilen ist. Wenn Ihr Stück größer als das meine ist, könnte ich mich darüber beschweren, dass wir den Kuchen nicht gerecht aufgeteilt haben. Hat jeder von uns allerdings sein Stück, ganz gleich wie groß, und Sie stehlen mir das meine und ich fordere es zurück – dann schreibt die ausgleichende Gerechtigkeit laut Aristoteles die Rückgabe vor. Sie verlangt, dass Sie meinen Verlust ausgleichen.

Ist Rache also ein Weg, um ausgleichende Gerechtigkeit zu üben? Scheint so. *Auge um Auge* ist nicht so weit entfernt von *Ich will meinen Kuchen zurück*. Wenn Hank Caden das Auge nimmt, bekommt er das zurück, was er verloren hat – ein Auge. Jedoch bekommt er nicht *genau* das, was er eingebüßt hat, und das ist bedeutsam. Cadens Auge nutzt Hank nicht viel, da er damit nicht sehen kann.

Trotzdem sagt Miller, Auge um Auge sei eine Art, ausgleichende Gerechtigkeit zu üben, und eine ziemlich geniale noch dazu.[48] Das Wichtige daran ist, dass der Ausgleich nicht immer mit gleicher Münze erfolgen muss. Manchmal geben Sie mir meinen Kuchen zurück. Manchmal bezahlen Sie dafür. So verhält es sich wohl auch mit Augen.

Bei dem Rechtsgrundsatz Auge um Auge, so sagt Miller, sei es nicht darum gegangen, weitere Augen auszustechen. Viel eher bietet das Talionsprinzip (das ist der hochtrabende Name für die Auge-um-Auge-Regel) den Opfern ein Druckmittel denen gegenüber, die ihnen Schaden zugefügt haben. Hätten Caden und Hank als Erwachsene in biblischen Zeiten gelebt, wäre Hank gemäß der Talion sofort, nachdem Caden ihm ein Auge genommen hätte, zum Eigentümer über eins von Cadens Augen geworden. Er hätte es sich jederzeit nehmen dürfen. Und natürlich wäre es dann in Hanks Interesse gewesen, Caden in dem Glauben zu lassen, er werde es tun. Wahrscheinlich ist jedoch, dass Hank eben dieses nicht hätte tun müssen, da Caden sein Auge zuvor von ihm *zurückgekauft* hätte. Der Preis, den Caden gezahlt hätte, um sein Auge zu behalten, hätte Hank für den Verlust des seinen entschädigt.

Anders ausgedrückt: Die Gefahr, eines seiner Augen zu verlieren, hätte Caden dazu gebracht, die Forderungen nach ausgleichender Gerechtigkeit zu befriedigen, indem er Hank für dessen Auge entschädigt.

Bei der Talion dreht sich also alles, und das ist das Amüsante daran, um Empathie. Durch das Talionsprinzip wird man dazu gebracht, den Schmerz anderer nachzuempfinden. Wer eine Person verletzt, setzt sich dieser Verletzung potenziell selbst aus. Auf diese Weise wird man dazu gezwungen, sich ein Leid vorzustellen, bevor man es einer anderen Person zufügt. Die Hoffnung dahinter ist, dass dies den Täter zurückhält und am Ende niemand verletzt wird. Sollte die Abschreckung allerdings nicht funktionieren, erzwingt die Talion, den verursachten Schaden auszugleichen, da man diesen andernfalls selbst erleidet.

◆ ◆ ◆

»Hey, Rex, kann ich dir eine Geschichte über Rache erzählen?«, fragte ich meinen damals zehnjährigen Sohn beim Mittagessen.

»Ist sie eklig?«, fragte er.

»Nein«, versicherte ich ihm.

»Okay.«

»Na ja, vielleicht ein bisschen«, räumte ich ein.

»Musst du sie mir denn erzählen?«

»Ja, irgendwie schon.«

»Du schreibst gerade etwas über Rache, stimmt's?«

Der Junge hat mich durchschaut. »Ja, genau.«

»Okay, schieß los.«

Die Geschichte, die ich Rex erzählte, stammt aus einer isländischen Saga, der *Saga von Gudmund dem Trefflichen*.[49]

»Es gibt da diesen Kerl namens Skæring«, begann ich, »und er ist unten am Hafen, wo er Geschäfte mit ein paar norwegischen Händlern macht. Der Deal läuft aber schief, und die Norweger hacken Skæring die Hand ab.«

»Dad! Das ist eklig. Supereklig.«

»Ja, okay. Der Rest ist aber besser. Versprochen. Willst du wissen, wie es weitergeht?«

»Ja«, sagte Rex.

»Also: Skæring geht los, um einen Verwandten um Hilfe zu bitten, einen Kerl namens Gudmund. Gudmund trommelt ein paar Männer zusammen, und sie reiten runter zum Hafen, um die Norweger zur Rede zu stellen. Was glaubst du, machen sie, als sie im Hafen ankommen?«

»Sie bringen die Norweger um.«

»Nein. Als Gudmund im Hafen ankommt, verlangt er von den Norwegern, Skæring für seine Hand zu entschädigen. Weißt du, was das bedeutet?«

»Nein.«

»Es bedeutet, dass die Norweger Geld an Skæring zahlen sollen, damit der nicht mehr so traurig über die verlorene Hand ist.«

»Verstehe. Und, bezahlen sie?«

»Sie sagen zu, jeden Preis zu zahlen, den Gudmund als angemessen ansieht. Aber dann setzt Gudmund den Preis fest, und er ist hoch, und zwar richtig hoch.«

»Wie hoch?«

»Dreißig Hunderte.«

»Ist das viel?«

»Der Saga zufolge schon. Dort heißt es, die Norweger hätten diesen Preis erwartet, wenn sie jemanden wie Skæring umgebracht hätten, aber nicht, wenn sie ihm die Hand abschlagen.«

»Zahlen sie trotzdem?«

»Nein. Sie werden sauer auf Gudmund. Sie finden, er verlangt zu viel.«

»Was macht Gudmund dann?«

»Rate mal.«

»Er tötet die Norweger«, sagte Rex ernst.

»Nein.«

»Er schlägt ihnen die Hände ab!«, antwortete Rex – so langsam bekam er ein Gefühl für das Talionsprinzip.

»Nein, aber die Idee ist schon nicht schlecht. Gudmund war ein schlauer Bursche. Was sollte er deiner Meinung nach denn tun, bevor er anfängt, irgendwelche Körperteile abzuschlagen?«

»Er sollte ihnen sagen, dass er genau das tun wird, wenn sie nicht bezahlen!«

»Richtig! Gudmund sagte, er werde Skæring die dreißig Hunderte selbst zahlen. Anschließend werde er sich einen der Norweger schnappen und ihm die Hand abschlagen. Die Norweger könnten den Mann dann mit so wenig Geld entschädigen, wie sie wollten.«

»Und? Hat das funktioniert?«, fragte Rex.

»Was glaubst du?«

»Ich wette, sie haben gezahlt«, sagte er.

»Richtig. Sie haben die dreißig Hunderte gezahlt.«

»Ganz schön clever«, sagte Rex.

◆ ◆ ◆

In der Tat, Gudmund *war* clever. Die Talion als Prinzip ebenso. Die Norweger bezahlten, weil Gudmund den Gegenwert der Zahlung neu definierte. Es ging nicht mehr um den Preis von Skærings Hand, sondern um eine ihrer eigenen. Und wie Miller ausführt, sind die meisten Leute »eher bereit, mehr Geld für die Rettung der eigenen Hand zu bezahlen als für die abgeschlagene Hand eines anderen«.[50] Das ergibt Sinn. Hände sind nützlicher, wenn sie fest mit den dazugehörigen Körpern verbunden sind.

Gudmund war auch in anderer Hinsicht schlau. Er brachte die Norweger nicht einfach nur dazu, seinen Preis zu bezahlen, er demütigte sie auch, indem er sie als geizig entlarvte. Sie versuchten sich als großzügig darzustellen, indem sie Gudmund erlaubten, selbst einen Preis für Skærings Hand festzulegen. Dann verweigerten sie jedoch die Zahlung des festgesetzten Betrags und ermöglichten es Gudmund, seinerseits mit einer großzügigen Geste zu punkten, indem er anbot, Skæring selbst zu entschädigen und den schwindelerregend hohen Preis zu bezahlen. Am Ende ließ Gudmund die Norweger als Feiglinge dastehen, deren Bereitschaft zur Zahlung sich sprungartig änderte, als die eigenen Hände auf dem Spiel standen.

Gudmund gewann durch dieses Manöver an Ehre. Aber was bedeutet das eigentlich? Und warum war es wichtig? Ehre lässt sich nicht leicht definieren. Damals war es ein abstraktes Attribut, das über die Stellung einer Person innerhalb der sozialen Hierarchie bestimmte. Die Ehre spielte eine große Rolle in Gesellschaften wie der, die in den isländischen Sagas beschrieben wird. Miller erklärt es folgendermaßen:

> Die Ehre entschied darüber, ob jemand ernst genommen wurde und ob andere Skrupel hatten, sein Land zu nehmen oder seine Tochter zu vergewaltigen. Sie bestimmte darüber, wie jemand sprach, wie laut, wie häufig, mit wem und wann, und ob dieser Jemand gehört wurde. Sie bestimmte darüber, wie sich jemand hielt, wie aufrecht er ging – und zwar wortwörtlich, nicht nur metaphorisch –, und wie lange und ob überhaupt er jemanden anschauen durfte.[51]

Kurz gefasst gab die Ehre vor, welchen Wert eine Person in den Augen anderer hatte. Ich werde später noch einmal detaillierter darauf zurückkommen. Aber bevor wir uns von Gudmund verabschieden, wollen wir seine Methode damit vergleichen, wie die Gerichte der Gegenwart mit Skærings Anspruch umgehen würden.

◆ ◆ ◆

Heutzutage folgen wir nicht mehr dem Talionsprinzip. Dennoch versuchen unsere Gerichte für ausgleichende Gerechtigkeit zu sorgen. Wer eine Verletzung erleidet, kann gegen die verursachende Person klagen. Bei Nachweis einer Schuld entscheidet das Gericht auf Schadensersatz.

Offiziell sollen Gerichte Entschädigungen festsetzen, ohne auf Appelle an persönliche Gefühle, Empathie oder Ähnliches Rücksicht zu nehmen. Die Geschworenen sind verpflichtet, eine faire und angemessene Schadensersatzzahlung für die Verletzungen einer mit ihrer Klage erfolgreichen Person festzulegen. In der Praxis allerdings bemühen sich die Rechtsbeistände der klagenden Personen sehr wohl, Mitgefühl zu wecken. So beschreiben sie die erlittenen Verletzungen in grausigen Details, um ihre Mandantinnen und Mandanten möglichst bemitleidenswert erscheinen zu lassen und die Schadensersatzsumme nach oben zu treiben.

Mitleid ist jedoch längst nicht so wirkungsvoll wie Empathie. In meinen Lehrveranstaltungen schildere ich den Studierenden regelmäßig den Fall von Kay Kenton. Sie stand in der Lobby eines Hyatt Regency Hotels, als Teile der Decke auf die Gäste herabstürzten.[52] Mehr als einhundert Personen starben bei diesem Unglück. Kenton überlebte, trug aber schreckliche Verletzungen und eine Reihe irreversibler Einschränkungen davon: ihr Genick war gebrochen, ihre Sinneswahrnehmung im gesamten Körper gestört, Atmung sowie Blasen- und Darmfunktion geschädigt. Hinzu kamen entsetzliche Schmerzen, ein schweres Trauma und weitere Probleme.

Die Jury sprach Kenton vier Millionen Dollar zu. Das klingt

nach einer Menge Geld – bis man sich überlegt, was davon alles bezahlt werden muss. Die Behandlungskosten wurden auf mehr als eine Million Dollar geschätzt. Zum Zeitpunkt des Unfalls hatte Kenton Jura studiert. Dem medizinischen Gutachten zufolge war ausgeschlossen, dass sie jemals wieder arbeiten würde, schon gar nicht als Anwältin. Die ihr durch den Unfall entgangenen Einkünfte wurden, auf den Zeitraum ihrer Karriere hochgerechnet, auf zwei Millionen Dollar geschätzt. Zieht man diese Beträge ab, bleibt als Entschädigung für die Schmerzen und Leiden von Kay Kenton etwa eine Million Dollar übrig.

Auf diese Weise betrachtet, ist die Schadensersatzsumme gar nicht mehr so großzügig – noch weitaus weniger großzügig sogar, wenn man bedenkt, dass Kentons Rechtsbeistand wahrscheinlich ein Viertel oder mehr der Summe verlangt haben dürfte. Wären Sie bereit, diese Verletzungen zu erleiden, wenn jemand die entstehenden Kosten tragen und Ihnen eine Million für Ihre Schmerzen und Ihr Leid zahlen würde? Ich nicht. Auf keinen Fall.

Und doch besaß Hyatt die Unverfrorenheit, das Gericht zu bitten, die Schadensersatzsumme zu halbieren, da sie zu hoch angesetzt sei. Das Gericht lehnte diesen Antrag ab. Aber fragen Sie sich bitte mal: Wie viel würde Hyatt wohl zahlen, um eine ihrer C-Level-Führungskräfte vor Kentons Verletzungen zu bewahren? Angenommen, es gelte das Talionsprinzip und Kenton hätte das Recht, Deckenteile (oder ähnlich schwere Objekte) auf eine von Hyatts Top-Level-Führungskräfte herunterfallen zu lassen. Wie viel würde das Unternehmen wohl zahlen, um Kenton davon abzuhalten?

Sie tippen auf mehr als vier Millionen Dollar? Dann liegen Sie meiner Meinung nach richtig. Ich könnte mir sogar vierzig Millionen Dollar vorstellen. Oder noch mehr. Vielleicht sogar sehr viel mehr. Das ist die Kraft der Empathie. Die Stärke des Talionsprinzips besteht darin, sich diese Kraft zunutze zu machen.

Ich bin mir sicher, dass Kenton den Geschworenen leidtat und sie Mitgefühl mit der Geschädigten hatten. Ich bezweifle allerdings, dass sie ihren Schmerz fühlten. Die Chefs von Hyatt hätten ihn ganz sicher gefühlt, wenn sie ihn für sich selbst hätten befürchten müssen.

◆ ◆ ◆

Der Reiz des Talionsprinzips liegt nicht allein in der Empathie begründet. Es bedeutet ein Auge für ein Auge und nicht mehr, worin eine klare Begrenzung des Vergeltungsmaßes enthalten ist.

Es scheint, als habe die Evolution uns mit Rachegelüsten ausgestattet. Aber solche Gelüste können auch schon mal außer Kontrolle geraten. Denken Sie nur mal daran, wie oft Sie zu viel Essen. (Vielleicht ist das aber auch nur mein Thema. Rex behauptet nämlich, »Ich glaube, ich habe zu viel gegessen« sei der Lieblingsspruch der Hershovitz-Männer.)

Einige Menschen wollen mehr als ein Auge für ein Auge. Sie schätzen ihren Wert zu hoch ein oder den anderer zu gering. Oder sie übertreiben schon bei den nichtigsten Anlässen.

In Rachekulturen waren Menschen ihres Schlages nicht wohlgelitten, da es in ihrer Gegenwart nur wenig Hoffnung auf Ruhe und Frieden gab. Durch den Rechtssatz Auge um Auge jedoch wurden sie in ihre Schranken gewiesen, denn dieser legte unmissverständlich fest, was als angemessene Kompensation galt.[53] Eine ähnliche Aufgabe kam auch den sogenannten *Oddamaðr*, den Stichentscheidsmännern, im alten Island zu, die als Schlichter auf den Plan traten, wenn die Streitparteien keine Übereinkunft finden konnten.* In einem Streit zweier Parteien waren sie die Dritten, die Ungeraden. Wie Miller es ausdrückt: »Man

---

* Das Wort *Oddamaðr* rührt von Oddi her, was »ungerade Zahl« bedeutet und denjenigen bezeichnet, der eine ungerade Personenzahl herstellt und dadurch die Stimmengleichheit beseitigt. [Anm. d. Übers.]

brauchte die Ungeraden, um die Dinge wieder geradezubiegen, da man andernfalls auf alle Ewigkeit miteinander im Zwist lag.«[54]

Geschworenenjurys sind die modernen Pendants der *Oddamaðr*. Sie haben die gleiche Aufgabe, repräsentieren die Gemeinschaft und entscheiden darüber, was als angemessene Kompensation gilt. Allerdings legen sie die Höhe dieser Kompensation anders fest, als ihre Vorgänger es taten. Die *Oddamaðr* setzten das Talionsprinzip durch, anstatt die Körperteile der Klagenden zu verramschen, wie die Geschworenengerichte es heutzutage tun.

Das mag sich widersinnig anhören. In der Wahrnehmung der Öffentlichkeit übertreiben es die US-amerikanischen Geschworenengerichte nämlich: Sie legen zu hohe Kompensationszahlungen fest, nicht etwa zu niedrige. Diese Meinung teile ich jedoch nicht. Regelmäßig bestimmen die Gerichte Schadensersatzzahlungen, die weit unter dem bleiben, was jemand – wenn man ihn vorher nach seinem Preis fragen würde – für das Erleiden der jeweiligen Verletzung als angemessen erachtet hätte.

Manchmal frage ich die Studierenden in meinen Lehrveranstaltungen, für welche Summe sie bereit wären, die Verletzungen und Beeinträchtigungen von Kenton auf sich zu nehmen. Die meisten antworten, sie würden es für keinen Preis der Welt tun. Einige wenige meinen, mehrere Hundert Millionen Dollar könnten sie locken, da sie bereit wären, sich für ihre Familien zu opfern. Noch nie jedoch war unter meinen Studierenden jemand, der oder die Kentons Verletzungen für die vier Millionen Entschädigung auf sich genommen hätte, die man ihr zugesprochen hat.

Im Allgemeinen halten wir uns gern für kultivierter als diejenigen, für die Rache ein fester Bestandteil ihres Daseins war. In unserer Vorstellung war das Leben damals »unter derart gewalttätigen Seelen billig, garstig und brutal«[55]. Aber das ist eine

Fehleinschätzung, sagt Miller. Tatsächlich war das Leben in talionischen Gemeinschaften eher teuer. Wenn du jemandem ein Körperteil nimmst, bezahlst du mit eben jenem Teil deines eigenen Körpers dafür. Wir sind diejenigen, die Leib und Leben einen geringen Wert beimessen.*[56]

Dennoch würde ich auf keinen Fall nach dem Talionsprinzip leben wollen. Ein Großteil des modernen Alltags ist nur möglich, weil wir zulassen, dass Geschworenengerichte menschliche Leiber und Leben verramschen. Wie Miller beschreibt, würden wir kaum Auto fahren, »wenn jeder Verkehrstote den verbliebenen Angehörigen das Recht zum Töten gäbe«.[57] Genau genommen müssten wir uns nicht nur von Autos verabschieden, sondern von allen Maschinen des modernen Lebens: Flugzeugen, Zügen, Lastkraftwagen, Bohrmaschinen, kurz von allem mit einem Motor. All diese Dinge stehen uns nur zur Verfügung, weil wir willens sind, den Rechtssatz Auge um Auge hinter uns zu lassen und im Schadensfall eine sehr viel geringere Kompensation zu akzeptieren.

Die Annehmlichkeiten des modernen Lebens sind jedoch nicht der einzige Grund, um eine Kultur der Rache abzulehnen.

---

* Zumindest in den Gerichten, wo die Frage beantwortet werden muss, wie man auf Fehlverhalten reagiert. Miller weist darauf hin, dass wir schwindelerregende Summen für die Gesundheitsversorgung ausgeben, insbesondere gegen Ende des menschlichen Lebenszyklus. Diese Tatsache, so ergänzt er, sagt jedoch »weniger über unsere Tugendhaftigkeit als über unsere Laster aus; weniger über unseren Einsatz in Sachen Menschenwürde als über den Mangel desselbigen. Wir haben so viel Angst vor Tod und Leid, dass wir sogar bereit sind, unsere Enkelgenerationen in den Bankrott zu stürzen, nur um am Ende unserer Zeit auf Erden noch ein paar nutzlose Jahre dranzuhängen, mit denen wir dann doch nichts anzufangen wissen.« Ich glaube, Miller schießt mit seinem Kommentar etwas über das Ziel hinaus; Medicare [die US-Krankenversicherung für Ältere und Menschen mit Handicap, Anm. d. Übers.] wird unsere Enkelkinder nicht in den Bankrott treiben. Dennoch erscheint es lohnend, zu überlegen, was die von ihm formulierte Juxtaposition über unsere Werte aussagt.

Eingangs habe ich vorgeschlagen, dass Caden sein Auge von Hank zurückkaufen könnte. Dazu bräuchte er allerdings Geld. Ohne Kohle müsste er sein Auge hergeben – oder Hank etwas überlassen, was diesen interessieren könnte, wie etwa seine Arbeitskraft. Dadurch würde er allerdings in Schuldknechtschaft geraten und müsste den Preis des von ihm genommenen Auges abarbeiten.[58] Unterm Strich war das Prinzip Auge um Auge also nicht unbedingt ein Rezept für Gleichheit.

Die Sklaverei war allerdings nicht das einzige widerwärtige Merkmal von talionisch geprägten Gesellschaften. Das Konzept der Ehre war ein weiteres. Erinnern Sie sich noch, wie ich sagte, Gudmund habe den Preis für Skærings Hand so hoch angesetzt, als müsste davon der Gegenwert für den Tod eines Menschen wie Skæring bezahlt werden? Nun, der Wert der Menschen und ihrer Körperteile hing von ihrer Ehre ab. Einige Menschen (Frauen, Bedienstete, Sklaven) zählten gar nichts oder zählten nur etwas, weil sie jemandem gehörten, der etwas zählte. Und jeder, der etwas zählte, bemühte sich ständig darum, sein Ansehen zu erhöhen und seine Ehre zu steigern, beziehungsweise andere daran zu hindern, ihm diese streitig zu machen.

Das klingt sehr anstrengend. Wir sollten dankbar sein, in einer Gesellschaft zu leben, in der sich der Wert einer Person anhand erstrebenswerter Errungenschaften bemisst, zum Beispiel der Anzahl der Likes für den letzten Facebook-Post.

Oh, stopp! Ich wollte doch eigentlich sagen: Wir sollten dankbar sein, in einer Gesellschaft zu leben, die alle Menschen gleich wertschätzt.

Mist! Das ist immer noch nicht richtig. Ich wollte sagen: Wir sollten dankbar sein, in einer Gesellschaft zu leben, die behauptet, alle Menschen gleich wertzuschätzen.

Und das meine ich tatsächlich so. Es ist ein Ideal, das wir nicht erreichen. Aber zumindest ist es unser Ideal. Und das allein ist schon eine moralische Errungenschaft, da nur wenige Gesellschaften derartige Ambitionen teilen. Natürlich wäre es noch um einiges besser, eine Gesellschaft aufzubauen, die jeden Einzelnen gleich wertschätzt.

Belassen wir es für den Moment bei Folgendem: Man kann Rachekulturen ablehnen und trotzdem anerkennen, dass der Rechtssatz Auge um Auge zu seiner Zeit ein genialer Weg war, Gerechtigkeit zu schaffen.

◆ ◆ ◆

Kleine Kinder wissen nichts von dieser Genialität und trachten trotzdem nach Rache. Warum? Hank war nicht sonderlich gesprächig, was seine Gründe anging. Als ich auf eine Erklärung drängte, wiederholte er mehrmals die bereits als Tatsache etablierte Behauptung, Caden habe ihn als Furzwurz bezeichnet – ganz so, als wäre das Erklärung genug.

Dem ist jedoch nicht so. Aber es ist auch kein Geheimnis, warum Hank Rache nahm. Er trat in dieser Situation für sich selbst ein. Aber was bedeutet das überhaupt? Und warum musste Hank das tun?

Aus bereits bekannten Gründen liegt es in Hanks Interesse, dass andere Kinder ihn nicht als leichtes Opfer sehen. Soll heißen: Hank hat ein Interesse daran, bei anderen als jemand zu gelten, der sich für erfahrenes Unrecht rächt. Auch wenn Hank das noch nicht artikulieren konnte, hat er es vermutlich bereits gespürt. Wenn es also tatsächlich in unseren Genen verankert sein sollte, Rache zu üben, ist das vermutlich der Grund dafür.

Ich nehme jedoch an, dass noch mehr dahintersteckt: Für Hank steht mehr auf dem Spiel als seine zukünftige Sicherheit. Bei diesem Thema können wir uns bei einer Philosophin Hilfe holen, die mein Denken in diesem Bereich geprägt hat: Pamela Hieronymi. Sie war als Beraterin für die Macher der Sitcom *The Good Place* tätig und hatte sogar in der letzten Episode einen

Cameo-Auftritt. Hieronymi ist eine genaue Beobachterin der moralischen Aspekte unseres Lebens. Sie interessiert sich dafür, wie wir auf Fehlverhalten und Unrecht reagieren. Ihr besonderes Augenmerk gilt dabei den Botschaften, die dieses Fehlverhalten vermittelt, und den Gründen, warum wir darauf reagieren.

Angenommen Caden schubst Hank. Sicher, Hank könnte verletzt werden. Oder aber auch nicht. Das Schubsen ist so oder so ärgerlich, da es eine Botschaft sendet. Und diese Botschaft lautet: Hank ist ein Kind, das Caden herumschubsen kann.

Hank hat gute Gründe, diese Botschaft zurückzuweisen. Hieronymi sagt sogar, seine Selbstachtung stünde auf dem Spiel.[59] Hank möchte sich selbst nicht als Kind sehen, das von anderen herumgeschubst werden kann. Hinzu kommt, dass sein *sozialer Status* gefährdet ist. Hank möchte auch nicht von anderen als das Kind gesehen werden, das herumgeschubst werden kann.

Um seinen sozialen Status zu verteidigen und seine Selbstachtung wiederherzustellen, muss Hank auf Caden reagieren. Wenn er ihm das durchgehen lässt und auch sonst niemand darauf reagiert, läuft er Gefahr, dass andere schlussfolgern, Caden könne ihn herumschubsen. Möglicherweise glaubt er es irgendwann sogar selbst. Viel zu oft gewöhnen sich Menschen an solche Verletzungen und sehen sie als etwas, womit sie leben müssen – oder schlimmer noch, als etwas, das sie verdienen.

Wie sollte Hank also reagieren? Hieronymi meint, mit Wut und Ressentiment.[60] Das sind keine besonders angenehmen Emotionen, viele Menschen reagieren ablehnend darauf. Hieronymi jedoch ist Anhängerin einer langen Tradition innerhalb der Philosophie, die das Ressentiment als eine Frage der Selbstachtung ansieht.[61] Das Ressentiment ist ein Protest gegen die Botschaft, die implizit im erlittenen Unrecht mitschwingt. Wenn Hank Caden grollt, bringt er damit – wenn auch möglicherweise nur sich selbst gegenüber – zum Ausdruck, dass Caden kein Recht hat, ihn herumzuschubsen.[62]

Das Ressentiment ist allerdings nur der erste Schritt. Der nächste besteht darin, öffentlich gegen das Unrecht zu protestieren. Und genau das tut man, wenn man für sich einsteht. Für Hank gibt es verschiedene Wege, dies zu tun. Am einfachsten wäre es, Caden zu sagen: *Du kannst mich nicht herumschubsen.* Möglicherweise reicht es jedoch nicht, es einfach nur zu sagen. Wenn es keine Konsequenzen für Caden hat, dass er Hank ärgert, glaubt er möglicherweise, Hank weiterhin herumschubsen zu können, ganz egal was Hank dazu zu sagen hat. Andere Kinder könnten den gleichen Eindruck bekommen.

Hank sollte also daran interessiert sein, dass Cadens Verhalten Folgen hat. Und wie könnte er das erreichen? Er könnte Caden seinerseits schubsen. Das ist eine Art zu sagen: *Du kannst mich nicht herumschubsen.* Gleichzeitig bringt er damit aber zum Ausdruck: *Ich bin dir gleichgestellt. Wenn du mich schubsen kannst, kann ich dich auch schubsen.*

Caden hat Hank nicht geschubst. Er hat ihn Furzwurz genannt. Und damit seine Botschaft so deutlich wie möglich gemacht. Die Bezeichnung offenbarte den geringen Status, den Hank in Cadens Augen hatte. Hank war ein Furzwurz. Oder zumindest ein Kind, das man so nennen konnte. Und das teilte er Hank und jedem anderen Kind in Hörweite unmissverständlich mit.

Ich weiß nicht, wie Hank darauf reagierte. So schlimm konnte es jedoch nicht gewesen sein, da wir keine Mitteilung seitens des Kindergartens erhielten. Wenn ich raten müsste, würde ich sagen, Hank hat die Beleidigung zurückgegeben und Caden ebenfalls einen Furzwurz oder etwas ähnlich Absurdes geheißen. Was auch immer Hank getan hat, er ist für sich selbst eingetreten und hat damit Caden und jedem anderen Kind in der Umgebung laut und deutlich mitgeteilt: *Ich gehöre nicht zu den Kindern, die man einfach Furzwurz nennen kann.*

◆ ◆ ◆

Angenommen Sie säßen bei dieser Auseinandersetzung in der ersten Reihe. Würden Sie Hank beiseitenehmen, um ihm zu sagen, dass Unrecht und Unrecht kein Recht ergeben? Ich würde es nicht tun. Ich glaube, diese Situation würde mir eher ein gutes Gefühl vermitteln, weil ich den Eindruck hätte, dass der Junge in der Welt zurechtkommen wird.

Ganz zu Anfang sagte ich, das zweite Unrecht könne die Dinge wieder geraderücken. Das glaube ich auch immer noch. Die beiden Unrechte in unserem Beispiel haben nicht dieselbe symbolische Bedeutung. Als Caden Hank einen Furzwurz nannte, wollte er damit seine Überlegenheit zum Ausdruck bringen. Als Hank sich dafür revanchierte, wollte er zum Ausdruck bringen, dass er Caden gleichgestellt ist.

Sollte ich überhaupt noch Bedenken in Bezug auf meine Formulierung, das zweite Unrecht könne die Dinge wieder geraderücken, haben, dann nur, weil das zweite Unrecht eigentlich gar kein Unrecht ist, solange man es damit nicht übertreibt. Die moralische Qualität einer Handlung hängt immer davon ab, welche Botschaft sie vermittelt. Es liegen Welten dazwischen, für sich selbst einzustehen oder andere kleinzumachen – selbst wenn man dafür ein und dasselbe Wort benutzt.

◆ ◆ ◆

»Habt ihr euch schon mal an jemandem gerächt?«, fragte ich neulich die Jungs. Hank erinnerte sich zu diesem Zeitpunkt schon nicht mehr an die Sache mit dem Furzwurz.

»Ja«, sagte Rex. »Wenn Hank mich haut, haue ich zurück.«

»Ich auch!«, meldete sich Hank stolz. »Wenn Rex mich haut, haue ich zurück.«

»Ist das denn in Ordnung?«, fragte ich.

»Ja, wir sind Brüder. Wir dürfen uns gegenseitig berühren«, antwortete Hank und verfehlte damit das Thema.

»Habt ihr euch schon mal an jemandem in der Schule gerächt?«, bohrte ich weiter.

»Nein«, sagte Rex. »Unrecht und Unrecht ergeben kein Recht.«

»Was meinst du damit?«

»Wenn jemand etwas Fieses macht, und man selbst macht es dann auch, dann ist man genauso fies«, antwortete Rex.

»Bist du dir da sicher?«

»Ja.«

»Aber was ist denn, wenn die erste Person einfach nur fies war und die zweite Person für sich einstehen wollte?«

»Ah, verstehe«, sagte Rex. »Ich schätze mal, das ist dann nicht so schlimm. Aber gut ist es auch nicht.«

»Warum?«

»Na ja, weil man eigentlich immer noch anders reagieren kann.«

Da ist etwas dran. Man muss nicht mit gleicher Münze heimzahlen, um für sich einzustehen. *Du kannst dich auch mit Worten wehren*, wie wir nicht müde werden, schon den Kleinsten zu erklären. Oder man kann andere Personen bitten, für einen einzustehen. Kelly zum Beispiel hätte klarstellen können, dass Caden Hank nicht als Furzwurz beschimpfen darf. Sehr wahrscheinlich hätte sie auch genau das getan, hätte Hank sie um Beistand gebeten.

Aber gibt es wirklich immer auch andere Möglichkeiten der Reaktion? Ich bin da nicht so optimistisch wie Rex. Sehr wahrscheinlich könnte Hank auf Kelly zählen, um Caden in die Schranken zu weisen. Nicht immer jedoch greifen Lehrkräfte und erzieherisches Personal ein. Außerdem kann man in den Augen anderer auch als schwach gelten, wenn man fremde Hilfe in Anspruch nimmt. Auf Kellys Schutz angewiesen zu sein, wirft überdies die Frage auf, was man denn tut, wenn sie mal nicht da ist. Ich möchte nicht, dass mein Sohn andere Kinder verletzt. Ich möchte jedoch schon, dass er in der Lage ist, sich zu wehren und für sich selbst einzustehen, zumindest wenn es um alltägliche Beleidigungen und Kränkungen geht.

Ich möchte auch, dass mein Kind für andere einsteht. Ressentiment und Rache sind Möglichkeiten für Opfer, impliziten Botschaften im Fehlverhalten der Gegenseite zu widerstehen. Aber auch Außenstehende können eine Rolle bei der Ablehnung dieser Botschaften übernehmen. Dadurch entlasten sie die Opfer und geben ihnen außerdem die Gewissheit, dass nicht alle sie so sehen wie diejenigen, die sie angefeindet haben. Als Hank noch im Kindergarten war, erzählte er uns eines Abends, dass er mit einigen seiner Freunde nicht mehr spielen wollte, da diese einen anderen Jungen schlecht behandelt hätten. Er wollte dabei nicht mitmachen. Anschließend fragte er uns, wie er die anderen zum Aufhören überreden könnte. Wir waren sehr glücklich – zum einen darüber, dass er alles in seiner Macht Stehende tat, um dem Jungen beizustehen, zum anderen, weil er sich traute, um Hilfe zu bitten.

◆ ◆ ◆

Auch Erwachsene brauchen Hilfe, wenn es darum geht, auf das Fehlverhalten anderer zu reagieren. Anders als Kinder haben sie nicht die Möglichkeit, Eltern oder Lehrkräfte zu involvieren. Dafür können sie sich an ein Gericht wenden. Ich erwähnte bereits, dass Gerichte als Reaktion auf Fehlverhalten versuchen, ausgleichende Gerechtigkeit herzustellen. Allzu erfolgreich sind sie dabei jedoch nicht, zumindest nicht im aristotelischen Sinne. Hyatt hat Kenton sehr viel genommen – die Fähigkeit zu arbeiten, ein selbstständiges Leben zu führen, den Alltag ohne Schmerzen zu bestreiten und vieles andere mehr. Das ihr zugesprochene Geld mag ihr dabei geholfen haben, mit der Situation umzugehen. Es konnte ihr jedoch nicht zurückgeben, was sie verloren hatte. Auch Rache hätte das nicht vermocht. Eine Person aus

Hyatts Chefetage zu invalidisieren, hätte ihre Verletzungen ebenfalls nicht ungeschehen gemacht.

Es gibt noch eine andere Möglichkeit, das Thema ausgleichende Gerechtigkeit zu betrachten. Sehr oft lassen sich Verletzungen nicht wiedergutmachen. Wir können jedoch die Botschaften korrigieren, die Fehlverhalten aussendet.[63] Als Kenton vor Gericht zog, appellierte sie damit an die Gesellschaft, die implizit in Hyatts Fehlverhalten enthaltene Botschaft zurückzuweisen. Auf ihr Betreiben hin stellte das Gericht klar, dass Hyatt verpflichtet war, sich um ihre Sicherheit – und um die Sicherheit aller Gäste – zu kümmern. Darüber hinaus wurde konstatiert, dass Hyatts Versagen in diesem Fall bedeutsam war und dass es nicht toleriert werden würde.

Meiner Meinung nach suchen die meisten Leute, die vor Gericht ziehen, genau danach: Rehabilitierung gleichermaßen wie Kompensation. Sie wünschen sich eine Bestätigung durch das Gericht, dass ihnen Unrecht angetan wurde, dass niemand das Recht hatte, sie so zu behandeln, wie sie behandelt wurden. Außerdem soll das Gericht klarstellen, dass das ihnen angetane Unrecht von Bedeutung ist.

Wenn ich meine Studierenden von diesem Gedanken zu überzeugen versuche, erzähle ich ihnen oft von Taylor Swift.[64] Im Jahr 2013 traf die Sängerin auf einen Radiomoderator namens David Miller, der ihr bei einem gemeinsamen Foto an den Hintern fasste. Taylor Swift beschwerte sich, der Mann verlor seinen Job. Er verklagte sie wegen Verleumdung und bestand darauf, sie nie angefasst zu haben. Swift verklagte den Mann daraufhin wegen sexueller Nötigung. Sie verlangte einen Dollar Schadenersatz ... und gewann den Prozess.

Warum tat sie das? Taylor Swift brauchte den einen Dollar nicht. Bei ihrem Prozess ging es nicht um Geld. Sie klagte, um klarzustellen, dass ihr Körper kein öffentliches Eigentum ist, das jeder Mann nach Lust und Laune anfassen kann. Anders ausgedrückt bat sie das Gericht, die Botschaft zurückzuweisen, die Millers Grapschen aussandte. Das Urteil machte sowohl Miller als auch allen anderen Männern klar, dass außer Taylor Swift selbst niemand ein Anrecht auf ihren Körper hat. Da das Gericht die bei Körperverletzungsdelikten üblichen Prinzipien zugrunde legte, ging mit dem Urteil auch eine klare Botschaft über die Hinterteile aller anderen Menschen in die Welt hinaus: Finger weg!

Rechtsstreitigkeiten haben einen schlechten Ruf. Gerichte geben uns jedoch die Möglichkeit, die Gesellschaft aufzufordern, die im Unrecht enthaltenen Botschaften zurückzuweisen. Genau das ist ausgleichende Gerechtigkeit. Der beste Ersatz für Rache.

◆ ◆ ◆

An dieser Stelle möchte ich ein weiteres Paradebeispiel elterlicher Propaganda aus den Moralsprüche-Charts nicht unerwähnt lassen: »Stock und Stein brechen mein Gebein, doch Worte bringen keine Pein.«

Dieses Sprüchlein gefiel meiner Mutter besonders gut. Sagte ein anderes Kind etwas Gemeines zu mir, kam sie mit dieser Weisheit um die Ecke, damit auch ich sie mir zu Herzen nahm und meinen Peinigern entgegenhielt. Ich wusste jedoch schon als Kind, dass das nicht stimmt. Einige Worte schmerzen sehr wohl. Sogar sehr viel mehr als gebrochene Knochen.

Meinen Kindern werde ich den Reim von Stock und Bein nicht beibringen, da sie ruhig lernen sollen, dass Wörter sehr wohl schmerzen können. Wobei es manchmal durchaus hilfreich sein kann, sich genau das nicht anmerken zu lassen: Wenn ein Kind ein anderes Furzwurz schimpft, dann will es in erster Linie provozieren. Aus diesem Grund empfiehlt es sich, ihm diese Genugtuung nicht zu verschaffen, selbst wenn die Beleidigung einen ärgert. Noch besser wäre natürlich, der Nervensäge mitzuteilen, dass sie nichts sagen kann, das einen wirklich beleidigen könnte. Damit wird der Spieß umgedreht. Beachtet man die Provokation nicht, wird der Gegenseite dadurch signalisiert, dass sie unbedeutend ist und sich niemand für ihr Geschwätz interessiert. Das ist ziemlich schwer umzusetzen. Wenn man es allerdings schafft, ist es der beste Weg, um den Gegenüber zum Schweigen zu bringen.

Eines Abends, als Hank und ich über ein Kind sprachen, das etwas Gemeines zu ihm gesagt hatte, brachte ich ihm diese Methode bei. Ich versprach ihm, dass ich ihm einen der wirkungsvollsten Sätze liefern würde, die man zu einem anderen Menschen sagen kann.

»Bist du bereit?«, fragte ich.

»Bereit.«

»Bist du sicher? Dieser Satz hat es nämlich wirklich in sich.«

»Ja, doch, ich bin bereit«, wiederholte er.

»Wenn jemand etwas Gemeines zu dir sagt, kannst du antworten: *Interessiert mich nicht, was du denkst.*«

»Daddy interessiert nicht, was ich denke!«, rief Hank, um die Aufmerksamkeit seiner Mutter zu erhaschen.

»Nein, du Spinnifax. Mich interessiert sehr wohl, was du denkst. Ich meinte, dass du diesen Satz sagen kannst, wenn jemand gemein zu dir ist. Willst du es mal probieren?«

»Ja.«

»Du bist so klein, dass sogar Ameisen auf dich herabblicken.«

Hank kicherte. Dann sagte er: »Interessiert mich nicht, was du denkst.«

»Sind das Augenbrauen? Oder parken da zwei Raupen in deinem Gesicht?«

Noch mehr Kichern. »Interessiert mich nicht, was du denkst.«

»Hast du dir heute schon die Zähne geputzt? Dein Atem riecht nämlich, als hätte dein Gesicht gefurzt.«

Wildes Gegacker. Dann: »Interessiert mich nicht, was du denkst.«

Es ging noch ein paar Runden so weiter, aber irgendwann fielen mir keine jugendfreien Provokationen mehr ein. Also ließen wir es dabei und sagten einander Gute Nacht.

Ich verabschiedete mich, wie ich es immer abends tue: »Gute Nacht, Hank. Ich hab dich lieb.«

»Interessiert mich nicht, was du denkst.«

Du kleiner Furzwurz.

3
Strafe

»AIEEEEEEEE!«

»Rex, leise! Wir essen.«

»AIEEEEEEEEEEEEEEEEEE!«

Rex war knapp zwei Jahre alt und probierte seine Stimme aus. Besser gesagt: Er probierte aus, wie laut sie sein konnte. Und er dachte nicht daran aufzuhören.

Schließlich reichte es Julie. »Du brauchst eine Pause«, erklärte sie, befreite Rex aus dem Hochstuhl und ging mit ihm ins Wohnzimmer. Das war seine erste Auszeit. Da er nie im Leben allein dortgeblieben wäre, nahm Julie ihn auf den Schoß. »Wir machen jetzt eine Pause. Weil du zu laut bist«, erklärte sie ihm.

»Warum Pause machen?«, fragte Rex.

»Wir machen eine Pause, weil du zu laut bist«, wiederholte Julie.

»Wir machen Pause!«, trompetete Rex viel zu enthusiastisch dafür, dass er eigentlich eine Lektion lernen sollte.

Der mit mir verheirateten Sozialarbeiterin zufolge soll eine Auszeit ungefähr so viele Minuten dauern, wie das Kind Jahre alt ist. Und so kehrte Julie nach zwei Minuten mit Rex an den Tisch zurück.

»Mehr Pause machen«, forderte Rex, während Julie ihm die Gurte seines Hochstuhls anlegte.

»Zeit zu essen, Rex.«

»Mehr Pause!«
»Nein, Rex, jetzt essen wir.«
»AIEEEEEEEEEEEEEEEEEEEEEEEEEEEE!«

◆ ◆ ◆

Das lief nicht besonders gut, und die Gründe dafür liegen auf der Hand. Eine Strafe sollte etwas Unangenehmes sein, doch Rex genoss seine Auszeit. Er empfand sie als Abwechslung und hatte ganz gewiss nichts dagegen, ein paar Minuten auf dem Schoß seiner Mutter zu kuscheln. Um Rex wirklich zu bestrafen, hätten wir härtere Saiten aufziehen müssen.

Doch Moment mal! Warum sollten wir einem Kind gegenüber zu harten Maßnahmen greifen? Oder vielmehr: Warum sollten wir überhaupt anderen Menschen gegenüber zu harten Maßnahmen greifen? Welche Rechtfertigung gibt es dafür, jemanden zu bestrafen?

Eine Standardantwort lautet: *Vergeltung*. Eben dieser Vorstellung sind wir im letzten Kapitel begegnet: Einige Menschen verdienen es, wegen ihres Fehlverhaltens zu leiden. Doch warum genau? Das ist schwer zu sagen, und manche Leute, die das Konzept der Vergeltung befürworten, sträuben sich, diese Frage zu beantworten. Für sie ist es selbstverständlich, dass eine Person, die sich in einem moralischen Sinne schlecht verhalten hat, für ihre Sünden büßen sollte. Andere greifen auf Metaphern zurück, wie die, denen wir im letzten Kapitel begegnet sind. Ihnen zufolge haben Kriminelle gegenüber der Gesellschaft Schuld auf sich geladen und müssen für ihre Taten bezahlen.[65]

Wie bereits festgestellt, genügt eine Metapher nicht als Erklärung, warum wir jemandem Leid zufügen, selbst wenn die oder der Betreffende etwas Unrechtes getan hat. In jedem Fall bedarf es mehr als des tief empfundenen Gefühls, dass es uns ganz einfach zusteht. Wir müssen uns klar darüber sein, was wir mit einer Strafe erreichen, welchem guten Zweck sie also dient. Nur so können wir das Übel rechtfertigen, das eindeutig mit einer Strafe einhergeht.

An späterer Stelle werde ich versuchen, das Konzept der Vergeltung zu rehabilitieren, und erläutern, weshalb es sinnvoll sein kann, manchen Menschen Leid zuzufügen. Aber lassen wir diesen Ansatz für den Moment ruhen, da wir davon ausgehen können, dass Vergeltung *keine* Rolle spielt bei der Frage, ob wir einem zweijährigen Kind gegenüber zu harten Maßnahmen greifen sollten. Unter Umständen kann man sich mit dem Gedanken anfreunden, dass einige Erwachsene es verdient haben zu leiden. Aber ein kleines Kind? Das ist nur schwer vorstellbar, insbesondere bei einem so kleinen Kind, wie Rex es damals war.

Was haben wir uns also von der Auszeit versprochen? Nun, wir wollten, dass Rex aufhört zu schreien. Unbedingt. Und zu Mittag isst. Aber vor allem ging es uns darum, dass er aufhört zu schreien, damit *wir* zu Mittag essen konnten. Der unmittelbare Zweck der Auszeit war also, Rex zur Ruhe zu bringen, indem wir ihm klarmachten, dass die Krakeelerei nicht in seinem Interesse lag.

Der Fachausdruck für das, was wir versucht haben, lautet *Abschreckung*. Demselben Gedanken sind wir bereits im Kapitel zur Rache begegnet. Menschen, Kinder inbegriffen, reagieren auf Anreize. Rex hatte Spaß daran, aus vollem Halse zu lärmen. Um ihn zum Aufhören zu bewegen, mussten wir ihm den Spaß verleiden. Doch unglücklicherweise fand Rex die Auszeit amüsanter als das ursprüngliche Vergnügen, und so packte er noch einen drauf und krakeelte fröhlich weiter.

Bei einem Zweijährigen wäre Ablenkung eine bessere Strategie gewesen als Abschreckung. Funktioniert das nicht, sollte man das Schreien besser nicht weiter beachten, anstatt es zu bestrafen. Das zumindest habe ich von der Hundetrainerin gelernt, die wir wegen unseres Welpen Bailey engagierten. Bailey ist ein

Mini-Goldendoodle, und auch sie macht gern lautstark auf sich aufmerksam. Und springt Menschen an. Und schnappt nach ihren Händen. Also brachte uns die Trainerin ein Spiel namens »Unsichtbarer Hund« bei. Die Regeln sind denkbar einfach. Wenn Bailey an uns hochspringt oder nach uns schnappt, beachten wir sie einfach nicht. Wir tun so, als wäre sie überhaupt nicht da. Das Spiel endet, sobald sie damit aufhört. Dann loben wir sie überschwänglich und belohnen sie mit einem Leckerli. Auf diese Weise soll sie lernen, dass es zu ihrem Besten ist, wenn sie nicht an uns hochspringt oder nach uns schnappt. Mit anderen Worten: Statt mit negativen Anreizen erziehen wir sie mit positiven.

Und das funktioniert. Schockierend gut sogar. So gut, dass ich, könnte ich noch einmal bei null anfangen, Rex eine Leine anlegen und mit ihm zur Hundetrainerin gehen würde. Sie weiß, was sie tut, und zwar sehr viel besser, als wir es gewusst haben. Und nicht nur sie. Alle professionell mit Tiertraining beschäftigten Menschen verstehen sich bestens darauf, unerwünschte Verhaltensweisen abzustellen und erwünschte zu fördern. In den meisten Fällen kommen sie sogar ohne Strafen aus. Zumindest, wenn sie ihr Handwerk verstehen.

◆ ◆ ◆

Warum also bestrafen wir Menschen? Warum richten wir sie nicht einfach ab, wie wir es mit Tieren tun? Das ist eine gute Frage. Im Jahr 2006 erschien in der *New York Times* ein Artikel von Amy Sutherland. Sie arbeitete seinerzeit an einem Buch über eine Schule für Tiertrainerinnen und Tiertrainer.[66] Während sie diese bei der Arbeit beobachtete, hatte sie einen Geistesblitz: Sie könnte ihren Ehemann abrichten.

Zufällig heißt er auch Scott. Und er hatte, zumindest zu jener Zeit, einige schlechte Angewohnheiten. So ließ er ständig seine schmutzige Wäsche auf dem Boden herumliegen. Außerdem verbummelte er alle naselang seinen Schlüsselbund und drehte dann auch noch regelmäßig durch, wenn er ihn nicht gleich wiederfand. So etwas tue ich eigentlich nie. Zumindest nicht öfter als einmal in der Woche. Daher rechnete ich, selbst wenn meine Frau den *Times*-Artikel lesen sollte, nicht mit Problemen.

Als ich den Artikel dann las, wusste ich allerdings sofort, dass ich ein Riesenproblem hatte. Also ließ ich die Zeitung verschwinden. Und beschloss, niemals ein Wort über das Gelesene zu verlieren. Doch gegen das Internet war ich machtlos, und irgendwann stieß Julie unweigerlich auf den Beitrag von Amy Sutherland. Die Überschrift lautete: »What Shamu Taught Me about a Happy Marriage« (Was Shamu* mir über eine glückliche Ehe beibrachte).[67] Sutherland gesteht in dem Text, dass sie vor Beginn der Recherchen zu ihrem Buch ständig wegen dessen Fehlern an ihrem Mann herumgemeckert habe. Das habe jedoch nichts gebracht, sondern alles nur noch schlimmer gemacht. Bis ihr die Profis vom Tiertraining einen Ausweg aus dem Dilemma gezeigt hätten.

Sutherland erklärte: »Die wichtigste Lektion, die ich von den Trainern und Trainerinnen exotischer Tiere gelernt habe: Belohne erwünschte Verhaltensweisen, und schenke unerwünschten keine Beachtung. Schließlich bringt man einen Seelöwen nicht dazu, einen Ball auf der Nasenspitze zu balancieren, indem man an ihm herummeckert.«[68]

Eine Delfintrainerin bei SeaWorld hatte Sutherland das *Prinzip des am geringsten verstärkenden Reizes* (LRS, Least Reinforcing Stimulus) erklärt: Wenn ein Delfin etwas falsch macht, ignoriert die Trainerin ihn. Sie schaut den Delfin nicht einmal

---

* Shamu war der Name eines Orca-Weibchens, das in den 1960er-Jahren im SeaWorld-Vergnügungspark San Diego auftrat. Heute werden fast alle Orcas in den SeaWorld-Shows ihr zu Ehren Shamu genannt. [Anm. d. Übers.]

an, da nicht beachtete Verhaltensweisen in der Regel von selbst verschwinden. Sutherland lernte auch die Strategie der sogenannten *sukzessiven Annäherung* kennen, bei der bereits der kleinste Schritt in Richtung der erwünschten Verhaltensweise belohnt wird. Und dann der nächste kleine Schritt. Und der nächste. Und immer so weiter, bis der Seelöwe schließlich den Ball auf der Nase balanciert.

Zu Hause setzte Sutherland ihre neu erworbenen Kenntnisse in die Praxis um. Sie bedankte sich bei ihrem Mann, wenn er seine schmutzigen Sachen in den Wäschekorb warf. Und sie ignorierte die Wäsche, die es nicht hineinschaffte. Es dauerte nicht lange, und die Schmutzwäschehaufen begannen tatsächlich zu schrumpfen. Bald schon balancierte ihr Seelöwe den Ball auf der Nase.

Irgendwann bemerkte ich, dass Julie mit mir das gleiche Experiment durchführte. Von einem Tag auf den anderen hörten ihre Klagen über meine herumliegende Dreckwäsche auf. Wenn ich ein paar Sachen aufhob, bedankte sie sich enthusiastisch. Ähnliches spielte sich in der Küche ab, wenn ich mein schmutziges Geschirr in die Spülmaschine räumte, anstatt es neben der Spüle zu stapeln. Ich fing an, subtile Tests durchzuführen, und tatsächlich, der kleinste Schritt in die richtige Richtung führte zu einer positiven Verstärkung ihrerseits.

»*Shamuisierst* du mich etwa?«, fragte ich.

»Mist. Du hast den Artikel also auch gelesen?«

»Alle haben ihn gelesen«, sagte ich. Es war einer der meistgeteilten Beiträge aller Zeiten.

»Na ja, es funktioniert«, sagte sie mit einem Lächeln, das jedoch sogleich erstarb. Schlagartig war ihr klar geworden, dass sie möglicherweise ebenfalls ein Problem hatte. »Hast du mich denn auch *shamuisiert*?«, fragte sie.

Ich blieb die Antwort schuldig. Bis heute.

Wir mussten lachen, weil wir beide versucht hatten, den Artikel vor dem anderen zu verheimlichen. Dann handelten wir einen

Waffenstillstand aus. Wir kamen überein, uns nicht gegenseitig zu shamuisieren. Tatsächlich jedoch shamuisiert Julie mich nach wie vor. Ich ignoriere das vollständig. Was genau genommen krassestes Shamu-Jiu-Jitsu ist. Sollte sie jemals damit aufhören, bekommt sie von mir ein Leckerli.

◆ ◆ ◆

Bereitet Ihnen die Vorstellung, dass ich Julie mit einem Leckerli zu gutem Verhalten zu bewegen versuche, Bauchschmerzen? Das sollte es. Und umgekehrt gilt dasselbe. So sollten Eheleute nicht miteinander umgehen. Genau genommen sollten *Menschen* im Allgemeinen nicht so miteinander umgehen. Und sobald wir verstehen, warum nicht, können wir ein anderes Verständnis von Strafe entwickeln.

Peter Strawson lehrte als Waynflete-Professor* Metaphysische Philosophie in Oxford und ist der Verfasser eines der einflussreichsten philosophischen Aufsätze des zwanzigsten Jahrhunderts: »Freiheit und Übelnehmen«[69]. Strawson schildert darin zwei verschiedene Sichtweisen auf Menschen. Wir können sie als Objekte betrachten, die den Gesetzen von Ursache und Wirkung unterliegen – das heißt, als Dinge, die wir manipulieren oder kontrollieren können. Bei einer solchen Sichtweise betrachten wir Menschen mehr oder weniger wie die Geräte in unserem Haushalt. Wir nesteln an der Heizung herum, um die gewünschte Temperatur zu erhalten. Wir kämpfen uns durch die verschiedenen Einstellungen der Mikrowelle, damit das Essen warm wird, ohne anzubrennen. Wir tauschen den Filter des Heizkessels aus, damit er effizienter läuft. Bei all diesen Dingen verändern wir

---

* Die vier – nach dem College-Gründer William of Waynflete benannten – Stipendien für Professoren umfassen die o.g., Chemie, Physiologie und Reine Mathematik [Anm. d. Übers.].

den Input, um den gewünschten Output zu erhalten. Eben das hat Sutherland mit ihrem Mann getan.

Eine Person als Objekt zu betrachten, bedeutet Strawson zufolge, sie als etwas zu sehen, »was man regeln, bewältigen, heilen, abrichten [...] muss«.⁷⁰ Sutherland hatte kein Problem damit, ihren Mann auf diese Weise zu betrachten. Mit ihrem Experiment, so sagte sie, habe sie ihn »ein wenig in Richtung Perfektion stupsen« wollen, um »aus ihm einen Partner zu machen, der mich ein bisschen weniger nervt«⁷¹. Man beachte die Verben: Sie wollte ihn in eine andere Richtung *stupsen* und zu etwas Besserem *machen*, als er war. Ihr Mann war in jeder Hinsicht das Objekt ihres Projekts, ein mit ihren frisch erworbenen Kenntnissen zu manipulierendes Ding.

Strawson bezeichnet eine solche Einstellung als *objektiv* (insofern, als Sutherland ihren Mann als Objekt betrachtet). Dem stellt er die Einstellungen gegenüber, die wir in gewöhnlichen Beziehungen einnehmen und die er als *reaktiv* bezeichnet. Darunter fallen zum Beispiel Wut, Ressentiment und Dankbarkeit. In Beziehungen mit anderen Personen – sei es als Ehepartner, Kollegin, Freund oder einfach nur als Mitmensch – haben wir gewisse Erwartungen an das Verhalten unseres Gegenübers. Zuallererst einmal erwarten wir, dass man uns wohlwollend behandelt. Geht das Verhalten der anderen Person darüber hinaus, sind wir dankbar. Wird diese Erwartung jedoch enttäuscht, und man behandelt uns schlecht, reagieren wir mit Wut und Ressentiment. Wir nehmen übel.⁷²

Strawson zufolge sind reaktive Einstellungen entscheidend dafür, dass wir einander als Menschen und nicht als Objekte betrachten. Der Mensch ist für sein Handeln verantwortlich, und zwar auf eine Weise, wie es bloße Objekte nicht sind. Ich werde nicht wütend, wenn mein Thermostat kaputtgeht. Und wenn doch, dann nicht *auf* mein Thermostat. Möglicherweise werde ich wütend auf die Menschen, die es hergestellt haben, auf die

Person, die es installiert hat, oder sogar auf mich selbst, weil ich kein besseres gekauft habe. Wut ergibt nur Sinn, wenn sie sich gegen eine Person richtet, die verantwortlich ist (oder es zumindest sein könnte). Das liegt daran, dass die Wut ein Urteil enthält: die betreffende Person hätte etwas besser machen sollen.

Ich weiß, was Sie jetzt denken: Hin und wieder wird man auch wütend auf unbelebte Objekte. Und da bin ich keine Ausnahme. Mehr als einmal habe ich meinen Computer verflucht, weil er abgestürzt ist. Doch wenn wir auf ein Objekt wütend werden, vermenschlichen wir es. Wir behandeln es wie eine für ihre Handlungen verantwortliche Person, obwohl wir wissen, dass dem nicht so ist.

Sutherland hat dieses Spielchen umgekehrt – sie hat eine Person wie ein Objekt behandelt. Und im Grunde ergibt das mehr Sinn, denn Menschen *sind* Objekte, die manipuliert und kontrolliert werden können. Allerdings sind wir nicht *nur* Objekte. Wir sind zugleich verantwortlich für unser Handeln. Oder zumindest können wir es sein. Und reaktive Einstellungen wie Wut sind eine Art, wie wir uns gegenseitig in die Verantwortung nehmen.

◆ ◆ ◆

»Was ist eigentlich Strafe?«, fragte ich die Jungs eines Abends beim Essen.

»Etwas Schlimmes«, sagte Hank und fuhr fort: »Können wir uns bitte nicht darüber unterhalten, solange ich esse?« Hank spricht nicht gerne über unerfreuliche Dinge – oder irgendetwas anderes –, wenn er gerade isst.

Doch Rex griff die Antwort seines Bruders auf. »Es ist etwas Schlimmes, das jemand mit dir macht«, erklärte er. »Oder etwas, wozu dich jemand zwingt und was du gar nicht willst.«

»Wenn ich also sage, du sollst Klavier üben, obwohl du lieber draußen spielen würdest, ist das dann eine Strafe?«, hakte ich nach.

»Nein«, sagte Rex.

»Warum nicht?«

»Weil ich nichts Falsches gemacht habe.«

»Strafe ist also eine Reaktion darauf, dass jemand etwas Falsches gemacht hat?«

»Genau! Jemand tut dir etwas Schlimmes an, weil *du* vorher etwas Schlimmes getan hast.«

»Können wir uns BITTE NICHT darüber unterhalten, während ich esse?«

◆ ◆ ◆

Hank hatte das Gespräch vorzeitig beendet. Dennoch war Rex zu einer ziemlich guten Beschreibung von Strafe gelangt. Bevor Joel Feinberg auf den Plan trat, wurde Strafe im Allgemeinen tatsächlich mehr oder weniger so definiert, wie Rex es getan hatte: eine harte Maßnahme, die von einer Autorität als Reaktion auf ein Vergehen angeordnet wird. (Oder um es mit den Worten von Rex auszudrücken: etwas Schlimmes, das dir jemand antut, weil du vorher etwas Schlimmes getan hast.)

Feinberg lehrte Philosophie an der University of Arizona. Einer seiner Schüler, Clark Wolf, war mein allererster Philosophieprofessor, und ein anderer, Jules Coleman, mein Mentor an der juristischen Fakultät. Insofern ist Feinberg in Hinblick auf die Philosophie so etwas wie mein Großvater. Außerdem war er ein Vordenker auf dem Gebiet des Strafrechts und hat mehrere Standardwerke über den Geltungsbereich und die Ziele des Strafrechts verfasst.

Feinberg sah im üblichen Verständnis von Strafe ein Problem.[73] Dieses Problem können wir uns verdeutlichen, indem wir an die Sanktionierung einer sogenannten Pass Interference im American Football denken – ein Foul, das einen Gegenspieler daran hindert, den Ball zu fangen. Die Sanktion für diese Passbehinderung – ein First Down an der Stelle des Fouls – ist so hart, dass sie gelegentlich sogar Einfluss auf den Ausgang eines Spiels hat. Die Sanktion wird von einer Autorität (dem Schiedsrichter) für ein begangenes Fehlverhalten (die Pass Interference) verhängt. Wenn Rex' Definition stimmt, handelt es sich also um eine Strafe. Aber irgendetwas passt hier nicht. Die Sanktion für eine Pass Interference ist zweifellos eine Strafe. Allerdings *bestrafen* wir nicht die Spieler dafür.

Hier ein anderes Beispiel: In einem Schneesturm vergessen Sie umzuparken, und als die Schneepflüge ihre Arbeit verrichten wollen, wird Ihr Auto abgeschleppt. Erneut haben wir es mit einer harten Maßnahme zu tun. Sie müssen zum Abschlepphof marschieren und bekommen Ihr Auto erst gegen Zahlung einer Gebühr zurück. Auch hier wird offensichtlich nur Ihr Fehlverhalten geahndet, aber Sie persönlich werden nicht bestraft. Wenn sich die Geldbuße auf die Kosten für das Abschleppen und das Unterstellen des Autos beschränkt, lässt sich noch nicht einmal eindeutig von einer Strafe sprechen: Sie mussten lediglich für die Kosten Ihres Fehlverhaltens aufkommen.

Feinberg zufolge fehlt in Rex' Definition die symbolische Bedeutung von Strafe. Strafe lässt reaktive Einstellungen wie Ressentiment und Empörung zum Ausdruck kommen. Wenn der Staat Menschen als Kriminelle brandmarkt und ins Gefängnis steckt, verurteilt er ihre Taten. »Der Verbrecher spürt nicht nur die nackte Feindseligkeit seiner Bewacher und der Außenwelt«, so Feinberg, vielmehr »ist diese Feindseligkeit selbstgerecht«[74], da sie als angemessene Reaktion auf sein Fehlverhalten angesehen wird.

Wenn Feinberg recht hat und Strafe eine Form des Ausdrucks reaktiver Einstellungen ist, lassen sich zwei Schlussfolgerungen ziehen. Erstens: Julie wollte Rex mit der Auszeit gar nicht richtig bestrafen. Sie wollte ihn nur davon abhalten herumzukrakeelen. Ihr ging es nicht darum, sein Verhalten zu verurteilen. Aus Feinbergs Perspektive hat Julie Rex sanktioniert (und das nicht besonders gut). Vielleicht haben wir also die ganze Zeit die falsche Sportmetapher genutzt und sollten die Kinder, statt ihnen eine Auszeit zu verordnen, auf die Strafbank setzen.

Zweitens, und ernsthafter: Die Tatsache, dass Strafe Ausdruck reaktiver Einstellungen ist, schränkt streng genommen den Kreis derer ein, die wir überhaupt bestrafen können. Wie gesehen, sind reaktive Einstellungen eine Art, Menschen für ihre Taten in die Verantwortung zu nehmen. Daher sollten wir nur Menschen bestrafen, die auch tatsächlich für ihre Taten verantwortlich sind. Aus diesem Grund enthält das Strafrecht eine Vielzahl von Bestimmungen, die festlegen sollen, ob Angeklagte verantwortlich für ihre Taten sind. Wir bestrafen (zumindest offiziell) keine Personen, die unzurechnungsfähig oder anderweitig eingeschränkt sind.* Ebenso wenig bestrafen wir diejenigen, die zu einem Verbrechen gezwungen wurden. Wir bestrafen ausschließlich Menschen, von denen wir denken, dass sie sich besser hätten verhalten können und sollen.

◆ ◆ ◆

Warum sind Menschen verantwortlich für das, was sie tun? Das ist eine schwierige Frage, auf die ich hier keine erschöpfende Antwort geben kann. Allerdings kann ich eine schnelle Antwort geben. Menschen sind in der Lage, Gründe zu erkennen und sich entsprechend zu verhalten, und zwar in einer Weise, wie es bloße Objekte – und selbst hoch entwickelte Tiere – nicht können. Unsere Hundetrainerin wiederholt unermüdlich, dass Bailey alles tun wird, damit sie bekommt, was sie will. Wenn sie durch

---

* Die Klammer soll darauf verweisen, dass unser Rechtswesen in der Praxis diesem Anspruch nicht gerecht wird. In den Gefängnissen gibt es viele Menschen mit schwerwiegenden psychischen Erkrankungen, die an ihrer moralischen Verantwortung zweifeln lassen.

Schnappen die erwünschte Aufmerksamkeit erhält, wird sie weitermachen. Wenn nicht, wird sie aufhören und etwas anderes versuchen. Allerdings kann sie ihre Impulse durchaus unterdrücken, zumindest eine gewisse Zeit lang. Sie hat gelernt, Sitz zu machen und auf ein Leckerli zu warten. Aber sie zügelt ihre Impulse nur, wenn sie annimmt, dass es in ihrem Interesse ist.

Inwiefern ist das beim Menschen anders? Gewiss, wir begegnen immer wieder Personen, bei denen es in dieser Hinsicht keinen Unterschied zu Bailey zu geben scheint. Wir alle kennen Leute, denen es schwerfällt, sich von etwas anderem als ihren unmittelbaren Bedürfnissen leiten zu lassen. Gleichwohl kann der Mensch sein Handeln an vernünftigen Gründen ausrichten. Was sind solche Gründe? Auch das ist eine komplizierte Frage, auf die ich nur eine allzu schnelle Antwort geben kann. Grob gesagt, sind Gründe ein *Sollen* und kein *Wollen*. Dass Sie hungrig sind, ist für mich ein Grund, Ihnen etwas zu essen zu geben, auch wenn ich Sie gern hungern ließe. Dass Sie Schmerzen haben, ist ein Grund für mich, meinen Fuß von Ihrem zu nehmen, auch wenn ich bequem stehe. Dass ich etwas versprochen habe, ist ein Grund, zu tun, was ich gesagt habe, auch wenn ich gern etwas anderes täte.*

Manche bestreiten, dass es hier einen Unterschied gibt. David Hume, der bedeutendste Philosoph der schottischen Aufklärung, erklärte: »Die Vernunft ist nur der Sklave der Affekte und soll es sein; sie darf niemals eine andere Funktion beanspruchen, als die, denselben zu dienen und zu gehorchen.«[75] Dahinter steckt die Vorstellung, dass wir Bailey ähnlicher sind als ange-

---

* Die Feststellung, dass es sich hierbei um Gründe handelt, heißt nicht, dass es auch *zwingende* Gründe sind. Wenn Hank Hunger hat, ist das für mich ein Grund, ihm etwas zu essen zu geben. Zu Hanks Leidwesen kann ein konkurrierender Grund über den ersteren obsiegen. Wenn beispielsweise das Abendessen kurz bevorsteht, muss Hank warten, da es uns wichtiger ist, so oft es geht, gemeinsam zu essen.

nommen. Natürlich kann ich meinen Fuß von Ihrem nehmen, auch wenn ich es lieber nicht täte. Aber laut Hume werde ich das nur zugunsten eines anderen Verlangens tun – etwa des Verlangens, keine Ohrfeige zu kassieren. Hume zufolge hilft uns die Vernunft dabei, herauszufinden, wie wir unser Verlangen befriedigen können. Sie konkurriert nicht mit diesem.

Hume hat seine Anhänger, doch ich zähle nicht dazu. Meiner Ansicht nach funktionieren Vernunft und Verlangen unabhängig voneinander. Unser Verlangen bringt nicht immer Gründe hervor. (Dass Hitler das jüdische Volk vernichten wollte, war kein Grund, dies tatsächlich zu tun.) Und unsere Gründe sind nicht immer – und noch nicht einmal in der Regel – in unserem Verlangen begründet. (Ich sollte meine Schulden zurückzahlen, auch wenn ich das nicht will – und zwar nicht nur, weil ich sonst leiden werde.) Ich würde sogar noch einen Schritt weiter gehen und behaupten, dass für uns als Menschen, zumindest teilweise, die Fähigkeit konstitutiv ist, zwischen dem zu unterscheiden, was wir tun sollten, und dem, was wir tun wollen.

Bailey kann man nicht mit Vernunft kommen. Ihr Verhalten kann man einzig und allein durch die passenden Anreize beeinflussen. Doch wir Menschen können uns vernünftig miteinander auseinandersetzen. Und reaktive Einstellungen und Gefühle sind eine Art, in der wir das tun. Wenn wir auf eine Person wütend sind, teilen wir ihr so mit, dass sie sich besser hätte verhalten sollen. Das wird die Gegenseite nicht erfreuen. Aber zumindest begegnen wir ihr als Person, die für ihr Handeln verantwortlich ist, und nicht als Objekt oder gar als Tier.

◆ ◆ ◆

Damit können wir jetzt nachvollziehen, was an Sutherlands Experiment so bedenklich ist. Als sie sich daranmachte, ihren Mann abzurichten, betrachtete sie ihn nicht länger als Person, sondern als Objekt, das sie manipulieren und kontrollieren durfte. (Ich hoffe, Sie vernehmen an dieser Stelle ein Echo des kantianischen Gedankens, dem wir in Kapitel 1 begegnet sind – dass wir Menschen *als Menschen* und nicht als Objekte behandeln sollten). Sutherland setzte sich nicht mehr vernünftig mit ihm auseinander und begann stattdessen, ihn zu formen. Zumindest tat sie es insofern, als dass sie versuchte, ihn zu dressieren. Ich bin überzeugt davon, dass Sutherland ihren Mann in anderen Kontexten und Momenten als Person betrachtet hat, und möchte aus diesem Grund nicht zu hart mit ihr ins Gericht gehen. Mehr noch: Später werde ich sogar dafür plädieren, dass wir gelegentlich eine objektive Einstellung gegenüber anderen Menschen einnehmen sollten, sogar denen gegenüber, die wir lieben. Dennoch will ich betonen: Sie sollten Ihren Ehepartner nicht *shamuisieren*.

◆ ◆ ◆

Und was ist mit unseren Kindern? Sollten wir sie *shamuisieren*? Unbedingt. Rund um die Uhr, Tag für Tag. Zumindest, solange sie noch klein sind. Denn kleine Kinder sind keine Menschen. Zumindest nicht im relevanten Sinne. Mit einem Zweijährigen kann man sich nicht vernünftig über Recht und Unrecht auseinandersetzen. Manchmal sagen wir etwas, und unser Kind antwortet darauf. Und gewiss, man kann in diesen Situationen den Eindruck bekommen, man würde eine vernunftbasierte Unterhaltung mit ihm führen. Aber ich versichere Ihnen, das ist nicht der Fall. Denn unsere Kinder können den Unterschied zwischen dem, was sie tun wollen, und dem, was sie tun sollten, noch nicht begreifen.

Sie werden nicht glauben, wie viele Gespräche wie das folgende ich mit kleinen Kindern geführt habe:

Ich: Warum hast du [das genommen/ihn gehauen/deine Hose in der Öffentlichkeit heruntergezogen]?
Kind: Weil ich wollte.
Ich: Ja, aber warum wolltest du?
Kind: Ich wollte eben.
Ich: Ja, aber warum? Was hast du damit bezweckt?
Kind: Ich wollte eben.
Ich: Wie oft muss ich dir das noch sagen? Nur weil man etwas will, ist das kein Grund, es auch zu tun.
Kind: Okay, Boomer. Ich sag dir was, ich habe Hume gelesen.
Ich: Wie bitte? Ich bin nicht mal ein Boomer. Ich bin Generation X.
Kind: Wie du meinst, Xoomer. Die Vernunft ist Sklave meiner Leidenschaften.

Das war ein Scherz. Na ja, ein bisschen. Die Sache hat nämlich einen ernsten Kern: Kleine Kinder sind nicht verantwortlich für das, was sie tun. Sie können nicht verlässlich zwischen Richtig und Falsch unterscheiden. Und selbst wenn sie es können, sind sie nicht in der Lage, ihr Verhalten immer zu regulieren. Es mangelt ihnen an den entsprechenden Fähigkeiten. Und das ist nicht ihre Schuld. So sind sie nun einmal.

Daraus folgt, dass man auf ein kleines Kind nicht wütend sein kann. Natürlich wird man trotzdem wütend. Rex machte mich wütend, sobald er vom Krankenhaus nach Hause gekommen war. Anfangs schlief er kaum. Julie hatte eine schwere Geburt gemeistert, sodass ich mich mehrere Nächte um alles kümmerte, mit Ausnahme des Stillens natürlich. Stundenlang trug ich den weinenden Rex umher und durchlief dabei alle möglichen Emotionen, auch Wut. Doch diese hielt nie lange an, denn es war nicht seine Schuld. Konnte es nicht sein. Rex war kein Wesen, auf das man wütend sein konnte, denn er war nicht verantwortlich für das, was er tat.

Gegenüber kleinen Kindern muss man eine objektive Einstellung einnehmen. In einem wichtigen Sinne sind sie länger klein, als man denkt – mindestens, bis zum Alter von vier oder fünf Jahren. Genau genommen beginnen sie erst mit sechs oder sieben, richtige Menschen zu werden. Davor sind sie Tiere. Schrecklich süße Tiere. Die aussehen wie Menschen. Und irgendwie auch wie Menschen klingen. Aber dennoch definitiv keine Menschen. Kleine Kinder sind Dinge, die »man regeln, bewältigen, heilen, abrichten […] muss«.

◆ ◆ ◆

Und eine Bitte an die Eltern: Machen Sie Ihren Job richtig. Als Hank noch klein war, ging ich mit ihm zum Kleinkinderturnen ins Gym America. Er war ganz vernarrt in die Laufbahn, an deren Ende sich eine Schaumstoffgrube befand. Hank sauste die Laufbahn im Höchsttempo entlang, blieb abrupt am Rand der Grube stehen und hüpfte dann behutsam in die Polster. (Hershovitz-Kinder sind vorsichtig.) Hank war nicht der Einzige, der magisch von der Laufbahn angezogen wurde, und so herrschte zu Beginn immer Chaos, wenn sich die Kinder drängelnd in einer halbwegs geordneten Reihe aufstellten. Doch es gab eine strenge Regel: Du darfst erst loslaufen, wenn das Kind vor dir aus der Schaumstoffgrube herausgekrochen ist.

Einmal hockte ich am Rand der Grube und half den Kleinen beim Herausklettern. Unweit von mir hielt sich ein kleiner, drei- oder vierjähriger Junge auf, der das mit der Reihe nicht einsehen wollte. Immer wieder sprang er in die Grube. Mehrmals wäre es fast zu Zusammenstößen in der Luft gekommen, und des Öfteren landete er auch auf einem herausklettenden Kind. Hilfe suchend schaute ich zu seiner Mutter. Sie zuckte mit den Schultern und sagte: »So ist er nun mal. Ein bisschen wild.«

Nun, ja. So ist er nun mal. »Und es ist Ihre Aufgabe, ihn zu etwas anderem zu machen – etwas Besserem.« Das hätte ich vielleicht gern gesagt, tat es aber nicht.

Bei Erwachsenen sprechen wir manchmal von Resozialisierung als Ziel einer Bestrafung. Bei Kindern ist das »Re« fehl am Platz. Dieser Junge musste überhaupt erst einmal sozialisiert werden, also für ein Zusammenleben mit uns anderen fit gemacht werden.

Was hätte seine Mutter tun sollen? Zuallererst einmal hätte sie ihn aufhalten müssen. Jemanden handlungsunfähig zu machen, ist ein weiterer Zweck von Bestrafung. Wenn wir eine Brandstifterin ins Gefängnis stecken, hat das den unzweifelhaften Vorteil, dass sie vorerst keine weiteren Feuer legen kann. Wäre der kleine Junge meiner gewesen, hätte ich ihn am T-Shirt gepackt und zurückgehalten, damit er anderen Kindern nicht wehtut. Anschließend hätte ich mich zu ihm hinuntergebeugt, ihm in die Augen geschaut und ihn ... vermenschlicht.

Ganz im Ernst. Gerade habe ich Ihnen gesagt, dass kleine Kinder keine Menschen sind. Trotzdem muss man sie als solche behandeln. Man muss den Kindern Gründe nennen, auch wenn es ihnen schwerfällt, entsprechend zu handeln. Man muss ihnen erklären: »Du darfst nicht in die Schaumstoffgrube springen, denn du könntest einem anderen Kind wehtun.« Und man muss eine reaktive Haltung kommunizieren. Wut ist nicht die richtige, denn das Kind hat Sie ja nicht gekränkt. Vielmehr muss man dem Kind sagen, dass man enttäuscht ist – dass man traurig ist über das, was es getan hat. Sollte sich das Kind dann immer noch ohne Rücksicht auf Verluste in die Polster stürzen, ist es Zeit für die Strafbank. Oder vielleicht auch nur für ein vorzeitiges Ende der Turnstunde.

Die Hauptaufgabe von Eltern besteht darin, ihre Kinder so zu erziehen, dass der Rest von uns wütend auf sie sein kann. Ich war genervt von dem Jungen und hatte Sorge, dass er einem anderen Kind wehtun könnte. Aber ich war nicht wütend auf ihn.

Was er getan hat, war nicht seine Schuld, denn er war noch kein Wesen, von dem man erwarten konnte, dass es Gründe erkennt und entsprechend handelt. Die Aufgabe seiner Eltern war es, ihn zu einem solchen Wesen zu formen. Dafür mussten sie ihn mit Gründen und reaktiven Einstellungen vertraut machen.

◆ ◆ ◆

Nachdem das geklärt ist, möchte ich eine Warnung hinterherschicken. Kinder müssen Erfahrung mit reaktiven Einstellungen sammeln. Doch das sollte nicht übertrieben werden. Wenn man wütend ist – richtig wütend –, sollte man sich erst einmal selbst eine Auszeit zugestehen.

Julie und ich haben uns ständig gegenseitig Auszeiten verordnet. Wenn sie mich herumschreien hörte und spürte, dass ich richtig wütend war, schickte sie mich kurzerhand weg: »Ich übernehme. Du hast jetzt erst mal Pause.« Anschließend sprach sie in aller Ruhe mit dem Kind über das, was es falsch gemacht hatte. Dasselbe habe ich auch für sie getan, allerdings weit seltener, als sie es für mich tun musste. Es hat durchaus Vorteile, das Thema Erziehung gemeinsam mit einer Sozialarbeiterin angehen zu können.

Doch auch in der richtigen Gemütsverfassung muss man aufpassen, was man sagt. Kinder sollten sich nicht schämen müssen oder denken, dass sie schlechte Menschen sind. Der Standardtipp lautet, mit Kindern über ihre Handlungen zu sprechen, nicht über ihre Persönlichkeit. Aber das trifft es nicht so ganz. Wenn ein Kind etwas Gutes tut, sollte man das als Ausdruck seiner Persönlichkeit loben. Etwa so: »Das war wirklich nett von dir, dass du die anderen mit deinem Spielzeug hast spielen lassen. Du bist so ein liebes Kind und passt gut auf, dass niemand außen vor bleibt.« Tut ein Kind dagegen etwas Schlechtes, sollte man ihm erklären, dass dieses Verhalten eigentlich nicht seiner Persönlichkeit entspricht. Beispielsweise so: »Dass du dir das

Spielzeug einfach genommen hast, war nicht nett von dir. Und das macht mich traurig, da du sonst lieb bist und gern teilst.« Das Kind soll dabei unterstützt werden, ein positives Selbstwertgefühl zu entwickeln. Es soll gutes Verhalten als Teil seiner Persönlichkeit ansehen und schlechtes Verhalten als korrigierbare Abweichung davon.

Durch eine Mischung aus Julies Erfahrungen als Sozialarbeiterin und purem Glück haben wir diese Strategien entwickelt, als unsere Kinder noch klein waren. Wie wir inzwischen gelernt haben, werden sie durch eine ganze Reihe von Forschungsergebnissen gestützt.[76] Wenn man positive Persönlichkeitszüge lobt und Kinder so behandelt, als ob sie verantwortlich wären, kommen dabei mit einiger Wahrscheinlichkeit verantwortungsbewusste Kinder heraus. Wir können das Wesen unserer Kinder nicht vollständig kontrollieren. Aber bis zu einem gewissen Grad können wir es formen. Deshalb lohnt es sich, unsere Kinder zu *shamuisieren*.

◆ ◆ ◆

Es gibt ihn nicht, diesen einen magischen Moment, in dem aus einem kleinen Kind ein verantwortlicher erwachsener Mensch wird. Der Übergang vollzieht sich langsam, er geht einher mit dem Erwerb zusätzlicher kognitiver Fähigkeiten. Zu Beginn – denken Sie an Rex in seiner ersten Nacht zu Hause nach der Entbindung – sehen wir unser Kind durch eine rein objektive Linse. Doch dann wird das Kind größer, wir beginnen, eine Beziehung zu ihm aufzubauen, und sein Verhalten löst in uns Wut, Unmut … oder Dankbarkeit aus. An einem Tag spielen wir diese Gefühle und tun so, als wären wir verärgert, dabei verkneifen wir uns nur mühsam ein Lachen. Am nächsten Tag sind wir wirklich verärgert, weil wir überzeugt sind, das Kind hätte sich besser verhalten können.[77] Und dann wiederholt sich das Ganze, denn die kindliche Entwicklung ist ein ständiges Auf und Ab.

Als Hank gerade laufen lernte, machte Rex einen Entwicklungssprung. Er war vier und raste wie wild durchs Haus. Solange Hank noch nicht mobil war, war das kein großes Problem. Aber sobald Hank durch die Wohnung zu stolpern begann, rannte Rex ihn immer wieder über den Haufen, meistens aus Versehen. Hank fing an zu weinen. Und Rex setzte sogleich zu einer Verteidigungsrede an.

»Das wollte ich nicht!«, beteuerte er, wenn einer von uns zufällig Zeuge des Geschehens wurde.

Er ging davon aus, das würde ihn umfassend entlasten. Aber schon bald wurde ihm klar, dass dies nur als Verteidigung gegen die schlimmste der ihm drohenden Anklagen ausreiche, die der Körperverletzung. Also erläuterte ich ihm den Begriff der Fahrlässigkeit. Ich erklärte ihm, dass er in der Nähe von Hank vorsichtig sein musste. Und ich gab ihm einen Satz mit auf den Weg, den ich von einer Kollegin an der juristischen Fakultät namens Margo Schlanger gehört hatte: »Es freut mich, dass du es nicht absichtlich getan hast. Aber du musst es absichtlich *nicht tun.*«

Das ist eine feinsinnige Unterscheidung, aber Rex begriff sie schnell. Trotzdem krachte er weiterhin mit Hank zusammen. Und Hank brach weiterhin in Tränen aus. Aber Rex hatte eine neue Verteidigungsstrategie: »Ich habe versucht, vorsichtig zu sein!«

Also vertiefte ich meine Lektion über Fahrlässigkeit. Im Deliktsrecht spielt es keine Rolle, ob man versucht hat, vorsichtig zu sein. Es geht nur darum, ob man vorsichtig war. Das Gesetz interessiert sich für unser Verhalten, nicht für unsere geistige Einstellung. Dafür gibt es viele Gründe, nicht zuletzt die Tatsache, dass man einfach vortäuschen kann, man habe vorsichtig sein wollen, ohne es tatsächlich gewesen zu sein, wie es bei Rex oft der Fall war.

Also sagte ich ihm: »Ich finde gut, dass du es versucht hast. Aber versuchen allein reicht nicht. Du musst tatsächlich vorsichtig sein.« Anschließend verordnete ich Rex üblicherweise eine Auszeit.

Die Auszeiten für Rex fühlten sich wie seine ersten ernsthaften Strafen an – für uns wie auch für ihn. Für uns, weil wir ihn wirklich bestraften und nicht nur so taten. Uns ging es darum, zu verurteilen, was er getan hatte, und ihm zu vermitteln, dass er sich besser hätte verhalten sollen. Aber das war noch nicht alles. Wir hatten das Gefühl, Hank beschützen und Rex klarmachen zu müssen, dass er auf seinen Bruder aufpassen musste.

Die Auszeiten waren auch für Rex eine ernsthafte Angelegenheit, denn ihm war klar, dass wir wirklich ärgerlich waren. Er verstand, dass wir ein besseres Verhalten von ihm erwarteten, und deshalb fühlte er sich schrecklich. Manchmal war er nur noch ein Häufchen Elend, weil er unseren Rüffel nicht ertragen konnte.

Indem wir Hanks Recht auf Rücksichtnahme durch Rex verteidigten, übten wir ein gewisses Maß an ausgleichender Gerechtigkeit aus. Rex verhielt sich so, als ob er nicht auf Hank achtgeben müsse. Wir stellten klar, dass er es musste. Und wir sagten es nicht einfach nur. Wir ließen ihn für seine Unachtsamkeit bezahlen.

Darüber hinaus übten wir auch ein gewisses Maß an vergeltender Gerechtigkeit aus.

Was ist damit gemeint? Diese Frage schieben wir nun schon eine Weile vor uns her, doch jetzt können wir sie endlich beantworten – und verstehen, warum es hin und wieder sinnvoll ist, jemandem Leid zuzufügen. Während es bei der ausgleichenden Gerechtigkeit darum geht, die Opfer und ihre Rechte zu verteidigen, geht es bei der vergeltenden Gerechtigkeit um die Verurteilung der Übeltäter und Übeltäterinnen. Dies erfordert, dass wir ihre soziale Stellung zumindest vorübergehend herabsetzen, um auf diese Weise ihre Taten zu brandmarken. Die Bestrafung zeigt an, dass man seinen Status verloren hat, da man harten Maßnahmen unterworfen wird, von denen verschont zu werden man normalerweise ein Recht hat.[78]

Bei Erwachsenen ist das einfacher zu erkennen. Denken wir an das Urteil gegen Brock Turner wegen des sexuellen Missbrauchs von Chanel Miller auf einer Party in Stanford.[79] Der Staatsanwalt forderte eine sechsjährige Haftstrafe, der Richter dagegen ließ Turner mit nur sechs Monaten davonkommen. Das Urteil löste zu Recht Empörung aus.[80] Meine Frage lautet jedoch: Was war daran eigentlich falsch? War das Urteil mangelhaft, weil es nicht in der Lage war, ein bestimmtes kosmisches Konto auszugleichen? Wenn dem so war, durch wie viel Leid wäre dieses Gleichgewicht wieder herzustellen? Und wie ließe sich das in die hinter Gittern zu verbüßenden Jahre umrechnen?

Meiner Meinung nach war das Urteil aus ganz diesseitigen Gründen mangelhaft. Es vermittelte die falschen Botschaften über Miller und Turner. Die Strafe war zu kurz, um Millers Rechte zu verteidigen. Es schien nahezulegen, dass das ihr Zugestoßene unbedeutend war – oder, schlimmer noch, dass sie selbst unbedeutend war. (In Kalifornien kann man für Bagatelldiebstahl – den Diebstahl von Waren mit einem Wert bis zu 950 Dollar – zu sechs Monaten Gefängnis verurteilt werden.[81]) Das ist ein Versagen der ausgleichenden Gerechtigkeit. Und genauso wenig leistete die Strafe vergeltende Gerechtigkeit. Sie legte nahe, dass Turners Tat nicht so schlimm gewesen sei und er nach einer kurzen Auszeit wieder in die Gesellschaft aufgenommen werden sollte.

In den Vereinigten Staaten sperren wir einen schockierend hohen Prozentsatz der Bevölkerung hinter Gitter, mehr als in jedem anderen Land der Erde.[82] Und das ist kein Rekord, auf den wir stolz sein sollten. Wir sollten deutlich weniger Menschen einsperren. Dennoch bin ich dagegen, Gefängnisse vollständig abzuschaffen. Wenn ein Mensch einem anderen Leid antut, sollten wir ihn zur Rechenschaft ziehen, und eine Haftstrafe stellt diesbezüglich eine gute Möglichkeit dar. Menschen ins Gefängnis zu stecken, ist ein Signal dafür, dass sie momentan nicht fähig sind, mit uns anderen zusammenleben zu können. Es ist ein Signal dafür, dass wir ihnen nicht trauen und eine Pause von ihnen benötigen. Und es ist, zumindest für manche Verbrechen, eine angemessene Strafe.

Oder besser gesagt, so könnte es sein, wären unsere Gefängnisse nicht derart schreckliche Orte. Manchmal ist es gerechtfertigt, Menschen von der Gemeinschaft abzusondern. Aber es gibt keine Rechtfertigung dafür, Menschen in überfüllte Haftanstalten zu stecken, wo sie der sehr realen Gefahr von Misshandlungen durch Mitgefangene und Wachpersonal ausgesetzt sind, wo ihre gesundheitlichen Bedürfnisse ignoriert werden und wo sie eine unmenschliche Behandlung erfahren. Auch wenn sich jemand schlimm, ja sogar entsetzlich verhalten hat, ist er immer noch ein Mensch. Wenn wir die Menschlichkeit von Kriminellen nicht achten, achten wir auch unsere eigene nicht, da wir damit implizieren, dass sie ganz einfach verloren gehen kann.

Außerdem sollten wir bedenken, dass wir in den allermeisten Fällen mit den Menschen, die wir einsperren, wieder zusammenleben werden. Strafe sollte die Möglichkeit offenhalten, dass wir dies auf harmonische Weise tun können und diese sogar befördern. Behandeln wir Menschen unmenschlich, darf es uns nicht überraschen, wenn sie sich dafür revanchieren. Aber auch das Gegenteil trifft zu: Wenn wir Menschen mit Respekt begegnen, erhöht dies die Wahrscheinlichkeit, dass auch sie uns Respekt entgegenbringen. Manchmal ist eine Strafe, sogar eine harte Strafe, gerechtfertigt, etwa die Trennung von Freunden und Familie. Aber wir können Menschen verurteilen, ohne sie zu dem gefährlichen und trostlosen Leben in unseren Gefängnissen zu verdammen.

Womöglich fragen Sie sich nun: Wenn die Botschaften, die wir aussenden, das Wichtigste sind und Gefängnisse in der Regel schreckliche Orte, können wir Kriminelle dann nicht einfach mit Worten verurteilen? Warum müssen wir sie wegsperren? Die Antwort lautet: Worte können nicht alle Botschaften vermitteln. *Taten sagen mehr als Worte*, wie es so schön heißt. Würden Sie einer Person glauben, die behauptet, Sie zu lieben, aber sich nie entsprechend verhält? Ich bezweifle es, und mit verbaler Missbilligung ist es genauso. Sie können sagen, Sie seien wütend über die Taten eines anderen Menschen, aber wenn Sie sich dieser Person gegenüber nicht entsprechend verhalten, wird man Sie nicht ernst nehmen.

◆ ◆ ◆

Warum bestrafen wir? Wir haben viele Gründe kennengelernt: Abschreckung, Resozialisierung und die Absicht, jemanden handlungsunfähig zu machen. Aber der Hauptgrund ist Vergeltung. Wir bestrafen, um die Ächtung eines Verhaltens zu kommunizieren. Und vergeltende Gerechtigkeit verlangt Strafe, wann immer diese Ächtung angebracht ist.

Das bedeutet jedoch nicht, dass wir in jedem Fall bestrafen müssen. Manchmal können wir die Gerechtigkeit schleifen lassen. Und hin und wieder sollten wir das sogar.

Eine Zeit lang war ich als Rechtsreferent für Ruth Bader Ginsburg tätig. Sie hat mir viel über Recht und Gesetz beigebracht und ebenso viel über das Leben. Die Supreme-Court-Richterin und ihr Mann Marty führten eine bekanntermaßen gute Ehe, daher wurde sie häufig um Beziehungsratschläge gebeten. Sie erzählte dann oft von einem Tipp, den sie kurz vor der Hochzeit von ihrer Schwiegermutter bekommen hatte: »In jeder guten Ehe ist es manchmal von Nutzen, ein wenig taub zu sein.«[83]

Was sie damit meinte: Wir müssen nicht jede Kränkung ernst nehmen. Genau genommen wird unser Leben besser verlaufen, wenn wir über einige hinwegsehen. Eine objektive Perspektive einzunehmen, kann helfen. Sutherland kam darauf, als sie ihren Mann *shamuisierte*. »Früher habe ich seine Fehler persönlich genommen«, erklärte sie. »Seine schmutzigen Klamotten auf dem Boden waren ein Affront für mich, ein Symbol dafür, dass ich ihm nicht wichtig war.« Aber als sie einen objektiven Blick auf ihren Mann warf, wurde ihr klar, dass es dabei eigentlich nicht um sie ging. Manche Gewohnheiten, so erkannte sie, sind einfach »zu tief verwurzelt, zu instinktiv, um sie abzutrainieren«.[84]

Strawson wäre nicht überrascht gewesen, zu hören, dass Sutherland dank der objektiven Einstellung ihren Ärger überwinden konnte. Es ist gefährlich, durchgehend eine objektive Haltung anderen gegenüber einzunehmen; das bedroht ihre Menschlichkeit – und unsere eigene. Wenn man andere nicht als verantwortliche Wesen ansieht, ist es unmöglich, sich selbst als jemanden zu begreifen, der Rechte innehat, denn dabei handelt es sich um zwei Seiten einer Medaille. Aber selbst Strawson war der Meinung, dass die objektive Einstellung gelegentlich nützlich sein kann. Etwa, »um zu verhindern, dass wir uns zu sehr in eine Beziehung reinhängen, weil es uns hilft, Regelungen umzusetzen, oder schlicht aus intellektueller Neugier«.[85]

Ich bleibe bei meiner Feststellung: Man sollte seine bessere Hälfte nicht *shamuisieren*. Dennoch spricht viel dafür, gelegentlich eine objektive Einstellung einzunehmen. Wir sind keine durch und durch rationalen Wesen. Wir können Gründe erkennen und danach handeln. Aber wir können nicht alle Gründe erkennen. Oder uns immer entsprechend der von uns erkannten Gründe verhalten. Daher sollten wir uns nach Kräften bemühen, den tief verwurzelten und schwer zu ändernden Persönlichkeitszügen eines anderen Menschen Raum zu lassen und Nachsicht zu üben.

Das ist bei Kindern nicht das Problem, da ihre Gewohnheiten nicht allzu tief verwurzelt sind. Doch Erschöpfung, Hunger und Stress beeinträchtigen unsere Fähigkeit, auf Vernunftgründe zu reagieren. Das gilt für Erwachsene. (Wenn Julie *hangry* ist, sollte man ihr besser nicht in die Quere kommen.) Und erst recht gilt das für Kinder. Sie werden geradezu unerträglich, wenn sie müde oder hungrig sind. Dieser Umstand führte in unserem Haushalt zu einigen Spannungen. Julie war oft bereit, über schlechtes Verhalten hinwegzusehen, und sagte in solchen Fällen: »Bringen wir ihn einfach ins Bett.« Ich war damit nicht einverstanden, denn unsere Jungs sollten gar nicht erst auf die Idee kommen, dass Müdigkeit eine Allzweckausrede sei. Rückblickend denke ich, dass wir beide recht hatten. Oder besser gesagt, Ruth Bader Ginsburg hatte recht. Bei Kindern können wir Nachsicht walten lassen. Manchmal.

Diese Beobachtungen lassen sich verallgemeinern. Unsere Gesellschaft ist eine strafende Gesellschaft. Wir sperren viele Menschen weg, die aus Erschöpfung, Hunger oder Stress geringfügige Straftaten begehen. Wir müssen die Welt außerhalb der Gefängnisse verändern, damit weniger Menschen auf diese Weise ausgelaugt werden. Aber während wir das versuchen, sollten wir eines nicht vergessen: Wir müssen nicht jedes Fehlverhalten, das wir erleben, verurteilen. Wir können die Dinge schleifen lassen. Manchmal. Tatsächlich kann das sogar ein Weg sein, eine andere, tiefgreifendere Art von Gerechtigkeit auszuüben.

◆ ◆ ◆

Gelegentlich kuscheln wir uns alle im Bett zusammen und lesen noch gemeinsam, bevor es für die Jungs Zeit zum Schlafen ist. Eines Abends las der damals achtjährige Hank ein Buch zum Computerspiel *Minecraft* und weigerte sich, es beiseitezulegen, als es für ihn an der Zeit war, zu schlafen.

»Hank, Zeit für dich, dein Buch zuzuklappen«, erklärte Julie, nachdem sie ihn bereits mehrmals ermahnt hatte.

»Nein«, gab er schroff zurück.

»Das war keine Frage, Hank. Es ist spät, und es ist Zeit fürs Bett.«

»Ich will aber nicht aufhören«, sagte er und blätterte um.

»Wenn du nicht sofort aufhörst, war es das für morgen mit *Minecraft*.« Das war eine ernsthafte Drohung – wir befanden uns mitten in der Pandemie, und *Minecraft* war Hanks wichtigste Form des sozialen Kontakts.

»Du kannst mir nicht befehlen, dass ich mit dem Lesen aufhören soll«, sagte Hank. »Ich muss mir von dir überhaupt nichts sagen lassen.«

»Doch, das musst du«, erklärte Julie und wollte ihm das Buch wegnehmen. »Und du solltest besser nicht so mit mir reden.«

»Ich rede mit dir, wie ich will«, sagte Hank.

Eine unbedachte Antwort. Die *Minecraft*-Session am Folgetag wurde kurzerhand gestrichen.

Als ich zu Hank ins Zimmer kam, um ihm Gute Nacht zu sagen, war er verzweifelt. Er lag zu einer Kugel zusammengekauert weinend mit dem Gesicht zur Wand.

Ich setzte mich zu ihm. »Scheint so, als hätte das mit dem respektvollen Verhalten heute Abend nicht so gut bei dir geklappt.«

»Ja, stimmt«, schluchzte er, »und ich kann nicht glauben, dass du mir die Schuld dafür gibst.«

»Nun, du warst derjenige, der respektlos war«, sagte ich.

»Weiß ich. Aber es ist nicht fair, mir die Schuld zu geben. Es war eine echt fiese Situation für mich.«

Ich unterdrückte ein Lachen. Hank ist ein guter Anwalt und nie um eine Ausrede verlegen. Aber diese konnte ich ihm nicht durchgehen lassen. Sein Verhalten war zu dreist gewesen, um darüber hinwegzugehen, auch wenn es tatsächlich eine echt fiese Situation für ihn gewesen sein mochte.

Ich nahm ihn in die Arme. Und sagte ihm, dass ich ihn lieb hatte. Und machte alberne Witze, bis er schließlich wieder lächelte.

Hank hatte die Botschaft »kein *Minecraft*« verstanden. Ihm war klar, dass er sich schlecht benommen hatte. Aber ich wollte nicht, dass dies die letzte Botschaft war, die ihn an diesem Tag erreichte. Er gehört zu uns, und das wird er immer, egal wie schlecht er sich benimmt.

4

Autorität

Du bist nicht mein Boss«, sagte Rex.
»Doch, bin ich.«
»Nein, bist du nicht.«
»Ach, leck mich doch.«

◆ ◆ ◆

Das war's. Das ist die ganze Geschichte. Na gut, »Ach, leck mich doch« habe ich nicht gesagt. Höchstens in Gedanken. Und vielleicht im Traum. Denn nichts kann einen mehr auf die Palme bringen als ein Kind, das seine Schuhe nicht anziehen will, wenn man schon spät dran ist.
»Zieh dir die Schuhe an.«
Schweigen.
»Zieh dir jetzt die Schuhe an.«
Unerträgliches Schweigen.
»Rex, du brauchst Schuhe.«
»Keine Schuhe.«
»Rex, du musst Schuhe tragen. Zieh sie an.«
»Keine Schuhe.«
»Zieh dir die Schuhe an.«
»Wieso?«
Weil sie deine Füße schützen. Weil es draußen schmutzig ist.

Weil an praktisch allen Orten dieser Welt gilt: Kein Zutritt ohne Schuhe.

Aber auch: *weil ich es sage.*

»Keine Schuhe.«

»Gut. Dann ziehen wir sie an, wenn wir da sind.«

Wann dieses Gespräch stattgefunden hat? Ich weiß es nicht mehr. Die Frage ist wohl eher, wann mal nicht?

Den Spruch »Du bist nicht mein Chef« schnappte Rex mit drei oder vier in der Vorschule auf. Aber eigentlich hatte er schon davor nach diesem Motto gelebt. Wie jedes kleine Kind.

Natürlich, manchmal tun sie, was man ihnen sagt. Aber nur, wenn es ihnen in den Kram passt.

◆ ◆ ◆

War ich der Boss von Rex? Das hängt davon ab, was es heißt, der Boss von jemandem zu sein.

Ich habe Rex herumkommandiert, habe ihm gesagt, was er tun soll, sicher. Allerdings ohne großen Erfolg, wie die geschilderte Geschichte zeigt.

In der Philosophie wird zwischen Macht und Autorität unterschieden.[86] *Macht* ist die Fähigkeit, die Welt dem eigenen Willen zu unterwerfen und sie nach den eigenen Wünschen zu gestalten. Man besitzt Macht über einen Menschen, wenn man ihn dazu bringen kann, zu tun, was man von ihm verlangt.

Und ich hatte Macht über Rex. Notfalls hätte ich ihm die Schuhe einfach selbst anziehen können. Manchmal tat ich das auch. Doch ich konnte meinen Willen auch auf andere Weise durchsetzen: indem ich Rex etwas vorenthielt, was er unbedingt wollte, bis er tat, was ich sagte. Oder ihn belohnte. Oder ihn überzeugte (eher selten). Oder, noch besser, ihn austrickste (ein taktisch klug eingesetztes »Tu, was du willst, aber zieh dir bloß nicht die Schuhe an« führte lange Zeit am schnellsten zum erwünschten Ergebnis).

Aber auch Rex hatte Macht über mich. Ohne mitgezählt zu haben, wäre schwer zu sagen, wer von uns beiden den anderen erfolgreicher seinem Willen unterworfen hat. Rex konnte mich nicht herumkommandieren. Aber er konnte sich auf den Boden werfen, sich wie ein nasser Sack hängen lassen oder schlicht Widerstand leisten, bis er seinen Willen bekam. Außerdem konnte er bewusst den süßen Jungen spielen und mich auf diese Weise lenken. Das funktionierte ziemlich oft. Was wir daraus lernen? Dass Macht selbst in den asymmetrischsten Beziehungen selten einseitig verteilt ist.

Autorität hingegen schon. Rex und ich hatten in unterschiedlichem Maße Macht übereinander. Aber nur ich besaß Autorität über ihn. Was Autorität ist? Eine Form von Macht. Allerdings nicht Macht über eine Person, zumindest nicht unmittelbar.[87] Autorität zu besitzen, heißt vielmehr Macht über die Rechte und Pflichten einer Person zu haben. Wir besitzen Autorität über eine andere Person, wenn wir ihr die Pflicht auferlegen können, etwas zu tun, schlicht, indem wir ihr sagen, sie solle es tun. Das bedeutet nicht notwendigerweise, dass die Person es auch tun wird. Menschen kommen ihren Pflichten nicht immer nach. Aber es bedeutet, dass die Person gegen ihre Pflicht verstößt, wenn sie es nicht tut.

Wenn ich Rex sage, er solle sich die Schuhe anziehen oder, neuerdings, er solle das Geschirr abspülen, mache ich das zu seiner Pflicht. Solange ich ihm nicht auftrage, das Geschirr abzuspülen, muss er das auch nicht tun. Es wäre großartig, wenn er es täte! Aber ich kann ihm nicht böse sein, wenn er es nicht tut. Doch sobald ich ihm sage, dass er abwaschen soll, ändert sich alles. Dann ist es nicht länger großartig, wenn er es tut – es wird von ihm erwartet. Und ich ärgere mich, wenn er es nicht tut.

In der Philosophie wird der Unterschied zwischen Macht und Autorität oft anhand eines Raubüberfalls veranschaulicht.[88] Stellen Sie sich vor, Sie gehen die Straße entlang, und ein Mann fordert mit vorgehaltener Waffe Geld von Ihnen. Hat er Macht über Sie? Auf jeden Fall: Sie werden ihm das Geld aushändigen. Hat er Autorität? Nein. Sie waren nicht verpflichtet, ihm das Geld zu geben, bevor er es von Ihnen gefordert hat, und Sie sind es auch in dieser Situation nicht. Es wäre sogar Ihr gutes Recht, ihm zu sagen, dass er Leine ziehen soll (auch wenn ich Ihnen nicht dazu raten möchte).

Und jetzt vergleichen Sie den Raubüberfall mal mit dem Steuerbescheid, der Ihnen alljährlich ins Haus flattert. Auch der Staat verlangt Geld von Ihnen. Und er wird Sie hinter Gitter bringen, wenn er es nicht bekommt. Er hat also Macht. Hat er auch Autorität? Nun, zumindest behauptet er das. Nach Ansicht des Staats ist es Ihre Pflicht, Steuern zu zahlen. Doch stimmt das? In einer Demokratie würden viele Menschen sagen: Ja, es ist Ihre Pflicht, dem Staat zu geben, was Sie ihm seiner Ansicht nach schulden.

◆ ◆ ◆

Robert Wolff ist da anderer Meinung. Ihm zufolge darf uns der Staat keinerlei Pflichten auferlegen. Tatsächlich bezweifelt er sogar, dass irgendjemand uns zu irgendetwas verpflichten kann, nur indem er oder sie sagt, wir müssten es tun.

Wolff lehrte seit den 1960er-Jahren in Harvard und Chicago, an der Columbia University und der University of Massachusetts – eine beeindruckende Reihe von Institutionen für einen bekennenden Anarchisten. Allerdings gehört Wolff nicht zu jener Sorte von Anarchisten, die auf die Straße gehen, um Riots anzuzetteln (zumindest, soweit mir bekannt ist). Vielmehr ist Wolff ein philosophischer Anarchist, was nur eine Umschreibung für seine Skepsis gegenüber sämtlichen Autoritätsansprüchen ist.

Doch womit begründet er seine Position? Wolff zufolge macht uns unsere Fähigkeit zum vernünftigen Abwägen verantwortlich für unser Handeln. Er sagt, dass wir sogar die Pflicht hätten, Verantwortung für unser Handeln zu übernehmen, indem wir dessen Implikationen durchdenken.[89] Eine verantwortliche Person sei bestrebt, *autonom* zu handeln,[90] das heißt, auf Grundlage der Entscheidungen, die sie anhand ihrer eigenen Abwägungen trifft. Sie begreife sich nicht als frei, einfach alles zu tun, was ihr in den Kopf kommt, sondern erkenne stattdessen an, dass sie eine Verantwortung gegenüber anderen habe.[91] Gleichwohl bestehe sie darauf, über diese Verantwortung eigenständig zu entscheiden.

Wolff argumentiert, dass Autonomie und Autorität unvereinbar miteinander seien.[92] Um autonom zu sein, müsse man seine eigenen Entscheidungen treffen, anstatt sich den Entscheidungen anderer zu unterwerfen. Doch eben Letzteres verlangt die Autorität.

Wolff zufolge können wir durchaus tun, was andere Menschen uns sagen. Aber wir sollten es niemals einzig und allein deshalb tun, weil es uns gesagt wurde. Sondern nur, weil wir es für richtig halten.

◆ ◆ ◆

Wolffs Schlussfolgerung ist radikaler, als sie auf den ersten Blick scheint. Zum einen besteht er darauf, dass wir immer erst den eigenen Kopf einschalten, bevor wir die Anweisungen einer Autorität befolgen. Zum anderen argumentiert er, dass derartige Anweisungen im Grunde bedeutungslos seien. Niemand könne von uns verlangen, etwas zu tun, nur weil er oder sie es von uns fordert – nicht die Polizei, nicht unsere Eltern, nicht unsere Trainerin, nicht unsere Chefin, niemand.*[93]

Das ist ein bemerkenswerter Gedanke. Und es dauerte nicht lange, bis einige Philosophen und Philosophinnen Probleme in

---

* Zumindest gilt das für Erwachsene. Die Verantwortung von Kindern ist Wolff zufolge abhängig von ihrer Fähigkeit abzuwägen.

Wolffs Argumentation erkannten. Zu Wolffs Hauptkritiker wurde Joseph Raz, der viele Jahre als Professor für Rechtsphilosophie in Oxford lehrte.

Raz zufolge übersah Wolff etwas Entscheidendes an der Funktionsweise von Handlungsgründen. Wenn man abwägt, was man tun soll, gelangt man manchmal zu dem Schluss, dass man sich jemand anderem unterordnen sollte – dass es einen Grund dafür geben kann, genau das zu tun, was eine andere Person sagt, anstatt selbst zu entscheiden.[94]

Um zu verstehen, was Raz meint, stellen wir uns vor, Sie möchten gerne backen lernen und melden sich zu einem Kurs an. Ihre Kursleiterin ist eine Spitzenbäckerin. Sie gibt Ihnen knappe Kommandos: *Miss dies ab, misch das zusammen. Knete den Teig. Nicht so viel.* Sollten Sie ihre Kommandos befolgen?

Wolff verlangt von Ihnen, dass Sie jede Anweisung hinterfragen. Sie müssten also jedes Mal überlegen: Soll ich das wirklich tun? Doch wie können Sie diese Frage überhaupt beantworten? Sie haben keine Ahnung vom Backen. Deshalb sind Sie ja in dem Kurs! Ihre Unwissenheit ist ein guter Grund, genau das zu tun, was man Ihnen sagt.

Und: Dadurch büßen Sie Ihre Autonomie keineswegs ein. Sie befolgen zwar die Anweisungen einer anderen Person. Aber nur, weil Sie selbst zu dem Schluss gekommen sind, dass Sie sich dem Urteil dieser Person beugen sollten.[95] Tun Sie das wieder und wieder, könnte selbstverständlich Ihre Autonomie darunter leiden. Aber sich gelegentlich unterzuordnen – wenn man es für richtig hält –, widerspricht nicht dem Prinzip der Selbstbestimmung.

◆ ◆ ◆

Mein Vater kann sich endlos darüber amüsieren, wie Rex und Hank meine Autorität infrage stellen. Er sieht darin meine wohlverdiente Strafe.

Meine Mutter hatte eine ausgeprägte diktatorische Ader. Ihr Wort war Gesetz. Und ich weigerte mich, dieses Gesetz zu befolgen. Schon als kleiner Junge geriet ich ständig mit ihr aneinander.

Sobald sie ein Kommando gab, egal welches, fragte ich reflexartig: »Warum?«

»Weil ich es sage!«

»Das ist kein Grund«, gab ich zurück, ganz der vierjährige philosophische Anarchist.

»Einen anderen Grund bekommst du nicht«, sagte sie. Und sie war beharrlich. Somit hatte sie recht.

Wenn ich mich dann Hilfe suchend an meinen Vater wandte, sagte der nur: »Mach einfach deine Mutter glücklich!« Das machte mich ähnlich wütend wie das »Weil ich es sage!« meiner Mom.

»Warum lassen wir uns die Tyrannei dieser Frau gefallen?«, fragte ich mich. Vielleicht noch nicht mit vier. Mit vierzehn jedoch auf jeden Fall.

Heute bin ich derjenige, der sagt: »Weil ich es sage!«

Ich sage es nicht gern. Und es ist selten meine erste Wahl. Wenn die Jungs nach dem Warum fragen, versuche ich zunächst einmal, ihnen meine Gedanken zu erklären. Aber nicht immer ist die Zeit dafür da. Und nicht immer habe ich Lust auf ein ausführliches Gespräch, zumal die beiden gern endlos debattieren.

Doch selbst wenn ich meine Gründe darlege, sehen sie das Problem vielleicht nicht so wie ich. Und das ist in Ordnung. Sie können versuchen, mich zu überzeugen. Manchmal gelingt es ihnen. Wenn nicht, setzt sich meine Auffassung durch. Das bedeutet, dass »Weil ich es sage!« oft der letzte Grund ist, den sie von mir zu hören bekommen. Es ist jedoch nicht der erste.

◆ ◆ ◆

Aber seien wir ehrlich: »Weil ich es sage!« ist natürlich kein echter Grund. Eltern sagen das nur, wenn ihnen die richtigen Gründe ausgehen. Oder sie diese nicht nennen wollen. Im Grunde war ich also damals im Recht, als ich vier war.

Doch eigentlich war ich es nicht. Wie Raz uns zeigt, kann »Weil ich es sage!« unter bestimmten Umständen ein Grund sein und zwar ein zwingender. Unter den richtigen Voraussetzungen kann eine Person die Handlungen einer anderen bestimmen, indem sie dieser schlichtweg sagt, was sie zu tun hat.

Bloß wann? Gestützt auf Beispiele wie den Backkurs, argumentiert Raz, dass man die Pflicht hat, den Anweisungen einer anderen Person zu folgen, wenn man dadurch zu einem besseren Ergebnis gelangt.[96] Wenn Sie backen und eine Expertin vor Ort ist, sollten Sie deren Anweisungen befolgen, sonst wird der Kuchen nicht so gut, wie er werden könnte. Wenn Sie Basketball spielen und Ihre Trainerin einen Spielzug vorgibt, sollten Sie Ihre Rolle darin erfüllen, sonst leidet das Zusammenspiel Ihres Teams.

Raz zufolge besteht die Aufgabe einer Autorität darin, den ihr unterstehenden Individuen zu dienen. Er bezeichnete seine Sichtweise sogar als die *Dienstleistungskonzeption von Autorität*.[97] Eine Autorität sollte, so Raz, zunächst sämtliche Motive und Handlungsgründe der ihr Unterstehenden erfassen. Dann sollte sie Handlungsanweisungen geben, die den ihr untergeordneten Individuen bei der Umsetzung dessen helfen, was gemäß ihren Motiven erforderlich ist. Wenn diese Individuen durch die Befolgung der Anweisungen ein besseres Ergebnis erzielen als durch eigenständiges Entscheiden über ihr Tun, dann sind die Anweisungen verbindlich, und die der Autorität untergeordneten Personen haben die Pflicht, sie zu befolgen.

Eine Autorität kann diese Art von Dienstleistung auf vielerlei Weise bereitstellen, und tatsächlich haben wir bereits zwei Möglichkeiten kennengelernt.

Erstens kann eine Autorität mehr wissen als die ihr Unterstehenden, also über bessere Fachkenntnis verfügen.[98] Darauf gründet etwa die Autorität Ihrer genialen Backlehrerin. Dasselbe gilt für die erfahrene Chirurgin, die einem frischgebackenen Arzt Anweisungen gibt. Aufgrund ihrer Erfahrung kann sie besser einschätzen, was zu tun ist.

Zweitens kann eine Autorität einer Gruppe helfen, ein Ziel zu erreichen, das für den Einzelnen unerreichbar wäre. In der Regel tut eine Autorität dies, indem sie die Mitglieder der Gruppe synchronisiert. In der Philosophie bezeichnet man diese Situationen als *Koordinationsprobleme*.[99] Dem klassischen Beispiel hierfür begegnen wir hinter dem Steuer unseres Autos. Wir müssen alle auf der gleichen Straßenseite fahren, sonst stoßen wir zusammen. Dabei spielt es keine Rolle, ob wir links oder rechts fahren, wir müssen uns nur für eine Seite entscheiden. Indem eine Autorität Verkehrsregeln festlegt, koordiniert sie das Verhalten aller Verkehrsteilnehmenden und hilft uns, das Chaos zu vermeiden, das zwangsläufig entstünde, würden sich alle eigenständig entscheiden.

Die Frage, auf welcher Straßenseite wir fahren, ist ein reines Koordinationsproblem, da die Antwort darauf keine Rolle spielt – wir müssen uns nur auf eine Seite einigen. Aber nicht alle Koordinationsprobleme sind so einfach zu lösen. Manchmal sind gewisse Lösungen besser als andere. Denken Sie noch einmal an Basketball. Es ist wichtig, was für einen Spielzug eine Mannschaft umsetzt, da einige eher zum Erfolg führen als andere. Entscheidender ist jedoch, dass alle Spielerinnen denselben Spielzug umsetzen, auch wenn es vielleicht einen besseren gegeben hätte.

Die Notwendigkeit, die Spielerinnen zu synchronisieren, ist ein Argument, das die Autorität einer Basketballtrainerin rechtfertigt. Wenn sie ihre Spielerinnen zu koordinieren vermag, dann ist »Weil ich es sage!« ein Grund für das Team, zu tun, was sie sagt.[100] Im Anschluss an das Spiel mögen sie die Anweisungen infrage stellen. Aber wenn sie sich während des Spiels nicht daran halten, werden sie höchstwahrscheinlich schlechter spielen, als wenn sie dies tun.

Allerdings muss man sich darüber im Klaren sein, dass »Weil ich es sage!« zwar ein Grund für die Spielerinnen ist, nicht aber für die Trainerin. Eine Trainerin sollte erklären können, warum sie bestimmte Entscheidungen getroffen hat. Ihre Autorität gibt ihr nicht das Recht, nach Lust und Laune zu handeln. Sie sollte bestrebt sein, den bestmöglichen Spielzug anzuordnen. Ihre Aufgabe ist es, ihren Spielerinnen dabei zu helfen, das Ziel ihrer Bestrebungen zu erreichen – nämlich das Spiel zu gewinnen. Die Autorität der Trainerin gründet auf ihrer Fähigkeit, das Team in dieser Hinsicht gut unterstützen zu können.*

Dasselbe würde Raz über Eltern sagen. Sie haben allein deshalb das Recht, ihre Kinder herumzukommandieren, weil sie ihnen helfen können, besser zu handeln, als diese es auf sich gestellt könnten. Es spricht einiges für Eltern als Entscheidungsinstanzen. Zum einen wissen sie Dinge, die Kinder nicht wissen. Ich weiß beispielsweise, wie viel Schlaf Kinder brauchen, und ich weiß nur allzu gut, was passiert, wenn sie ihn nicht bekommen. (Es gibt Horrorfilme, die weniger gruselig sind.) Deshalb kann ich besser entscheiden, wann meine Kinder ins Bett gehen sollten, als sie es selbst könnten.

Doch Wissen ist nicht der einzige Grund, weshalb Eltern bessere Entscheidungen als Kinder treffen können. Die meisten Eltern haben mehr Selbstkontrolle als kleine Kinder. Ich glaube, man kann kaum weniger haben. Kinder interessiert im Allgemeinen nur der Augenblick. Und wirklich nur der. Dagegen können

---

* Natürlich können der Trainerin Fehler unterlaufen. Alle Coaches haben mal einen schlechten Tag. Für Raz lautet die Frage, ob die Trainerin in der Summe ihren Spielerinnen hilft, besser zu spielen, als sie es auf sich allein gestellt könnten. Ein schlechter Tag hier und da hat keine Auswirkungen darauf. Anders sieht es aus, wenn sich diese schlechten Tage häufen.

Eltern eine längerfristige Perspektive einnehmen, was ihren Kindern oft zugutekommt.

Außerdem können Eltern Koordinationsprobleme für ihre Kinder lösen. Zum Beispiel können wir einen Zeitplan für das Klavierspiel aufstellen, damit jeder unserer Söhne einmal an die Reihe kommt, bevor es Zeit fürs Bett ist. Oder wir können Hank sagen, dass er die Spülmaschine ausräumen soll, damit sie leer ist, wenn Rex mit dem schmutzigen Geschirr dran ist. So reibungslos läuft das natürlich nie. Aber im Prinzip könnte es das. Also geben wir nicht auf.

Auf diese und andere Weise können Eltern ihren Kindern helfen, besser zu handeln als ohne diese Unterstützung. Daher kann »Weil ich es sage!« ein Grund für Kinder sein, sich zu fügen. Selbstverständlich verbergen sich dahinter stets noch weitere Gründe – die Gründe, aus denen heraus Eltern bestimmte Entscheidungen treffen. Und diese wollte ich als kleines Kind unbedingt wissen. Meine Mutter sollte mir erklären, warum sie eine Entscheidung getroffen hatte, sodass ich mit ihr hätte diskutieren können.

Doch das war meiner Mutter egal. Ich bin da ein wenig offener. Meine Kinder sollen lernen, Entscheidungen zu treffen, damit das nicht allein an mir hängen bleibt. Außerdem sollen sie zu Menschen werden, die bei Problemen selbst abwägen. Deshalb lasse ich sie so oft wie möglich an meinen Überlegungen teilhaben. Aber es kann gute Gründe für ein »Weil ich es sage!« geben. Es kann ein endloses Gespräch abkürzen. Oder besser noch, es gar nicht erst aufkommen lassen.

Das ist eine Gratwanderung, und nicht immer gelingt sie mir. Es kann einen verrückt machen, wenn ein Kind nicht tut, was man sagt, und etwas rasch erledigt werden muss. Hin und wieder bemerke ich, dass mir genau dieselben Worte meiner Mutter entschlüpfen: »Frag nicht, warum. Mach einfach, was ich dir sage.« Dann versuche ich mir ins Gedächtnis zu rufen, dass es für Kinder sinnvoll ist, das Warum verstehen zu wollen. Wir schulden ihnen Erklärungen, wenn nicht jetzt, dann später. Aber sie sollen auch lernen, dass manchmal jemand die Autorität hat, eine Diskussion zu beenden.

◆ ◆ ◆

Raz ist möglicherweise die weltweit führende Autorität in Sachen Autorität. Viele Menschen finden seine Ansicht überzeugend, dass Autoritäten den ihnen Unterstehenden dienen sollten. Doch sein Einfluss geht weit darüber hinaus. Er hat auch das Denken mehrerer Generationen von Philosophinnen und Philosophen zu Recht und Moral geprägt. Für mich persönlich war jedoch nicht Raz' Arbeit ausschlaggebend, sondern ein Akt der Großmut seinerseits.

Damals hatte ich ein Rhodes-Stipendium für Oxford erhalten. Sobald dieses zugesprochen wurde, musste man sich um einen Platz in einem bestimmten Studiengang bewerben. Ich wollte an der Philosophischen Fakultät studieren, doch dort wurde ich kurzerhand abgelehnt. Stattdessen legte man mir nahe, mich für Politikwissenschaften einzuschreiben. Meine Begeisterung für das Fach hielt sich jedoch in Grenzen, also bewarb ich mich an der juristischen Fakultät, um meinem Jurastudium einen Schub zu verleihen und möglicherweise eines Tages zum jetsettenden Anwalt aufzusteigen.

Dennoch konnte ich die Finger nicht von der Philosophie lassen. In Oxford angekommen, besuchte ich zusätzlich zu meinen Juraseminaren auch Philosophieveranstaltungen. Die von Raz faszinierten mich. Er war eine Respekt einflößende Gestalt, und das Thema seiner Vorlesungen, die Rechtsphilosophie, verband meine Interessen miteinander. Irgendwann erfuhr ich, dass man in Oxford sogar in diesem Bereich promovieren konnte. Also erkundigte ich mich nach der Möglichkeit, den Studiengang zu wechseln. Man sagte mir, das sei nicht möglich. Es sei zu spät, außerdem besäße ich nicht die erforderlichen Qualifikationen. Und das stimmte. Doch dann fragte ich Raz selbst. Und er sagte Ja. Mehr noch, er wurde sogar zu meinem Mentor. Das war wahnsinnig nett – schließlich bedeutete dies zusätzliche Arbeit für ihn –, und ich bin ihm bis heute dankbar.

Wie ich mich bei Raz revanchierte? Nun, erinnern Sie sich noch an meinen kindlichen Widerspruchsgeist? Der war mir auch an der Universität noch nicht abhandengekommen. Kaum hatte ich bei Raz zu studieren begonnen, machte ich mich an den Nachweis, dass seine Autoritätstheorie falsch war.[101] Und zwar nicht nur ein bisschen falsch, sodass ein paar Schönheitsreparaturen ausgereicht hätten. Sondern grundlegend falsch, sodass man abreißen und neu bauen musste.

Raz hatte damit kein Problem. Falls doch, ließ er es mich nicht spüren. Aber vermutlich machte es ihm einfach nichts aus. Denn so funktioniert Philosophie. Man stellt eine Behauptung auf, und alle Welt versucht einem nachzuweisen, dass man sich irrt. Das kann frustrierend sein, weitaus schlimmer ist jedoch, wenn die eigene Arbeit nicht beachtet wird. Eine Arbeit, die nicht einmal der Kritik wert ist, kann man sich auch schenken.

Gordon Ramsay – der TV-Fiesling mit der Kochschürze – kann uns dabei helfen, das Problem an Raz' Autoritätsverständnis zu verdeutlichen. Ramsay hatte vor Jahren eine Kochsendung namens *In Teufels Küche*, in der er versuchte, strauchelnden Restaurants wieder auf die Beine zu helfen. Unweigerlich tauchte er dabei irgendwann in der Küche auf und beobachtete seine teils bemitleidenswerten Kollegen und Kolleginnen bei ihren erbärmlichen Kochversuchen. Meist begann Ramsay dann vor Wut zu brodeln, bis er schließlich nicht mehr an sich halten konnte, das Küchenpersonal anbrüllte und Befehle skandierte, was wie zu tun sei. Das war furchtbar verstörend, da es keinen Grund für seine Gemeinheiten gab. Aber es war auch furchtbar befriedigend, da Ramsay gewissermaßen ein Rächer für all diejenigen von uns war, die in ambitionslosen Restaurants armselige Gerichte vorgesetzt bekommen.

War das Personal in diesen Küchen gezwungen, Ramsays Befehle zu befolgen? Nun, Ramsay hat schon mehrere Sternerestaurants geleitet, also kann zu Recht davon ausgegangen werden, dass er ein brauchbarer Koch ist. Gewiss wird man ihn für talentierter halten als die Köchinnen und Köche in den angeschlagenen Restaurants der Fernsehsendung. Raz zufolge sollten diese also genau das tun, was Ramsay ihnen sagt. Ja, sie würden sogar ihre Pflicht verletzen, wenn sie es nicht täten.

Doch nun möchte ich die Parameter ein wenig verändern. Vergessen Sie die Sendung für einen Moment und stellen Sie sich einfach vor, Ramsay würde als ganz normaler Gast und ohne Kamerateam mit seiner Familie in einem Restaurant zu Abend essen. Ihm wird die Suppe serviert, er probiert sie und findet sie furchtbar. Sofort springt er auf, stürmt in die Küche und fängt an, Befehle zu brüllen. Das Küchenpersonal ist konsterniert. Aber ein Koch erkennt Ramsay.

»Das ist Gordon Ramsay«, flüstert er seinen verblüfften Kolleginnen und Kollegen zu.

Somit weiß nun jeder: Der herumbrüllende Mann ist nicht übergeschnappt. Er ist der beste Koch in der Küche. Sind sie also verpflichtet, zu tun, was er ihnen befiehlt? Oder steht es ihnen frei zu sagen: »Zieh Leine, Gordo.«

Ich schlage mich auf die Seite der Zieh-Leine-Gordo-Fraktion. Dass Ramsay ein besserer Koch ist, gibt ihm nicht das Recht, alle herumzukommandieren. Bei der Sendung *In Teufels Küche* hatten sich die dort auftretenden Köche und Köchinnen einverstanden erklärt mitzuspielen, sodass es gewissermaßen ihre Pflicht war, sich den Vorgaben des Programms zu unterwerfen. Allerdings bestand diese Pflicht lediglich aufgrund ihres Entschlusses, in der Sendung mitzuwirken, und nicht aufgrund der Tatsache, dass Ramsay besser kochen konnte als sie. Ramsays Können gibt ihm nicht das Recht, in jede beliebige Küche zu stürmen und Kommandos zu erteilen.*

Das bedeutet jedoch, dass Raz falsch liegt. Die Tatsache, dass jemand uns dabei helfen kann, etwas besser zu machen, als wir es auf uns allein gestellt könnten, gibt ihm oder ihr nicht das Recht, uns herumzukommandieren.[102] Selbstverständlich könnte es klug sein, auf die Person zu hören, weil wir auf diese Weise vermutlich ein besseres Ergebnis erzielen. Aber es ist nicht unsere Pflicht. In vielen Bereichen des Lebens steht es uns frei, unsere eigenen Fehler zu begehen. Wenn wir bei uns in der Küche eine ungenießbare Suppe kochen wollen, ist das unsere Sache. Gordon Ramsay kann von uns nicht verlangen, es so zu machen wie er.

◆ ◆ ◆

Wir benötigen also einen neuen Autoritätsansatz, und wie so oft kann Hank uns dabei helfen. Sein erster Ausflug in die politische Philosophie fand im Alter von sieben Jahren statt, kurz nachdem wir eine Musicalversion von *Tangled*, Disneys Neufassung von *Rapunzel*, angeschaut hatten. Er versuchte, sich einen Reim darauf zu machen, warum ein König die Menschen herumkommandieren kann.

»Nur weil jemand *König* genannt wird, heißt das noch lange nicht, dass er auch das Sagen hat«, meinte er.

»In vielen Ländern«, erklärte ich, »gab es Könige, die das Sagen hatten. Aber die Menschen waren damit nicht einverstanden,

---

* Vermutlich beginge Ramsay ohnehin Hausfriedensbruch, wenn er in eine x-beliebige Küche stürmen würde, doch das halte ich nicht für den Grund, weshalb er dort keine Autorität besäße. Selbst wenn wir ihn uns am Tresen eines Imbisses vorstellen, wie er dem Koch Befehle gibt, so würde er damit immer noch zu weit gehen. Es steht ihm nicht zu, irgendjemanden herumzukommandieren.

und so schafften einige Länder ihre Könige ab. Andere haben ihren König behalten, allerdings haben sie dort nicht mehr das Sagen.«

»Aber das Wort *König* bedeutet doch gar nichts«, beharrte Hank. »Nur weil die Leute jemanden *König* nennen, kann er doch nicht einfach irgendjemandem Befehle geben. Es ist doch nur ein Wort.«

»Stimmt«, sagte ich. »*König* ist nur ein Wort. In manchen Ländern wurde die Person, die das Sagen hatte, anders genannt, zum Beispiel *Kaiser* oder *Zar*.«

»Aber es ist egal, wie die Leute jemanden nennen«, sagte Hank. »Nur wegen einem Namen hat man noch lange nicht das Sagen.«

»Ja, aber *König* ist nicht der Name einer Person. Es ist die Bezeichnung für einen Job. Und wegen dieses Jobs hast du das Sagen.«

»König ist ein Job?«, fragte Hank.

»Ja. Du musst dir das wie beim Sport vorstellen. Denk mal an deine Fußballmannschaft: Hat eure Trainerin Bridgette da das Sagen, weil sie Bridgette heißt? Oder weil sie die Trainerin ist?«

»Weil sie die Trainerin ist. Trainerinnen können ganz unterschiedliche Namen haben.«

»Genau. Und Könige auch. Es kommt auf den Job an, nicht auf den Namen.«

◆ ◆ ◆

In unserem Gespräch legten Hank und ich den Grundstein für eine bessere Autoritätstheorie. Durch manche Jobs nehmen die Menschen eine Autoritätsposition ein. Zum Beispiel: Chefin, Eltern, Trainer, Lehrer, Verkehrspolizistin und so weiter. Die Personen, die diese Rollen einnehmen, erheben den Anspruch, anderen Personen (zumindest manchen) Pflichten auferlegen zu dürfen, indem sie diesen Handlungsanweisungen geben. Um über die Legitimität dieser Macht zu entscheiden, müssen wir uns fragen, ob diese Rollen sinnvoll sind – ob wir sie in unserem Leben haben wollen und, ganz allgemein, ob Menschen die mit ihnen verbundene Macht überhaupt haben sollten. Allerdings dürfen wir über diese Macht nicht isoliert nachdenken, sondern müssen sie im Verhältnis zum Rest der Rolle betrachten.[103]

Lassen Sie mich an einem Beispiel zeigen, was ich meine. Als Eltern füllen wir eine vielfältige Rolle aus. Um jemandem diese Rolle zu erklären, beginnt man vermutlich mit den Pflichten der Elternschaft. Wir müssen unser Kind ernähren, es beschützen und so weiter. Und es ist unsere Pflicht, dafür zu sorgen, dass aus Kindern kompetente Erwachsene werden. Dazu müssen wir ihnen in verschiedenen Kontexten beibringen, wie sie denken und handeln sollten.

Das wäre nahezu unmöglich, wenn wir nicht das Recht hätten, Anforderungen an unsere Kinder zu stellen. Unter anderem verlangen wir von ihnen, sich an der Hausarbeit zu beteiligen, sodass sie eines Tages für sich selbst sorgen können. Außerdem wollen wir ihnen zeigen, dass es auch in ihrer Verantwortung liegt, sich bei Aufgaben, wie zum Beispiel dem Sauberhalten des gemeinsamen Haushalts, einzubringen. Darüber hinaus legen wir die Schlafenszeit unserer Kinder fest, sodass sie ausreichend Schlaf bekommen.

Warum haben Eltern Autorität über ihre Kinder? Weil sie die Verantwortung für ihre Kinder tragen. Elterliche Rechte und elterliche Verantwortung sind untrennbar miteinander verbunden. Wir könnten die Fürsorge für die Kinder auf andere Weise regeln und sie beispielsweise der Gemeinschaft übertragen. Und in gewissem Maße tun wir das auch. Aber es gibt gute Gründe, den Eltern die Hauptverantwortung zu überlassen, nicht zuletzt, weil sie in den meisten Fällen eine besondere Bindung zu ihren Kindern haben.

Wahrscheinlich haben Sie bereits vom Peter-Parker-Prinzip[104] gehört: *Aus großer Macht erwächst große Verantwortung.* Doch ich will Ihnen das Parker-Peter-Prinzip vorstellen: *Aus großer Verantwortung erwächst große Macht.* Das gilt nicht immer. Aber es gilt für die elterliche Autorität. Wir dürfen unsere Kinder herumkommandieren, *weil* es unsere Aufgabe ist, für sie zu sorgen.

Beachten Sie den Unterschied zu der Auffassung von Raz. Ihm zufolge beruht die Autorität von Eltern auf ihrer Kompetenz, ihrem Kind hilfreiche Anweisungen zu geben. Allerdings verfügen sehr viele Menschen über die Kompetenz, Kindern hilfreiche Anweisungen zu geben. Als unsere beiden Jungs noch klein waren, konnten so ziemlich alle Erwachsenen, die ihren Weg kreuzten, bessere Entscheidungen für sie treffen, als sie selbst es vermocht hätten. Aber keine dieser Personen hatte die Autorität, meinen Kindern Anweisungen zu geben, es sei denn, sie nahm ihnen gegenüber eine Autoritätsrolle ein.*[105]

Das Wichtige hieran ist, dass Autorität an eine Rolle gebunden ist, nicht an Personen. Ich kann Regeln für meine Kinder aufstellen, weil ich ihr Vater bin, nicht weil ich besonders gut Regeln aufstellen könnte. Wenn ich allerdings vollkommen unfähig

---

* Diese Darstellung ist ein wenig vereinfacht. Die meisten Personen, die meine Kinder herumkommandieren können, nehmen in Bezug auf sie Autoritätsrollen ein, als Trainerin, Lehrerin oder Babysitter. Doch wenn unsere Kinder bei anderen Kindern zum Spielen zu Besuch sind, haben die Eltern dieser Kinder das Recht, sie ein wenig herumzukommandieren. Ihre Autorität beruht einerseits auf dem Ort: Wer eine Wohnung oder ein Haus besitzt, kann entscheiden, was dort erlaubt ist. (Besitzer und Besitzerinnen nehmen eine Autoritätsrolle ein: Autorität über den Besitz und über die Beziehungen anderer zu diesem Besitz.) Doch zugleich beruht ihre Autorität auf der Tatsache, dass sie uns während dieser Zeit vertreten und vorübergehend die Rolle einnehmen, die wir hätten, wenn wir dort wären. (Juristisch gesehen agieren sie *in loco parentis*: in Vertretung der Eltern.) Sobald ich aufkreuze, geht dieser Teil der Autorität wieder auf mich über.

in dieser Hinsicht wäre, sollte ich diesen Job abgeben. Kompetenz ist wichtig. Aber Kompetenz verleiht keine Autorität. Letztere ist fester Bestandteil des Eltern-Gesamtpakets.

◆ ◆ ◆

Was ist mit anderen Autoritäten? Sieht es bei ihnen ähnlich aus? In gewissem Maße schon, jedoch unterscheidet sich das Bild abhängig von der Rolle. So haben zum Beispiel Lehrkräfte eine viel begrenztere Verantwortung für die Kinder als deren Eltern, und das schränkt das Ausmaß ihrer Autorität ein. Sie sind für das Wohlergehen der Lernenden verantwortlich, solange diese sich in der Schule aufhalten, und in einem allgemeineren Sinne auch für ihre Ausbildung. Sie können Anweisungen erteilen, um dieser Verantwortung nachzukommen. Sie können jedoch nicht entscheiden, wie oft ein Kind zu Hause Süßigkeiten isst oder wie viel Zeit es am Bildschirm verbringt. Sofern sie eine Meinung zu diesen Fragen haben, können sie den Eltern Empfehlungen geben. Aber keine Anweisungen.

Doch nicht jede Autorität beruht auf Verantwortung. Angestellte sind, größtenteils zumindest, erwachsene Menschen. Vorgesetzte sind keine Eltern. Warum also dürfen sie ihre Leute herumkommandieren? Vorgesetzte haben Verantwortung – gegenüber ihren Vorgesetzten, gegenüber ihrer Kundschaft, gegenüber Aktionären und Aktionärinnen und so weiter –, und die hierarchische Entscheidungsfindung kann dabei helfen, dieser Verantwortung gerecht zu werden. In mancher Hinsicht ähneln Vorgesetzte den Basketballcoaches und tragen wie diese dazu bei, das Verhalten der Einzelnen so zu koordinieren, dass die Gruppe etwas erreichen kann, was eine einzelne Person auf sich allein gestellt nicht erreichen könnte. Aber die Tatsache, dass es für Vorgesetzte hilfreich ist, Leute herumzukommandieren, erklärt nicht, warum sie das dürfen. Schließlich können Vorgesetzte nicht jede beliebige Person herumkommandieren, sondern nur ihre Belegschaft.

Warum die Belegschaft? Nun, die Angestellten haben einen Arbeitsvertrag unterschrieben. Das scheint eine wichtige Rolle zu spielen. Und sie könnten kündigen, wenn sie wollten. Auch das scheint eine wichtige Rolle zu spielen. Zusammenfassend könnte man sagen, dass sich Angestellte damit einverstanden erklären, herumkommandiert zu werden. Sie entscheiden sich dafür – mutmaßlich, weil ihnen die damit verbundene Entlohnung zusagt.

Das Problem an dieser Erklärung ist, dass sie wenig mit der Realität zu tun hat. Die meisten Angestellten arbeiten aus wirtschaftlicher Notwendigkeit. Sie müssen für Nahrung, Wohnraum und eine lange Reihe anderer lebenswichtiger Dinge aufkommen. Insofern sind sie keineswegs frei, ihren Job zu kündigen, zumindest nicht, solange sie nicht einen anderen finden. Bestenfalls können sie sich ihre Vorgesetzten aussuchen. Aber sie können sich nicht dafür entscheiden, gar keine zu haben. Und wenn es nur wenige freie Stellen gibt, haben sie nur einen sehr geringen Spielraum bei der Wahl ihrer Vorgesetzten.

Schlimmer noch, in Amerika erteilen wir Arbeitgeberinnen und Arbeitgebern fast diktatorische Befugnisse. Die meisten Angestellten können einfach entlassen werden – aus jedem beliebigen Grund oder auch vollkommen grundlos.* Das verleiht Vorgesetzten nahezu unbegrenzte Kontrolle über das Leben der Belegschaft. Ihre Chefin kann Sie feuern, weil Sie vor Ihrem Haus ein politisches Plakat aufstellen.[106] Oder weil Ihre Frisur ihr nicht passt.[107] Oder weil Sie Ihre Arbeit so gut machen, dass Sie sie schlecht aussehen lassen.

Falls Sie den Eindruck haben, dass ich das für furchtbar halte, so täuschen Sie sich nicht. Als Professor mit einer Stelle auf

---

* Die große Ausnahme sind die Antidiskriminierungsgesetze. Niemand darf aufgrund von *race*, Religion, Geschlecht und so weiter entlassen werden.

Lebenszeit gehöre ich zu den wenigen Angestellten in den USA, die vor den Launen ihrer Vorgesetzten geschützt sind. Ich kann nicht gefeuert werden, es sei denn aus schwerwiegenden Gründen, und das gibt mir die Freiheit zu sagen, was ich will. Außerdem muss ich mir keine Gedanken darüber machen, ob mein Vertrag jedes Jahr erneuert wird. Mein Job gehört mir, bis ich ihn nicht mehr will.

Manche Leute finden, einen derartigen Schutz sollte es nicht geben. Sie würden das System der lebenslang angestellten Hochschullehrkräfte gern abschaffen. Warum sollte akademisches Personal ein derartiges Privileg genießen, während der Rest der Vereinigten Staaten in wirtschaftlicher Unsicherheit lebt? Doch ich denke, man sollte die Frage besser umdrehen: Warum lassen wir zu, dass ein so großer Teil der US-amerikanischen Bevölkerung wirtschaftliche Unsicherheit erdulden muss – und die Arbeitgeberschaft durch dieses System eine derartige Macht erhält?

Wenn Sie diese Frage interessiert – und ich hoffe, das tut sie, egal ob Sie eine leitende oder eine angestellte Position bekleiden –, kann ich Ihnen eine Philosophin ans Herz legen. Meine Kollegin an der University of Michigan, Elizabeth Anderson, ist eine der wichtigsten Denkerinnen unserer Zeit. Sie will den Leuten die Augen dafür öffnen, dass die repressivste Macht,[108] mit der die meisten Menschen zu tun haben, nicht mit irgendeiner politischen Autorität verbunden ist – es ist ihr Arbeitgeber.

Einzelhandelsketten durchsuchen routinemäßig und unbefugt die Sachen ihrer Angestellten,[109] auch wenn es keinen Hinweis darauf gibt, dass diese ein Unrecht begangen hätten. Sie legen Schichten kurzfristig fest.[110] Sie erlassen Vorschriften für Frisur und Make-up.[111] In Lagerhäusern und Fabriken Beschäftigte werden rund um die Uhr überwacht,[112] sogar ihre Toilettenpausen sind streng reguliert.[113] Wenn Sie das Glück haben, in einem Bürojob zu arbeiten, müssen Sie diese Art von Grenzüberschreitungen vermutlich nicht ertragen. Aber auch Sie können jeden Moment entlassen werden. Und leben somit in einem Gefühl tiefer Unsicherheit.

In dem Buch *Private Regierung: Wie Arbeitgeber über unser Leben herrschen (und warum wir nicht darüber reden)* untersucht Anderson, wie es dazu kam, dass wir uns mit dieser Situation abgefunden haben – und was wir dagegen tun können. Einen Wandel herbeizuführen, wird nicht einfach sein, aber es gibt viele Möglichkeiten, für Verbesserungen zu sorgen. Wir könnten die Verbreitung von jederzeit kündbaren Beschäftigungsverhältnissen einschränken. Wir könnten den Angestellten ein Mitbestimmungsrecht bei der Gestaltung des Arbeitsumfelds einräumen, sodass ihre Interessen berücksichtigt werden. Wir könnten auch die Rahmenbedingungen der Arbeit ändern, indem wir ein Grundeinkommen und eine allgemeine Gesundheitsversorgung gewährleisten, sodass niemand gezwungen ist, sich von seinem Arbeitgeber ausbeuten zu lassen.

Aus irgendeinem Grund glauben große Teile der US-amerikanischen Bevölkerung, staatliche »Almosen« wären ein Hemmschuh der Freiheit. Tatsächlich jedoch fördert die Befriedigung der menschlichen Grundbedürfnisse die Freiheit. Sie erlaubt es den Menschen, Nein zu Vorgesetzten zu sagen, die schlecht mit ihnen umspringen.

Manche befürchten auch, derartige Reformen würden die Dynamik der US-amerikanischen Wirtschaft bremsen. Das bezweifle ich. Viel eher lohnt es sich zu fragen: Wem kommt diese Dynamik zugute? Wenn die Gewinne der Unternehmen aufgrund der unsicheren Lage der Beschäftigten steigen, sollten wir uns dann auf diesen Handel einlassen?

In den USA wird viel über Freiheit geredet. Wir lieben unsere verfassungsmäßigen Rechte. Aber wenn Ihnen die Freiheit am Herzen liegt, sollten Ihnen die US-amerikanischen Arbeitsverhältnisse ernsthafte Bauchschmerzen bereiten. Die Regierung ist mächtig. Aber Ihr Arbeitgeber ist es auch. Und nach Stand der Dinge haben Sie so gut wie keine Rechte in dieser Beziehung.

Um es klar zu sagen: Ich fordere Sie nicht zum Ungehorsam bei der Arbeit auf. Oft ist es in Ihrem Interesse, sich zu fügen. Und bei wichtigen Tätigkeiten – wenn zum Beispiel Gesundheit und Sicherheit von Menschen auf dem Spiel stehen – ist es möglicherweise sogar Ihre Pflicht, am Arbeitsplatz Anordnungen zu befolgen.

Aber genauso wenig will ich die Rollen von Arbeitgebern und Angestellten verteidigen, zumindest nicht in ihrer derzeitigen Form. Für die Menschen am unteren Ende der Einkommensskala manifestieren sich darin Machtverhältnisse und keine legitimen Formen von Autorität. Aber das können und sollten wir ändern.

◆ ◆ ◆

Sollte die Forderung zur Einschränkung der Autorität von Arbeitgebern in Ihren Ohren radikal klingen, dann rufen Sie sich bitte ins Gedächtnis, dass dies einst auch für Gedanken zur Begrenzung der Staatsmacht galt. Vor nicht allzu langer Zeit beanspruchten Könige und Königinnen absolute Autorität (in Diktaturen tun andere es nach wie vor). Unterstützung erfuhren sie dabei von bedeutsamen Philosophinnen und Philosophen wie dem Namenspaten des besten Comictigers aller Zeiten – Thomas Hobbes.

Wir haben Hobbes bereits in der Einleitung kennengelernt. Er lebte in einem bewegten Jahrhundert, das unter anderem vom englischen Bürgerkrieg geprägt war, und verbrachte viele Jahre im französischen Exil. Vermutlich brachten die instabilen politischen Verhältnisse jener Zeit Hobbes dazu, über die Voraussetzungen politischer Stabilität nachzudenken – und über den Preis, der zu zahlen ist, sollte diese nicht gewährleistet sein.

Wie bereits erwähnt, war Hobbes überzeugt, dass in einer Gesellschaft ohne staatliche Herrschaft ein »Krieg aller gegen alle«[114] drohe. Warum? Laut Hobbes verfolgt der Mensch in erster Linie egoistische Interessen. Daher sind insbesondere bei knappen Ressourcen Konflikte vorprogrammiert. Im Naturzustand kann sich niemand in Sicherheit wiegen, nicht einmal der Stärkste unter uns, da alle verwundbar sind. Hobbes erklärt: »Bezüglich der körperlichen Kraft wird man gewiss selten einen so schwachen Menschen finden, der nicht durch List oder in Verbindung mit andern, die mit ihm in gleicher Gefahr sind, auch den stärksten töten könnte.«[115]

Da wir uns somit im Krieg befänden, würden wir zudem verelenden. Wir würden kaum arbeiten, da wir uns keine Früchte unseres Schaffens erwarteten. Es gäbe weder Maschinen noch Gebäude oder Kultur und kaum Wissen.[116] Im Naturzustand läge ein »einsames, kümmerliches, rohes und kurz dauerndes Leben« vor uns.[117]

Doch Hobbes sah einen Ausweg: Die Menschen sollten sich einem souveränen Herrscher unterstellen, einem König etwa, der für ihren Schutz sorgen könne.[118] Damit das funktioniere, müssten sie dem Herrscher ihre Rechte vollständig abtreten und ihm somit absolute Autorität verleihen. Niemand könnte sein Vorgehen anfechten. Und er könnte tun, was er wollte. Jeder Versuch, den souveränen Herrscher einzuschränken, würde laut Hobbes zu einem Konflikt um die Macht führen. Und Konflikt bedeutet Krieg (eben die Art von Krieg, die Hobbes erlebt hatte). Genau den galt es aber zu vermeiden.

Die Geschichte hat gezeigt, dass Hobbes falsch lag, zumindest was den letzten Strang seiner Argumentation betrifft.

Auch John Locke beschäftigte sich mit der Frage, welche Regierungsform dem Menschen einen Ausweg aus dem Naturzustand bieten würde. Allerdings hielt er eine absolute Monarchie weder für notwendig noch für ratsam, vielmehr plädierte er für eine Gewaltenteilung[119] (nicht ganz in unserem Sinne von Legislative, Exekutive und Judikative, aber nahe dran). Außerdem sprach er sich für eine Volksvertretung (zumindest in einem gewissen Umfang) in der Legislative aus.[120]

Lockes Ideen beeinflussten maßgeblich zahlreiche rechtsstaatliche Demokratien weltweit. Die Mütter und Väter der US-amerikanischen Verfassung teilten die staatlichen Befugnisse zwischen drei Organen auf, da sich ihrer Meinung nach die einzelnen Organe auf diese Weise am besten kontrollieren ließen. Darüber hinaus beschlossen sie eine *Bill of Rights*, die die staatliche Macht beschränkt, indem sie von den Staatsangehörigen einklagbare Rechte einräumt. Dieses Modell wurde von vielen rechtsstaatlichen Demokratien weltweit kopiert. Und auch wenn es bei Weitem nicht perfekt ist, zeigt sein Erfolg, dass wir dem Naturzustand entkommen können, ohne einer einzelnen Person absolute Autorität über unser Leben einzuräumen.

◆ ◆ ◆

»Alle Kinder wollen Demokratie, alle Erwachsenen Diktatur«, behauptet Rex gerne.

Er spricht dabei von Familien, natürlich. Wenn es nach ihm ginge, würde bei uns am Küchentisch das Prinzip »eine Person, eine Stimme« gelten. Keine Ahnung, was er bei einem 2:2-Unentschieden machen will.

»Was ist so gut an der Demokratie?«, fragte ich ihn einmal bei einem solchen Gespräch. Er war zehn Jahre alt.

»Wenn viele Leute mitbestimmen dürfen, kann man bessere Entscheidungen treffen.«

»Und was, wenn die Leute verwirrt sind? Oder sich einfach irren?«

»Dann würde man schlechte Entscheidungen treffen«, sagte er.

»Dann können die Entscheidungen also entweder gut oder schlecht sein. Gibt es noch andere Gründe für die Demokratie?«

»Wenn uns eine Sache betrifft, sollten wir ein Mitspracherecht haben«, erklärte Rex. Er veranschaulichte seinen Standpunkt mit einer etwas konfusen Geschichte über ein Energieversorgungsunternehmen, das eine Stromleitung durch unseren Garten verlegen will, und fragte abschließend: »Würdest du da nicht auch ein Mitspracherecht haben wollen?«

»Doch, klar«, sagte ich.

»Außerdem ist Demokratie einfach gerecht«, fuhr Rex fort. »In ihr herrscht Gleichheit. Alle zählen gleich viel.«

Das ist ein ziemlich starkes Argument für die Demokratie. Sie gibt den Menschen die Möglichkeit, bei wichtigen Entscheidungen mitzuwirken. Und sie behandelt sie als gleichwertig. Genau genommen konstituiert die Demokratie die Menschen überhaupt erst als gleichwertig, da sie einen Modus einführt, in dem sie dies sind: eine Person, eine Stimme.

Aber unsere Familie ist keine Demokratie, und sie wird es auch nicht werden, ganz egal wie oft Rex das fordert. Die Gründe dafür habe ich bereits genannt. Wir sind für unsere Kinder verantwortlich, und um unseren Job gut zu machen, müssen wir häufig Entscheidungen treffen, die ihnen nicht gefallen. Wir sind nicht gleichberechtigt, noch nicht. Und es wäre ein schwerer Fehler, Verfahren einzuführen, die uns als gleichrangig konstituieren würden – für uns und für sie.

Aber ich versuche, mir zu vergegenwärtigen, wie schwer es ist, ein Kind zu sein, dem Erwachsene ständig sagen, was es tun soll. Da fühlt man sich im wahrsten Sinne des Wortes machtlos. Also bemühe ich mich, geduldig zu sein, wenn die Jungs mal wieder nach der Macht greifen.* Allerdings scheint ihnen das nie genug.

◆ ◆ ◆

---

* Meistens ohne Erfolg.

»Ich erkläre meine Unabhängigkeit«, verkündete Hank.

Er war sieben, und wir gingen im Park spazieren. Oder besser gesagt, ich ging spazieren, während er sich den Weg entlangziehen ließ und dagegen protestierte, dass ein bisschen Bewegung uns guttun würde.

»Gut«, sagte ich. »Und wo wirst du wohnen?«

»Zu Hause.«

»In wessen Zuhause?«

»In unserem Zuhause.«

»Du hast kein Zuhause.«

Er sah mich verwirrt an.

»Ich habe ein Zuhause«, sagte er. »Da, wo wir wohnen.«

»Nein, Hank. Ich habe ein Zuhause. Und Rex und Mommy auch. Aber du hast gerade deine Unabhängigkeit erklärt. Es tut mir leid, aber dann hast du leider kein Zuhause mehr.«

Schweigen.

»Okay, dann habe ich eben kein Zuhause«, erklärte er schließlich missmutig.

»Du könntest Miete zahlen«, schlug ich vor.

»Wie viel kostet das?«

»Wie viel könntest du denn aufbringen?«

»Einen Dollar.«

»Alles klar. Dann kannst du bleiben.«*

---

* Ich habe die Miete nie eingetrieben. Als wir nach Hause kamen, lockte ich Hank mit einem Eis, und er verzichtete auf seine Unabhängigkeit. Gut so. Ganz allein hätte er nicht lange durchgehalten.

5

Sprache

Rex war allein in seinem Zimmer und las in Neil deGrasse Tysons *Astrophysik, das Universum und der ganze Rest*. Es war ein langsamer Abschied von unserer liebgewonnenen Abendroutine, Rex vor dem Schlafengehen noch etwas vorzulesen. Er war kürzlich zum ersten Mal in einem Ferienlager gewesen und bemühte sich nun, im Alter von neun Jahren, um eine gewisse Unabhängigkeit. Aber ich konnte und wollte dieses Ritual noch nicht aufgeben. Also las auch ich – allein, in unserem Gästezimmer.

Plötzlich kam Rex zu mir, er wirkte aufgeregt.

»In dem Buch steht etwas von einem Experiment, das wir ausprobieren können. Sollen wir?«

»Klar«, antwortete ich.

Er las laut vor. »Du kannst die Anziehungskraft der Gravitation jederzeit selbst nachweisen: Schließe dieses Buch, halte es ein paar Zentimeter über den nächsten Tisch und lass es los. Das ist Gravitation am Werk. (Sollte dein Buch nicht herunterfallen, suche bitte den nächsten Astrophysiker auf und melde einen kosmischen Notfall.)«[121]

Rex klappte das Buch zu und hielt es in die Luft: »Drei ... zwei ... eins.«

Es fiel zu Boden.

»Fuck!«, sagte Rex und ballte die Fäuste.

Dann sah er mich mit einem frechen Grinsen an. Er war stolz auf sich. Und ich war es auch.

◆ ◆ ◆

Als Rex aus dem Ferienlager zurückkam, war er verwirrt – und auch ein wenig empört – über die Häufigkeit, mit der seine Zimmergenossen fluchten.

Wenn er nicht gerade zu Hause ist, benimmt er sich äußerst wohlerzogen. Einige Schimpfwörter hatte er auch schon vor dem Ferienlager gekannt, ab und zu auch nachgefragt, was sie bedeuteten. Aber wir hatten ihn nur äußerst selten selbst davon Gebrauch machen hören.

Ich war als Kind genauso gewesen – äußerst wohlerzogen, zumindest wenn ich nicht zu Hause war. In meiner Familie gehörten Schimpfwörter jedoch zum normalen Kommunikationsrepertoire. Ehrlich gesagt ist eine meiner frühesten Erinnerungen tatsächlich eine Schimpftirade meines Vaters, der versuchte, irgendein Möbelstück zusammenzubauen: *verfluchterscheißmist*. Mit gerade einmal vier Jahren dachte ich, das wäre ein einziges Wort.

Als Julie mit Rex schwanger war, machte ich mir Sorgen, er könnte durch mich einer ähnlichen Erziehung ausgesetzt sein. Aber als er das Licht der Welt erblickt hatte, war es auf einmal so, als wäre ein Schalter umgelegt worden, und ich hörte auf zu fluchen, zumindest in seiner Gegenwart. Julie tat sich schwerer damit. Aber auch sie kriegte noch die Kurve, bevor Rex anfing zu sprechen, wodurch unsere Söhne auf die Schule als Schimpfwortquelle angewiesen waren.

Beim Abholen aus dem Ferienlager hofften wir auf lauter abenteuerliche Geschichten von Rex. Aber er wollte als Erstes über Schimpfwörter reden.

»Die Kinder benutzen *so* viele, und die Gruppenleiter sagen nichts dazu«, berichtete er.

»Und was ist mit dir?«

»Ich habe auch ein paar benutzt. Aber nicht so viele wie die anderen.«

»Das ist okay«, sagte ich. »Ein Ferienlager ist die Art von Ort, wo so etwas in Ordnung ist.«

»Manche Kinder benutzen andauernd Schimpfwörter«, sagte Rex.

»Das machen Kinder im Ferienlager eben. Aber denk dran: Manche Dinge sind bestimmten Orten und Zeiten vorbehalten. Im Ferienlager ist das okay. In der Schule nicht.«

»Und zu Hause?«, fragte Rex.

»Eher selten, und nur, wenn sie nicht respektlos oder fies gemeint sind.«

Ein paar Tage später äußerte Rex in Reaktion auf seinen gescheiterten Versuch, eine kosmische Katastrophe auszulösen, also sein erstes *fuck*. Ein gutes *fuck*. Genau im passenden Moment. Wie gesagt, ich war stolz auf ihn.

◆ ◆ ◆

Warum sind manche Wörter schlimmer als andere? Diese Frage trieb mich als Kind um. Wörter sind Lautketten. Wie sollten Laute etwas Schlimmes sein?

Aber natürlich sind Wörter nicht *nur* Lautketten. Sondern Lautketten, denen wir Bedeutung geben. Dennoch ist es auch nicht die Bedeutung, die sie zu vermeintlich schlimmen Wörtern macht. Nehmen Sie diese Liste hier: *Kacka, Haufen, Mist, Dung, Kot, Stuhl*. Alles dieselbe Scheiße. Und trotzdem ist es nur *Scheiße*, was besser nicht gesagt werden sollte.

Warum das so ist? Ich habe keine verdammte Ahnung.

Tabuwörter gibt es überall auf der Welt, sie unterscheiden sich von Sprache zu Sprache. Aber die Themenbereiche ähneln sich. Manche beziehen sich auf konkrete Tabus – wie etwa Sex,

Ausscheidungen oder Krankheiten. Andere bewegen sich auf der Grenze zur Blasphemie. Wir können über diese Themen jedoch auch reden, ohne zu fluchen, weshalb es schon seltsam ist, dass manche Wörter besser nicht gesagt werden sollten.

Rebecca Roache meint, dass es etwas mit dem Klang von Schimpfwörtern zu tun haben könne. Sie ist (unter anderem) Sprachphilosophin und forscht über Schimpfwörter. Oft seien diese eher hart, wie auch die Gefühle, die damit ausgedrückt werden. Ihrer Ansicht nach ist das kein Zufall. Weiche Wörter wie etwa *muffig* und *duselig* vermitteln keine Wut. Sie zum Fluchen zu benutzen, wäre so, als wollte man »eine Tür zuschlagen, die mit einer Gasdruckfeder ausgestattet ist«[122].

Aber Roache sagt auch, dass es nicht nur am Klang liegen kann. Und sie hat recht. Es gibt jede Menge kurze, harte Wörter, die niemand als beleidigend empfindet, wie zum Beispiel *Kratz*, *Katz* und *Kitz*. Und manche Schimpfwörter haben auch Homonyme, die salonfähig sind, wie zum Beispiel *Dödel* oder *Sack*. (Klingt, als hätte ich ein Thema gefunden.) Außerdem ändern sich die Worte, die als beleidigend empfunden werden, mit der Zeit, was darauf hindeutet, dass wir eine gesellschaftliche Erklärung benötigen.

Roache führt aus, dass Schimpfwörter durch einen Prozess entstünden, den sie *Anstößigkeitsverschärfung*[123] nennt. Wer, aus welchen Gründen auch immer, das Wort *Scheiße* nicht mag, ist dafür prädestiniert, sich davon gestört zu fühlen, sobald jemand es sagt. Ist diese Abneigung verbreitet und bekannt, dann wird das *Scheiße*-Sagen als Beleidigung aufgefasst. Durch diesen Kreislauf verschärft sich die Beleidigung immer weiter. Wenn ein Wort erst als Beleidigung etabliert ist, wirkt der Gebrauch desselben noch beleidigender.

Aber Anstößigkeitsverschärfung allein kann nicht des Rätsels Lösung sein, da Menschen ganz unterschiedliche Wörter nicht mögen. Ich zum Beispiel verabscheue *Rhombus*. Und jetzt, da Sie das wissen, wäre ich verärgert, wenn Sie in meiner Gegenwart wiederholt das Wort *Rhombus* sagen würden. Und dennoch wird *Rhombus* mit größter Wahrscheinlichkeit nicht zu einem Schimpfwort werden, da diese Abneigung nur mir eigen ist.

Roache führt aus, dass Schimpfwörter sich häufig auf Tabuthemen beziehen, weil wir wissen, dass diese Themen Unbehagen auslösen, besonders wenn sie auf unliebsame Weise aufkommen. So weiß ich etwa, dass ich Sie damit verärgern kann, Sie als Arschloch zu bezeichnen, obwohl ich Sie noch nie getroffen habe. Vielleicht könnte ich Sie auch verärgern, wenn ich Sie als trashig oder nobel bezeichnete. Aber um das zu wissen, müsste ich Sie besser kennenlernen. Möglicherweise wären Sie von diesen Wörtern gekränkt, möglicherweise aber auch nicht. Aber *Arschloch*? Ziemlich sicher ja.

Roaches Erklärung lässt allerdings offen, weshalb und wie manche Wörter überhaupt zu Schimpfwörtern werden. Warum zum Beispiel gerade *Scheiße* und nicht irgendein anderer Fäkalausdruck? Dafür muss es doch eine Erklärung geben. Aber das ist nicht die Art Geschichten, die Philosophen erzählen. (Historikerinnen haben sich durchaus daran versucht.[124]) Die Frage, die ich stellen möchte, lautet: Ist es wirklich falsch zu fluchen?

◆ ◆ ◆

Genau das habe ich auch kürzlich Rex gefragt. Wir gingen gerade spazieren.

»Ist es okay zu fluchen?«, fragte ich.

»Manchmal«, antwortete er.

»Wann?«

»Man sollte auf jeden Fall nicht fies zu anderen Leuten sein.«

Das ist ein Anfang. Und natürlich hat Rex recht, wenn er sich Sorgen darüber macht, dass Schimpfwörter häufig genutzt werden, um nicht gerade nette Dinge zu sagen. Roache hat uns schließlich gezeigt, dass sie Werkzeuge sind, um genau das zu tun. Wenn ihre Überlegungen zur Anstößigkeitsverstärkung tatsächlich stimmen, sind Schimpfwörter insofern schlimm, als sie dazu genutzt werden, schlimme Dinge zu sagen.

Schimpfwörter sind natürlich nicht die einzige Möglichkeit, schlimme Dinge zu sagen. Und wenn eine Aussage erniedrigend oder entwürdigend ist, spielt es keine große Rolle, ob die verwendeten Wörter normalerweise als Schimpfwörter gebraucht werden oder nur in dieser einen Situation. Das Problem ist die Beschimpfung und nicht das Wort, wodurch diese ausgedrückt wird.

»Ist es denn okay zu fluchen, wenn man dabei nicht fies ist?«, hakte ich also nach. »Wenn man zum Beispiel Schimpfwörter sagt, sich damit aber nicht auf eine bestimmte Person bezieht?«

»Manchmal schon, manchmal nicht«, sagte Rex.

»Und wann ist es okay?«

»Man sollte nicht fluchen, wenn man sich an einem zivilisierten Ort befindet.«

»Wodurch gilt ein Ort denn als zivilisiert?«, fragte ich zurück.

Er dachte nach. »Ehrlich gesagt weiß ich gar nicht genau, was *zivilisiert* bedeutet. Es klang einfach nur gut.«

»Ich glaube schon, dass du weißt, was es bedeutet«, sagte ich. »Ist die Schule ein zivilisierter Ort?«

»Ja, meistens.«

»Wie sieht es mit dem Ferienlager aus?«

»Sicher nicht.«

»Und unser Haus?«

»Manchmal. Aber nicht, wenn Hank und ich unsere T-Shirts ausziehen und tanzen.«

Das stimmt. Ich habe Videos, die das beweisen. Auf einem davon, dem besten, fragt Hank, gerade vier und fast nackt: »Tanz ich gut? Guck, ich schüttle meinen Popo.« (Allerdings!) Auf einem anderen reitet er auf Rex wie auf einem Pferd und singt lauthals »Stayin' Alive«. Beide Aufnahmen sind entstanden, als Julie auf Dienstreise war. Ohne sie sind wir vollkommen unzivilisiert.*

Aber zurück zu Rex und seiner Antwort. Was ist falsch daran, an zivilisierten Orten zu fluchen?

Einen Ort kann man ebenso respektlos behandeln wie eine Person. Wer in der Kirche flucht, verhält sich dem Ort gegenüber respektlos. Und den Menschen darin gegenüber auch. Aber die Menschen sind vielleicht nur verärgert, weil das eben nicht der richtige Ort dafür ist. In einer Bar würden sie womöglich mitfluchen. In der Kirche ist das jedoch etwas anderes.

Tatsächlich tragen Regeln für unterschiedliche Orte dazu bei, die Orte voneinander zu unterscheiden. Ein Ferienlager wäre nicht das, was es ist, wenn die Kinder sich dort genauso verhalten müssten wie in der Kirche. Und die Kirche wäre nicht derselbe Ort, wenn es Kindern erlaubt wäre, sich dort so zu verhalten wie im Ferienlager. Beide Arten von Orten braucht es in unserem Leben. Also hat Rex recht – an manchen Orten ist es okay zu fluchen, an anderen nicht.

Daraus lässt sich auch eine wichtige Lehre über Moral ziehen. Manche Dinge sind falsch, ganz egal, was Menschen darüber denken. Mord und Vergewaltigung etwa sind nicht falsch, weil wir sie so einschätzen. Sie sind falsch, weil sie die Würde von Menschen zutiefst missachten. Andere Dinge hingegen *sind* falsch, weil wir sie für falsch halten. Und dazu zählt es, in der Kirche zu fluchen.**

---

* Die Kinder durften für die Tanzparty länger aufbleiben als sonst. Hank rief immer wieder: »Keine Mommy, keine Bettzeit.« Damit lag er falsch, und schon bald verlor er die Begeisterung dafür, dass wir allein waren. Als ich ihn ins Bett brachte, flüsterte er: »Will Mommy zurückhaben.«

** Das gilt zumindest für eine bestimmte Art des Fluchens – das skatologische. Blasphemische Ausdrücke könnten auch falsch sein, weil es respektlos Gott gegenüber ist.

Ronald Dworkin (den wir bereits kennengelernt haben) nannte dies *konventionelle Moral*[125]. Er erklärt es anhand der Kleidung, die in der Kirche als angemessen gilt. An vielen Orten der Welt ist es für Männer üblich, den Hut oder die Mütze abzunehmen, wenn sie ein Gotteshaus betreten. Eine solche Kopfbedeckung zu tragen wird als respektlos empfunden. Und weil es so verstanden wird, *ist* es auch respektlos, zumindest wenn es jemand tut, der weiß, wie es auf andere wirkt. Aber diese Konvention könnte genauso gut andersherum funktionieren. Tatsächlich bedecke ich meinen Kopf, wenn ich in die Synagoge gehe. Weil Juden eben auf diese Weise Respekt zeigen.

Konventionelle Moral hat oft ein willkürliches Element. Eigentlich ist es egal, ob man Respekt zeigt, indem man seinen Kopf bedeckt oder indem man ihn entblößt. Wichtig ist, dass eine Gemeinschaft über ein vereinbartes Zeichen des Respekts verfügt. Tatsächlich gibt es keine offiziellen Orte, insbesondere keine sakralen, die ohne Verhaltensregeln funktionieren. Es sind gerade diese Regeln, die diesen Ort hervorheben und ihn erst zu einem offiziellen oder sakralen machen.

Solche Regeln sind aber nicht immer willkürlich. In Bibliotheken sollte – wenn überhaupt – leise gesprochen werden. Das hilft dabei, Bibliotheken zu einem Ort zu machen, an dem man gut lesen und lernen kann. Doch manche Regeln sind ausschließlich dazu da, einen Ort von anderen Orten abzugrenzen. Dazu gehören Vorgaben wie die, ob der Kopf in einem Gotteshaus bedeckt sein sollte – oder welche Wörter dort ausgesprochen werden dürfen. Sie signalisieren uns, dass wir uns an einem besonderen Ort befinden.

In den meisten Fällen sollten wir diese Regeln auch befolgen, um uns diese besonderen Orte zu erhalten. In unserer Gesellschaft macht sich eine gewisse Ungezwungenheit breit, durch die wir schon viele Bereiche entwertet haben. Manchmal ist das gut – wer fliegt nicht gern in bequemer Kleidung, anstatt in die Zeiten zurückzukehren, in denen man sich dafür besonders herausputzen musste? Aber oft ist es auch schlecht, weil es erhebend wirken kann, wenn wir auch die Orte erhöhen, an denen wir unsere Zeit verbringen.

◆ ◆ ◆

Meiner Meinung nach sollten wir nicht ständig nach Erhebung streben, wir brauchen auch Erholungsphasen. Und da ergibt sich viel Raum fürs Fluchen. Das erste *fuck* von Rex war nicht respektlos – weder einer Person noch einem Ort gegenüber. Es war lustig. Fluchen ist oft genau das. Ist *diese* Art des Fluchens falsch? Der Eifer, mit dem viele Eltern die Sprache ihrer Kinder maßregeln, legt es nahe. Ich denke allerdings, dass diese Eltern einen Fehler machen.

Das Problem mit Schimpfwörtern liegt nicht an den Wörtern selbst; sondern in dem, was sie signalisieren. Wenn ein Schimpfwort also in bestimmten Situationen nichts Schlimmes signalisiert, spricht nichts dagegen, es zu verwenden. Genau aus diesem Grund haben wir folgende Regel für Rex festgelegt: Sei nicht fies oder respektlos – weder Personen noch Orten gegenüber. Darüber hinaus ist gelegentliches Fluchen erlaubt.

Warum nur gelegentlich? Es gibt die Meinung, dass man nicht nur Orte entwerten kann, sondern auch sich selbst. Wer sich rüpelhaft verhält, wird irgendwann selbst zum Rüpel – steter Tropfen höhlt den Stein. Aber diese Sorge habe ich bei meinen Kindern nicht. Sie sind sehr gut in der Lage, zwischen verschiedenen Verhaltenskodizes zu wechseln, je nach Kontext.

Meine Sorge ist eher praktischer Natur. Viele Menschen nehmen Fluchen sehr ernst, selbst wenn dabei nichts auf dem Spiel steht. Das hat mich schon als Kind wahnsinnig gemacht. Und das tut es auch heute noch. Aber um sich in dieser Welt zurechtzufinden, muss man verstehen, wie andere reagieren werden, selbst wenn es einem ungerechtfertigt erscheint. Und in unserer Gesellschaft ist es nun einmal so, dass viele Menschen wenig für Leuten übrighaben, die ihrer Meinung nach zu viel fluchen.

Aber Moment mal: Wenn Menschen doch denken, dass Fluchen falsch ist, wird es dadurch nicht auch falsch? So funktioniert konventionelle Moral doch, oder? Nein. Damit unsere Ansichten darüber, was falsch ist, Gewicht haben, muss es einen Grund dafür geben, sie ernst zu nehmen. Im Fall von Kirchen gibt der Wert, der einem sakralen Ort innewohnt, den Menschen die Macht, diesen Ort als sakral zu erklären, auch indem sie Regeln dafür aufstellen, was an diesem Ort gesagt und getan werden darf. Im Gegensatz dazu gibt die Sorge um die Sprache der Kinder in Ferienlagern oder auf der Straße den Übereifrigen nicht die Macht, Standards für diese Sprache der Kinder festzulegen, weil eben kein besonderer Wert darin liegt, die Sprache an diesen Orten zu regulieren.

Eltern sind allerdings ein Sonderfall. Wie wir im letzten Kapitel bereits gesehen haben, obliegt ihnen die Macht, Standards für ihre Kinder zu setzen, zumindest innerhalb eines vernünftigen Rahmens. Meiner Meinung nach sollten sie diese Macht jedoch nicht nutzen, um Fluchen zu verbieten, zumindest nicht vollständig. Fluchen ist gut. Ich halte es sogar für eine Kompetenz, die alle Kinder beherrschen sollten.

◆ ◆ ◆

»Was ist das Gute am Fluchen?«, fragte ich Rex auf unserem Spaziergang.

»Es fühlt sich gut an«, antwortete er.

»Wie meinst du das?«

»Wenn man so richtig wütend ist, fühlt man sich danach besser.«

»Fluchst du, wenn du wütend bist?«, fragte ich nach. Das war mir neu.

»Ja. Ganz leise, sodass nur ich es höre.«

Sehr gut, Rex! Er sollte es ruhig lauter herausschreien.

Für eine bekannte Studie bat Richard Stephens Studierende, eine Hand in einen Eimer mit Eiswasser zu halten. Zweimal. Einmal durften sie dabei fluchen, das andere Mal nicht. Wenn sie fluchten, war die Zeit, die verging, bis sie ihre Hand wieder aus dem Wasser zogen, um fünfzig Prozent länger – darüber hinaus verspürten sie auch weniger Schmerz.[126] Darauf aufbauende Untersuchungen legen sogar nahe, dass uns härtere Kraftausdrücke (denken Sie eher an *verfluchte Scheiße* als an *Mist*) größere Erleichterung verschaffen.[127] Ich wette, dass es beim lauten Fluchen ähnlich ist, zumindest bis zu einem gewissen Grad.

Noch wichtiger ist jedoch: Fluchen hilft nicht nur bei körperlichen Schmerzen. Michael Philipp und Laura Lombardo haben gezeigt, dass es auch gegen den Schmerz hilft, der durch soziale Ausgrenzung verursacht wird.[128] Die Teilnehmenden an ihrer Untersuchung sollten sich an eine Zeit erinnern, in der sie sich ausgeschlossen gefühlt hatten. Manchen von ihnen wurde gesagt, sie sollten danach fluchen; andere mussten gewöhnliche Wörter sagen. Die Fluchenden berichteten von deutlich weniger sozialem Schmerz als die anderen. Genau das hat Rex – wie auch alle anderen Kinder – ganz allein herausgefunden.

Diese verschiedenen Studien habe ich in Emma Byrnes *Swearing Is Good for You: The Amazing Science of Bad Language* (Fluchen tut gut: Erstaunliche Erkenntnisse über Schimpfwörter) gefunden. Wirklich erstaunliche Erkenntnisse. (Schimpansen, die Zeichensprache lernen, erfinden ihre eigenen Schimpfwörter. Echt wahr.[129]) Byrne hat ein paar Erklärungsversuche, warum wir uns durch Fluchen besser fühlen; sie haben mit den Gehirnteilen zu tun, in denen emotional aufgeladene Sprache verarbeitet wird.[130] Aber das sind vorläufige Ergebnisse, deren Einzelheiten uns nicht weiter interessieren. Wichtig ist nur, dass Fluchen sich exzellent zum Stressabbau eignet.

Wobei das längst noch nicht alles ist! Byrne erklärt, dass Fluchen gut für Bindungen innerhalb einer Gruppe sein könne.[131] Dabei beruft sie sich auf Studien über das lockere Geplauder, das soziale Interaktion erleichtert. Sie berichtet von Leuten, die durch das Fluchen sozial akzeptiert wurden. Und sie zeigt verschiedene Wege auf, wie es zu einer erfolgreichen Kommunikation beiträgt. Die Erkenntnisse sind cool. Aber ich bezweifle, dass man die Studien lesen muss, um zu verstehen, was gemeint ist. Schließlich hört man bei jeder x-beliebigen Gruppe von Menschen, die sich gut versteht, mit hoher Wahrscheinlichkeit irgendjemanden fluchen.

Wegen der sozialen Dimension des Fluchens möchte ich auch, dass meine Kinder über diese Kompetenz verfügen. Es reicht nicht zu wissen, wann und wo man fluchen kann. Fluchen ist etwas, worin man wirklich gut sein kann. Zuallererst muss man lernen, Wörter neu zu nutzen. Manchmal ist *Scheiße* ein Adjektiv, manchmal auch ein Substantiv. Oft jedoch wird es in keiner bekannten Art der Rede verwendet. Denken Sie an den Ausdruck *scheiß drauf*! Er klingt fast wie ein Befehl. Aber so funktioniert er nicht. Vergleichen wir das einmal mit *schließ die Tür*. Das kann man in ganz verschiedene Arten von Sätzen einbauen:

Bitte schließ die Tür.

Könntest du vielleicht die Tür schließen?

Ich hatte dich gebeten, die Tür zu schließen.

Mit *scheiß drauf* hingegen funktioniert das nur bedingt.

Bitte scheiß drauf.

Könntest du vielleicht drauf scheißen?

Ich hatte dich gebeten, drauf zu scheißen.

Das deutet darauf hin, dass *drauf scheißen* als eine Wortart genutzt wird, um Missfallen auszudrücken*.[132]

Jedoch gibt es auch Fälle, in denen *scheißen* auch in Zusammenhang mit *drauf* eben doch ganz einfach als Verb verwendet wird.

Lieber scheiße ich auf diesen Haufen noch drauf, als ihn wegzumachen.

Und auch das ist nicht alles, da sich auch andere Formen von *scheißen* seltsam verhalten können.[133] Hier ergeben beide Sätze einen Sinn:

Stell den lauten Fernseher leiser.

Stell den Fernseher leiser, der laut ist.

Hier hingegen nicht.

Stell den beschissenen Fernseher leiser.

Stell den Fernseher leiser, der beschissen ist.

---

* Diese Ausführungen sind angelehnt an: »English Sentences without Overt Grammatical Subject.« (Englische Sätze ohne offensichtliches grammatikalisches Subjekt), darin wird das Wort *fuck* in seinen unterschiedlichen Funktionsweisen untersucht. In den 1960er-Jahren zirkulierte dieser in Form eines Flugblatts, das Quang Phuc Dong vom South Hanoi Institute for Technology zugeschrieben wurde (Fällt Ihnen etwas auf? Schauen Sie sich mal die Großbuchstaben im Namen der Universität an.) Es stammte jedoch eigentlich von dem Linguisten D. McCawley, der an der University of Chicago lehrte. Es war eine ernsthafte Arbeit, die weitere Forschungen zu Schimpfwörtern nach sich zog. Aber der Artikel macht sich auf eine Art und Weise über asiatische Namen lustig, die heutzutage als rassistisch verstanden wird.

Im ersten Satzpaar ist *laut* ein Adjektiv. Im zweiten sieht es so aus, als würde *beschissen* dieselbe Rolle einnehmen, allerdings lässt es sich nicht auf dieselbe Weise verschieben.

Und so könnte ich den ganzen beschissenen Tag lang weitermachen. Einige von Ihnen fänden das vielleicht scheißbeeindruckend (wenn auch nicht be-scheiß-eindruckend, dann das funktioniert nur in der englischen Sprache, wie Leuten bekannt sein dürfte, die J. McCarthys legendären Aufsatz zu diesem Thema gelesen haben[134]).

Es gibt wohl keine Wortfamilie, die sich flexibler einsetzen lässt als *scheiße* und ihre Verwandten.[135] Und das macht enorm Spaß, weil man damit viele Dinge tun kann, die mit anderen Wörtern nicht möglich sind. Aber es kommt nicht nur auf die Grammatik an. Wie Byrne erklärt, braucht man tiefreichende Kenntnisse über die Gefühle anderer Menschen, um vorherzusagen, wie diese auf Fluchen reagieren. Es gibt so viele subtile Varianten. Man kann *scheiße* auf eine Art sagen, die Wut und Verärgerung ausdrückt. Oder Erleichterung. Oder absolutes Entsetzen.

Dabei geht es immer auch um Kontext, Zeitpunkt und Tonfall. Die Regeln des guten Fluchens sind ständig im Wandel, da sie von den Menschen gemeinsam gemacht werden. Ich werde also sicher nicht versuchen, meinen Kindern gutes Fluchen beizubringen. Sie lernen es von ganz allein, durch Ausprobieren, Rückschläge und Beobachten, genau wie der Rest von uns. Ich werde ihnen Raum zum Üben geben. Irgendwann werden sie es mir danken. Wahrscheinlich mit einem Satz, in dem ein *scheiße* vorkommt.

◆ ◆ ◆

Rex hat sich seit jenem ersten *fuck* wirklich entwickelt. Gerade einmal ein Jahr später ist er bereits ziemlich gut im Fluchen. Das fanden wir an dem Abend heraus, als ich Hank sein erstes Schimpfwort beibrachte.

Ich erzählte den beiden gerade Geschichten über meine Großeltern mütterlicherseits. Sie waren keine besonders netten Leute gewesen, sondern fies und egoistisch. Die Jungs waren schockiert, als sie erfuhren, dass mein Großvater keine Kinder gemocht hatte. Das lag jenseits ihrer Vorstellungskraft. Ungläubiges Staunen, als ich ihnen erzählte, dass ich mich nur an eine einzige Gelegenheit erinnern konnte, bei der er mit mir gespielt hatte. Ich war damals fünf Jahre alt, und meine Großeltern waren für ein paar Tage zu Besuch. Mein Großvater setzte sich zu mir auf den Boden und brachte mir bei, das Würfelspiel *Craps* zu spielen. Warum? Ich weiß es nicht. Nicht gerade etwas, das Kinder unbedingt beherrschen sollten. Aber ich glaube, es war die beste Interaktion, die wir jemals hatten.

An diesem Punkt in der Geschichte machte ich eine Pause, da ich nun ein Wort sagen wollte, das Hank noch nicht kannte. Ich erklärte ihm, dass ich nun ein Schimpfwort benutzen würde. Seine Augen leuchteten auf. Also fuhr ich fort.

Als ich meine Großeltern zum nächsten Mal sah, gingen wir zum Abendessen aus. Ich hoffte darauf, wieder *Craps* spielen zu können. Also fragte ich: »Wenn wir nach Hause kommen, können wir dann Scheiße spielen?«

Mein Großvater wurde fürchterlich wütend. Auf mich. Und meine Eltern. Die nicht aufhören konnten zu lachen. Tagelang grummelte er vor sich hin und regte sich über meine unflätige Sprache auf. Aber er unterschätzte mich um einiges. *Scheiße* kratzte tatsächlich nur an der Oberfläche meines gesamten Schimpfwortschatzes. Er hörte mich niemals den Lieblingsfluch meines Vaters rufen: *verfluchterscheißmist*. Wenn er mich nur richtig kennengelernt hätte, hätte er mich bestimmt ins Herz geschlossen.*[136]

---

* Bevor Sie nun mich oder meine Eltern verurteilen, sollte ich vielleicht noch sagen: Ich war alles andere als unnormal. Viele Kinder fluchen schon im Alter von drei oder vier Jahren, manche sind sogar noch jünger. Studien legen

Aber keine Chance. Genau das versuchte ich den Kindern gerade zu vermitteln, mit dem Ergebnis, dass Hank nun das Wort *Scheiße* kannte, was nach ein wenig Erklärung verlangte. Wir erzählten ihm, es sei ein Synonym für *Kacka*, genau wie auch der Name des Spiels *Craps*, und die damit verbundene Verwechslung hatte überhaupt erst zu dieser Geschichte geführt. Und dann sagten wir ihm, dass es in Ordnung sei, es zu benutzen, wenn er dieselben Regeln befolgte, die wir Rex beigebracht hatten.

Anschließend schlug Julie vor, Hank solle es doch einmal ausprobieren. »Wenn du etwas Blödes erlebst, kannst du *O scheiße!* sagen«, erklärte sie ihm. »Möchtest du es einmal ausprobieren?«

Hank wirkte etwas misstrauisch. Dann sagte er so leise »O scheiße«, dass es kaum zu hören war.

Wir lachten, und er rutschte peinlich berührt unter den Tisch. Kurz darauf kam er wieder hervor, und sagte ein ganzes Stück lauter: »O scheiße.«

Jetzt konnten wir uns vor Lachen kaum noch halten, was ihn nur noch mehr anspornte. »O scheiße. O scheiße! O SCHEISSE!«

Was dazu führte, dass Rex die Welt nicht mehr verstand. Schließlich hatte er Jahre damit zugebracht, seinen kleinen Bruder vor Schimpfwörtern abzuschirmen. Sie waren Teil dessen, was ihn von Hank trennte – und ihn erwachsener wirken ließ.

Aber nun stimmten Julie und ich mit ein, wie es sich für gute

---

nahe, dass fünf- oder sechsjährige Kinder bereits eine beträchtliche Anzahl an Schimpfwörtern kennen, darunter auch viele der besonders tabuisierten. Meine Kinder hingegen sind eher unnormal; wir haben unser Fluchen derart limitiert, dass sie deutlich länger gebraucht haben als andere, um sich einen Schimpfwortschatz aufzubauen. Ehrlich gesagt hat mir das durchaus Sorgen bereitet – wie ich ja bereits ausgeführt habe, sollen meine Kinder auf alle möglichen gesellschaftlichen Situationen vorbereitet sein, auch auf solche, in denen Flüche verlangt sind. Aber wie die Geschichte, die ich hier erzähle, ja bereits nahelegt, war meine Sorge unbegründet.

Eltern gehört. Wir drei riefen im Chor: »O scheiße. O scheiße! O SCHEISSE!«

Dann forderte Julie Rex auf, sich uns anzuschließen. »Komm schon Rex, alle machen mit!« Erwähnte ich schon, was für gute Eltern wir sind?

Rex lief rot an und verschwand unter dem Tisch. Doch als unser Chor gerade seinen Höhepunkt erreichte, kam er wieder hervor und rief: »Ruft euer verdammtes *Scheiße* doch allein!«

◆ ◆ ◆

Julie hat selten so gelacht. Ich war beeindruckt. Unter anderem auch, weil der Witz eine Unterscheidung machte, zu der wir noch später kommen werden.

Rex erklärte, er werde auf keine Fall *scheiße* sagen. Als er uns das mitteilte, tat er aber genau das.

In der Philosophie wird zwischen dem Gebrauch eines Wortes und der Erwähnung eines Wortes unterschieden. Nehmen wir die beiden folgenden Sätze:

1. Ich gehe in den *Laden*.

2. *Laden* reimt sich auf *baden*.

Im ersten Satz verweist das Wort *Laden* auf einen Ort zum Einkaufen. Im zweiten Beispiel wird nur das Wort selbst aufgerufen, nicht aber seine Bedeutung als Einkaufsort.

Hier ist ein weiteres Beispiel:

1. Scheiße, mir ist die Milch ausgelaufen.

2. Du solltest in Anwesenheit der Kinder nicht *scheiße* sagen.

Im ersten Satz wird das Wort *scheiße* verwendet, ohne jedoch tatsächlich auf Scheiße zu verweisen. Stattdessen wird das Wort gebraucht, um ein Gefühl auszudrücken. Im Gegensatz dazu wird das Wort *scheiße* im zweiten Beispiel überhaupt nicht gebraucht. Es wird nur erwähnt.

Die Unterscheidung zwischen dem Gebrauch eines Wortes und der Erwähnung ist fundamental in der Philosophie. Sie interessiert sich für die Welt *und* für die Wörter, die wir gebrauchen, um diese Welt zu beschreiben. Also wird ein Weg benötigt, um zu zeigen, wovon gerade die Rede ist. Üblicherweise setzt man Wörter, die nur erwähnt werden, in Anführungszeichen, wie z.B.:

Das Wort »Scheiße« besteht aus sieben Buchstaben.

Meiner Meinung nach sieht das hässlich aus, besonders wenn es häufig vorkommt. Also habe ich mich in diesem Buch für eine andere Vorgehensweise entschieden. Wenn ich Wörter erwähne, setze ich diese kursiv. Natürlich wird Kursivierung auch zur Betonung genutzt, aber diese Verwirrung nehme ich in Kauf. Mittlerweile haben Sie sich sicher bereits daran gewöhnt.

Rex machte sich diese Unterscheidung von Gebrauch/Erwähnung zu Nutze. Er sagte: »*Ruft euer verdammtes Scheiße doch allein!*« Was er da sagte, war in gewisser Weise falsch, da er es ja eben doch sagte. Gleichzeitig war es jedoch auf eine Art auch richtig, da er den Ausdruck eben nicht gebrauchte, sondern nur erwähnte. Genau das machte die Sache ja so lustig – neben dem Umstand, dass der Ausdruck, den er tatsächlich gebrauchte (*verdammtes*), stärker war als der, den er nur erwähnte.

Das ist ein sehr feiner Humor – und eine der Eigenschaften, die ich an Rex heute so schätze.

◆ ◆ ◆

Ich bin viel älter als Rex, und dennoch maßregeln Leute meine Sprache. Meine Lektorin sagt, ich verwende zu oft das Wort *scheiße*. Ich sage nicht, dass ich deshalb dieses Kapitel hier geschrieben habe. Aber ich sage auch nicht, dass dem *nicht* so war. (Hallo, Ginny!)

Warum ich so viel fluche? Aus zwei Gründen. Einerseits lässt sich dadurch Nähe herstellen. In verschiedenen Beziehungen gelten unterschiedliche Regeln. Wenn ich *scheiße* zu Ihnen sage, lasse ich dabei durchscheinen, wie ich die Beziehung zwischen uns einschätze. Wir haben eher eine Ferienlagerfreundschaft, als einander beruflich bekannt oder gar fremd zu sein.

Außerdem fluche ich, weil ich damit etwas über Philosophie zeigen möchte. Philosophieren kann man nämlich entweder steif und mäkelig oder eben mit Spaß an der Sache. Ich habe mich für Letzteres entschieden.

Aber hinter dem Spaß versteckt sich ein ernstes Anliegen. Die Philosophie sollte alle Aspekte unseres Lebens behandeln – das Heilige und das Profane[137], ja sogar das Alltägliche. Das ist einer der Gründe, warum ich dieses Buch geschrieben habe. Ich möchte zeigen, dass selbst in den einfachsten Erfahrungen und Erlebnissen philosophische Fragestellungen stecken. Ich möchte, dass Sie etwas wissen: Philosophie ist zu wichtig, um sie allein den Philosophinnen und Philosophen zu überlassen. Außerdem möchte ich, dass Sie feststellen: Philosophie macht Spaß. Denn das kann sie, und das sollte sie, und das tut sie auch, zumindest wenn man es richtig anstellt.

Ich bin nicht der Einzige, der Kraftausdrücke für ein legitimes Feld der philosophischen Betrachtung hält. Harry Frankfurts Buch *On Bullshit* (Über Bullshit) war ein unerwarteter Bestseller. Dieses dünne Bändchen versucht zu erklären, was genau Bullshit ist – und warum wir knietief darin stecken. Es ist ziemlich unterhaltsam.* Aber ich persönlich bevorzuge einen anderen Bestsel-

---

* Aber ich sollte Sie besser vorwarnen: Es ist Bullshit. Frankfurt gibt vor, den Kern von Bullshit zu ergründen. Aber die Spielart, die er beschreibt – Dinge

ler: *Arschlöcher: Eine Theorie* von Aaron James. Es ist genau das, wonach es klingt – ein Versuch zu erklären, was Arschlöcher sind und warum sie uns so nerven. Es ist, so zumindest mein Eindruck, eine wichtige Lektüre in unserer Zeit.

Philosophinnen und Philosophen können ziemlich starrköpfig sein. Ich habe schon einige über Harry Frankfurt, Aaron James (und mich) murren hören. Wir wollten nur provozieren, heißt es. Aber das stimmt einfach nicht. Ja, ich denke, dass Philosophie Spaß machen und lustig sein sollte. Gleichzeitig finde ich, dass sie uns dabei helfen sollte, uns besser zu verstehen. *Wir* sind heilig und profan zugleich. Das kann auch für die Philosophie gelten.

◆ ◆ ◆

Ich bin absolut pro Fluchen, zumindest unter manchen Bedingungen. Aber es gibt auch Wörter, die wir nicht sagen sollten. Solche *Slurs* sind in unserer Gesellschaft echte Tabus. Bei manchen Ausdrücken tun wir so, als würden wir sie verbieten – denken Sie etwa an: *Scheiße* sagt man nicht –, sagen sie dann aber doch. Das liegt daran, dass es uns relativ egal ist. Wir protestieren zwar manchmal der Form halber, sind aber nicht echt schockiert. Das N-Wort hingegen ist ein Skandal.[138]

Slurs sind ein angesagtes Forschungsthema. In der Philosophie (und der Linguistik) wird viel darüber diskutiert, wie sie auf der Sprachebene funktionieren. So ist es zum Beispiel nicht

---

zu sagen, ohne sich darum zu kümmern, ob sie auch wirklich stimmen –, ist nur eine von vielen. Hier ein paar weitere: Schwalben beim Fußball sind Bullshit. Falsche Schiedsrichterentscheidungen sind Bullshit. Die meisten Meetings ebenso. Und selbst wenn wir nur beim Reden bleiben: Eine Riesenmenge Bullshit kommt von Leuten, die damit prahlen, nicht die Wahrheit zu sagen. Sie füttern uns mit Bullshit, und es ist genauso Bullshit, diesen schlucken zu müssen. Laden Sie mich mal zum Bier ein, dann können wir eine bessere Bullshit-Theorie erarbeiten.

eindeutig, was manche Slurs eigentlich bedeuten. Lassen Sie es mich Ihnen anhand eines englischen Beispiels zeigen:

A kike wrote this book.
(Ein *kike* hat das Buch geschrieben.)

Stimmt das? Im Englischen ist *kike* ein beleidigender Ausdruck für Juden. Ich bin jüdisch. Manche Philosophen würden behaupten, der Satz sei richtig – sollte aber angesichts der Geringschätzung, die durch die Wahl eines weniger anstößigen Synonyms vermeidbar wäre, dennoch nicht gesagt werden. Andere Philosophinnen hingegen würden diesen Satz für falsch halten und sich darauf berufen, dass es so etwas wie einen *kike* nicht gibt. Woraus sich wiederum die Frage ergibt, was ein *kike* eigentlich ist, wenn nicht ein Jude.[139]

Ich möchte diese Diskussionen eigentlich nicht weiter ausführen, weil mich hauptsächlich eine moralische Frage interessiert: Wann, wenn überhaupt, ist es in Ordnung, Slurs zu verwenden? Wie sich jedoch zeigt, sind die linguistische und die moralische Frage miteinander verbunden. Die moralische Frage lässt sich nicht beantworten, ohne zu verstehen, wie Slurs auf der Sprachebene funktionieren.

Das habe ich von Eric Swanson, einem Kollegen aus Michigan, gelernt. Er ist Philosophie- und Linguistikprofessor und ein herausragender Kajakfahrer. Swanson zufolge liegt der Schlüssel zum Verständnis von Slurs in ihrem ideologischen Hintergrund.[140] Eine *Ideologie* ist ein Zusammenspiel aus Ideen, Konzepten und Einstellungen, das (ganz oder in Teilen) darüber bestimmt, wie wir mit der Welt interagieren.[141]

Es gibt Ideologien, die mit Wirtschaftssystemen wie dem Kapitalismus und dem Sozialismus in Verbindung gebracht werden. Dann gibt es Ideologien, die den unterschiedlichen Positionen im politischen Spektrum, wie etwa liberal und konservativ, zugeordnet werden. Aber es gibt auch Ideologien, die mit Aktivitäten wie dem Sport (»Sieg oder Sarg«) oder der Unterhaltungsbranche (»The show must go on« – »Die Show muss weitergehen«) verknüpft sind. Und es gibt Ideologien, die mit Unterdrückung einhergehen: Rassismus, Sexismus, Antisemitismus und so weiter.

Wie die Liste zeigt, ist das Konzept Ideologie an sich weder gut noch schlecht. Selbst Antirassismus ist eine Ideologie, geprägt von Ideen, Konzepten und Einstellungen, die genutzt werden, um die Welt besser zu verstehen (denken Sie an: weißes Überlegenheitsdenken, Privilegien, Masseninhaftierungen). Manche Ideologien sind jedoch definitiv schlecht. In den USA hat Rassismus zu Sklaverei, Segregation und Lynchjustiz geführt, um nur einige wenige Beispiele für die damit zusammenhängenden üblen Auswirkungen zu nennen. Tatsächlich sind diese Grausamkeiten ohne eine zugrunde liegende Ideologie kaum vorstellbar – eine Ideologie, die Schwarze Menschen als minderwertig versteht und daraus eine Rechtfertigung für diese Art der Behandlung zieht.

Swanson argumentiert, dass Slurs Ideologien *aufrufen* – sie rücken sie ins Bewusstsein und begünstigen entsprechende Gedanken und Taten.[142] Der Unterschied zwischen dem Satz »Eine jüdische Person hat dieses Buch geschrieben« und »Ein *kike* hat dieses Buch geschrieben« besteht darin, dass letzterer die Ideologie des Antisemitismus aufruft. Er lädt dazu ein, in solchen Termini zu denken – sich der Vorstellung hinzugeben, dass Juden schmutzige, geldgierige Wesen wären, die nach der Weltherrschaft streben. Denn genau das ist die Ideologie, in der das Wort *kike* verortet ist.

Wenn Sie Slurs wie *kike* verwenden, rufen Sie sich dadurch jedoch nicht nur solche Assoziationen ins Bewusstsein. Gleichzeitig erwecken Sie den Eindruck, es sei in Ordnung, dieses Wort zu gebrauchen und diese Ideologie zu bedienen.[143] Das lädt weitere Menschen dazu ein, die Welt aus einer antisemitischen Sicht wahrzunehmen. Und diese Weltsicht ist schädlich. Sie hat unter anderem zum Holocaust und zu Pogromen geführt und ist bis heute die Quelle vieler Hassverbrechen.

◆ ◆ ◆

Einige Ideologien sollten tabu sein. Niemand sollte sie aufrufen wollen, zumindest nicht auf eine Art, die sie als akzeptabel darstellt. Und das bedeutet, dass es Wörter gibt, die einfach nicht gebraucht werden sollten.

Außer man hat einen sehr guten Grund dafür. Das kommt vor. Zum Beispiel ist es unmöglich, eine Ideologie zu kritisieren – oder sich ihr zu widersetzen –, ohne sie zu zitieren. Das N-Wort taucht in James Baldwins Brief an seinen Neffen in *Nach der Flut das Feuer*[144] auf, in Martin Luther Kings *Brief aus dem Gefängnis in Birmingham*[145] und in Ta-Nehisi Coates' Brief an seinen Sohn in *Zwischen mir und der Welt*[146]. In jedem dieser Texte wird das Wort verwendet, um die volle Kraft der hasserfüllten Ideologie zu vermitteln, für die es steht. Weniger kraftvoll zu schreiben, würde der Botschaft die Kraft nehmen.

Doch lassen Sie mich etwas klarstellen: Damit meine ich nicht, dass man Slurs einfach nach Belieben benutzen kann, wenn man eine rassistische Ideologie kritisieren oder ihr etwas entgegenhalten will. Wann das möglich ist, hängt sehr stark davon ab, wer man ist.

Als Jude kann ich das Wort *kike* verwenden, und wenn ich es tue, rufe ich damit eine antisemitische Ideologie auf. Aber niemand wird davon ausgehen, dass ich diese Ideologie vertrete oder sie anderen nahebringen möchte. Auch eine nichtjüdische Person, die *kike* sagt, ist nicht notwendigerweise eine Befürworterin dieser Ideologie. Doch das zu entscheiden, ist für Außenstehende schwierig. Also ist es für nichtjüdische Personen sinnvoll, das Wort zu vermeiden, zumindest so gut es geht.

Mit anderen Worten: Ich kann *kike* sagen und Sie nicht. (Außer Sie sind jüdisch oder haben einen anderen guten Grund, wie zum Beispiel, die Geschichte des Antisemitismus zu lehren.) Dass ich *kike* sagen kann, heißt allerdings nicht, dass ich es auch tun sollte, da es immer eine antisemitische Ideologie aufruft, ob ich das nun möchte oder nicht.

Das gilt auch, wenn Menschen Slurs nutzen, um Zuneigung auszudrücken, was manchmal der Fall ist. Minderheiten versuchen häufig, sich als Slurs verwendete Begriffe wieder anzueignen. *Queer* ist sicherlich der bisher erfolgreichste Fall. Dieser Ausdruck wird von vielen verwendet und sogar bevorzugt, die er einst herabsetzen sollte. Bei den meisten Menschen ruft er inzwischen auch keine homophobe Ideologie mehr auf, ganz im Gegenteil.

Viele dieser Wiederaneignungsprojekte sind allerdings begrenzt. Frauen, die ihre Freundinnen *bitches* nennen, streben nicht an, dass Männer es ihnen irgendwann gleichtun werden. In absehbarer Zukunft wird das Wort, wenn Männer es verwenden, weiterhin eine sexistische Ideologie aufrufen, was heißt, dass es bei Frauen ebenso ist, selbst wenn es gleichzeitig das Gegenteil bedeutet. Dasselbe gilt auch für das N-Wort. Unter Schwarzen Menschen wird es mittlerweile häufig als eine Art Kosewort genutzt. Dennoch ruft es eine rassistische Ideologie auf, zeitgleich mit der Umkehrung derselben, insbesondere wenn es in Hörweite von wenig sprachsensiblen Weißen benutzt wird.

Das heißt jedoch nicht, dass die Wiederaneignung falsch wäre. Es gibt gute Gründe für Minderheiten, Wörter zurückzuerobern, die mit ihrer Unterdrückung assoziiert sind. Es nimmt ihnen die darin enthaltene Macht. Deshalb ist es kein Zufall, dass Slurs häufig zu Kosewörtern werden. Die Tatsache, dass eine Frau ihre enge Freundin *bitch* nennen kann, zeigt, wie nah sie einander stehen, so nah, dass sie die Bedeutung von Wörtern verschieben können.

Übertreffen die Kosten dieser Wiederaneignungsprojekte ihren Nutzen? Das ist eine Frage, die ich nicht beantworten kann. Ich bin in Bezug auf viele dieser Gruppen ein Außenstehender, weshalb ich nicht in der Position bin, Kosten und Nutzen abzuwägen. (Von *kike* einmal abgesehen. Das können die Antisemiten gern behalten.) Diese Frage richtet sich an die Menschen, die am meisten davon betroffen sind. Ich möchte nur, dass Sie verstehen, warum diese Fragen selbst in den Gruppen, um die es geht, oft kontrovers diskutiert werden.

◆ ◆ ◆

Manche Leute meinen, *weißen* Menschen sollte mehr Spielraum zugestanden werden, das N-Wort zu nutzen, als ich vorgeschlagen habe. (Um es noch einmal klarzustellen: Ich rege an, dass *weiße* Leute hier keinerlei Spielraum haben sollten oder zumindest so gut wie keinen.) Sie verweisen gern auf die Unterscheidung zwischen Gebrauch und Erwähnung, die wir eben schon kennengelernt haben. Dieser Vorstellung nach sollten wir Slurs nicht als Bezeichnung *gebrauchen*; sie nur zu *erwähnen*, wäre demnach in Ordnung.

Auch ich war lange der Meinung, das sei eine vernünftige Grenzziehung, und ich halte sie bis heute für moralisch bedeutsam. Beim Gebrauch von Slurs wird eine repressive Ideologie gebilligt – und es werden diejenigen erniedrigt, auf die sich der Ausdruck bezieht. Wenn Slurs nur erwähnt werden, passiert nichts dergleichen. Das ist wichtig. Slurs zu gebrauchen, kann wirklich grundfalsch sein.*[147] Sie zu erwähnen, eher selten.

---

* Swanson argumentiert, dass das moralische Gewicht eines Slurs eine Funktion des Schadens ist, den eine entsprechende Ideologie anrichtet. Daran liegt es auch, dass das N-Wort schlimmer ist als *honky* oder *cracker* (Bezeichnungen für Weiße) und viel schlimmer als Ausdrücke wie *Nerd* oder *Geek*.

Slurs zu erwähnen ist trotzdem nicht unproblematisch, da diese nun einmal für Ideologien stehen. Sicher, es kann gute Gründe dafür geben, Slurs zu erwähnen – selbst die allerübelsten. Autoren wie Baldwin, King und Coates hätten nicht so wirksam kommunizieren können, wenn sie das N-Wort vermieden hätten. Sparsame Erwähnungen von Slurs können in begründeten Fällen also angebracht sein. *Sparsam* ist in diesem Satz jedoch das Schlüsselwort, da gute Gründe selten sind.[148]

Tatsächlich kann Swanson uns dabei helfen zu verstehen, warum *weiße* Leute sich in so gut wie allen Fällen der Möglichkeit bedienen sollten, *das N-Wort* anstelle des N-Worts zu sagen. Es geht nicht darum, was sie nicht tun dürfen; sondern darum, was sie tun können. Wer das Wort umgeht, zeigt damit offen seinen Widerstand gegen die damit verbundene Ideologie. *Das N-Wort* zu sagen anstelle des *Slurs* selbst ist ein kleiner Sieg im Kampf gegen Rassismus, weil dadurch Widerspruch ausgedrückt wird.*

◆ ◆ ◆

Swansons Theorie über Slurs kann uns auch bei der Beantwortung der Frage helfen, warum manche Wörter, die kein Tabu sind, trotzdem verletzend sein können. Swanson schildert eine kleine Episode: Als er sich einmal um seinen Sohn kümmerte, sagte eine Fremde im Vorbeigehen: »Toll, dass Sie seine Mutter so gut unterstützen.«[149] In diesem Satz stecken keine Slurs. Und doch drückte die Frau durch die Wortwahl *unterstützen* eine

---

* Meistens zumindest. Wenn man die Umschreibung jedoch zu oft oder zu bewusst verwendet, kann es auch so wirken, als wollte man die rassistische Ideologie aufrufen anstelle der antirassistischen. Das Umschreiben von Wörtern kann ebenso missbraucht werden wie das Erwähnen derselben. Kommunikation ist kompliziert. Eindeutige Regeln können niemals alle relevanten ethischen Fragen abdecken, da sich diese genau wie die gesellschaftliche Bedeutung ständig im Wandel befinden.

Ideologie aus, die Müttern die primäre Verantwortung für die Kinderbetreuung zuschreibt und Väter zu Helfern degradiert, wodurch sie nicht als vollwertige Elternteile anerkannt werden. Durch ihre Wortwahl untermauerte die Fremde diese Ideologie und forderte Swanson auf subtile Weise auf, sich selbst so zu sehen. Sie wollte nett sein. Aber sie war auf eine Art nett, die Swansons Rolle und die seiner Ehefrau untergrub.

Tatsächlich beleuchtet Swansons Theorie mehr als Sprache. Sie führt uns vor Augen, warum unsere Taten manchmal fragwürdig sind, auch wenn das nicht unsere Absicht war. Männer, die Frauen Türen aufhalten, rufen eine Ideologie auf, in der Männer als starke, ritterliche Typen gelten, die schwachen oder unterwürfigen Frauen zu Hilfe eilen. Innerhalb dieser Ideologie ist die Handlung gut gemeint. Deshalb reagieren Männer manchmal verblüfft, wenn Frauen sich dagegen sträuben. Dabei wünschen sich diese einfach eine andere Art von Respekt, die in einer Ideologie der Gleichheit verankert ist.

Daraus lässt sich etwas Generelles ableiten: Wir sollten den Ideologien, die unser Verhalten und unsere Sprache prägen, mehr Aufmerksamkeit schenken. Denn häufig spiegeln und unterstützen gutgemeinte Handlungen Ideologien, die wir zurückweisen sollten.

◆ ◆ ◆

»Kennst du irgendwelche Slurs?«, fragte ich Rex, als ich gerade dieses Kapitel schrieb.

»Einen. Du hast ihn mir beigebracht.«

Oh, oh, dachte ich.

»*Redskins*. Wie das Football-Team.«

Ich war erleichtert. An das Gespräch konnte ich mich noch gut erinnern. Wir hatten uns über die Atlanta Braves unterhalten, unser Lieblingsbaseballteam. Ich hatte Rex gesagt, dass ich es gut fände, wenn die Braves ihren Namen änderten. Das Team beruft sich darauf, es wolle amerikanischen Ureinwohnern eine Ehre erweisen, und vielleicht ist das auch tatsächlich so. Aber das Problem liegt nicht darin, was die Braves wollen. Sondern darin, was ihr Name aufruft: eine Ideologie, die amerikanische Ureinwohner als Wilde begreift – was sich jahrzehntelang auch in der Bildsprache des Teams widerspiegelte.* Außerdem gibt es bereits einen besseren Namen. Das Team sollte The Traffic heißen.

Dann fügte Rex hinzu: »Ich glaube, ich kenne noch einen Slur aus *March***. Es ist ein Wort, das *weiße* Leute zu Schwarzen gesagt haben.«

Dann sagte er das Wort.

Ich fragte ihn, was er darüber wisse.

Er sagte, es sei etwas wirklich Fieses, vielleicht sogar das Fieseste, was man zu jemandem sagen könne.

Dann sprachen wir darüber, warum das so ist. Er wusste bereits eine ganze Menge über die geschichtlichen Zusammenhänge, aus *March* und anderen Büchern. Also redeten wir darüber, warum das Wort verletzend ist – wie es die Vergangenheit aufruft, mitsamt aller schrecklichen Assoziationen. Und wir sprachen darüber, wie respektlos es ist, das Wort angesichts seiner Geschichte zu verwenden.

Aus eben jenen Gründen riet ich Rex, das Wort nie wieder auszusprechen.

---

* Viele Vereine verwenden Symbole der Native Americans in ihren Logos, haben entsprechende Maskottchen oder Namen. Wegen massiver Rassismusvorwürfe haben z.B. das Football-Team der Washington Redskins (seit 2022 Washington Commanders) oder die Baseballer der Cleveland Indians (inzwischen Cleveland Guardians) ihren Namen geändert. [Anm. d. Übers.]

** *March* ist eine englischsprachige Reihe von Graphic Novels, in denen das Leben des berühmten Bürgerrechtlers und Abgeordneten John Lewis erzählt wird. Eine absolut lohnenswerte Lektüre, wenn Sie oder Ihre Teenager etwas über die US-amerikanische Bürgerrechtsbewegung erfahren wollen.

»Es tut mir leid«, sagte er und sah besorgt aus. »Das wusste ich nicht.«

»Das muss dir nicht leidtun«, beruhigte ich ihn. »Ich wollte nur, dass du Bescheid weißt. Deshalb habe ich dich danach gefragt.«

Teil 2
Uns verstehen

6
Geschlecht, Gender und Sport

Rex und sein Freund James absolvierten im zweiten Schuljahr ihren ersten 5 000-Meter-Lauf. Sie brauchten etwas mehr als vierunddreißig Minuten dafür. Unter den acht- bis neunjährigen Jungen reichte das für den neunten und zehnten Platz. Wir warteten an der Ziellinie auf sie, stolz, sie laufen zu sehen.

Als wir ihren Erfolg feierten, sagte ich: »Habt ihr gesehen, was Suzie gemacht hat?« Rex, James und Suzie waren in der zweiten Klasse unzertrennlich, ständig waren sie zu dritt anzutreffen, in der Schule und in ihrer Freizeit.

»Nein, was hat sie gemacht?«, fragte Rex.

»Sie ist Erste geworden«, sagte ich. »Sie war richtig schnell! Sie hat nur fünfundzwanzig Minuten gebraucht.« Genau genommen sogar noch etwas weniger.

»Sie ist ja auch früher gestartet«, sagte Rex, als könnte das erklären, warum Suzie ganze neun Minuten schneller gewesen war.

»Aber doch nicht *so* viel früher«, sagte ich.

»Doch«, sagte James. »Wir konnten sie noch nicht einmal sehen, als wir losgelaufen sind.«

»Ich schon«, sagte ich. »Und außerdem gibt es einen Chip in eurer Startnummer, der die Startzeit aufzeichnet. Also ist es egal, wer zuerst startet.«

»Stimmt«, sagte Rex. »Aber wir steckten zwischen den anderen fest.«

»Neun Minuten lang?«, fragte ich zurück.

»Wir haben auch gar nicht versucht, so schnell wie möglich zu laufen«, erwiderte James trotzig.

»Genau«, stimmte ihm Rex zu. »Wir haben uns Zeit gelassen.«

»Okay«, sagte ich, irritiert darüber, dass sie Suzies Triumph nicht anerkennen wollten. »Aber selbst wenn ihr so schnell gerannt wärt, wie ihr könnt, wärt ihr nicht so schnell gewesen wie Suzie. Sie war *echt* schnell.«

◆ ◆ ◆

Warum suchten die beiden nach Ausreden? Weil sie gegen ein Mädchen verloren hatten! Und Jungs nicht gegen Mädchen verlieren dürfen. Diese Haltung ist schlecht für Mädchen. Aber auch für Jungen. Genau genommen ist es zum Teil deshalb schlecht für Mädchen, *weil* es schlecht für Jungen ist.

Der Gedanke, dass Jungen im Sport besser sein sollten als Mädchen, ist aus offensichtlichen Gründen schlecht für Mädchen. Darin klingt die Idee an, dass Mädchen nicht für Sport gemacht sind, was lange die Begründung dafür war, sie ganz davon auszuschließen. Aber selbst die weniger kategorische Annahme, dass Jungen besser sein sollten, begrenzt die Möglichkeiten von Mädchen. Wenn die Leute nicht davon ausgehen, dass Mädchen gut im Sport sein können, bekommen sie weniger Zuspruch und auch weniger Möglichkeiten, mitzumachen. Und so kommt es zu einer selbsterfüllenden Prophezeiung. Jungen sind besser im Sport, nicht weil sie von Natur aus besser wären, sondern weil wir mehr in ihre sportliche Leistung investieren.

Warum das schlecht für Jungen ist? Die Vorstellung, dass sie in sportlichen Dingen besser sein sollen als Mädchen, macht ihre Männlichkeit abhängig von ihren sportlichen Fähigkeiten. Wenn ein Junge gegen ein Mädchen verliert, wird ihm manchmal seine Männlichkeit abgesprochen. Er könnte sich diese Botschaft zu Herzen nehmen und sich selbst dadurch als mangelhaft empfinden.

Das ist schlecht für Jungen. Aber genauso ist es schlecht für Mädchen, weil Jungen meinen, ihre Männlichkeit verteidigen zu müssen. Manchmal schließen sie Mädchen allein deswegen aus, damit sie gar nicht erst Gefahr laufen, gegen sie zu verlieren. Oder aber sie würdigen die Leistungen von Mädchen herab, um sich weiterhin überlegen fühlen zu können. So kam mir das vor, was Rex und James nach dem 5000-Meter-Lauf taten – sie schmälerten Suzies Erfolg, damit er keine Gefahr für sie darstellte.

Das soll kein Vorwurf an die Jungen sein. Sie haben das System nicht geschaffen. Und obwohl sie ihre Position darin verteidigen, ist diese kein reines Privileg. Es verursacht Druck, einem Standard entsprechen zu müssen, den viele Jungen nicht erfüllen können (oder wollen). Wer scheitert, fällt auch nicht einfach auf die weniger privilegierte Position zurück, die bereits von den Mädchen eingenommen wird. Ein Junge, der als Junge versagt, wird eben nicht von den Mädchen aufgenommen; er ist schlicht nicht willkommen, weder bei Jungen noch bei Mädchen.

◆ ◆ ◆

Diese Themen sind mir nicht fremd. Ich war der kleinste Junge in meiner Klasse, was im Sport ein echtes Problem ist. Nur zu gern würde ich behaupten, ich hätte das mit Mut, Entschlossenheit und besonders guter Koordination wettgemacht. Aber ich bewege mich bis heute eher wie ein Wesen, das aus lauter Teilen von Mr. Potato Head zusammengesetzt ist. Zumindest wenn ich versuche, mich sportlich zu betätigen. Ich bin nicht tollpatschig. Ich habe einen guten Gleichgewichtssinn und schnelle Reflexe. Ich bin einigermaßen fit. Aber mein Geist besitzt keine volle Kontrolle über meinen Körper. Jede Bewegung ist ein wenig ungenau, als wären die Fäden einer Marionette verheddert. Je mehr ich mich bemühe, desto stärker gerät alles durcheinander.

Meine ganze Kindheit über bewegten sich meine sportlichen Leistungen am Rand des gerade noch akzeptablen – für einen Jungen. Ich war das Kind, das jedes Mal vor Angst zitterte, wenn es darum ging, Spieler für eine Mannschaft auszuwählen; denn dabei zeichnete sich eine gnadenlos effiziente Rangordnung ab. Und wer bis zum Schluss übrig blieb ...

Einmal schrieb mich meine Mutter in den Sommerferien für ein einwöchiges Sport-Ferienlager ein. Das war schon okay. Ich mochte Sport ja. Ich war nur nicht gut darin. Am letzten Tag wurden alle Anwesenden in zwei Teams eingeteilt und sollten den ganzen Tag Wettkämpfe gegeneinander austragen. In der Mittagszeit hörte ich zufällig, wie zwei der Betreuer darüber sprachen, wie sie die Kinder aufgeteilt hatten.

»Du hast Scott ausgewählt?«, fragte der eine, und es klang, als wäre das eine ähnlich schlechte Idee, wie sich selbst anzuzünden.

»Tja, ich hatte die Wahl zwischen ihm und [Name tut nichts zur Sache].« [Name tut nichts zur Sache] war das einzige Mädchen im Ferienlager. Ja, sie war größer und stärker als ich, das schon. Aber sie hatte die meisten Sportarten noch nie zuvor ausprobiert. Und sie war keine Suzie, also nicht gerade der sportliche Typ.

»Das ist hart«, erwiderte der andere Betreuer.

»Tja, hab mich dann für den Jungen entschieden. Irgendwas muss das ja bringen.«

Bumm! So viel zum Thema Privileg. Meinem – aber auch ihrem. Es war sicher nicht leicht, das einzige Mädchen im Ferienlager zu sein. Und ich bin mir sicher, es hätte sie verletzt, hätte sie gewusst, dass sie als Letzte gewählt worden war. Aber ihre

Weiblichkeit stand nicht auf dem Spiel. Niemand stellte sie bloß, weil sie sich nicht geschickt genug anstellte, oder deutete an, dass sie deswegen weniger weiblich wäre. Ein Mädchen muss eben nicht gut in Sport sein, nicht einmal in einem Sport-Ferienlager.*[150]

Ein Junge schon. Ich war es nicht. Aber dieser Betreuer ließ mich ein Junge sein. Und ich war dankbar. Dafür, dass niemand ihn gehört hatte. Denn die anderen Kinder wären sicher nicht so nett gewesen.

◆ ◆ ◆

Rex zufolge ist das Gespräch über den 5 000-Meter-Lauf allerdings anders verlaufen als hier beschrieben. Und ich bin es ihm schuldig, auch seine Version zu schildern.

»So war das nicht«, sagte er, als ich die Situation aufbrachte.

»Wie hast du es denn in Erinnerung?«

»Nach dem Lauf hast du angefangen, dich über uns lustig zu machen, weil Suzie schneller war als wir«, sagte Rex.

»Glaubst du wirklich, dass ich mich über dich lustig machen würde, weil du gegen Suzie verloren hast?«, fragte ich.

»So klang es zumindest.«

Eins möchte ich hier klarstellen: Ich würde mich niemals über meinen Sohn lustig machen, weil er gegen ein Mädchen verliert. (Wie Sie merken, bin ich diesbezüglich sensibilisiert.)

---

* Das heißt natürlich nicht, dass Mädchen keinen Druck verspüren, gut im Sport zu sein. Natürlich tun sie das in bestimmten Kontexten. Der Unterschied ist nur, dass Unsportlichkeit keine Zweifel an ihrer Weiblichkeit sät. Tatsächlich haben Mädchen häufig das gegenteilige Problem. Bei ihnen führt gerade Erfolg im Sport dazu, dass andere Leute ihre Weiblichkeit infrage stellen. Das habe ich allerdings bei jüngeren Kindern noch nicht beobachtet. Unter Jugendlichen ist es jedoch ein Problem, das nur noch schlimmer wird, wenn Frauen an die Spitze ihrer Sportart streben.

Aber ich kann mir vorstellen, warum Rex es so verstanden hat. Schon die Erwähnung der Tatsache, wie gut Suzie gelaufen war, reichte aus, um seine Sorge zu befeuern. Und ich hatte nicht lockergelassen, weil ich es für wichtig hielt, auch Suzies Erfolg zu feiern.

Also sprachen wir darüber, und ich begann so, wie ich es auch hier getan habe. Ich wies darauf hin, dass Jungen lernen, sie sollten besser nicht gegen Mädchen verlieren. Aber Rex schüttelte nur den Kopf.

»Das bringt uns niemand bei«, erwiderte er.

»Wirklich nicht?«

»Na ja, kein Erwachsener sagt so etwas«[151], gab Rex nachdenklich zurück. »Aber irgendwie sollen wir wohl trotzdem so denken.«

»Und warum?«

»Ich weiß nicht so genau«, antwortete Rex. »Wahrscheinlich ist es einfach die Art, wie die Leute reagieren, wenn ein Mädchen gegen einen Jungen gewinnt. Und auch die Art, wie Teams gewählt werden. Es ist einfach jedem klar, dass Jungen besser zu sein haben.«

»Sind Jungen denn besser?«

»Nein«, sagte Rex, ohne darüber nachzudenken. »Manche Mädchen sind richtig gut im Fußball.«

»Machen sich Kinder darüber lustig, wenn Jungen gegen Mädchen verlieren?«

»Ja«, sagte Rex. »Meine Freunde zum Glück eher selten. Aber manche Jungs schon.«

»Und wie sieht es bei den Mädchen aus?«

»Ja, auch Mädchen würden sich darüber lustig machen, wenn ein Junge gegen ein Mädchen verliert.«

◆ ◆ ◆

Sexismus ist kompliziert.

Zuallererst schadet er Frauen und Mädchen. Aber er kann auch schädlich für Männer und Jungen sein. Wenn wir Mädchen helfen wollen, müssen wir auch Jungen helfen, weil Mädchen oft darunter leiden, wenn Jungen sich bedroht fühlen.

Außerdem gilt: Sexismus ist nicht nur etwas, das Jungen Mädchen antun. Es ist auch etwas, das Mädchen Jungen antun. Und Mädchen Mädchen. Und Jungen Jungen. Wir alle haben Teil am Sexismus, da unsere Rollen von Geschlechterstereotypen geprägt sind. Gleichzeitig leiden wir alle unter Sexismus, da wir den Druck spüren, diesen Rollen gerecht zu werden.

Auf diese Rollen kommen wir gleich noch einmal zu sprechen. Zuerst aber noch einmal zurück zu besagtem 5000-Meter-Lauf.

Ich habe ja bereits erwähnt, dass Suzie Erste wurde. Das gilt aber auch für Blake, obwohl er fast eine Minute langsamer war als Suzie.

Moment, wie bitte? Wie kann jemand Erster werden, der Zweiter geworden ist?

Die Antwort lautet: Blake ist ein Junge. Und die Wertung des 5000-Meter-Laufs war nach Geschlechtern getrennt. Alle Kinder liefen gleichzeitig. Dennoch gab es zwei Wettbewerbe, einen für Mädchen und einen für Jungen.

Das führt zu meiner nächsten Frage: Warum teilen wir im Sport nach Geschlechtern auf? Suzie brauchte keine Hilfe. Sie war nicht nur das schnellste Mädchen der Klasse, sie war die Schnellste insgesamt. Punkt. Und man könnte sich fragen: War es eine gute Idee, dass Blake ebenso eine Medaille für den ersten Platz bekam? Vielleicht wäre ein zweiter Platz Blake – und allen anderen Jungs – eine Lehre gewesen. Nämlich die, dass Mädchen auch dann ganz oben auf dem Podest stehen können, wenn sie gegen Jungen antreten.

Das wäre eine wichtige Lektion gewesen. Und auch im nächsten Jahr hätten die Jungs noch etwas lernen können, hätte man nicht wieder getrennt nach Geschlechtern gewertet. Da vergrößerte Suzie den Abstand nämlich und gewann mit zwei vollen Minuten Vorsprung vor dem schnellsten Jungen. Der wurde nur Dritter, weil ein weiteres Mädchen vor ihm ins Ziel kam. Und dennoch ging er als Sieger nach Hause – als Erster des deutlich langsameren Geschlechts, zumindest in diesem Wettbewerb.

◆ ◆ ◆

Warum war dieser 5000-Meter-Lauf nach Geschlechtern aufgeteilt? Und war das wirklich eine gute Idee? Mir fällt kein einziger triftiger Grund ein, warum Mädchen und Jungen im Alter von Suzie und Rex nicht gegeneinander antreten sollten. Vermutlich wäre die Erfahrung, dass Mädchen im Sport genauso gut wie Jungs sein können – und oft sogar noch besser –, für alle hilfreich gewesen.

Wobei diese Erfahrung nicht von Dauer ist. In nicht allzu ferner Zukunft wird Suzie von Jungen überholt werden. Nicht von meinen Jungs. Nicht von den meisten Jungs. Aber von einigen eben schon. Und das liegt schlicht daran, dass das sportliche Leistungsvermögen der besten Männer in den meisten Sportarten etwas größer ist als das der besten Frauen. Im Spitzenbereich kann dieser Unterschied gravierend sein. So beispielsweise im 100-Meter-Sprint. Florence Griffith Joyner hält den Weltrekord der Frauen mit einer Zeit von 10,49 Sekunden.*[152] Was unglaublich schnell ist. Und dennoch ist es fast eine Sekunde

---

* Diese Zeit ist umstritten, da der Anemometer, der die Windgeschwindigkeit misst, während des Laufs anscheinend nicht funktionierte. Er verzeichnete keinen Wind. Spätere Untersuchungen kamen jedoch zu dem Schluss, dass der tatsächliche Wind stärker war als erlaubt. Lässt man dieses Rennen außen vor, wäre Elaine Thompson-Herah mit einer Zeit von 10,54 Sekunden die Schnellste.

langsamer als der Männerrekord von 9,58 Sekunden, den Usain Bolt aufgestellt hat.

Um das Ganze in Relation zu setzen: Ein Mann, der so schnell gelaufen wäre wie Flo Jo, wäre in der Bestenliste der Männer 2019 auf Platz 801[153] gelandet. Selbst im Jugendbereich erreichten in jenem Jahr mehr als ein Dutzend Jungs unter achtzehn Jahren[154] eine bessere Zeit als die der schnellsten Frau der Welt.

Natürlich gibt es auch Sportarten, in denen Frauen den Männern bis ins Erwachsenenalter überlegen sind. Ein paar davon werden wir uns noch ansehen. Aber nach heutigem Stand der Dinge sind es nur wenige. Wenn wir also Sport nicht nach Geschlecht aufteilten, stünden Frauen bei Spitzenwettkämpfen nur sehr selten auf dem Siegespodest. Schlimmer noch, sie wären vermutlich gar nicht erst dabei, weil sie sich nicht qualifiziert hätten.

◆ ◆ ◆

Nun könnte man natürlich fragen: Na und?

Das ist eine durchaus berechtigte Frage. Im Spitzensport werden jede Menge Menschen ausgeschlossen. Es gibt fantastische Basketballspieler, die zu klein sind für die NBA. Es gibt fantastische Footballspieler, die zu klein sind für die NFL. Es gibt fantastische Fußballspieler, die zu langsam sind für die Premier League.

In manchen Sportarten gibt es Wege, diese Probleme zu lösen. Der jüngste Bruder meiner Großmutter war in den 1930er-Jahren Boxer. Er trat unter dem Namen Benny »Irish« Cohen an. Er war kein Ire. Aber sein Manager schon. Und ein vermeintlich irischer Cohen zog doppelt so viel Publikum an.

Benny war ein großartiger Boxer. Auf dem Höhepunkt seiner Karriere war er der drittbeste der Welt – in seiner Gewichtsklasse.[155] Benny kämpfte im Bantamgewicht. Er war 1,57 Meter und wog 53,523 Kilogramm. Neben ihm würde ich wie ein Riese aussehen, ein Satz, den ich noch nie gesagt habe. (In Boxkategorien wäre ich ein Superleichtgewicht, was sich passend anfühlt.) . Wenn Benny mit einem Schwergewicht in den Ring gestiegen wäre, hätte er sein Todesurteil besiegelt. Aber beim Boxen werden die Teilnehmenden in Gewichtsklassen unterteilt, um auch Boxern wie Benny eine Erfolgschance einzuräumen.

Das tut der Sportart gut. Es macht Spaß, den leichten Typen zuzusehen. Sie sind schneller als die schweren, und manche von ihnen sind auch technisch besser. Boxsportbegeisterte debattieren über die besten Pound-für-Pound-Kämpfer. Dieser Ausdruck signalisiert, dass in einem Vergleich zweier Boxer nicht unbedingt derjenige der bessere wäre, der im Eins-zu-Eins-Kampf gewinnen würde. Tatsächlich halten viele Sugar Ray Robinson für den besten Pound-für-Pound-Kämpfer aller Zeiten. Er trat erst im Weltergewicht (bis 66,678 Kilogramm) und dann im Mittelgewicht (bis 72,574 Kilogramm) an. Führende Schwergewichtboxer wie Muhammad Ali hätten ihn im Ring zerlegt. Aber die Gewichtsklassen ließen zu, dass Robinson neue Standards in seinem Sport setzte.

Manche führen ähnliche Argumente für die Aufteilung nach Geschlechtern an. Würden in Wimbledon nicht Männer und Frauen getrennt antreten, wäre uns das überragende Spiel der Williams-Schwestern entgangen.

Das ist nicht meine Meinung. Sondern Serenas. Als man sie fragte, ob sie ein Testspiel gegen Andy Murray bestreiten würde, antwortete sie: »Für mich sind Männer- und Frauentennis im Grunde zwei verschiedene Sportarten. Wenn ich gegen Andy Murray spielen würde, sähe das Ergebnis nach fünf oder sechs Minuten, oder vielleicht zehn, so aus: 6-0, 6-0. […] Die Männer sind viel schneller und ihre Schläge viel härter, es ist ein ganz anderes Spiel.«[156]

Natürlich bedeutet anders *nicht* schlechter. In der Tat sind die Frauenversionen mancher Sportarten wohl besser als die der Männer. Einige Basketballbegeisterte sehen deutlich lieber die Frauenspiele der Women's National Basketball Association (WNBA), der Basketball-Profiliga der Frauen, als das Äquivalent der Männer, da die Frauen über andere Qualitäten verfügen. Sie setzen nicht so stark auf individuelle Athletik, sondern agieren als Team, spielen Set-Play-Züge und verteidigen strukturierter.[157] Es gibt Stimmen, denen zufolge die WNBA eine ältere Form des Spiels wieder zum Leben erweckt hat, die interessanter sei als das von den Superstars dominierte Spiel der heutigen National Basketball Association (NBA), der Profiliga der Männer. (Kleine Anmerkung am Rande: Rex hat mich letztens gefragt, warum sie eigentlich nicht *Men's National Basketball Association* (MNBA) heißt – gute Frage.)

Unterschiedlichen Sportlerinnen und Sportlern zuschauen zu können – und verschiedenen Spielformen – sind zweifellos Vorzüge von nach Geschlechtern getrenntem Sport. Aber das darf nicht der einzige Aspekt hier sein oder zumindest nicht der wichtigste. Erstens könnten wir diesen Vorteil auch auf andere Arten erreichen, nicht nur durch Geschlechtertrennung. Das hat uns das Boxen gelehrt. Diesen Ansatz könnten wir auch auf andere Sportarten übertragen, indem wir zum Beispiel verschiedene Größenkategorien beim Basketball einführen, Schnelligkeitsstufen beim Fußball oder Kraftgruppen beim Tennis. Mit jeder neuen Einteilung würden wir andere Sportlerinnen und Sportler sowie unterschiedliche Spielformen kennenlernen. Aber niemand verlangt nach Basketball für kleine Menschen, obwohl es sicher Spaß machen würde, sich die Spiele anzusehen.

Außerdem ist das nicht das einzig Problematische an dieser Erklärung für die Geschlechtertrennung im Sport. Sie trifft nämlich nicht auf alle Sportarten zu. Beim Basketball unterscheiden sich die besten Frauen und Männer in ihrem Spielstil. Beim Laufen hingegen bringt die Geschlechtertrennung keine unterschiedlichen Ausprägungen hervor. Schnell zu laufen bedeutet schnell zu laufen, unabhängig davon, wer es tut.*[158] Das ist eine Lektion, die die Jungen durch Suzie hätten lernen können, wäre der 5 000-Meter-Lauf nicht nach Geschlechtern aufgeteilt gewesen.

Zu guter Letzt scheint es, als habe die Geschlechtertrennung im Sport etwas mit Gleichberechtigung zu tun. Es ist kein Zufall, dass niemand danach verlangt, kleine Männer Basketball spielen zu sehen, auch wenn dabei eher das Zusammenspiel als die individuelle Leistung im Vordergrund stehen könnte.

◆ ◆ ◆

Es ist uns also offensichtlich weniger wichtig, kleinen Basketballern zuzusehen, als Frauen bei Wettbewerben dabeizuhaben. Aber warum eigentlich? Um diese Frage zu beantworten, müssen wir darüber nachdenken, warum Sport überhaupt wichtig ist.

Jane Englisch war Philosophin – und eine beeindruckende Amateursportlerin. Sie starb tragischerweise sehr jung (im Alter von gerade einmal einunddreißig Jahren), beim Besteigen des Matterhorns.[159] Kurz vor ihrem Tod veröffentlichte sie einen Artikel zum Thema Geschlechtergerechtigkeit im Sport: »Sex Equality in Sports«[160].

English zufolge hat die Teilnahme am Sport zwei Arten von Vorzügen. Da sind zunächst die *allgemeinen Vorzüge*. Damit meint sie Dinge wie Gesundheit, Selbstachtung und »einfach nur Vergnügen«[161]. Auf diese allgemeinen Vorzüge haben wir laut English alle ein Anrecht. Als Beispiel dient ihr ein Junge namens Walter, der ein besserer Ringer ist als ein Mädchen namens Matilda. Walters Überlegenheit sei jedoch »kein Grund, Matilda

---

* Es gibt offenbar doch biomechanische Unterschiede beim Laufen von Männern und Frauen. Aber es braucht ein sehr geschultes Auge, um diese zu erkennen. Unser Interesse daran, Frauen laufen zu sehen, basiert sicherlich nicht darauf, inwiefern sich ihre Bewegungsabläufe biomechanisch von denen der Männer unterscheiden.

nicht dieselbe Möglichkeit zu verschaffen, aus Gesundheitsgründen, Selbstachtung und Vergnügen zu ringen«.[162] Tatsächlich sagt English sogar, es sei ungerecht, Matilda zu demotivieren und dadurch vom Ringen abzuhalten, nur weil Walter besser ist als sie.

English schlägt vor, Freizeitsport für alle anzubieten, »zugänglich für alle Menschen jedweden Alters, Geschlechts, Einkommens und jedweder Fähigkeiten«[163]. So könnten alle die allgemeinen Vorzüge von Sport erleben. Nach diesem Motto lebte auch sie selbst. Sie war eine leidenschaftliche Schwimmerin, Läuferin und Tennisspielerin. Einige Monate vor ihrem Tod stellte sie bei einem lokalen Wettkampf noch einen Rekord im 10 000-Meter-Lauf in ihrer Altersgruppe auf.[164]

Durch diesen Rekord sicherte sich English einen der *seltenen Vorzüge* im Sport. Zu diesen zählt sie Ruhm, Vermögen und Spitzenplätze. Wir könnten nicht alle Fanpost bekommen, sagt English, oder gar als Erste ins Ziel laufen.[165] Bei den seltenen Vorzügen komme es auf die Fähigkeiten an.

Aber eben auch auf Gleichberechtigung. English führt an, dass Männer und Frauen dieselben Chancen haben sollten, durch Sport Ruhm und Vermögen zu erlangen. Sie beharrt jedoch darauf, dass keine Frau für sich gesehen das Recht auf Ruhm oder Vermögen habe – noch nicht einmal auf einen Wettbewerb, in dem die Möglichkeit bestehe zu gewinnen. Stattdessen betrachtet sie die gleichberechtigte Chance auf die seltenen Vorzüge des Sports eher als ein *kollektives* Anrecht der Frauen insgesamt, weil sie es für wichtig hält, dass Frauen im Sport eine prominente Rolle ausfüllen.

Warum? Die beste Antwort auf diese Frage fand meines Erachtens eine andere Philosophin, die selbst eine herausragende Sportlerin war.[166] 1984 trat Angela Schneider für Kanada im Rudern bei den Olympischen Sommerspielen an und gewann eine Silbermedaille im Vierer.[167] Nach ihrer Zeit als aktive Athletin wurde sie Sportphilosophin. Was so ziemlich der coolste Job ist, den man haben kann. Schneider schreibt über Themen wie Doping, Amateursport oder die Beziehung zwischen Sport und Spiel.

Wie Schneider darlegt, leben wir in einer Welt, die zutiefst ungleich ist. Frauen werden »systematisch Positionen der Macht und öffentliche Aufmerksamkeit vorenthalten«[168]. Und ihre »Begabungen und Leistungen« werden häufig »nicht anerkannt und nicht gewürdigt«.

Sport trägt nicht unerheblich zu diesem Problem bei. Kaum jemand wird in unserer Gesellschaft so sehr verehrt wie Sportstars. Unsere Aufmerksamkeit gilt jedoch nur einem kleinen Teil der Sportarten und zum größten Teil privilegierten männlichen Vertretern derselben. Das stellt auf mindestens zwei Ebenen ein Problem dar.

Erstens: Sichtbarkeit ist wichtig. Junge Mädchen müssen Frauen sehen, die im Sport herausstechen. Ansonsten könnten sie zu der Annahme gelangen, Sport wäre nichts für sie. Dadurch würden ihnen die allgemeinen Vorzüge des Sports entgehen.

Zweitens: Wir gestehen den Menschen, die im Sport erfolgreich sind, extrem viel Macht und Einfluss zu. Michael Jordan hat ein riesiges Vermögen angehäuft, das er dazu nutzte, ein NBA-Team zu kaufen. Erst kürzlich hat er eine Spende von hundert Millionen Dollar zugesagt, um den Kampf gegen Rassismus zu unterstützen.[169] Auch Colin Kaepernick ist Teil dieses Kampfes. Er beschleunigte die Bewegung gegen Polizeigewalt allein dadurch, dass er sich während der Nationalhymne niederkniete. So lenkte er Aufmerksamkeit auf dieses Thema, wie es niemand anderem möglich gewesen wäre, da er jeden Sonntag das Interesse der NFL-Kamerateams auf sich zog. Kaepernick und Jordan sind nicht die einzigen Personen aus dem Spitzensport, die in der US-amerikanischen Gesellschaft Veränderung bewirken wollen oder bewirkt haben. Muhammad Ali, Magic Johnson, Greg Louganis, Jesse Owens, Jackie Robinson – die Liste der Sportler, die Veränderungen vorangetrieben haben, ist sehr lang.

Dank der Geschlechtertrennung gibt es auch jede Menge Frauen auf dieser Liste. In der letzten Zeit gehörten etwa Serena Williams, Megan Rapinoe und Maya Moore dazu. Zuvor waren es Babe Didrikson Zaharias, Martina Navratilova und Billie Jean King.

Diese Liste allein ist ein wichtiges Argument für Geschlechtertrennung im Sport. Ohne die Inspiration durch solche Frauen – und viele weitere – wäre die Welt ein schlechterer Ort. Auf jeden Fall für Mädchen. Aber auch für den Rest von uns.

Wir sehen uns Sportveranstaltungen nicht allein deshalb an, weil wir herausfinden wollen, wer am schnellsten läuft oder am höchsten springt. Wie Schneider sagt, »formt und prägt [Sport] unser Bild dessen, wer wir sind und was für uns Menschen möglich ist«[170]. Die sportlichen Idole, die wir emporheben, beflügeln auch uns. Sie dienen uns als Vorbilder für Mut, Entschlossenheit und Durchhaltevermögen. Sie trotzen widrigen Umständen. Sie feiern Erfolge. Und scheitern. Mit Anstand oder auch ohne. Wir lernen durchs Zuschauen, und es ist wichtig, sowohl Frauen als auch Männer vor Augen zu haben.

◆ ◆ ◆

Obwohl Schneider die Geschlechtertrennung befürwortet, ist sie der Ansicht, dass diese in einer vollständig gleichberechtigten Welt nicht vonnöten wäre. Männer und Frauen könnten in allen Sportarten gegeneinander antreten und wären gleichermaßen erfolgreich.[171]

Um das zu erreichen, müssten Jungen und Mädchen auf dieselbe Weise angespornt werden, sich sportlich zu betätigen. Und auf dem Weg nach oben dieselbe Unterstützung erhalten. Außerdem bräuchten wir eine größere Bandbreite an Sportarten, um das weibliche Sportpotenzial vollständig ausschöpfen zu können.

Es gibt bereits einige wenige Sportarten, bei denen der weibliche Körper einen Vorteil darstellt. Frauenturnen ist wahrscheinlich das prominenteste Beispiel. Männer scheren sich nicht um den Schwebebalken, aber wenn doch, würde Simone Biles sie sehr wahrscheinlich übertrumpfen, weil das Sportgerät für einen niedrigeren Körperschwerpunkt besser geeignet ist.[172]

Biles ist nicht die einzige Frau, die Männer in den Schatten stellen würde. Kennen Sie Fiona Kolbinger? 2019 nahm sie am Transcontinental Race teil, dem mehrere Tausend Kilometer langen Ultradistanz-Radrennen, das quer durch Europa führt. Die Sportlerinnen und Sportler sind vollständig sich selbst überlassen. Sie bekommen keinerlei Unterstützung. Die Zeit läuft rund um die Uhr, sodass die Teilnehmenden strategisch planen müssen, wo und wann sie schlafen und essen. Und was machte Kolbinger? Sie hängte alle anderen ab und war mehr als zehn Stunden schneller als der Zweitplatzierte, ein Mann.[173]

Vielleicht noch etwas beeindruckender ist Jasmin Paris. Sie hält den Rekord im Ultramarathon Montane Spine Race, da sie die Strecke von 428 Kilometern in nur etwas mehr als dreiundachtzig Stunden absolviert hat. *Zwischendurch hielt sie an, um Muttermilch abzupumpen, da sie keine Mastitis riskieren wollte.* Und trotzdem war sie zwölf Stunden schneller als jeder Mann, der an dem Rennen teilnahm.[174]

Die Tatsache, dass viele Leute die Namen Kolbinger und Paris noch nie gehört haben, ist ein Indiz der Ungerechtigkeit. Wie Schneider beschreibt, werden die Leistungen von Frauen häufig übersehen. Aber ihre Erfolge zeigen, dass Frauen nicht über ein geringeres sportliches Potenzial verfügen als Männer, sondern einfach über ein anderes.

Männer rennen schneller. Bis sie drei ganze Tage rennen müssen. Dann werden sie von Jasmin Paris überholt.

❖ ❖ ❖

Meine Jungs schauen liebend gern Frauensport. Weil es eben Sport ist. Sie gucken sich alles an, wo es um Punktestände oder Zeiten geht. Manche ihrer Helden sind Heldinnen. Wir haben während der Fußballweltmeisterschaft der Frauen viel Zeit damit verbracht, Rapinoe-Trikots in Kindergrößen aufzutreiben. Und obwohl wir damals gerade auf Reisen waren, haben wir immer versucht, einen Bildschirm zu finden, auf dem wir die Spiele gucken konnten.

Während eines dieser Spiele stellte Rex eine Frage, die alles, was ich gerade erzählt habe, komplizierter macht.

»Kann eine trans Frau beim Frauenfußball mitspielen?«, wollte er wissen.

»So genau kenne ich die Regeln nicht«, sagte Julie. »Aber darüber wird viel diskutiert.«

»Warum?«

»Manche denken, trans Frauen hätten einen unfairen Vorteil.«

»Ich finde, sie sollten spielen dürfen«, sagte Rex. Und der Rest von uns stimmte ihm zu.

Aber viele Menschen sind sich da nicht so sicher. Tatsächlich sagen einige, dass es der Idee von Geschlechtertrennung zuwiderlaufen würde, wenn trans Frauen am Frauensport teilnehmen dürften.

Ich halte das für falsch und möchte auch erklären warum. Doch um über diese Frage sinnvoll nachdenken zu können, ist eine kurze Einführung zum Thema Geschlecht und Gender nötig. (Für alle, die sich gut mit Genderstudies auskennen, ist jetzt der Zeitpunkt gekommen, sich zurückzulehnen – oder die nächsten Seiten zu überfliegen.)

◆ ◆ ◆

Beim Geschlecht geht es um Biologie, es wird durch die physischen Merkmale eines Körpers bestimmt. So einfach, wie man es als Kind beigebracht bekommen hat, ist es jedoch nicht, da es kein Alleinstellungsmerkmal gibt, das Menschen in die Kategorien männlich oder weiblich einordnet. Stattdessen gibt es ein Bündel an Merkmalen, das Männer kennzeichnet (unter anderem XY-Chromosomen, Hoden und äußere Genitalien) und ein Bündel an Merkmalen, das Frauen kennzeichnet (etwa XX-Chromosomen, Eierstöcke und innenliegende Genitalien). Bei manchen Menschen tritt jedoch eine Kombination aus Merkmalen beider Bündel auf. Oder Merkmale, die zu keinem der beiden Bündel passen. Also sind nicht alle Menschen entweder männlich oder weiblich, manche sind intergeschlechtlich.*[175]

Manche Menschen verwenden die Begriffe *Geschlecht* und *Gender* synonym, aber das sind sie nicht. Bei Gender geht es um soziale Rollen, nicht um Biologie. Eine Frau wird durch eine Reihe von Erwartungshaltungen geprägt – in Hinblick darauf, wie sie aussieht, wie sie sich kleidet, wie sie geht, wie sie redet, welche Arbeit sie leistet, welche Gefühle sie hat, welche Gedanken sie denkt und so weiter und so weiter, eine *unendliche* Liste. Bei Männern ist es ähnlich, nur dass die Erwartungen andere sind. Dasselbe gilt für Mädchen und Jungen; sie sind Nachwuchsversionen derselben Rollen.

Die meisten Eltern kommen damit zum ersten Mal bei einer Ultraschalluntersuchung (rund um die zwanzigste Woche einer Schwangerschaft) in Berührung, zumindest wenn es um ihre eigenen Kinder geht. Ich erinnere mich noch sehr gut daran, wie es bei Hank war. Die Ärztin fuhr mit dem Ultraschallgerät über Julies Bauch – und zog es schnell wieder zurück.

»Sind Sie sicher, dass Sie es wissen wollen?«, fragte sie.

»Ja«, antwortete Julie.

---

* Wie viele? Das ist schwer zu sagen, weil es davon abhängt, welche Merkmale von der Forschung als intergeschlechtlich anerkannt werden und welche nicht. Bei sehr strikter Betrachtung geht man von einem Verhältnis von 1:4 500 aus. Studien mit weniger eng gefassten Kriterien kommen eher auf ein Verhältnis von 1:100.

»Okay. Es ist nämlich leicht zu erkennen.«

Sie fuhr wieder über Julies Bauch, und ein Bild wurde sichtbar. Da war Hank, mit weit gespreizten Beinen, als wollte er sagen: »Alle mal herschauen, hier ist mein Penis.«

Diesen Satz schrieben wir auf das Ultraschallbild und schickten es an unsere Familienmitglieder.

Nein, das war ein Scherz. Aber wir erzählten ihnen, dass wir einen Jungen erwarteten. Als Julie mit Rex schwanger gewesen war, hatten wir es für uns behalten, obwohl wir es da genauso gewusst hatten. Wir wollten kein Haus voller Jungensachen. Aber da dieser Kampf nun schon länger verloren war, erzählten wir ihnen von Hank.

Manche Eltern verkünden diese Neuigkeit heute in Form einer »Gender Reveal«-Party. Ich weiß nicht genau, wie das abläuft, da es noch nicht in Mode war, als wir unsere Kinder bekamen. Aber ich glaube, es handelt sich um eine Art Geheimdienstoperation. Aus irgendeinem mir unerklärlichen Grund verfügen die angehenden Eltern, die ja beim Ultraschall anwesend waren, nicht über diese relevante Information. Stattdessen wurde sie an eine ausgewählte Person aus dem Freundeskreis übermittelt, die dann wiederum für das Organisieren eines Kuchens zuständig ist. Erst beim Anschneiden dieses Kuchens wird sichtbar, welche Farbe das Innere hat, Blau (für Jungen) oder Rosa (für Mädchen). Während der Party steigt die Spannung, bis der Moment gekommen ist und die werdenden Eltern das Messer zücken. Die Farbe wird sichtbar, und die Partygäste jubeln, als wären sie von der Enthüllung begeistert. Obwohl die andere Farbe genau dieselbe Reaktion ausgelöst hätte.

So machen es zumindest die Normalo-Eltern. Manche Mamas und Papas elektrisiert die Frage Junge oder Mädchen so sehr, dass sie zur Offenbarung ein Feuerwerk zünden. Das hat bereits in mindestens zwei Fällen einen Waldbrand ausgelöst.[176] Ein Mensch wurde bei einer dieser Partys von einer Kanonenkugel[177] getroffen und starb, ein anderer wurde durch eine selbstgebastelte Rohrbombe[178] getötet. Ich persönlich mag keine bunten Kuchen; Schokolade ist mir deutlich lieber. Und trotzdem finde ich: Rosa oder blauer Kuchen ist Pyrotechnik definitiv vorzuziehen.

◆ ◆ ◆

Quizfrage: Tragen Gender-Reveal-Partys den richtigen Namen?

Die Antwort lautet: Nein, das tun sie nicht. Die Ultraschalluntersuchung kann einzig und allein offenbaren, ob der Fetus einen Penis oder eine Vagina hat. Maximal lassen sich Eierstöcke oder Hoden ausmachen. Auf dem Bildschirm werden ausschließlich körperliche Merkmale des noch im Bauch befindlichen Kindes enthüllt. Also sind sie eigentlich Geschlechts-Enthüllungs-Partys.

Doch das Geschlecht heißt auf Englisch *sex*, und damit wird relativ schnell klar, warum die Marketingfachleute das verworfen haben. Stellen Sie sich bloß die Einladungen vor:

> *Einladung*
> zu Karens und Carters
> **Sex Reveal Party**

Auf die Geschenke und das Gerede wäre ich gespannt.

Aber in Wirklichkeit sind diese Partys nicht nur Geschlechts-Enthüllungs-Partys, sondern tatsächlich auch Gender-Zuweisungs-Partys. Denn sobald der Kuchen angeschnitten ist, herrscht stillschweigendes Einvernehmen darüber, das Kind (das noch nicht einmal das Licht der Welt erblickt hat) so zu behandeln, wie es die entsprechenden gesellschaftlichen Rollen vorsehen. Wenn der Kuchen blau ist, kaufen wir diesem Jungen Bälle und Autos.

Wenn er rosa ist, bekommt das Mädchen Puppen und Kleidchen – und wir bezahlen ihr auch weniger als einem Mann in vergleichbarer Position.

Das ist es also, was dort bejubelt wird.

◆ ◆ ◆

Ich mache hier natürlich Witze, aber das Ganze hat auch eine ernste Dimension. Wir schreiben Kindern Rollen zu, bevor wir sie überhaupt kennenlernen. Und genau diese Rollen, die wir ihnen auferlegen, strukturieren einen Großteil ihres Lebens. Dabei können sie durchaus einengend sein. Denken Sie nur an all die Dinge, die Frauen im Laufe der Zeit nicht tun konnten, nur weil sie Frauen waren.

Um diese Einschränkungen zu rechtfertigen, wurde häufig auf die Körper der Frauen verwiesen. Es hieß, Frauen wären nicht für Sport oder körperlich harte Arbeit gemacht, weil [beliebiges Gemurmel über Schwangerschaften oder Perioden]. Aber das ist völliger Unsinn. Eine schwangere Serena Williams wäre trotz gebrochenen linken Arms und einer heftigen Grippe vom Körper her immer noch viel besser für Tennis geeignet als ich. Außerdem gilt: Nichts am Frausein macht eine Teilnahme am Sport oder körperlich harte Arbeit unmöglich.

Es gibt einfach keine so starke Verbindung zwischen Genderrollen und unseren Körpern. Selbst die Verbindung zwischen Genderrollen und unseren Gehirnen ist nicht sonderlich ausgeprägt. Dass beispielsweise Mädchen mit Rosa assoziiert werden, ist eine kulturelle Entwicklung. So liest man etwa in einem 1918 erschienenen Artikel im *Earnshaw's Infants' Department*-Blättchen:

> *Die allgemein akzeptierte Regel lautet: Rosa für Jungen, Blau für Mädchen. Der Grund dafür ist, dass sich Rosa als klarere*

und stärkere Farbe besser für Jungen anbietet, während Blau, das feiner und zarter wirkt, hübscher an Mädchen aussieht.[179]

Macht es Ihnen Spaß, andere Leute zu verwirren? Dann halten Sie sich bei Ihrer nächsten Gender-Zuweisungs-Party an diese Regeln.

Ich will hier natürlich nicht behaupten, dass es gar keine Verbindungen zwischen Körper, Gehirn und Genderrollen gibt. Julie und ich haben mitansehen müssen, wie unsere Kinder ohne großes Zutun unsererseits stereotypische Interessen entwickelt haben. Aber es ist nicht leicht zu überprüfen, welche Signale wir unseren Kindern senden. Oder was sie darüber hinaus bei ihren Freundinnen und Freunden aufschnappen. Auch die Wissenschaft tut sich in dieser Frage schwer, weil es nicht möglich ist, Kontrollversuche durchzuführen, in denen Kinder systematisch mit anderen Gendernormen konfrontiert werden. Aber zumindest Folgendes lässt sich sagen: Das rasante Tempo des gesellschaftlichen Wandels der letzten Jahrzehnte legt nahe, dass kulturelle Gründe für die Entwicklung von Genderrollen einen deutlich größeren Einfluss haben als alles, was wir über Körper und Gehirn wissen.

Genau aus diesem Grund hat der Feminismus schon lange dazu aufgerufen, Genderrollen aufzubrechen oder gar ganz abzuschaffen. Diese Bemühungen haben zu vielen Erfolgen geführt, wie nicht nur die Liste herausragender weiblicher Sportlerinnen zeigt. Frauen sind mittlerweile in ganz unterschiedlichen Bereichen zu Führungspersönlichkeiten geworden. Aber auch heute haben sie noch mit Hindernissen zu kämpfen. Außerdem sind sie noch längst nicht in ausreichender Anzahl in den oberen Etagen vertreten. Doch immerhin steht mittlerweile fest, dass die Hindernisse gesellschaftlicher und nicht biologischer Natur sind.

◆ ◆ ◆

Rex' Frage zu trans Frauen weist auf ein weiteres Problem hin, das sich ergeben kann, wenn man Kinder in starre Genderrollen presst.[180] Manche Kinder identifizieren sich nicht mit den ihnen zugewiesenen Rollen und empfinden vielleicht sogar gerade die körperlichen Merkmale als fremd, die der Auslöser für die Rollenzuschreibung waren.*[181] Wenn sie älter werden, entscheiden sich manche für die Transition, was uns wiederum zu der Frage von Rex führt: Welchen Platz nehmen trans Menschen in einer geschlechtergetrennten Sportwelt ein?

Nur wenige Menschen machen sich Gedanken über trans Männer im Männersport, auch wenn manche von ihnen sehr erfolgreich sind.[182] Aber es gibt kontroverse Debatten darüber, ob trans Frauen am Frauensport teilnehmen sollten. Und das liegt an der Annahme, dass ihnen dabei Vorteile entstehen könnten.

Das mag sogar stimmen. Joanna Harper erforscht die Leistungsfähigkeit von trans Sportlern und Sportlerinnen[183]. Sie nimmt an, dass trans Frauen ohne Hormontherapie einen Vorteil in manchen Sportarten hätten. Das läge am Testosteron.[184] Männer haben davon im Regelfall mehr als Frauen, und diese Tatsache wird (zumindest von manchen Leuten) als Ursache dafür angesehen, dass es einen Kraft- und Schnelligkeitsunterschied zwischen den Geschlechtern gibt.

Harper spricht in dieser Frage aus persönlicher Erfahrung, da sie selbst eine trans Sportlerin ist. Mehr als drei Jahrzehnte lang nahm sie an Marathons für Männer teil. Dann begann sie mit der Geschlechtsanpassung, fing eine Hormontherapie an und startete von da an als Frau. Harper berichtet, dass die Medikamente ihre Schnelligkeit um zwölf Prozent reduzierten.[185] Aber da das

---

* In einer kürzlich erhobenen Meinungsforschungsumfrage, dem *Gallup-Poll*, gaben 1,8 Prozent der Generation Z (geboren zwischen 1997 und 2002) an, sich als trans zu identifizieren. Für die Generation X (1965–1980) waren es nur 0,2 Prozent, es hat also einen bedeutsamen Zuwachs gegeben.

Feld, in dem sie jetzt lief, ebenfalls langsamer war, konnte sie ihre Position in etwa halten.[186]

Harper hat Daten zusammengetragen, die darauf hindeuten, dass ihr Fall nicht untypisch ist.[187] Jedoch ist ihre Studie umstritten, da sie einerseits nur wenige Fälle umfasst und andererseits auch weitere Faktoren wie Alter und Trainingszustand eine Rolle gespielt haben könnten.[188]

Die Forschungslage in dieser Frage ist weniger eindeutig, als man annehmen könnte. Laien mag Testosteron als ein sehr wichtiges Werkzeug erscheinen, da ein Doping damit bekanntermaßen zu einer deutlichen Leistungssteigerung führt. Rebecca M. Jordan-Young und Katrina Karkazis erklären jedoch in ihrem Buch *Testosteron. Warum ein Hormon nicht als Ausrede taugt*, dass es keine eindeutige Beziehung zwischen Testosteron und sportlicher Leistung gibt.[189] Tatsächlich haben auch erfolgreiche männliche Sportler manchmal einen niedrigen Testosteronspiegel. Selbst die Tatsache, dass Testosteron-Doping die Leistung steigert, bedeutet nicht, dass durch das natürliche Vorkommen dasselbe geschieht, wenn der Körper bereits daran gewöhnt ist.

Dennoch nehmen viele Menschen an, dass Testosteron trans Frauen einen Vorteil verschafft, zumindest in manchen Zusammenhängen. Und dieser Vorbehalt überträgt sich dann auf andere. Auch manche intergeschlechtlichen Frauen haben einen Testosteronspiegel, der eher dem männlichen entspricht, weshalb ihre Teilnahme am Frauensport ebenso kontrovers diskutiert wird.

Bei diesem Thema haben die Verantwortlichen im Sport kein gutes Bild abgegeben. Sie haben über Jahre hinweg Teilnehmende an sportlichen Wettbewerben stigmatisiert, indem sie deren Geschlecht und Gender infrage stellten und sie entwürdigenden körperlichen Untersuchungen unterzogen. Auf diese gehe ich hier nicht näher ein, da ich dieses Vorgehen in weiten Teilen für schändlich halte. Das ist auch der Grund, warum hier keine

Namen von Personen stehen, die diese Überprüfungen über sich ergehen lassen mussten.

Die Frage, die mich interessiert, lautet: Angenommen trans und intergeschlechtliche Frauen hätten einen Vorteil, würde das überhaupt eine Rolle spielen? Harper meint Ja, und so sehen es wohl auch die Verantwortlichen in der Sportwelt, da sie derartige Untersuchungen ansonsten nicht anordnen würden.

Aber warum würde das eine Rolle spielen? Harper führt an, das Ziel von Frauensport sei es, »Sportlerinnen aussagekräftige Wettbewerbe zu ermöglichen«[190]. Ihr zufolge sollten trans und intergeschlechtliche Frauen nur dann eine Teilnahmeerlaubnis erhalten, wenn sie dadurch nicht »unangemessen die Ausgangsbedingungen für andere Frauen verändern«[191]. Auch das scheinen die Verantwortlichen ähnlich zu sehen, da sie sich auf das von Harper vertretene System zubewegen, das die Wettbewerbsteilnahme im Frauensport vom Testosteronspiegel abhängig macht.[192]

Da dieser Spiegel mit einem einfachen Bluttest bestimmt werden kann, ist er zumindest ein besserer Ansatz als die invasiven Untersuchungen. Dennoch halte ich ihn für eine schlechte Idee. Manche Frauen werden dadurch ausgeschlossen und stigmatisiert. Schlimmer jedoch ist, dass manche den Druck verspüren werden, Medikamente zu nehmen, die sie ansonsten nicht in Betracht ziehen würden, nur um ihren Testosteronspiegel zu senken. Und das sind keineswegs harmlose Medikamente. Wie Jordan-Young und Karkazis aufzeigen, kann das Senken des Testosteronspiegels zu »Depression, Erschöpfung, Osteoporose, Muskelschwäche, Libidoverlust und Stoffwechselstörungen«[193] führen.

Außerdem sollten wir uns daran erinnern, was wir von Jane English gelernt haben. Mit Blick auf die seltenen Vorzüge im Sport hat kein Individuum das Recht auf einen aussagekräftigen Wettbewerb oder gleichberechtigte Ausgangsbedingungen. Ich bin mir sicher, dass die Männer, die gegen Usain Bolt angetreten sind, sich nie große Chancen auf den Sieg ausgerechnet haben. Und denjenigen, die gegen Michael Phelps auf der Höhe seiner Leistungsfähigkeit schwammen, erging es sicher nicht anders. Trotzdem hat niemand vorgeschlagen, Bolt oder Phelps den Start zu untersagen, um den anderen einen aussagekräftigen Wettbewerb zu ermöglichen.

Für Freizeitsportler und -sportlerinnen *ist* ein aussagekräftiger Wettbewerb wichtig. Wenn man immer nur allen anderen hinterherläuft, macht es keinen Spaß – und man entwickelt vielleicht noch nicht einmal seine Fähigkeiten weiter. Um die allgemeinen Vorzüge von Sport auszukosten, ist es absolut notwendig, mit Menschen Sport zu treiben, die sich auf einem ähnlichen Leistungsniveau bewegen. Die Weltspitze hingegen kann nicht darauf bestehen, das hat Veronica Ivy dargelegt.[194] Sie ist trans Frau – und eine weltberühmte Radsportlerin, die in den vergangenen Jahren Weltrekorde im Sprint in ihrer Altersklasse eingefahren hat. Außerdem ist sie Philosophin.

Ivy hat aufgezeigt, dass sich die Körper von Sportlerinnen und Sportlern in vielen Belangen unterscheiden, und zwar hinsichtlich der Größe, des Gewichts, der Muskelmasse und weiterer Kategorien. Die Frau, die bei den Olympischen Spielen 2016 Erste im Hochsprung wurde, war acht Zentimeter größer als die Zehntplatzierte.[195] Das war sicherlich ein Vorteil. Dennoch hielt niemand den Wettbewerb deshalb für ungerecht. Warum also werden Unterschiede bei Körpern von trans Personen anders gewertet?

Ivy zeigt außerdem auf, dass trans Frauen häufig nicht dazu berechtigt sind, an Männerwettkämpfen teilzunehmen, besonders wenn die rechtliche Anerkennung ihres Transitionsprozesses abgeschlossen ist. Sie nicht am Frauensport teilhaben zu lassen, würde bedeuten, sie vom Sport insgesamt auszuschließen. Das schadet ihnen, aus den von English angeführten Gründen.

Die allgemeinen Vorzüge sollten allen Menschen offenstehen. Gleichzeitig ist es jedoch auch aus den Gründen schlecht, die Schneider uns aufgezeigt hat: trans Personen sollten genauso Zugang zu der Macht und dem Einfluss haben, die der Sport bietet.

Meiner Ansicht nach sollten wir uns weniger um die körperlichen Merkmale scheren und bei Sportveranstaltungen nicht nach Geschlecht, sondern nach Gender aufteilen. Wer sich als Frau identifiziert[196], sollte auch die Möglichkeit haben, am Frauensport teilzunehmen.*

◆ ◆ ◆

Aber Moment mal: Wenn das Teilnehmen als Frau nur von der eigenen Angabe abhängt, werden dann nicht Männer so tun, als wären sie Frauen, um sportlichen Ruhm zu erlangen? Nein. Der Ruhm, den Männer sich wünschen, ist nicht erreichbar, indem sie *als Frauen* teilnehmen.[197] Auch wenn es im Verlauf der Zeit einige solche Fälle gegeben haben soll, scheint es rückblickend, als wären die Sportler intergeschlechtlich gewesen.[198] Dass Männer sich als Frauen ausgeben, um Medaillen zu gewinnen, kommt einfach so gut wie nie vor.

---

* Würde ich diese Sichtweise weiterhin vertreten, wenn trans Frauen den Frauensport dominierten? Diese Sorge halte ich für aus der Luft gegriffen, weshalb ich die Beantwortung dieser Frage in eine Fußnote verbannt habe. Es gibt wenig Grund zu der Annahme, dass trans Frauen cis Frauen aus dem Sport verdrängen könnten; sie nehmen bereits heute teil, ohne dass cis Frauen ihre Position verloren hätten. Aber was, wenn ich falsch liege? Dann wäre es vermutlich ein Problem, weil es ein Hinweis darauf wäre, dass Sport Personen mit bestimmten angeborenen körperlichen Merkmalen vorbehalten wäre. Diese Vorstellung versuchen wir ja gerade zu überwinden. Wenn trans Frauen cis Frauen wirklich verdrängen sollten, müssten wir nach neuen Wegen suchen, um alle Menschen in den Sport einzubeziehen. Aber ich bezweifle, dass es so weit kommt.

Außer Sie sehen trans und intergeschlechtliche Frauen als genau das: als Männer, die vorgeben, Frauen zu sein. Traurigerweise tun das tatsächlich viele Menschen. Also möchte ich kurz erklären, warum das falsch ist.

Es ist etwas anderes, ob jemand eine Rolle spielt oder sich mit ihr identifiziert. In dem Musikvideo zu »The Man« spielt Taylor Swift einen Mann. Sie ist wie ein Mann gekleidet, läuft wie ein Mann und spreizt in der U-Bahn sogar die Beine wie ein Mann. Aber Swift spielt diese Rolle nur. Sie identifiziert sich nicht mit ihr.

Auch ich verkörpere Männlichkeit, jeden Tag – in der Art, wie ich mich kleide, laufe, rede und so weiter, die Liste ist endlos. (Aber nicht, wenn ich in der U-Bahn sitze. Keine Ahnung, was das soll.) Der Unterschied ist, dass ich nicht nur eine Rolle spiele. Ich identifiziere mich mit ihr. Ich verstehe mich als Mann, nicht als eine Person, die einen Mann spielt.

Trans und intergeschlechtliche Frauen spielen keine Rolle. Sie identifizieren sich damit. Sie verstehen sich selbst als Frauen. Und so sollten auch wir sie sehen.

Natürlich können Sie das Wort *Frau* ausschließlich für Menschen verwenden, die mit bestimmten Körperteilen zur Welt gekommen sind. Aber wenn Sie das Wort so gebrauchen, schränken Sie die Lebensmöglichkeiten von Personen ein, indem Sie darauf bestehen, dass sie sich den Rollen anzupassen haben, die einzig und allein aufgrund ihrer körperlichen Merkmale für sie (und nicht von ihnen) ausgewählt wurden. Das ist sexistisch. Und die Tatsache, dass das Wort *Frau* lange Zeit so gebraucht wurde, ist kein Grund dafür, damit weiterzumachen.

Das hat mir Robin Dembroff nahegebracht. Dembroff lehrt Philosophie an der Yale University und forscht dazu, was Gender ist und wie es funktioniert. Dembroff sagt, dass in Gesprächen über Gender vieles durcheinanderläuft. Viele Menschen denken, dass das Wort *Frau* nur eine einzige Bedeutung hätte. Dabei kann der Begriff ganz unterschiedliche Bedeutungen annehmen, da es auch ganz verschiedene Konzepte davon gibt, was eine Frau ist.[199]

Hat man das einmal verstanden, lassen sich ganz andere Fragen stellen. Anstatt zu fragen, was eine Frau *ist*, können wir genauso gut fragen, welches Verständnis des Begriffs *benutzt* werden sollte. Eins, in dem es um Körperteile bei der Geburt geht? Oder eins, dessen Fokus auf der Selbstidentifikation liegt?

Es gibt einen Teilbereich der Philosophie, der sich *Begriffsethik* nennt.[200] Darin wird gefragt: In welchen Kategorien sollten wir denken, wenn wir die Welt verstehen wollen? Schauen wir uns beispielsweise die Ehe an. Häufig ist von Gegnerinnen und Gegnern der gleichgeschlechtlichen Ehe das Argument zu hören, dass eine Ehe einzig und allein die Verbindung von Mann und Frau sei. Natürlich ist das *ein* Verständnis von Ehe, und es war lange Zeit über das vorherrschende. Aber es gibt auch noch eine andere Definition, eine deutlich offenere. Die Ehe kann auch als eine verbindliche Beziehung zwischen zwei einander zugetanen Menschen verstanden werden.

Sobald es verschiedene Optionen gibt, lässt sich fragen: Welches Konzept von Ehe sollten wir anwenden? Die Antwort mag nicht in allen Zusammenhängen dieselbe sein. In einer politischen Gemeinschaft, die sich zur Gleichberechtigung der Geschlechter bekennt, gibt es gute Gründe, das zweite Konzept zu bevorzugen. Die Partnerwahl ist hier nicht länger an geschlechterbasierte Begrenzungen geknüpft. Im Gegensatz dazu hat eine Kirche vielleicht religiöse Gründe, die sie die traditionellere Sicht bevorzugen lässt.

Wenn wir uns darüber streiten, was Ehe *ist*, hat jeweils nur eine der Seiten recht. Wenn wir der Debatte jedoch einen anderen Rahmen geben – und die Argumentation vielmehr darauf abzielt, welches Konzept wir *gebrauchen* –, können möglicherweise auch beide Seiten zufriedengestellt werden. Stellen wir uns einmal eine Gesellschaft vor, die sich zur Gleichberechtigung der Geschlechter *und* zur Religionsfreiheit bekennt (wie unsere beispielsweise). Sie könnte aus rechtlichen Gründen auf einen offenen Ehe-Begriff bestehen. Gleichzeitig könnte sie jedoch Religionsgemeinschaften gestatten, die Ehe so zu betrachten, wie es ihren Vorstellungen entspricht und wie es mit ihren eigenen Ritualen vereinbar ist.

Was ist mit *Frauen*? Auch hier gibt es eine offene Art, die Kategorie zu verstehen, und eine restriktive. Wir könnten fragen, was eine Frau eigentlich *ist*. Aber diese Frage würde am Ziel vorbeischießen, da Gender das ist, was wir daraus machen. Schließlich ist es eine gesellschaftliche Kategorie, keine biologische. Die bessere Frage wäre also: Welches Konzept von Frau sollten wir anwenden?

Meiner Meinung nach sollten wir uns für die offene Variante entscheiden. Wenn wir nach der Selbstidentifikation gehen, erhalten mehr Menschen die Möglichkeit, ein Leben zu leben, das sie als authentisch empfinden, nicht als aufgezwungen.[201]

Sie haben sicher schon einmal den Slogan *trans Frauen sind Frauen* gehört. Für die Leute, die das Wort *Frau* als eine offene Kategorie verstehen und anwenden, ist das eine Tatsache. Doch zugleich ist der Spruch eine Einladung – an Menschen, die sich bisher nicht so sicher sind –, das Wort auf eben diese Art zu gebrauchen.

Diese Einladung sollten wir annehmen, im Sport und darüber hinaus.

◆ ◆ ◆

Jetzt müssen wir das Ganze noch ein letztes Mal verkomplizieren. Bisher ging es um Sport für Frauen und Sport für Männer. Aber nicht jeder Mensch identifiziert sich entweder als Frau oder als Mann. Besonders unter jungen Leuten gibt es eine kleine, jedoch ständig wachsende Gruppe, die traditionelle Genderrollen ablehnt. Diese Leute bezeichnen sich selbst als *nichtbinär**.[202]

Es gibt unterschiedliche Gründe, diese Bezeichnung für sich zu beanspruchen. Viele nichtbinäre Personen können sich weder mit der männlichen noch mit der weiblichen Rolle identifizieren. Manche, wie zum Beispiel Dembroff, haben noch einen weiteren Grund: Sie begreifen diese Identität als politisches Statement.[203] Dembroff widerstrebt die Art, wie Genderrollen das Leben strukturieren. Durch die Ablehnung von Genderrollen sollen die Fesseln gesprengt werden, die diese uns auferlegen.

Dembroffs Projekt kann uns helfen zu verstehen, warum sich wandelnde Genderrollen als eine Quelle des Unbehagens empfunden werden. Dafür gibt es natürlich viele Gründe, unter anderem Ablehnung gegenüber Menschen, die anders sind als man selbst. Doch auch wohlmeinende Leute sind häufig verwirrt darüber, wie kompliziert das Thema Gender geworden ist. Das hat meiner Meinung nach viel damit zu tun, wie Rollen unser Leben strukturieren.

Wir sind von gesellschaftlichen Rollenvorstellungen umgeben. Ohne sie können wir nicht funktionieren. Sie bestimmen in ganz unterschiedlichen Kontexten, wer für was zuständig ist. Sie sind das Drehbuch unserer Interaktionen. Wenn ich ein Restaurant betrete, sehe ich mich nach einer Servicekraft um. Das ist die Person, die mir helfen wird, einen Tisch zu bekommen. Wenn ich ein Klassenzimmer betrete, suche ich automatisch nach der Lehrkraft – der Person, die verantwortlich ist. Wenn

---

* In einer Studie des *National Center for Transgender Equality* von 2015 bezeichnete sich fast ein Drittel der Menschen, die sich als trans identifizierten, als nichtbinär.

ich mitbekomme, dass jemand kaum schwimmen kann, wende ich mich an die Badeaufsicht – die Person, die zum Helfen ausgebildet ist.

Eine ganz ähnliche Funktion haben auch Genderrollen. Stellen Sie sich vor, Sie wären auf einer Party und würden jemand Neues kennenlernen. Wie würde das Geschlecht dieser Person Ihre Annahmen zu deren Aufgaben innerhalb der Familie, ihrem Berufsleben, ihren Interessen oder auch nur dem momentanen Erleben der Situation in diesem Raum bestimmen? Genderrollen sind natürlich kein allumfassender Leitfaden. Aber sie helfen dabei, sich ein Bild von jemandem zu machen, noch bevor das erste Wort gewechselt wurde.

Genderrollen haben jedoch auch viel unterschwelligere Auswirkungen auf unseren Umgang miteinander. Wie Julie schon häufig festgestellt hat, ist meine Stimme heller, wenn ich mit Frauen spreche, tiefer in Unterhaltungen mit Männern und noch tiefer mit Fremden am Telefon (eine Angewohnheit aus meiner Jugend, als ich nicht mit meiner Mutter verwechselt werden wollte). Auch meine Körperhaltung ist in Gegenwart von Frauen anders als in Gegenwart von Männern. Bei Männern bin ich standfest, sowohl im wörtlichen als auch im übertragenen Sinne. Ich werde nicht gern herumgeschubst. Frauen lasse ich mehr Raum, insbesondere, wenn ich sie nicht kenne. Ich befürchte, falsche Signale auszusenden, wenn ich ihnen zu nahe käme.

Wenn das Geschlecht einer Person nicht eindeutig zu lesen ist, kann uns das aus dem Konzept bringen. Es erschwert die Interaktion, weil die gewohnten Signale fehlen. Dembroff möchte, dass wir diese Unsicherheit registrieren, kurz innehalten und uns dann fragen, ob die Grundordnung unserer sozialen Beziehungen wirklich von Genderrollen bestimmt werden sollte.[204] Es sei besser, wenn wir einander als *Menschen* begegnen würden statt als Männer oder Frauen.

Wie ist es im Sport? Sollten wir dort als Menschen gegeneinander antreten, nicht als Männer oder Frauen? Das sehe ich anders, zumindest bisher. Wir leben in einer Welt, die durch Gender strukturiert ist, und so wird es auch auf absehbare Zeit bleiben. Wie ich bereits ausgeführt habe, benötigen wir Frauensport, damit Frauen die Vorzüge des Sports zuteilwerden.

Aber wie sieht es mit nichtbinären Personen aus? Wo finden sie ihren Platz im Sport? Das ist vertrackt. Wir könnten sie wählen lassen, an welchem Wettbewerb sie teilnehmen möchten.[205] Doch das würde wiederum bedeuten, dass sie sich für eine der beiden Genderoptionen entscheiden müssten, dabei wollen sie doch genau das vermeiden. Oder wir könnten eine genderneutrale Kategorie einführen. Aber momentan gäbe es dafür vielleicht nicht genügend Teilnehmende.

Mir ist bisher noch keine gute Lösung eingefallen. Aber ich bin zuversichtlich, dass die Generation unserer Kinder eine finden wird. In Genderfragen befindet sich die *Gesellschaft* in einem Prozess des Wandels, da wir lernen, dass sich uns ständig neue Möglichkeiten erschließen. Die Jüngeren haben es leichter, da sie nicht so stark in Gewohnheiten verhaftet sind. Ich habe die Hoffnung, dass sie die Welt zu einem gerechteren und inklusiveren Ort machen werden – im Sport und darüber hinaus.

◆ ◆ ◆

Hank saß neben mir und las ein Buch, während ich dieses Kapitel fertigstellte.

»Worüber schreibst du?«, fragte er mich.

»Jungen, Mädchen und Sport.«

Er sah mich verwirrt an. »Sport? Ich dachte, es wäre ein Philosophiebuch.«

»Das ist es auch. Philosophie beschäftigt sich mit vielen Themen. Ich schreibe darüber, ob Jungen und Mädchen zusammen Sport machen sollten. Was meinst du?«

»Ja, sollten sie«, sagte Hank. »Warum dauert das mit dem Kapitel so lange?«

»Ich weiß nicht, wie ich es beenden soll.«

»Ich schon«, erwiderte Hank.

»Ach ja?«

»Ja. Du sagst etwas wirklich Interessantes, und dann schreibst du: ›Und dann ...‹, mehr nicht, dann müssen die Leute weiterblättern.«

Und dann ...

7
Rassismus und Verantwortung

Das Henry-Ford-Museum in Dearborn, Michigan, ist ziemlich cool. Außer wenn man drei Jahre alt ist. Dann ist es der absolute Hammer. Und gleichzeitig die Hölle. Weil überall Autos, Lkws, Flugzeuge und Züge stehen. Die man allerdings alle nicht anfassen darf. Alle außer – aus mir unerfindlichen Gründen – den Bus, in dem Rosa Parks ihren legendären Protest begonnen hat. Diesen Bus darf man nicht nur berühren, sondern sich auch reinsetzen. Es ist sogar möglich, auf genau dem Sitz Platz zu nehmen, auf dem Rosa Parks gesessen hat. Und wenn man drei ist, will man natürlich genau das tun. Alle anderen übrigens auch. Und auf dem Weg nach Hause stellt man dann lauter Fragen von seinem eigenen Sitz aus.

»Warum wollte Rosa Parks nicht hinten gehen?«
»Warum Rosa Parks nicht macht, was Fahrer sagt?«
»Warum sitzt Rosa Parks in der Mitte vom Bus?«

Als Vater erklärt man dann, dass Rosa Parks für sich und alle anderen Schwarzen Menschen aufgestanden ist. Das zieht weitere Fragen nach sich.

»Warum ist Rosa Parks im Bus aufgesteht?«
»Warum Rosa Parks nicht hinsetzt?«
»Warum Rosa Parks Bus fährt?«

Je müder das Kind wird, desto existenzieller klingen die Fragen.

»Warum Rosa Parks?«

»Warum?«

Das ist der Zeitpunkt, an dem ein Vater am nächsten Buchladen hält und das Kinderbuch *I Am Rosa Parks*[206] (Ich bin Rosa Parks) kauft. Weil es wichtig ist, mit Kindern über Rassismus zu sprechen. Und wir dabei keinen guten Start hatten.

◆ ◆ ◆

Rex mochte das Buch. Also kauften wir ihm auch *I Am Martin Luther King, Jr.*[207] (Ich bin Martin Luther King Jr.) und danach *I Am Jackie Robinson*[208] (Ich bin Jackie Robinson). Als nächstes folgte *When Jackie and Hank Met*[209] (Als Jackie und Hank sich begegneten). In diesem Buch geht es sowohl um Rassismus als auch um Antisemitismus. Im Baseball. Homerun.

Diese Bücher brachten uns auf den richtigen Weg. Rex erfuhr eine Menge über die Geschichte des Rassismus in den USA und über die Menschen, die heldenhaft dagegen gekämpft hatten. Eine Lektion genau zur richtigen Zeit. Die neu entfachte Debatte um die Polizeigewalt hatte die *Black Lives Matter*-Bewegung hervorgebracht, und Rex bekam mit, dass die Zeitungen und das Fernsehen über die Proteste berichteten. Daraus lernte er, dass es auch heute noch heldenhafte Personen braucht. Und zwar möglichst viele.

All das führt uns zu einem Familienfrühstück einige Monate später, als Rex plötzlich bekannt gab:

»Ich wünschte, ich wäre Schwarz.«

Ich fragte ihn, warum.

»Weil *weiße* Leute Schwarzen Leuten viele böse Dinge antun. Das macht mich traurig.«

»Es gibt vieles, was uns traurig macht«, antwortete ich ihm.

»Ich wünschte, wir hätten diese Dinge nicht getan.«

◆ ◆ ◆

Rex' Aussage überraschte mich nicht. Wir hatten viele Bücher gelesen, in denen es um heroische Schwarze und böse *Weiße* ging. Also wollte er Schwarz sein. Er wollte auch eine Katze sein. Er hatte jede Menge Wünsche, die sich nicht erfüllen ließen.

Aber das, was er danach gesagt hatte, ließ mich aufhorchen: *Ich wünschte, wir hätten diese Dinge nicht getan.*

Ein einfacher Satz. Ein einfaches Gefühl. Doch was mich überraschte, war das *wir*.

Durch dieses eine Wort zeigte Rex, dass er sich als Teil eines *Wir* verstand, das verantwortlich für all die schlimmen Taten war, über die wir so viel gelesen hatten, etwa Sklaverei und Segregation.

Viele *Weiße* würden nicht von *wir* sprechen, wenn es um diese Taten ginge. Stattdessen würden sie etwas sagen wie: »Ich wünschte, *sie* hätten diese Dinge nicht getan«, wenn sie sich überhaupt in dieser Weise äußerten. Eine Mitverantwortung durch die erste Person Plural übernähmen sie jedoch nicht. Schlimme Taten werden von anderen begangen, worin mitschwingt, dass auch die Verantwortung, diese wieder in Ordnung zu bringen, auf anderen Schultern lastet. Nur dass diese anderen bereits tot sind. Tja, schade, dann kann da wohl nichts mehr in Ordnung gebracht werden.

Rex hingegen sah sich als Teil der Gruppe, die für diese Taten verantwortlich war. Besonders bemerkenswert daran war, dass er zu diesem Zeitpunkt gerade einmal vier Jahre alt war. Wenn jemand behaupten konnte, eine moralisch reine Weste zu haben, dann war es Rex.

Aber so empfand er es nicht. Sein *weiß*-Sein war beschmutzt. So beschmutzt, dass er sich wünschte, nicht mehr *weiß* zu sein.

◆ ◆ ◆

Hat Rex recht? Ist *weiß*-Sein grundsätzlich beschmutzt?

Eine schwierige Frage. Um sie zu beantworten, müssen wir uns erst einmal fragen, was *weiß*-Sein denn eigentlich ist. Rex ist *weiß*, nicht Schwarz. Aber was bedeutet es, *weiß* zu sein? Oder Schwarz? Was ist eigentlich *race*?*

Manche haben womöglich ein intuitives Verständnis des Begriffs, wenn er ihnen im Alltag begegnet. Dennoch fällt es vielen schwer zu sagen, was *race* eigentlich ist. Einige meinen sogar, so etwas wie *race* gäbe es gar nicht.

Auf einer gewissen Ebene stimmt das auch. Viele Menschen glauben nämlich, *race* sei etwas Biologisches. Das ist in gewisser Weise nachvollziehbar, da *race* häufig aus körperlichen Merkmalen abgeleitet wird. Wir sehen uns die Haut, die Haare und die Form gewisser Gesichtsmerkmale eines Menschen an. Wir wissen, dass diese zu einem Großteil vererbt werden. Lange Zeit über glaubten die Leute auch, dass diese oberflächlichen Unterschiede auf eine tiefergehende Verschiedenheit in Bezug auf die Gesamtkonstitution verwies – dass es etwa allein durch den Blick auf die Hautfarbe einer Person möglich wäre, Rückschlüsse auf die kognitiven Fähigkeiten zu ziehen, oder auch auf den Charakter.[210] Darüber hinaus herrschte sogar die Vorstellung, dass diese tiefergehenden Unterschiede biologischer Natur wären und nicht etwa den gesellschaftlichen Umständen geschuldet.

Doch so funktioniert Biologie nicht.[211] Es gibt so gut wie keine Korrelation zwischen den oberflächlichen Anzeichen von *race* – Haut, Haaren, Gesichtsmerkmalen – und den anderen Eigenschaften eines Menschen. Historisch finden sich jede Menge Versuche, das Gegenteil zu beweisen. Alle sind Schrott.[212] Wie Craig Venter, einer der führenden Wissenschaftler des Humangenom-

---

* Durch die Beibehaltung des englischen Begriffs *race* – anstelle des nationalsozialistisch aufgeladenen Terminus »Rasse« – wird hier einerseits auf eine im US-amerikanischen Kontext abweichende Verwendung verwiesen. Gleichzeitig wird vom Autor aufgezeigt, dass eine Unterteilung der Menschheit nach Kategorien wie *race* ein Konstrukt ist, für das es biologisch keine Grundlage gibt, wie auf den folgenden Seiten erläutert wird. [Anm. d. Übers.]

projekts, einmal erklärt hat: »Weder der menschliche genetische Code noch andere wissenschaftliche Erkenntnisse bieten eine Grundlage für die Annahme, dass Hautfarbe prädiktiv für die Intelligenz eines Menschen ist.«[213] Dasselbe gilt natürlich auch für den Charakter.

Wir können es sogar noch deutlicher formulieren. *Race* teilt Menschen nicht in biologisch bedeutsame Subspezies ein. Manche genetischen Merkmale sind in bestimmten Gruppen häufiger vertreten als in anderen. Dennoch ist jede Untergruppe in sich divers. Tatsächlich gibt es in bestimmten Untergruppen auf genetischer Ebene fast ebenso viele Variationen wie in der Menschheit insgesamt.[214]

Wir alle sind Teil ein und derselben Familie – oder zumindest desselben Familienstammbaums. Forschungsergebnisse legen nahe, dass *alle* heute lebenden Menschen einen gemeinsamen Vorfahren haben, der vor nur wenigen Tausend Jahren lebte.[215] Wenn Ihnen das komisch vorkommt, lassen Sie uns ein bisschen Zeit darauf verwenden, wie Abstammung funktioniert.[216] Wir haben zwei Eltern, vier Großeltern, acht Urgroßeltern und so weiter. Gehen Sie ruhig noch ein Stück weiter. Schon bald wird Ihnen ein Problem auffallen. Die Zahl wächst exponentiell an. Wenn Sie, sagen wir mal, dreiunddreißig Generationen zurückgehen (also ungefähr achthundert bis tausend Jahre), haben Sie mathematisch bereits acht Milliarden Vorfahren. Aber damals gab es noch gar keine acht Milliarden Menschen auf der Welt; noch nicht einmal heute gibt es so viele.

Des Rätsels Lösung ist ganz einfach. Viele Menschen besetzen mehrere Stellen in Ihrem Stammbaum. Am Anfang dehnt sich der Baum aus. Aber es dauert gar nicht lange, bis er sich schon wieder zusammenziehen muss. Der Genetiker Adam Rutherford beschreibt das wie folgt: »Ihre Urururururgroßmutter könnte auch Ihre Urururgroßtante gewesen sein.«[217] Wenn alle Stammbäume weit genug zurück nachverfolgt werden, wird irgendwann ein Punkt erreicht, an dem alle Menschen dieselben Vorfahren teilen.

Das sollte uns nicht überraschen. Stammen wir doch schließlich alle von einer einzigen Bevölkerungsgruppe ab, die vor ungefähr hunderttausend Jahren in Ostafrika gelebt hat.[218] Aber so weit zurück müssen wir erst gar nicht gehen, um den Punkt zu erreichen, an dem alle heute lebenden Menschen dieselben Vorfahren teilen. Tatsächlich sagen die Statistiken, dass der *identische Vorfahrenpunkt*, wie er genannt wird, ungefähr siebentausend Jahre in der Vergangenheit liegt, vielleicht sogar weniger.[219]

In der Zwischenzeit haben wir uns über den Erdball verteilt und in Gruppen gelebt, die sich nicht immer untereinander gemischt haben. Als Resultat daraus lassen sich heute Bevölkerungsgruppen ausmachen, in denen bestimmte Merkmale gehäuft auftreten. Wer jedoch die Menschheit als Ganzes betrachtet, kann keine starren Unterteilungen in unterschiedliche Gruppen erkennen, wie es früher angenommen wurde.[220]

Tatsächlich decken sich die Gruppen, bei denen eine statistisch relevante Abweichung festzustellen ist, nicht mit unserer alltäglichen Vorstellung von *race*.[221] Meine Leute – die Aschkenasim – sind bei humangenetischen Beratungsstellen wohlbekannt, da das Risiko für bestimmte Krankheiten wie zum Beispiel das Tay-Sachs-Syndrom bei uns erhöht ist. Das bedeutet jedoch nicht, dass wir aus diesem Grund als eigenständige *race* angesehen werden. Die meisten von uns sind *weiß* – eine Bezeichnung, die ebenso die Amischen wie auch Iren umfasst, zwei Gruppen, die von Genetikerinnen und Genetikern als unterschiedliche Populationen betrachtet werden. Warum also werden alle diese Gruppen in einen Topf geworfen? Darauf hat die Wissenschaft keine Antwort. Die angeblichen Merkmale einer bestimmten *race* markieren keine bedeutsamen biologischen Unterschiede.

◆ ◆ ◆

Heißt das also, dass es *race* gar nicht gibt? In gewissem Sinne schon. Wenn Ihre Vorstellung von *race* beinhaltet, dass Menschen in eine Handvoll unterschiedlicher biologischer Gruppen aufgeteilt werden können, die sich gesellschaftlich signifikant unterscheiden – ja, dann liegen Sie falsch. Wenn in der Philosophie entdeckt wird, dass eine Kategorie leer ist, heißt es gern, das gehöre in den Bereich der *Irrtumstheorie*. Das ist eine geschwollene Art zu sagen, *Ups, alles falsch* – und dann wird versucht zu erklären, wie es überhaupt zu dem Fehler kommen konnte. Wenn es um *race* als biologisches Konzept geht, wäre *ups, alles falsch* mehr als angebracht – wenn dieses Konzept nicht bereits so fürchterliche Auswirkungen gehabt hätte. Und bis heute hat.

Deshalb sollten wir auch zu einem neuen Verständnis von *race* kommen. Anstatt als biologisches sollten wir es als soziales Konzept verstehen. Insbesondere könnten wir *race* als Konzept verstehen, das Hierarchien in Gruppen von Menschen etabliert.[222] Schwarz zu sein, bedeutet demzufolge, eine bestimmte soziale Position einzunehmen – das Subjekt bestimmter Formen von Dominanz zu sein. Denken wir etwa an: Sklaverei, Segregation, Masseninhaftierungen usw. Der Soziologe und Philosoph W. E. B. Du Bois formulierte überaus treffend: »Der schwarze Mann ist eine Person, die in Georgia im ›Jim Crow‹-Abteil fährt«[223].

Wenn Schwarze diejenigen sind, die im ›Jim Crow‹-Abteil fahren, was macht dann *Weiße* aus? Sie sind diejenigen, die das nicht tun müssen. Oder vielleicht sogar diejenigen, die das von den Schwarzen verlangen. *Weiß*-Sein ist in diesem Sinne das fotografische Negativ von Schwarz-Sein. Man könnte sogar sagen, *weiß*-Sein existiere nur durch Schwarz-Sein. Der Sklavenhandel brachte Menschen aus ganz verschiedenen Teilen Afrikas nach Nord- und Südamerika. Bevor sie ankamen, gab es keine gemeinsame Identität, die sie vereinte. Das änderte sich hier. Nun waren sie Schwarz. Und diese Identität brauchte einen Gegenpart, etwas Neues. Dadurch, dass sie zu Schwarzen gemacht wurden, wurden andere Leute *weiß*.[224] Das war kein friedlicher Prozess. Mit den Worten von James Baldwin: »Niemand war weiß, bevor er/sie nach Amerika kam. Viele Generationen – und erheblicher Zwang – waren nötig, bis dieses Land ein weißes Land wurde.«[225]

Die soziale Natur dieser Kategorien wird noch besser durch ihre Wandelbarkeit illustriert. Einwanderer aus Europa wurden nicht immer als *Weiße* angesehen, zumindest nicht sofort. Italienische Einwanderer etwa galten als fast Schwarz, besonders, wenn sie aus dem Süden Italiens stammten. Es kam sogar vor, dass sie aus rassistischen Motiven gelyncht wurden.[226] Die Einführung des »Columbus Day«[227] war Teil der Bemühung, italienische Einwanderer in die amerikanische Geschichte einzuschreiben, damit sie als *Weiße* angesehen werden konnten. Diese Strategie ging auf. Mittlerweile gelten italienische Einwanderer und ihre Nachkommen zweifellos als *weiß*.

Die gesellschaftlichen Dynamiken sind natürlich deutlich komplexer, als diese komprimierte Geschichte suggeriert. Dabei habe ich noch kein Wort über amerikanische Ureinwohnerinnen, Asiaten oder pazifische Insulanerinnen verloren – oder irgendeine andere Gruppe, die in Amerika als eigene *race* gelten könnte*[228]. Aber vielleicht sind auch gar nicht alle Einzelheiten der Geschichte nötig, um die Kernaussage zu verstehen: Das

---

* Ich habe auch nichts dazu gesagt, wie *race* in anderen Teilen der Welt funktioniert. Der Philosoph Michael Root sagt: »*Race* reist nicht. Manche Männer, die heute in New Orleans als Schwarz gelten, wären dort vor ein paar Jahren noch als zu einem Achtel Schwarz bezeichnet worden und wären im heutigen Brasilien *weiß*. Sokrates hatte im antiken Athen keine *race*, wäre jedoch ein *Weißer* in Minnesota.« Die Tatsache, dass *race* nicht reist, unterstreicht einmal mehr, wie willkürlich sie ist – und dass sie eben im Kern ein soziales und kein wissenschaftliches Phänomen ist.

biologische Konzept von *race* ist überholt. Was jedoch nicht bedeutet, dass *race* keine wichtige Rolle in unseren sozialen Interaktionen spielen würde.

◆ ◆ ◆

Manchmal versuchen Leute, dieser Tatsache gerecht zu werden, indem sie *race* als *soziales Konstrukt* bezeichnen.[229] Das ist durchaus fragwürdig, wenn man bedenkt, dass alle Konzepte letzten Endes auf ihre Weise soziale Konstrukte sind, selbst die wissenschaftlichen. Denken Sie einen Augenblick an Pluto. Als ich ein Kind war, war Pluto ein Planet. Dann plötzlich nicht mehr. Was hatte sich verändert? Pluto selbst war es nicht. Der ist bis heute dieselbe Kugel aus Eis und Gestein, die er immer war, mit einer Masse, die rund einem Sechstel der Mondmasse entspricht. Das, was sich verändert hat, hat mit *uns* zu tun. Wir haben uns entschieden, Planeten auf einmal so zu definieren, dass Pluto nicht mehr dazugehört.

Warum? Tja, wir haben noch einmal genau hingeschaut und festgestellt, dass es am Rande unseres Sonnensystems auch noch andere Objekte in der Größe Plutos gibt.[230] Das stellte uns vor die Wahl: Entweder nannten wir sie alle Planeten, was dazu geführt hätte, dass es plötzlich deutlich mehr Planeten gegeben hätte als bis dato angenommen. Die Alternative war, unsere Vorstellung dessen zu revidieren, was ein Planet ist. Die Wissenschaft wählte letzteren Weg, wodurch Pluto und seine Spielgefährten zu Zwergplaneten wurden. Das tat sie nicht zuletzt, um den Anspruch aufrechtzuerhalten, Planeten seien wichtige Objekte innerhalb des Sonnensystems. Um sich als Planet zu qualifizieren, muss ein Himmelskörper die Umgebung seiner Umlaufbahn durch sein Gravitationsfeld »von weiteren Objekten geräumt haben«[231]. Das ist bei Pluto nicht der Fall. Rund um ihn herum gibt es jede Menge Gestein, das sich um die Sonne dreht, nicht um Pluto.

Die Vorstellung eines Planeten war also von uns konstruiert. Als wir Neues über unser Sonnensystem lernten, passten wir sie an. Aber nicht, dass wir uns missverstehen: Planeten existieren in Wirklichkeit. Wir haben sie nicht erfunden. Wir haben nur die Kategorie geschaffen. Aber die Dinge, die in diese Kategorie hineinzählen, existieren unabhängig von uns.

Bei *race* ist das anders. Wenn Leute sagen, *race* sei ein soziales Konstrukt, meinen sie, dass sie überhaupt nicht existieren würde, wenn wir sie nicht erfunden hätten. Aber das ist noch nicht alles. Dasselbe gilt nämlich auch für Basketball, Bier und Brücken – die unabhängig von uns existieren. Was *race* von diesen Dingen unterscheidet, ist, dass es sich dabei eben *nur* um ein soziales Konstrukt handeln soll.

Heißt das jetzt, *race* ist nicht real? Nein. *Race* ist definitiv real. Vergleichbar mit Schulden. Vielleicht haben Sie ja einen Haus- oder Autokredit. Das sind soziale Konstrukte. Unsere Schulden existieren nicht unabhängig von uns; wenn es uns nicht mehr gäbe, wären auch sie nicht mehr da. Schulden sind ein Konzept, das unsere sozialen Beziehungen organisiert. Und sie sind real. Sie können sogar verheerende Auswirkungen haben.

Dasselbe gilt für *race*. Auch sie ist eine Art, unsere sozialen Beziehungen zu organisieren. Und wie die Schulden kann auch das Konzept *race* verheerend wirken.

Daher lohnt sich die Frage: Könnten wir es aufgeben?

◆ ◆ ◆

Viele Leute denken, das sollten wir tun. Manche glauben sogar, sie hätten es bereits getan.

»Ich sehe keine Farbe«, sagen sie.

Aber wir alle wissen, dass das nicht stimmt. Selbst die kleinsten Kinder sehen bereits Farben. Und häufig reagieren sie in einer Art darauf, die den Eltern unangenehm ist.

»Der Mann da ist dunkel«, haben Hank und Rex mehr als einmal gesagt, als sie noch Kleinkinder waren. Die Haut ist ein hervorstechendes Merkmal des menschlichen Körpers. Es wäre wirklich schwer, nicht zu bemerken, dass es sie in unterschiedlichen Farbtönen gibt. Rex und Hank bekamen viele hellhäutige Menschen zu Gesicht, als sie klein waren, da sie ihre Zeit überwiegend zu Hause oder im Kindergarten der jüdischen Gemeinde verbrachten. Menschen mit einer anderen Hautfarbe hatte eine Zeit lang Neuigkeitswert für sie. Also kommentierten sie es. Das machen Kinder eben.*[232]

Wenn unsere Kinder das taten, erklärten wir ihnen verschiedene Dinge. Erstens: Haut gibt es in ganz verschiedenen Farben. Für den Augenblick beließen wir es dabei, was zu einiger Verwirrung führte. »Meine Haut ist aber gar nicht richtig weiß«, sagte Hank uns, als hätten wir einen Fehler gemacht. »Eher so rosa, mit ein bisschen braun drin.«

Zweitens: Hautfarbe spielt keine Rolle. Unsere Körper sind alle unterschiedlich. Manche sind dick, manche sind dünn. Manche sind groß, andere sind klein. Wir haben unterschiedliche Augen, Haare und Haut. Aber all das ist kein Grund dafür, jemanden anders zu behandeln.

Drittens: Hautfarbe spielt doch eine Rolle, und zwar eine *sehr große*. Wenn wir sagen, dass sie keine Rolle spiele, meinen wir das in *moralischem* Sinne. Aber *sozial* spielt sie eben doch eine.

Hier ein paar Daten dazu.

In den USA beträgt das Medianvermögen von Schwarzen Familien weniger als 15 Prozent von dem der *weißen* Familien.[233]

---

* Als diese Art von Gesprächen aufkam, hatten wir noch nicht Beverly Daniel Tatums Klassiker *Why Are All the Black Kids Sitting Together in the Cafeteria?* (Warum sitzen alle Schwarzen Kinder in der Mensa zusammen?) gelesen. Das wäre jedoch sehr gut gewesen, da es darin ein Kapitel über die frühkindliche Erziehung gibt, in dem solche Gespräche thematisiert und mögliche Verläufe skizziert werden.

Schwarze Arbeitskräfte sind doppelt so häufig arbeitslos wie weiße Arbeitskräfte, und sie haben seltener einen Job, der ihren Qualifikationen entspricht.[234]

Wir geben mehr Geld für den Unterricht von Kindern in überwiegend *weißen* Schulbezirken aus – jährlich ungefähr 2200 Dollar mehr pro Schulkind.[235]

Weiße Menschen leben länger als Schwarze Menschen – nachweislich ungefähr 3,6 Jahre.[236] Und eine bessere Gesundheitsversorgung haben sie auch.[237]

Außerdem sitzen Schwarze Männer deutlich häufiger im Gefängnis als *weiße* Männer. 2015 befanden sich 9,1 Prozent der Schwarzen jungen Männer hinter Gittern, während es unter den *weißen* jungen Männern im Vergleich nur 1,6 Prozent waren.[238]

Alle diese Daten hängen zusammen. Ja, sie bedingen sich sogar gegenseitig. Gleichzeitig verweisen sie auf eine lange, schändliche Geschichte, die mit der Sklaverei begann, aber damit noch lange nicht endet.

So ist zum Beispiel das Wohlstandsgefälle zwischen den *races* das Resultat von *Redlining*, also von rassistisch motivierter Ausgrenzung (die dazu führte, dass Schwarze Amerikaner nur eingeschränkt die Möglichkeit hatten, durch Eigentumserwerb zu Wohlstand zu gelangen). Es ist die Folge von Gewalttaten wie dem Massaker von Tulsa (bei dem ein Geschäftsviertel zerstört wurde, das auch als die Schwarze Wall Street bekannt war).[239] Und es ist die Folge von Alltagsdiskriminierung.

Das Ungleichgewicht im Strafrechtssystem ist Ausdruck einer bewussten Entscheidung, Schwarze Menschen härter zu bestrafen als *weiße*. Nur ein Beispiel: *Weiße* und Schwarze Menschen konsumieren Drogen in ähnlichen Mengen. Aber Schwarze Menschen werden fast viermal so häufig wegen Drogendelikten eingesperrt.[240]

Diese Statistiken setzten wir unseren Kindern natürlich nicht vor, als sie klein waren. Aber wir erzählten ihnen, dass es in unserer Gesellschaft eine lange Tradition gibt, Schwarze Menschen schlecht zu behandeln.*[241] Und wir erklärten ihnen auch, dass diese schlechte Behandlung kein Phänomen der Vergangenheit, sondern auch Teil unserer Gegenwart ist.

Können wir *race* überwinden? Vielleicht. Aber es reicht nicht, einfach zu behaupten, wir hätten es längst getan. Wenn wir in einer Welt leben möchten, in der *race* keine Rolle spielt, müssen wir die Ungleichheit abschaffen. Es ist nicht damit getan, einfach zu behaupten, wir sähen sie nicht.

◆ ◆ ◆

Sollten wir das Konzept *race* überwinden? Sicherlich sollten wir diese Ungleichheit beenden. Aber manche schreiben dem *race*-Konzept trotz seiner düsteren Geschichte einen Wert zu.

Chike Jeffers etwa ist ein Philosoph, der über *race* forscht. Auch er ist der Ansicht, dass die Ursprünge dieses Konzepts in der Unterdrückung liegen.[242] Ohne Sklaverei hätten wir Menschen möglicherweise nie in Schwarz und *weiß* unterteilt. Das bedeutet jedoch nicht, dass diese Label nur im Kontext von Unterdrückung relevant wären. In Amerika sind Schwarze Menschen »Stigmatisierung, Diskriminierung, Marginalisierung und Benachteiligungen«[243] ausgesetzt. Jeffers erinnert uns jedoch auch daran, dass es ebenso »Freude am Schwarz-Sein«[244] gibt.

---

* Wenn Sie das Gefühl haben, Sie wüssten zu wenig über die Geschichte des Rassismus in den USA jenseits von Sklaverei und Segregation, kann ich Ihnen den Artikel »Plädoyer für Reparationen« von Ta-Nehisi Coates empfehlen, auf Englisch erstmalig 2014 unter dem Titel »The Case for Reparations« in *The Atlantic* veröffentlicht. (Da Reparationen gleich noch ein Thema sein werden, lohnt sich der Artikel also gewissermaßen doppelt.) Er vermittelt die Last unserer Geschichte – und die Art, wie diese auf Schwarzen Amerikanern lastet – deutlich effektiver als alles, was mir in den staatlichen Schulen Georgias beigebracht wurde. Sobald meine Kinder in der Lage sind, den Text zu verstehen, werde ich ihn ihnen zu lesen geben.

Diese Freude ist in der Schwarzen Kultur gegenwärtig – in der Schwarzen Kunst, der Schwarzen Musik und der Schwarzen Literatur.[245] Sie beeinflusst religiöse Traditionen und Rituale und ist spürbar in Sprachgewohnheiten, Kleidungsstil und Tänzen. In der heutigen Zeit eröffnet das Schwarz-Sein den Zugang zu einem reichhaltigen und einzigartigen kulturellen Erbe. Die Identität hat ihre Wurzeln in Unterdrückung, aber ihre Bedeutung erstreckt sich weit darüber hinaus.

Kathryn Sophia Belle schlägt in dieselbe Kerbe.

Sie ist die Gründungsdirektorin des *Collegium of Black Woman Philosophers* (Kolleg Schwarzer Philosophinnen), einer Organisation, die es sich zur Aufgabe gemacht hat, den Stimmen einer deutlich unterrepräsentierten Gruppe in der Philosophie Gehör zu verschaffen. Wie auch Jeffers vertritt Belle die These, dass »*race* nicht nur eine negative Kategorie [sei], die zum Zweck der Unterdrückung und Ausbeutung genutzt wird«[246]. Für Schwarze Menschen handle es sich ebenso um »eine positive Kategorie, die ein Gefühl der Teilhabe oder der Zugehörigkeit umfasst, die Erinnerung an einen Kampf und dessen Überwindung, sowie die Motivation weiterzumachen und neue Ideale und Ziele anzustreben«[247].

Jeffers und Belle wollen den Rassismus beendet sehen. Aber sie wollen auch, dass die Schwarze Kultur überlebt und floriert. Ein gleichberechtigtes Leben, so argumentieren sie, bedeute nicht, auf *race* begründete Identitäten zu verwerfen.

◆ ◆ ◆

Wie sieht es mit dem *weiß*-Sein aus? Ist es von Freude erfüllt? Sollten wir erleben wollen, wie die *weiße* Kultur überlebt und floriert? Ich denke eher nicht. Und ich möchte mir einen Moment Zeit nehmen, um zu erklären, warum.

Die Schönheit der Schwarzen Kultur liegt zum Teil darin

begründet, dass sie als Reaktion auf die Unterdrückung entstanden und darüber hinausgewachsen ist. Die Schwarze Geschichte brachte Jazz und Hip-Hop hervor, Maya Angelou und James Baldwin; Sojourner Truth, Martin Luther King Jr. und vieles und viele mehr. Wenn wir Autorinnen, Aktivisten und Kunstformen *als Schwarz* bezeichnen, verknüpfen wir sie auf diese Weise Belle zufolge mit der Geschichte – mit Kampf und Überwindung.

W*eißer* Kultur wohnt diese Schönheit nicht inne. Sie entstand auf der anderen Seite der Unterdrückung.

Natürlich können wir Menschen feiern, die *weiß* sind. Und das tun wir auch – Autorinnen, Künstler, Sportlerinnen und viele mehr. Ihre persönlichen Lebensgeschichten enthalten Kämpfe und herausragende Leistungen. Wir können auch die Kultur von Gemeinschaften feiern, die zufällig auch *weiß* sind – die irische, die italienische, die jüdische Kultur und viele andere. Aber die Idee, sie *als weiß* zu feiern, ist furchtbar.

Weiß-Sein gründet auf dem Schmerz anderer Menschen.[248] Darüber hinaus hat es wenig anzubieten. Selbstverständlich speisen sich daraus Privilegien. Aber es speist sich keine Bedeutung daraus.

Manche Menschen sehen das anders. Ihr *weiß*-Sein erfüllt sie mit Stolz. Aber sie begehen einen Fehler. Sie sind das Schlimmste, was *weiß*-Sein zu bieten hat, gerade weil sie darin aufgehen.

Weiß-Sein *ist* beschmutzt. Und hier sehen wir einen wichtigen Grund dafür: Im Gegensatz zum Schwarz-Sein kann es seine Ursprünge nicht hinter sich lassen.

Wir sind noch weit davon entfernt, aber wir sollten uns auf den Tag freuen, wenn niemand mehr *weiß* als wichtigen Bestandteil seiner Identität betrachtet.

◆ ◆ ◆

All das verstand Rex mit vier natürlich noch nicht. Sein Gedanke war einfach und durch die Bürgerrechtsgeschichten inspiriert, die wir gelesen hatten. Die Schwarzen Figuren waren gut. Die *weißen* größtenteils schlecht.* Also wollte er Schwarz sein.

Das überraschte mich, wie gesagt, nicht. Es war der zweite Teil, der meine Aufmerksamkeit erregt hatte. »Ich wünschte, wir hätten diese Dinge nicht getan.« Durch diese Aussage zeigte Rex, dass er sich selbst als Teil der Gruppe sah, die Böses getan hatte, und drückte sein Bedauern über diese Taten aus.

Ergibt das Sinn? Wie ich bereit gesagt habe, würden viele *Weiße* das Wort *wir* nicht so gebrauchen, wie Rex es tat. Wollten sie Bedauern über die Vergehen ausdrücken, über die wir gelesen hatten – Sklaverei und Segregation –, täten sie es in der dritten Person. Warum, ist nicht schwer zu verstehen. Diese Vergehen sind lange her, und sie waren nicht persönlich daran beteiligt.

Natürlich haben viele heute lebende *weiße* Menschen ihre eigenen Sünden zu verantworten. Rassismus existiert noch immer, auch wenn die schlimmsten Taten in der Vergangenheit liegen. Auch heute gibt es noch erschreckend viel Diskriminierung in unserer Gesellschaft – das will ich nicht kleinreden. Menschen sind für ihre Taten verantwortlich.

Trotzdem möchte ich fragen: Sind *Weiße* heute nur aufgrund ihres *weiß*-Seins verantwortlich für die Vergehen der Vergangenheit, wie etwa Sklaverei und Segregation? Sind sie verantwortlich für aktuelle Diskriminierungen, auch wenn sie nicht persönlich daran beteiligt sind? Anders gefragt: Ist *race* ein Grund dafür, zur Verantwortung gezogen zu werden?

---

* In *Why Are All the Black Kids Sitting Together in the Cafeteria?* (S. 119–20) hebt Tatum hervor, wie wichtig *weiße* Vorbilder für Kinder in Gesprächen über *race* sind. Unser erstes Rollenvorbild war Hank Greenberg, der in dem bereits erwähnten Buch *When Jackie and Hank Met* die zweite Hauptfigur neben Jackie Robinson darstellt. Auf dieses Buch kommen wir gleich noch einmal zurück.

Hier ein Argument dafür, dass dem nicht so ist.

Moralische Verantwortung ist eine individuelle Angelegenheit. Jede und jeder von uns ist für die eigenen Sünden verantwortlich, aber nicht für die, die andere begangen haben. Wie ich bereits in Kapitel 5 erwähnt habe, war meine Großmutter mütterlicherseits kein besonders guter Mensch. Sie behandelte ihre Kinder schlecht. Und auch ihre Geschwister. Ich erbte ihre Gene. Aber nicht ihre Vergehen. Es würde also keinen Sinn ergeben, *mich* für *ihre* Taten zur Verantwortung zu ziehen. Wir ziehen Menschen zur Verantwortung, wenn ihre Taten auf charakterliche Schwächen hindeuten.[249] Ihre Taten jedoch lassen keine Aussagen über meinen Charakter zu.

Dasselbe gilt auch für die Vergehen der Vergangenheit. Sklaverei und Segregation lassen die Leute, die daran teilhatten, in keinem guten Licht dastehen. Doch diese Taten können nicht die Grundlage dafür sein, andere dafür verantwortlich zu machen – das gilt auch für die *Weißen* von heute.

◆ ◆ ◆

Ich denke, das Argument funktioniert soweit ganz gut. Aber wir müssen trotzdem noch weiterfragen, da Verantwortung eben *nicht nur* eine individuelle Angelegenheit ist. Manchmal ziehen wir ganze Gruppen zur Verantwortung, unabhängig von den Individuen, aus denen sie bestehen. Ein Beispiel dafür ist Boeing. Das Unternehmen arbeitete schlampig bei der Konstruktion des Flugzeugmodells 737 Max.[250] Zwei Maschinen dieser Bauart stürzten ab, Hunderte Menschen starben. Dafür können wir Boeing verantwortlich machen. Das Unternehmen hätte dafür sorgen müssen, dass seine Flugzeuge sicher sind. Dabei hat es versagt. Dieses Versagen hat ein Charakterproblem offenbart: Profit war wichtiger als Menschenleben.

Warum sollten wir jedoch Boeing zur Verantwortung ziehen

anstatt der Personen, die die relevanten Entscheidungen für das Unternehmen getroffen haben? Wenn wir die verantwortlichen Individuen benennen können, sollten diese auch zur Rechenschaft gezogen werden. Aber Boeing ist mehr als die Summe der Einzelteile. Es ist das Unternehmen Boeing, das die 737 baut, kein Individuum. Und genauso kann auch nur das Unternehmen dafür sorgen, dass die Flugzeuge sicher sind, einzelne Angestellte können das nicht.

Ich bin mir sicher, dass in meiner Straße mehr Rechtsphilosophen leben als in jeder anderen Straße der Welt (pro Kopf gerechnet). Insgesamt leben dort neun Menschen, von denen drei Rechtsphilosophen sind (Rex und Hank nicht mitgezählt, die zusammen vielleicht einen vierten ergeben würden). Einer von ihnen ist Will Thomas. Er wohnt gegenüber. Meine Kinder bringen ihn ständig dazu, ein Spiel namens Fußballgolf mit ihnen zu spielen. Aber er hat auch einen Brotjob. Thomas lehrt an der wirtschaftswissenschaftlichen Fakultät der University of Michigan und forscht über Unternehmensstrafen.

Lange Zeit gab es so etwas gar nicht. Zu Beginn der Geschichtsschreibung von Amerika konnten Individuen bestraft werden, die für ein Unternehmen arbeiteten, aber nicht das Unternehmen selbst. Das änderte sich um die Mitte des neunzehnten Jahrhunderts. Warum? Thomas sagt, Unternehmen hätten sich verändert.[251] Sie entwickelten neue, deutlich komplexere interne Organisationsstrukturen. Wenn in einem Tante-Emma-Laden Steuern hinterzogen werden, stehen die Chancen gut, dass die Inhaber das Problem sind. Für Boeing arbeiten jedoch mehr als 100 000 Leute, und die Verantwortung für komplizierte Aufgaben, wie zum Beispiel die Konstruktion und das Testen von Flugzeugen, verteilt sich auf Hunderte von ihnen.

Und weil das so ist, kann das Versagen von Boeing nicht auf das Versagen eines oder einer bestimmten Angestellten zurückgeführt werden. Es kann auch das Resultat einer Kette von Fehlern sein, von denen jeder für sich genommen vielleicht gar nicht ins Gewicht gefallen wäre, wenn die anderen Angestellten ihren Job gut gemacht hätten. Es sind sogar Fälle denkbar, in denen ein Unternehmen sich falsch verhält, auch wenn die Individuen es selbst nicht tun. Das Problem kann sich daraus ergeben, wie das Unternehmen personell aufgestellt oder organisiert ist. In solchen Fällen, sagt Thomas, kann man nur das gesamte Unternehmen zur Verantwortung ziehen, nicht die Individuen, die für es arbeiten.

Aber selbst wenn Angestellte falsche Entscheidungen treffen, kann es trotzdem sein, dass das Unternehmen zur Verantwortung gezogen wird. Das liegt daran, dass das Unternehmen ein unabhängiger moralischer Akteur ist. Boeing ist in der Lage, auf Entwicklungen zu reagieren, und wir können den Charakter des Unternehmens daran messen, wie gut es genau das tut.

Können wir also *Weiße* als Gruppe zur Verantwortung ziehen, so wie Boeing? Nein. Wenn wir über *Weiße* reden, meinen wir eine Gruppe von Individuen, kein Unternehmen. In diesem Zusammenhang ist die Gruppe nicht mehr als die Summe ihrer Einzelteile. Sie hat keine interne Organisationsstruktur, die es ihr erlaubt, als Kollektiv Entscheidungen zu treffen. Als Individuen sind *Weiße* für ihr Handeln verantwortlich. Aber die Gruppe trägt keine Verantwortung, die über die der einzelnen Mitglieder hinausreicht.

◆ ◆ ◆

Wenn wir all das zusammenfassen, lautet die Antwort auf unsere Frage: Nein, *race* bietet keine Grundlage dafür, jemanden zur Verantwortung zu ziehen. Wir können nicht für die Taten anderer verantwortlich gemacht werden, nur weil wir derselben *race* zugerechnet werden. Was wiederum bedeutet, dass nur sehr wenige *Weiße*, die heute leben, für historische Vergehen wie Sklaverei und Segregation verantwortlich sind.

Aber: *Weiße* sollten dafür Verantwortung *übernehmen*.

Das ist der Unterschied zwischen *verantwortlich sein* und *Verantwortung übernehmen*. Sicherlich kennen Sie alle Menschen, die sich schon einmal falsch verhalten haben, das jedoch nicht anerkennen oder gar etwas dagegen tun wollten. Diese Menschen haben keine Verantwortung für ihr Handeln übernommen, was wiederum eine Art des Versagens darstellt.* Deshalb bringen wir unseren Kindern bei: Wenn du dich falsch verhalten hast, sag es und bemühe dich um Wiedergutmachung. Sonst begehst du bereits den nächsten Fehler.

Im Großen und Ganzen gilt, dass man Verantwortung übernehmen sollte, wenn man *verantwortlich ist*. Aber es ist ebenso möglich, Verantwortung zu übernehmen, wenn man *nicht verantwortlich ist*, und manchmal ist das der richtige Weg. Das sagt zumindest David Enoch.[252]

Enoch ist ebenfalls Rechtsphilosoph. Er lehrt an der Hebrew University in Jerusalem, wohnt also nicht bei uns in der Straße. Aber ich wünschte mir, es wäre so, da er zu den Menschen gehört, mit denen ich am liebsten diskutiere. Wir sind in fast allem unterschiedlicher Meinung, und er schafft es oft, mich an meinem eigenen Standpunkt zweifeln zu lassen. Für einen intellektuellen Widersacher ist das der größtmögliche Erfolg.

Aber in dieser Sache hat Enoch tatsächlich recht. (Verraten Sie ihm ja nicht, dass ich das zugegeben habe.) Es ist möglich, Verantwortung zu übernehmen, selbst wenn man nicht verantwortlich ist, und manchmal ist genau das richtig. Eltern sind sehr oft in dieser Position. Stellen Sie sich vor, Ihr Kind spielt bei jemand anderem zu Hause und macht etwas kaputt. Vielleicht ist

---

* *Verantwortung übernehmen* bedeutet hier etwas anderes als im Zusammenhang mit Robert Paul Wolffs Widerspruch gegen die Autoritäten. Er wollte, dass die Leute Verantwortung übernehmen, bevor sie handeln – indem sie sich mit den Gründen auseinandersetzen und dann entscheiden, was zu tun wäre. Hier jedoch geht es darum, im Nachhinein Verantwortung für begangene Taten zu übernehmen – eigene Vergehen einzugestehen.

es Ihre Schuld. Wenn Sie zum Beispiel Ihrem Kind nicht beigebracht haben, mit den Gegenständen anderer Leute vorsichtig umzugehen. Möglich ist jedoch auch, dass Sie nichts damit zu tun haben. Egal wie gut Sie sich als Eltern schlagen, Kinder passen nicht immer auf. Trotzdem möchten Sie sich vielleicht entschuldigen und anbieten, die Kosten für den Schaden zu tragen. Sie erwägen also, Verantwortung für etwas zu übernehmen, für das Sie nicht verantwortlich sind.

Warum? Das ist eine spannende Frage. Als Elternteil wollen Sie nicht, dass Ihr Kind anderen Probleme bereitet. Einerseits ist das pragmatisch. Sie wollen schließlich, dass Ihr Kind zu Verabredungen geht, damit Sie zu Hause Ihre Ruhe haben. (Oder dass Ihr Kind über einen Freundeskreis verfügt. Nennen Sie es, wie Sie wollen.) Wenn Sie also nicht für das aufkommen, was Ihr Kind kaputt gemacht hat – oder sich zumindest dazu bereit erklären –, wird es vielleicht nicht wieder eingeladen. Aber ich denke trotzdem, dass es dabei um mehr als eigene Interessen geht. Und dass mit Eltern, die in so einem Fall keine Verantwortung für ihre Kinder übernehmen, etwas nicht stimmt.

Was genau, fällt mir schwer zu erklären. Aber ich will es versuchen: Wir möchten nicht, dass die Großzügigkeit anderer (unerwartet) kostspielig für sie wird. Jemand, der sich bereit erklärt, auf mein Kind aufzupassen, nimmt eine Last auf sich. Das ist eine wirklich nette Sache. Irgendwann werde ich mich dafür revanchieren müssen. Aber wenn es sich zu einer unerwartet kostspieligen Angelegenheit entwickelt – zum Beispiel dadurch, dass mein Kind etwas kaputt macht –, reicht das Revanchieren als Gegenleistung nicht mehr aus. Indem ich Verantwortung übernehme, stelle ich sicher, dass mein Gegenüber nicht mehr auf sich nimmt als ursprünglich angedacht.*

---

* Noch komplizierter wird das Ganze dadurch, dass das Gegenüber mein Angebot, den Schaden zu bezahlen, im Normalfall ablehnen sollte. Unter

Dieses Phänomen – Verantwortung zu übernehmen, ohne verantwortlich zu sein – ist nicht auf Eltern beschränkt. Tatsächlich verweist Enoch auf einen Fall, der auch in Bezug auf die *race*-Thematik aufschlussreich ist. Er stellt sich eine Person vor, die von einer Handlung ihres Landes abgestoßen ist: vielleicht hat es einen Krieg angefangen, den sie für ungerechtfertigt hält.[253] Das ist vermutlich nicht ihr Fehler. Vielleicht hat sie eine andere Partei gewählt als die, die dafür verantwortlich ist. Vielleicht ist sie sogar gegen den Krieg auf die Straße gegangen und hat protestiert. Trotzdem hält Enoch es für angebracht, dass sie Verantwortung dafür übernimmt. Etwa, indem sie sich für diesen Krieg entschuldigt oder dazu beiträgt, seine Auswirkungen zu mildern. Es sei nicht angemessen, dass sie sich damit herausredet, sie habe den Krieg nicht unterstützt.

In einer ähnlichen Position befinden sich meiner Meinung nach die *Weißen*. Es spielt keine Rolle, ob wir persönlich an der Segregation mitgewirkt haben, dagegen protestiert haben oder zu jener Zeit noch nicht einmal geboren waren. Wir können uns

---

Freunden ist das Aufrechnen geringer Beträge seltsam. Tatsächlich lässt sich Freundschaft auch daran ablesen, dass man nicht genau Buch darüber führt, wer wem etwas schuldet. Wenn der zu Bruch gegangene Gegenstand klein ist, wird das Gegenüber sagen, ich bräuchte mir keine Sorgen zu machen, zumindest, wenn wir eine Fortführung (oder Intensivierung) der Freundschaft anstreben. Wenn es sich um einen sehr teuren Gegenstand handelt oder um einen, der nur schwer zu ersetzen ist, liegt die Sache meines Erachtens ein wenig anders. (Man könnte sich allerdings auch fragen, ob sich das Gegenüber nicht eigentlich auch Gedanken über die eigene Verantwortung machen sollte, wenn es so einen wichtigen Gegenstand den Kindern überlassen hat.) Ich finde solche Fälle – in denen eine Person ein Angebot zu machen hat, das von der anderen Person abgelehnt werden sollte – faszinierend, weil sich daran zeigt, wie nuanciert unsere Beziehungen sind. Ich muss mich bemühen, für etwas Verantwortung zu übernehmen, für das ich eigentlich nicht verantwortlich bin, und mein Gegenüber ist angehalten, mein Angebot abzulehnen, und das alles nur, damit wir uns gegenseitig zeigen können, dass wir die richtige Art des Umgangs miteinander pflegen.

nicht reinwaschen, nur weil wir nicht verantwortlich sind. Wir sollten die Verantwortung übernehmen.

Warum? Es gibt ein altes juristisches Sprichwort, das besagt: *Qui sentit commodum, sentire debet et onus.* Das bedeutet: *Wer von etwas den Nutzen hat, sollte auch die Last tragen.* Bei bestimmten Arten von Eigentumsstreitigkeiten findet es auch heute noch Anwendung. Das zugrunde liegende Prinzip lässt sich meiner Meinung nach auf die Situation der *Weißen* übertragen. *Weiße* nehmen eine privilegierte Position ganz weit oben in einer Gesellschaftshierarchie ein, die so nicht existieren sollte. Deshalb ist es angemessen, wenn sie ihren Teil dazu beitragen, diese aufzulösen.

Der zweite Grund ist einfacher und trifft auf alle Menschen zu. Ihn führt Isabel Wilkerson in ihrem jüngsten Buch *Caste: The Origins of Our Discontents* (Kaste: Die Ursprünge unserer Unzufriedenheit) aus. Wilkerson stellt sich die USA wie ein Haus vor. Von außen sehe es schön aus. Aber innen gebe es Probleme. Dort fänden sich »Spannungsrisse und instabile Wände sowie Risse im Fundament«[254].

Diese wurden nicht durch die aktuellen Bewohnerinnen und Bewohner verursacht. Wilkerson beschreibt: »Viele Menschen sagen zu Recht ›*Ich habe nichts damit zu tun, wie alles angefangen hat. Ich habe nichts mit den Sünden der Vergangenheit zu tun. Meine Vorfahren haben die indigene Bevölkerung niemals angegriffen, niemals Sklaven gehalten.*‹«[255] Damit hätten sie nicht Unrecht. Aber es spiele keine Rolle. Wir hätten das Haus nun mal geerbt, »mit allem Drum und Dran, dem Guten und dem Schlechten, und »wir übernehmen, was daran gut oder schlecht ist. Wir haben die schiefen Säulen und tragenden Balken nicht errichtet, aber jetzt liegt es an uns, damit umzugehen.«[256]

Wir können das Haus einstürzen lassen. Oder ... wir reparieren es.

◆ ◆ ◆

Was können wir tun, um es zu reparieren? Darauf gibt es keine einfache Antwort. Aber eine der wichtigsten Sachen, die wir tun können, ist diese: Mit unseren Kindern zu sprechen. Die *Weißen* unter uns sollten mit ihren Kindern über Rassismus sprechen, und zwar nicht nur den vergangenen, sondern auch den aktuellen. Als meine Söhne zum ersten Mal Berichte über die *Black Lives Matter*-Proteste in den Nachrichten sahen, haben wir darüber gesprochen, dass die Polizei manchmal – ohne gute Begründung oder sogar völlig grundlos – Schwarze tötet.

Das war schwer zu erklären – und schwer zu verstehen. Besonders Hank machte die Vorstellung, dass die Polizei nicht zu den Guten gehören könnte, schwer zu schaffen.

»Wenn jemand bei der Polizei etwas Böses tut«, sagte er, »wird er von den anderen verhaftet.« Das war Frage und Aussage zugleich.

»Polizistinnen und Polizisten, die Schwarze töten, werden nur selten bestraft«, antwortete ich. Ich konnte sehen, wie er einen Teil seiner Unschuld verlor.

Die Guten sind gut. Die Bösen werden bestraft. So lauten die meisten Geschichten. Doch die wahre Welt sieht anders aus.

Auch wenn uns diese Gespräche schwierig erscheinen, sind sie doch nichts im Vergleich zu den Gesprächen, die Schwarze Eltern mit ihren Kindern über Rassismus führen müssen. Wenn Hank die Versicherung meinerseits benötigt, dass ihm die Polizei nichts antun wird, kann ich ihm diese geben. Schwarze Eltern können das nicht. Sie müssen ihren Kindern beibringen, wie sie sich verhalten sollten, um sicher zu sein. Dabei wissen sie genau, dass nichts von dem, was sie sagen werden, das Risiko vollständig ausräumen kann.

Kürzlich habe ich mich mit meinem Freund Ekow Yankah unterhalten. Er ist ebenfalls Rechtsphilosoph und unter anderem Fachmann für das Thema Polizeiarbeit und Strafmaßnahmen. Wir sprachen darüber, welche Herausforderungen sich uns als *weißen* beziehungsweise Schwarzen Eltern stellen, wenn wir mit unseren Kindern über Rassismus sprechen. Für mich besteht die Hauptaufgabe darin, meinen Kindern zu vermitteln, welche Privilegien mit dem *weiß*-Sein einhergehen – und wie ungerecht das ist –, wodurch sie lernen sollen, Verantwortung dafür zu übernehmen, dass die Welt etwas gerechter wird.

Für Yankah sind die Herausforderungen ungleich akuter. Er muss seine Kinder auf die Feindseligkeit vorbereiten, die ihnen entgegenschlagen wird. Er muss ihnen helfen, damit zurechtzukommen, dass diese Ungleichbehandlung nicht gerecht ist. Und er muss für sie da sein, wenn sie zu verstehen versuchen, was eigentlich nicht zu verstehen ist.

Eine Frage beschäftigt ihn dabei besonders: Welche Gefühle können Schwarze Menschen für ein Land entwickeln, das sie so lange so schlecht behandelt hat?

Manche Antworten sind: Trauer und Wut. Auch Ablehnung ließe sich rechtfertigen. Aber davon will Yankah nichts wissen. Die Geschichte Amerikas werde immer noch geschrieben, sagt er. Es ist für Schwarze keine gute Geschichte, zumindest bisher – jahrhundertelange Unterdrückung, die zwar ihre Form verändert, jedoch niemals endet. Aber es gibt auch Fortschritte, auf die man aufbauen kann – und den Keim von etwas Besserem.

Yankah findet Inspiration in der berühmten Rede von Frederick Douglass: »What to the Slave Is the Fourth of July?«[257] (Was bedeutet dem Sklaven der 4. Juli?) Zu Beginn der Rede lobt Douglass die USA – ihre Gründer und Gründungsprinzipien – auf eine Art, die für einen früheren Sklaven bemerkenswert ist:

Die Unterzeichner der Unabhängigkeitserklärung waren mutige Männer. Sie waren zudem bedeutende Männer ... Staatsmänner, Patrioten und Helden, und wegen des Guten, das sie bewirkt, und der Grundsätze, für sie sie gekämpft haben, werde ich mit Euch gemeinsam ihr Andenken ehren.

Das meint er ernst – Douglass rühmt ausgiebig die Tugenden jener Männer und ihren Kampf für die Freiheit.

Das Land jedoch, so fährt er fort, sei diesen Gründungsidealen nicht gerecht geworden. »Das reiche Erbe aus Gerechtigkeit, Freiheit, Wohlstand und Unabhängigkeit, das Euch Eure Väter hinterließen, kommt Euch zu, aber nicht uns.«

Douglass nimmt kein Blatt vor den Mund. Er bezeichnet die Sklaverei als »die große Sünde und Schande Amerikas«. Und er beantwortet die Frage, die seine Rede rahmt, mit einer vernichtenden Anklage:

Was bedeutet dem amerikanischen Sklaven der 4. Juli? Meine Antwort: Für ihn ist es der Tag, der mehr als alle anderen Tage des Jahres die große Ungerechtigkeit und Grausamkeit offenbart, der er beständig ausgesetzt ist. Für ihn ist Euer Fest Fassade; die von Euch gepriesene Freiheit ein ruchloser Freibrief; Eure große Nation geschwollene Eitelkeit; Eure Jubelchöre leer und herzlos; Euer Anprangern von Tyrannen eine unverschämte Frechheit; Eure Rufe nach Freiheit und Gleichheit hohler Spott; für ihn sind Eure Gebete und Lieder, Eure Predigten und Dankesgesten samt Eurem religiösen Stolz und Eurer Andächtigkeit nichts als Schwulst, Betrug, Schwindel, Enttäuschung, Pietätlosigkeit und Heuchelei – ein fadenscheiniger Schleier, um die Verbrechen zu verdecken, die einer Nation aus Wilden zur Schande gereichen würden.

Und doch sagt Douglass am Ende der Rede: »Ich gebe die Hoffnung für dieses Land nicht auf.«

Warum nicht? Douglass beschwört die »herausragenden Grundsätze« in der Unabhängigkeitserklärung der Vereinigten Staaten und lässt die Möglichkeit offen, dass Amerika ihnen doch noch gerecht zu werden vermag.

Wenn Yankah mit seinen Kindern spricht, versucht er den

gleichen Balanceakt, den Douglass hier meistert. Er nimmt kein Blatt vor den Mund. Er versucht nicht, das immense Unrecht zu verschleiern oder dessen Auswirkungen abzumildern. Aber gleichzeitig gibt er seinen Kindern mit auf den Weg, dass Fortschritt möglich ist. Dass der Gleichheitsgedanke Amerika nicht fremd ist. Er ist sogar in unseren Gründungsdokumenten festgeschrieben. Wir werden ihm nur nicht gerecht. Doch weder die Geschichte noch der Kampf sind bereits abgeschlossen.

Ich fragte Yankah, was ich seiner Meinung nach meinen Kindern beibringen sollte. »Das ist einfach«, erwiderte er. »Nett sein reicht nicht.« Natürlich ist es wichtig, dass wir nett zueinander sind. Aber wenn wir unseren Kindern vermitteln, das sei das Einzige, was sie tun können, bleiben die meisten Probleme ungelöst. Nettigkeit macht weder den Zugang zum Gesundheitswesen besser, noch verringert sie das Wohlstandsgefälle. Sie sorgt nicht für eine bessere Verteilung der Schulmittel. Und sie hilft den Schwarzen Eltern nicht dabei, ihre Kinder zu beruhigen, so wie ich das bei Hank machen kann, wenn sie sich Sorgen wegen der Polizei machen.

Wie wir persönlich miteinander umgehen, ist wichtig. Aber wie wir als Gemeinschaft miteinander umgehen, ist noch viel wichtiger. Wenn wir unsere Probleme in den Griff bekommen wollen, müssen wir unser Land dazu bringen, Verantwortung für seine Vergehen zu übernehmen – und für Gerechtigkeit zu sorgen.

◆ ◆ ◆

Die Vereinigten Staaten von Amerika sind ein moralischer Akteur, unabhängig von ihren Bürgerinnen und Bürgern – aus denselben Gründen wie Boeing auch. Ein Land ist nicht nur eine Ansammlung von Leuten. Unser Staat ist darauf ausgelegt, auf Entwicklungen reagieren zu können, und das macht ihn für sein Handeln verantwortlich. In Bezug auf Rassismus hat unsere Nation eine sehr schlechte Bilanz. Die Vereinigten Staaten tragen die Verantwortung für Sklaverei, Segregation, Redlining, Masseninhaftierungen und vieles mehr, das uns Probleme bereitet. Für einen Teil davon haben sie die Verantwortung aber nie übernommen.[258] Wir alle sollten unseren Einfluss nutzen, so klein oder groß er auch sein mag, um in dieser Hinsicht einen Wandel einzufordern.

Wie könnte das aussehen? In letzter Zeit ist immer wieder die Rede von Reparationen. 2014 veröffentlichte Ta-Nehisi Coates einen Artikel in *The Atlantic*, der den Titel »The Case for Reparations« trägt (»Plädoyer für Reparationen«)[259]. In dem Artikel geht um Sklaverei, aber hauptsächlich um das, was darauf folgte; der Fokus liegt auf den Sünden des zwanzigsten Jahrhunderts. Coates erklärt, wie das Redlining funktionierte, und zeigt im Detail, warum diese Maßnahme vor allem bestimmte Personengruppen traf – bis heute, da sich (massenweise) Zwangsvollstreckungen vor allem auf Gegenden mit hauptsächlich Schwarzer Bevölkerung konzentrieren.

Es ist schwer, Coates zu lesen, ohne dabei zu denken: *Wir müssen dieses Unrecht wiedergutmachen.* Es betrifft unsere Vergangenheit genauso wie unsere Gegenwart. Und auch unsere Zukunft wird davon geprägt sein, wenn wir nicht endlich Verantwortung übernehmen. Wie? Eine Entschuldigung wäre ein Anfang. Wir sollten unsere Vergehen klar als solche anerkennen. Gleichzeitig würde eine Entschuldigung hohl klingen, wenn sie nicht mit dem Versuch einherginge, die angerichteten Schäden zu beheben.*

Es ist *unmöglich*, das Geschehene ungeschehen zu machen. Viele der am stärksten betroffenen Menschen sind nicht mehr unter uns. Aber es *ist möglich*, eine Gesellschaft zu erschaffen, in der alle gleich behandelt werden.

---

* Das ist die Umkehrung der Vorstellung, dass eine harte Maßnahme Teil einer Bestrafung sein muss, um die richtige Botschaft über das Vergehen einer Person zu senden. Auch hier gilt: Taten sind lauter als Worte.

Darum geht es bei Reparationen. Daniel Fryer ist der dritte Rechtsphilosoph aus meiner Straße. Er befasst sich mit Reparationen und mit rassistisch bedingter Ungerechtigkeit insgesamt. Er weist den Gedanken zurück, dass Reparationen den Zweck erfüllen müssten, Schwarze in die Position zu bringen, die sie innegehabt hätten, wenn es Sklaverei und Segregation niemals gegeben hätte. Das ist unmöglich. Wir können die Zeit nicht zurückdrehen, um dann einen anderen Weg einzuschlagen. Aber das ist laut Fryer sowieso nicht das richtige Ziel. Reparationen, so seine Argumentation, sollen im besten Fall unsere Beziehungen reparieren.[260] Das Ziel sollte es sein, eine Gesellschaft zu gestalten, in der Schwarze Menschen gleichberechtigt behandelt werden und dieselben Freiheiten haben wie *weiße* Menschen.

Aber wie? Das ist eine schwierige Frage. Geld wird sicher eine Rolle spielen. Bargeldzahlungen können das Wohlstandsgefälle verringern, das viele Wege versperrt. Wir können auch Geld dafür aufwenden, Schulen besser zu fördern und den Zugang zum Gesundheitssystem zu erleichtern. Nicht alle Probleme lassen sich jedoch mit Geld beheben. Geld wird Masseninhaftierungen nicht verhindern, genauso wenig wie Polizeigewalt und die ungleichen Bedingungen bei Wahlen. Reparationen sollten dafür sorgen, dass Schwarze in unserer Gesellschaft in keinerlei Hinsicht mehr als Bürgerinnen und Bürger zweiter Klasse behandelt werden. Reparationen sind ein Vorhaben, keine Bezahlung. Es wird nicht leicht werden. Und wir werden das Projekt erst als Erfolg bezeichnen können, wenn wir das aufgebaut haben, was schon Frederick Douglass gefordert hat: eine Gesellschaft, die ihren Gründungsidealen gerecht wird.

◆ ◆ ◆

Weiter oben habe ich das Buch *When Jackie and Hank Met* erwähnt. Es erzählt die Geschichten von Jackie Robinson und Hank Greenberg. Sie waren zwei der besten Baseballspieler aller Zeiten.

Gleichzeitig waren sie das Ziel von fürchterlichen Beleidigungen – Greenberg, weil er Jude war, und Robinson, weil er Schwarz war.

Greenberg schaffte es vor Robinson in die Major League. Er war älter. Außerdem war auch Baseball segregiert. Robinson spielte in der Negro League, bevor Branch Rickey ihm einen Vertrag bei den Brooklyn Dodgers verschaffte, für die er 1947 zum ersten Mal auflief. Zu jener Zeit war Greenberg bereits am Ende seiner Karriere und spielte für die Pittsburgh Pirates.

Als die Mannschaften zum ersten Mal gegeneinander antraten, liefen sich die beiden buchstäblich über den Weg. Bei seinem ersten Schlag ließ Robinson den Ball leicht abtropfen.[261] Ein schlechter Wurf zwang Greenberg, sich von der Base zu lösen. Er stieß mit Robinson zusammen und brachte ihn zu Fall.[262]

Im nächsten Inning bekam Greenberg einen Walk. Als er zur ersten Base kam, fragte er Robinson, ob dieser verletzt sei.

Robinson verneinte, und Greenberg versicherte ihm, dass er ihn nicht habe umrennen wollen. Dann sagte er: »Hör mir gut zu, du darfst den Leuten keine Aufmerksamkeit schenken, die versuchen, dir das Leben schwer zu machen. Bleib dran. Du machst das gut.«[263] Später lud Greenberg Robinson auch zum Abendessen ein.[264] Das war die erste Ermutigung, die Robinson je von einem Spieler der Gegenmannschaft bekommen hatte, und er machte deutlich, wie viel ihm das damals bedeutete.[265]

Rex liebte diese Geschichte. Wir lasen sie immer und immer wieder. Er bat mich auch, sie seiner Vorschulgruppe vorzulesen. Aber es fiel ihm schwer, sie so richtig zu verstehen. Und so ging es auch den anderen Kindern in der Vorschule. Sie hatten viele Fragen.

»Warum mögen die Leute keine Juden?«

»Warum mögen die Leute keine Schwarzen?«

»Was heißt einen Ball abtropfen lassen?«

Die dritte Frage kam mir gerade recht, weil ich mich mit den ersten beiden selbst schwertat.

»Manche Leute mögen keine Menschen, die anders sind als sie selbst«, sagte ich. Was eigentlich zu stark vereinfacht ist und dennoch wahr.

When Jackie and Hank Met stand auch dann noch bei uns im Bücherregal, als meine Kinder sich schon keine Bilderbücher mehr ansahen. Das Buch spielte eine zu große Rolle in unserem Leben, als dass wir es einfach hätten weggeben können. Durch diese Geschichte waren die Kinder zum ersten Mal mit der Vorstellung in Berührung gekommen, dass manche Leute etwas gegen jüdische Menschen haben.

Ich lernte diese Lektion erst in der Schule. Dort war ich das einzige jüdische Kind (das blieb auch meine gesamte Schullaufbahn über so). Ich mochte meine Sitznachbarin und dachte, das könnte auf Gegenseitigkeit beruhen. Einmal hatte sie mir ihren Bauchnabel gezeigt, was ich als gutes Zeichen aufgefasst hatte. Also freute ich mich sehr, als sie sich mir eines Tages zuwandte und mich ansprach. Sie sagte: »Juden haben Jesus umgebracht.«

Ich hatte keine Ahnung, wovon sie redete. Aber ich wollte meine Leute in Schutz nehmen. Da ich nur eine vage Vorstellung davon hatte, wer Jesus war, konnte ich nichts zum sachlichen Gehalt des Falls beitragen. Also setzte ich auf unseren Leumund.

»Das kann ich mir nicht vorstellen«, sagte ich. »Wir sind total nette Leute.«

»Meine Mutter sagt, dass ihr das getan habt.«

(Nehmen Sie sich ruhig kurz Zeit und überlegen Sie, wie dieses *ihr* im Zusammenhang mit dem einzuordnen ist, was wir über Gruppenverantwortung gelernt haben.)

Ihre Mutter lag falsch. Es waren keine Juden, die Jesus töteten. Es waren Römer. Aber der Vorwurf wird im Antisemitismus schon seit Jahrhunderten gepflegt.

Unter Jüdinnen und Juden werden viele Witze darüber gemacht, auch um die Absurdität daran zu verdeutlichen, Menschen für etwas verantwortlich zu machen, das sie vor zweitausend

Jahren getan haben sollen (jedoch nicht getan haben). Der bekannteste stammt wohl von dem Komiker Lenny Bruce: »Ja, es stimmt. Wir haben es getan. Meine Familie. Ich habe eine Notiz im Keller gefunden: ›Wir haben ihn umgebracht – unterzeichnet, Morty.‹«[266]

Sarah Silverman setzt noch einen drauf: »Alle Leute beschuldigen die Juden, Christus getötet zu haben. Dann versuchen die Juden, es den Römern anzuhängen. Ich gehöre zu den wenigen Leuten, die meinen, es seien die Schwarzen gewesen.«[267]

Der Witz Silvermans bringt den sozialen Status von Jüdinnen und Juden in den Vereinigten Staaten ziemlich genau auf den Punkt. Es ist eine seltsame Kombination aus Privileg und Prekariat. Das Privileg ergibt sich daraus, dass die meisten jüdischen Menschen *Weiße* sind. Das prägt, wie wir behandelt werden. Wir werden in Geschäften nicht beschattet. Wir haben keine Probleme dabei, ein Taxi zu rufen. Wir müssen nicht damit rechnen, von der Polizei schikaniert oder gar verletzt zu werden. Und so weiter und so fort. Dennoch gehören wir nicht so ganz zum Club der Auserwählten. Die weißen Rassisten sangen bei ihrem Aufmarsch in Charlottesville: »Gegen den Austausch durch die Juden.«[268] Außerdem riefen sie alte Nazislogans – eine wichtige Erinnerung daran, dass die Dinge schnell den Bach runtergehen können, selbst in einer Gesellschaft, die uns auf den ersten Blick zu akzeptieren scheint.

Manche jüdischen Menschen begegnen dem mit dem Versuch, ihr *weiß*-Sein zu betonen. Und es gibt kaum einen *weißeren* Zeitvertreib, als Schwarzen die Schuld an etwas zu geben, das sie nicht getan haben. Daher auch Silvermans Witz. Er ist lustig, weil er absurd ist. Aber auch tragisch, da er auf die Wirklichkeit verweist. Im Kampf um ihren Platz in der Gesellschaftshierarchie nehmen sich marginalisierte Gruppen häufig gegenseitig ins Visier. Im Fall der jüdischen und der Schwarzen Bevölkerung der USA lässt sich das in beide Richtungen beobachten.[269] Es gibt sowohl rassistische Jüdinnen und Juden als auch antisemitische Schwarze. Dabei geht es nicht allein um die eigene Position in der Gesellschaft. Hass hat viele Gesichter.*[270] Aber die soziale Position spielt definitiv eine Rolle.

Es gibt jedoch noch einen anderen Weg, den wir in unserem Buch gesehen haben. Als Jackie auf Hank traf, verhielten sie sich solidarisch miteinander, an der First Base und darüber hinaus. Greenberg wurde später Hauptgeschäftsführer der Cleveland Indians. In dieser Funktion ließ er seine Spieler nicht in Hotels übernachten, die Schwarzen keinen Zutritt gewährten. Außerdem öffnete er die Texas League für Schwarze Spieler.[271]

Robinson entwickelte sich zu einem entschiedenen Kämpfer gegen Antisemitismus, ganz besonders innerhalb der Schwarzen Community. Er prangerte es öffentlich an, als andere Schwarze Führungspersönlichkeiten einem jüdischen Geschäftsmann, der das Ziel eines antisemitischen Protests geworden war, die Unterstützung versagten.[272] In seiner Autobiografie fragte er: »Wie sollen wir uns gegen Vorurteile gegenüber Schwarzen auflehnen, wenn wir an anderer Stelle selbst eine ähnliche Intoleranz an den Tag legen oder hinnehmen?«[273]

Solidarität ist die zentrale Botschaft von *When Jackie and Hank Met*. Jackies Kampf war nicht derselbe wie Hanks. Und Hanks Kampf war nicht derselbe wie Jackies. Jackie litt deutlich stärker, und Hank wusste das.[274] Aber beiden war klar, dass sie mehr davon hatten, einander zu unterstützen, als sich gegenseitig zu hassen. Und beide hielten das für den richtigen Weg.

Ich wünsche mir, dass meine Kinder es genauso sehen. Ich möchte, dass sie für Menschen einstehen, die unterdrückt wer-

---

* Manchmal ist der Unmut allerdings auch gerechtfertigt. Ich empfehle allen jüdischen Menschen in Amerika James Baldwins Essay von 1967 zu lesen: »Negroes Are Anti-Semitic Because They're Anti-White.« (Schwarze sind antisemitisch, weil sie anti-*weiß* sind.)

den. Ich möchte, dass sie für Menschen aufstehen, denen Unrecht widerfährt. Könnte mir jemand versichern, dass meine Kinder genau das tun werden, wäre ich absolut zufrieden. Dann hätte ich das Gefühl, als Vater erfolgreich gewesen zu sein.

Teil 3

Die Welt verstehen

8
Erkenntnis

»Ich frage mich, ob mein ganzes Leben ein Traum ist«, sagte Rex. Er war vier und bereits ein geübter Philosoph, weshalb mich die Frage nicht sonderlich überraschte. Wir aßen gerade zu Abend, und vielleicht war die Bemerkung sogar eine reine Gemüsevermeidungsstrategie. Wenn dem so war, so funktionierte sie ausgezeichnet. Rex kannte sein Publikum genau.

»Coole Idee, Rex! Das hat sich auch schon ein Typ namens Descartes gefragt. Meinst du wirklich, du träumst?«

»Ich weiß nicht. Vielleicht.«

»Falls du träumst, was denkst du, wo du dich gerade befindest?«

»Vielleicht bin ich noch in Mommys Bauch. Vielleicht bin ich noch gar nicht geboren worden.«

Das ließ ich ihm nicht durchgehen.

»Können ungeborene Babys schon sprechen?«, fragte ich ihn.

»Nein.«

»Und trotzdem denkst du, sie könnten Gespräche wie dieses hier träumen?«

»Nein«, gab er zu.

Aber es war nicht schwer, das Argument von Rex' Überlegung plausibler zu gestalten. »Vielleicht träumst du ja nur heute?«, fragte ich ihn. »Nimm einmal an, du wärst noch gar nicht aufgestanden, seit du gestern Abend ins Bett gegangen bist. Könntest du den Unterschied erkennen?«

»Nein!«, rief er, zufrieden bei dem Gedanken, er könnte halluzinieren.

◆ ◆ ◆

Wir alle haben unsere skeptischen Momente. Es kommt vor, dass jemand aus dem Freundeskreis irgendwelche Neuigkeiten teilt, aber Sie glauben sie nicht. Oder Sie beginnen an etwas zu zweifeln, von dem Sie bisher angenommen hatten, dass es stimmt.

Die Hypothese, die Rex aufstellte – dass er sein gesamtes Leben träume –, ist ein Rezept für einen radikalen Skeptizismus, dafür, so gut wie alles infrage zu stellen.

Descartes war nicht der erste Traumskeptiker. Die Idee tauchte bereits in weit zurückliegenden Zeiten auf. Meine Lieblingsformulierung stammt aus dem *Zhuangzi*, einem daoistischen Text, der vor mehr als zweitausend Jahren geschrieben wurde:

> Einst träumte Zhuang Zhou, ein Schmetterling zu sein, ein lebhaft flatternder Schmetterling, glücklich mit sich selbst, nur seinem Willen folgend. Er wusste nicht, dass er Zhuang Zhou war. Wie freute er sich, als er kurz darauf erwachte [und feststellte]: »Da ist Zhuang Zhou!« Doch er wusste nicht, war er Zhuang Zhou, der geträumt hatte, ein Schmetterling zu sein, oder war er ein Schmetterling, der geträumt hatte, Zhuang Zhou zu sein?[275]

Ich fragte Hank (acht Jahre alt), ob es einen Weg für Zhuang Zhou gäbe, dies herauszufinden. Er dachte nach und fragte: »Ist er müde? Wenn nicht, dann ist er gerade erst aufgewacht, und hat geträumt, er wäre ein Schmetterling.«

Das ist schlau. Aber nicht schlau genug. Wie auch Hank später einräumte, kann man auch träumen, man würde aufwachen und sich ausgeruht fühlen. Es kam ihm nur nicht besonders wahrscheinlich vor. Natürlich ist es genauso unwahrscheinlich, sein gesamtes Leben zu träumen, ob nun als Baby im Bauch der Mutter oder als Schmetterling. Dass wir den Traumskeptizismus so ernst nehmen, heißt nicht, wir hätten ernsthafte Befürchtungen in diese Richtung. Es geht eher darum, was er uns über den Zustand unseres Wissens zeigt – und über unsere Beziehung zur Welt um uns herum.

◆ ◆ ◆

Das waren auch die Überlegungen von Descartes, als er den Traumskeptizismus erträumte. René Descartes lebte Anfang des siebzehnten Jahrhunderts und gilt auch heute noch als einer der einflussreichsten Denker überhaupt. Das liegt einerseits an seinen mathematischen Arbeiten, insbesondere seinem algebraischen Zugang zur Geometrie. (Kurzer Flashback in die fünfte Klasse: Bitte zeichnen Sie $y = x + 2$ im kartesianischen Koordinatensystem ein. Ich warte.) Noch mehr hat es jedoch mit den Anstrengungen Descartes zu tun, sich von falschen Glaubenssätzen zu befreien.

Anstatt dieses oder jenes in Zweifel zu ziehen, schickte sich Descartes an, einfach alles anzuzweifeln.[276] Warum? Er wollte sein Wissen auf eine feste Grundlage stellen. Um das zu erreichen, so entschied er, wäre es am besten, alles infrage zu stellen, von dem er annahm, es zu wissen. Sollte danach etwas übrig bleiben – wenn er etwas fände, das seinem Zweifel standhielte –, hätte er eine feste Grundlage, um darauf aufzubauen.

Der Traumskeptizismus war für Descartes eine wichtige Quelle des Zweifels. Die Möglichkeit, er könnte träumen – gerade in diesem Augenblick oder sein gesamtes Leben über –, stellte das meiste, was er zu wissen glaubte, infrage. Warum? Gehen Sie selbst einmal in sich und überlegen Sie: Wo sind Sie? Was tun Sie gerade?

Als Descartes über den Traumskeptizismus schrieb, saß er bekleidet vor dem Feuer und hielt ein Stück Papier in Händen. Aber stimmte das wirklich? Er begann sich zu fragen, ob er nicht gerade schlafend im Bett läge. Es kam ihm nicht so vor. Tatsächlich dachte er, dass kein Traum so realistisch sein könne wie die gegenwärtige Erfahrung. Dann jedoch erinnerte er sich: Schon oft war er von einem Traum getäuscht worden, hatte angenommen, wach zu sein.[277] Und es gab keinen sicheren Anhaltspunkt, der ihm Gewissheit darüber geben konnte, ob er wach war oder träumte.

In einer ganz ähnlichen Position befinden Sie sich auch. Ich bin mir sicher, dass es den Anschein macht, als wären Sie wach. Aber wie Descartes haben auch Sie vermutlich schon einmal überrascht – ja, sogar erleichtert – festgestellt, dass Sie nur träumten. Diese Erfahrung jedoch macht es schwer, mit Sicherheit zu wissen, dass es jetzt, in diesem Augenblick, nicht so ist. Und wenn Sie sich nicht sicher sein können, dass Sie gerade wach sind, wie können Sie sich dann über irgendetwas sicher sein, das Sie je erlebt haben? Natürlich, Sie erinnern sich noch ganz genau an die Zeit, als [setzen Sie hier eine Ihrer Lieblingserinnerungen ein]. Aber sind Sie sich wirklich sicher, dass Sie das nicht nur geträumt haben?

Wenn Sie das verwirrt, empfinden Sie es womöglich als beruhigend, dass manches Wissen gegen Traumskeptizismus immun ist. Wie schon Descartes beobachtete, gibt es Dinge, die wahr sind, egal ob man schläft oder wach ist. Ein Quadrat hat auch im Traum vier Seiten. Schlafen verändert auch nichts daran, dass $2 + 3 = 5$ ist.[278] Also können Sie sich an diesen Wahrheiten festhalten, selbst wenn es ansonsten nicht viele Gewissheiten gibt.

Klammern Sie sich jedoch ja nicht zu fest daran, denn Descartes fand einen Weg, auch diese Wahrheiten infrage zu stellen. Sobald er die Grenzen des Traumskeptizismus aufgezeigt hatte, stellte er eine noch deutlich skeptischere Hypothese auf, die umfassendste, die es je gab. Descartes überlegte sich, dass ein boshafter Genius[279] – nennen wir ihn nach dem Lieblingsbösewicht meiner Kinder Dr. Doofenshmirtz – seine Gedanken kontrollieren könnte.* Tatsächlich wäre es Doofenshmirtz möglich gewesen, Descartes zu täuschen und seinen Kopf mit Unwahrheiten zu füllen.

Warum? Descartes hat nie erklärt, warum Doofenshmirtz ihn hätte täuschen wollen, und ehrlich gesagt erscheint mir das nicht gerade wie ein genialer Zeitvertreib. Aber allein schon die Möglichkeit, dass Doofenshmirtz ihn täuschen könnte, stellte für Descartes ein Problem dar. Es bedeutete, dass er sich auf nichts verlassen konnte, was er glaubte, nicht einmal die einfachsten mathematischen Wahrheiten. Soweit er wusste, war es möglich, dass Doofenshmirtz ihn hereinlegte.

Und auch Sie wissen nicht, ob Sie nicht das Opfer eines Betrugs sind. Vielleicht hat Doofenshmirtz ja Ihr Gehirn entfernt, es in einen Tank gesteckt und an Elektroden angeschlossen, um jede Erfahrung zu simulieren, die Sie jemals gehabt haben. Sie hätten keine Chance, es herauszufinden.

Ich weiß. Sie denken, Sie wären angezogen, säßen oder lägen gerade auf einem Bett und läsen dieses Buch. Aber das stimmt alles nicht. Sie sind nicht angezogen. Sie sind noch nicht einmal nackt. Sie haben gar keinen Körper. Sie sind einzig und allein ein körperloses Gehirn. Und auch wenn es so wirkt, als würden Sie ein Buch lesen, gibt es dieses Buch gar nicht. Alles findet nur in Ihrem Kopf statt.

So könnte es zumindest sein. Und Sie sind nicht in der Lage, es auszuschließen. Soweit es sich aus Ihrer Position beurteilen lässt, kann die Außenwelt eine ausgefeilte Illusion sein. Die Dinge kämen Ihnen genau gleich vor, ob sie nun existierten oder auch nicht.

◆ ◆ ◆

---

* Wenn Ihnen dieser Name nichts sagt, schnappen Sie sich ein Kind als Alibi und schauen Sie sich die Zeichentrickserie *Phineas und Ferb* an. Hank empfiehlt Episode 14, Staffel 10.

Nachdem Hank und ich uns über Zhunag Zhou unterhalten hatten, redeten wir über Descartes und Doofenshmirtz.

»Gibt es irgendetwas, das Descartes mit Sicherheit wissen kann, selbst wenn Doofenshmirtz versucht, ihn zu täuschen?«, fragte ich.

Hank wusste es sofort.

»Er weiß, dass er denkt«, sagte er.

»Warum kann Doofenshmirtz ihm das nicht einflüstern?«

»Tja, Doofenshmirtz könnte ihn Dinge denken lassen«, sagte Hank. »Aber wenn er denkt, dass er denkt, dann denkt er.«

Das stimmt. Und Descartes erkannte das ebenfalls.[280] Selbst die extremste Form des Skeptizismus stößt irgendwo an eine Grenze. *Ich denke*, dachte Descartes, *darin kann ich mich nicht täuschen*. Und diese Überlegung führte ihn zu einem weiteren Gedanken, der keine Täuschung durch Doofenshmirtz sein konnte: *Ich existiere.*

Diese Gedankenfolge nennt man *Cogito*, nach dem lateinischen *cogito, ergo sum*. Was so viel bedeutet wie: *Ich denke, also bin ich.*

Auch wenn alles andere ungewiss war, so blieb Descartes zumindest das: Er *wusste*, dass er existierte.

◆ ◆ ◆

Okay, das ist eine ziemlich gekonnte Herleitung – von Hank vielleicht noch mehr als von Descartes.[281] Aber ist *das Cogito* wirklich alles, was wir wissen?

Niemand handelt entsprechend. Sehen Sie sich die folgenden Fragen an:

Weißt du, wann der Film anfängt?
Wissen Sie, wie ich zur Einkaufsstraße komme?
Weißt du, ob in der Vorratskammer noch Nudeln sind?

Solche Fragen stellen wir ständig. Und niemand hält dagegen, dass es unmöglich zu wissen sei, ob noch Nudeln in der Vorratskammer wären, da man deren Existenz ja schließlich auch nur geträumt haben oder sogar von einer Art Dämon getäuscht worden sein könnte.

Ich träume allerdings manchmal davon, meinen Kindern auf diese Weise zu antworten.

»Weißt du, wo meine Socken sind?«

»Weiß denn irgendjemand irgendetwas?«

»Dad!«

»Ich meine natürlich: Ich glaube schon, dass ich deine Socken gesehen habe. Aber wie soll ich mir da sicher sein? Es könnte auch nur ein Traum gewesen sein.«

»Wo hast du sie denn gesehen?«

»Bist du dir ganz sicher, dass Socken tatsächlich existieren? Vielleicht jagst du einem Hirngespinst hinterher.«

Das wäre ein Riesenspaß. Aber es würde die Kinder vermutlich in den Wahnsinn treiben, weil niemand davon ausgeht, dass der kartesianische Skeptizismus unser Alltagswissen bestimmt.

Hatte Descartes also unrecht, als er überlegte, was es braucht, um etwas zu wissen? Oder sind wir von Grund auf verwirrt und gehen davon aus, etwas zu wissen, obwohl es in Wahrheit gar nicht so ist?

◆ ◆ ◆

Die Antwort hängt davon ab, was Wissen eigentlich *ist*. Lange Zeit über gingen wir davon aus, das zu wissen. Doch dann stellte sich heraus, dass das gar nicht stimmt.

Danach habe ich neulich auch Rex gefragt.

»Wann weißt du etwas?«

»Wie meinst du das?«, fragte er.

»Also, wir wissen, dass Mommy gerade einkaufen ist. Aber was meinen wir, wenn wir sagen, dass wir das wissen?«

»Es ist in unserem Kopf«, sagte Rex.

»Weißt du alles, was in deinem Kopf ist?«

»Nein. Es muss stimmen. Wenn Mommy nicht einkaufen wäre, würden wir auch nicht *wissen*, dass sie dort ist.«

»Wenn etwas also in deinem Kopf ist und stimmt, dann weißt du es?«

»Ich denke schon«, erwiderte Rex.

»Da bin ich mir nicht so sicher. Stell dir mal vor, du würdest davon ausgehen, dass es morgen regnet. Und dann regnet es am nächsten Tag tatsächlich. Dabei hast du dir gar nicht den Wetterbericht angesehen. Du gehst nur davon aus, dass es morgen – am Dienstag – regnen wird, weil du annimmst, dass es jeden Dienstag regnet. Das stimmt natürlich nicht. Ehrlich gesagt ist es sogar ziemlicher Quatsch. Weißt du also, dass es morgen regnen wird?«

»Nein«, sagte Rex, nachdem er sich die Geschichte noch ein zweites Mal hatte erzählen lassen. »Der Grund für die Annahme, dass es morgen regnen wird, muss verlässlich sein, sonst ist es kein Wissen.«

Mit meiner letzten Frage hatte ich Rex natürlich in die richtige Richtung geschubst, aber nun war er, wo ich ihn haben wollte. In wenigen Schritten hatte er das traditionelle Verständnis von Wissen hergeleitet. Etwas zu wissen, so war es in der Philosophie lange Konsens, bedeutete, eine *gerechtfertigte, wahre Überzeugung* darüber zu haben.[282]

Lassen Sie uns das Ganze einmal umkehren. Erstens: Damit Sie etwas wissen, muss es Rex zufolge in Ihrem Kopf sein. Doch es muss dort auf die richtige Art sein. Es funktioniert nicht, einfach nur zu *wollen*, dass etwas wahr ist. Sie müssen wirklich *überzeugt sein*, dass es so ist.

Zweitens: Sie können nichts wissen, was nicht zutrifft. Ihre Annahme muss wahr sein.

Und drittens: Ihre Annahme muss gerechtfertigt sein. Das bedeutet, dass Sie ausreichende Indizien dafür haben müssen. Einfach nur etwas anzunehmen, reicht nicht aus, genauso wenig, wie sich auf eindeutig abwegige Informationen zu verlassen, wie etwa die Vorstellung, dass es jeden Dienstag regnet.

Diese klassische Analyse des Wissens (KAW) war lange Zeit unumstritten, bis ein Mann namens Edmund Gettier ein Problem bekam.

◆ ◆ ◆

Gettier lehrte an der Wayne State University und war eigentlich an der Reihe, eine entfristete Anstellung zu bekommen. Doch da er nichts geschrieben hatte, sah es schlecht für ihn aus.[283] Schreib oder flieg, war seine Realität. Aus Gettiers Kollegenkreis hieß es, er müsse unbedingt etwas vorweisen, ansonsten werde er seinen Job verlieren. Also schrieb er die einzige Idee auf, die er hatte. Der erstmals 1963 veröffentlichte Artikel war gerade einmal drei Seiten lang. Im Titel stellte Gettier die Frage: »Is Justified True Belief Knowledge?« (Ist gerechtfertigte, wahre Überzeugung Wissen?)

Gettier verneinte und führte zwei Gegenbeispiele an.[284] Da diese ziemlich kompliziert waren, habe ich hier ein einfacheres für Sie, das jedoch nach demselben Muster funktioniert. Stellen wir uns vor, Sie nehmen an, dass sich in Ihrem Haus ein Exemplar des Kochbuchs *The Joy of Cooking* (Freude am Kochen) befindet. Sie haben es vor Jahren gekauft und seitdem auch viele Male benutzt. Und es stimmt: Es *gibt* ein Exemplar dieses Kochbuchs in Ihrem Haus. Aber es ist *nicht* das Exemplar, das Sie Jahre zuvor gekauft haben. Ihr Partner oder Ihre Partnerin hat das Buch an Freunde verliehen, und bisher ist es nicht wieder zurückgebracht worden. Wie der Zufall so will, haben Sie jedoch ein Exemplar zum Geburtstag geschickt bekommen, von anderen Bekannten, die nicht wussten, dass Sie bereits ein Exemplar davon besaßen. Dieses liegt nun in Geschenkpapier gehüllt in Ihrem Wohnzimmer und wartet darauf, ausgepackt zu werden.

Wissen Sie denn nun, dass sich ein Exemplar von *The Joy of Cooking* in Ihrem Haus befindet? Sie nehmen an, dass es so ist, und Ihre Annahme ist wahr. Ja, mehr noch, sie ist gerechtfertigt – Sie haben das Buch gekauft und bereits mehrfach benutzt. Gemäß der klassischen Analyse des Wissens wissen Sie also, dass Sie ein Exemplar haben. Gettier jedoch sagt, dass das nicht stimmt, und fast alle Menschen, die mit solchen Fällen zu tun haben, sehen es genauso. Sie haben einfach nur Glück, dass sich ein Exemplar in Ihrem Haus befindet. Mit Wissen hat das aber nichts zu tun.

Gettiers Artikel war eine Art Weckruf für die Philosophie – er zeigte, dass niemand wusste, was Wissen war. Die Folge waren hektische Versuche, die klassische Analyse des Wissens zu erweitern – das hinzuzufügen, was sonst noch nötig war, um etwas zu wissen –, um das zu vermeiden, was als Gettier-Problem bekannt geworden ist.* Bis heute gingen Dutzende Lösungsvorschläge ein. Aber keiner davon funktionierte.[285]

Das ist laut Linda Zagzebski kein Zufall. Ihr Ansatz zerstörte die Hoffnung vieler auf eine Lösung des Gettier-Problems. Zagzebski zufolge können, ausgehend von der einleuchtenden Prämisse, dass es gerechtfertigte Fehlannahmen gibt, immer neue Gettier-Fälle aufgezeigt werden, egal, wodurch man die klassische Analyse des Wissens ergänzt. Tatsächlich hat sie sogar einen Leitfaden dafür geschrieben.[286]

Am Anfang steht immer eine Geschichte über eine gerechtfertigte Annahme. Dann fügen Sie ein wenig Pech hinzu, damit sich die Annahme als falsch erweist. Aber damit noch nicht genug! Geben Sie zu guter Letzt noch einen Quäntchen Glück hinzu, durch das die Annahme doch wieder zutrifft.

---

* Gettiers anderes Problem – seine Festanstellung – hatte sich durch die Veröffentlichung des Artikels in Luft aufgelöst.

Eine von Zagzebskis Geschichten lautet wie folgt: Mary nimmt an, ihr Ehemann befände sich im Wohnzimmer.[287] Warum? Sie ist gerade erst dort vorbeigelaufen und hat ihn gesehen. Tja, Pech gehabt! Mary liegt falsch. Sie hat nämlich gar nicht ihren Ehemann gesehen, sondern seinen seit Langem verschollenen Zwilling, der unerwartet aufgetaucht ist. Aber Glück im Unglück! Ihr Ehemann sitzt auch im Wohnzimmer; jedoch nicht in Marys Sichtweite, als sie am Wohnzimmer vorbeiläuft.

Weiß Mary also, dass ihr Ehemann sich im Wohnzimmer befindet? Nun ja, sie nimmt an, dass er dort ist, und es stimmt, er ist dort. Ist ihre Annahme gerechtfertigt? Ja, sie ist am Wohnzimmer vorbeigelaufen und hat eine Person gesehen, die exakt so aussah wie ihr Ehemann. Sollte Mary jedoch wissen, dass ihr Ehemann einen Zwilling hat (das muss nicht der Fall sein), weiß sie auch, dass es mindestens eine Person gibt, die genauso aussieht wie ihr Ehemann. Sie hat allerdings keinen Grund zu der Annahme, dass dieser seit Langem als verschollen geltende Zwilling an jenem Abend zu Gast ist. Mary hegt also die gerechtfertigte, wahre Überzeugung, dass ihr Ehemann im Wohnzimmer ist. Trotzdem *weiß* sie nicht, dass er dort ist. Dass sie recht hat, ist einfach nur Glück.

Es gibt auch heute noch Versuche, das Gettier-Problem zu lösen. Wir werden hier nicht näher darauf eingehen, da sie meistens ziemlich kompliziert sind. Aber viele Fachleute stimmen Zagzebski zu – das Problem wird niemals gelöst werden. Manche von ihnen meinen sogar, dass es von vornherein ein Fehler war, Wissen mithilfe von simpleren Konzepten wie Rechtfertigung, Überzeugung und Wahrheit definieren zu wollen.[288]

Nicht jedes Konzept lässt sich in einfachere Bestandteile zerlegen.

Schnelle Frage: Was ist ein Stuhl?

Wenn Sie jetzt antworten, »etwas, auf dem man sitzen kann«, wird Ihr Bett Einspruch erheben. Wie auch jede Menge größerer

Felsen. Und wenn Sie jetzt denken: »Mit Beinen! Ein Stuhl braucht Beine«, dann öffnen sie Google und geben Sie »Stühle ohne Beine« ein. Sie werden sicher jede Menge Gegenbeispiele finden.

Und dennoch haben Sie keine Probleme damit, Stühle zu erkennen, selbst wenn Sie nicht erklären können, was sie ausmacht. Das Gleiche gilt für Wissen, finden manche.

Was sagt denn eigentlich Gettier dazu? Wie würde er sein Problem lösen? Wir wissen es nicht. Edmund Gettier ist eines der Aushängeschilder der Philosophie des zwanzigsten Jahrhunderts, allen bekannt, die sich mit diesen Fragen beschäftigen. Gleichzeitig war er ein One-Hit-Wonder. Gettier hat nach der Veröffentlichung seines Artikels noch jahrzehntelang gelehrt. Aber er hat nie wieder etwas geschrieben.

Warum? Das ist einfach zu beantworten. Er hatte »nichts mehr zu sagen«[289].

◆ ◆ ◆

Vielleicht der beste Schlussakkord, den es je gab.

Aber ich werde Ihnen nun ein Geheimnis verraten. Gettier war gar nicht der Erste, der dieses Problem entdeckte.

Im achten Jahrhundert erzählte ein indischer Philosoph namens Dharmottara folgende Geschichte: Sie laufen durch die Wüste und brauchen etwas zu trinken. Vor sich sehen Sie Wasser. Das ist, wie sich herausstellt, allerdings eine Fata Morgana. Aber als Sie an der Stelle ankommen, finden Sie Wasser unter einem Felsen. Wussten Sie also, dass es Wasser gibt, bevor Sie dort ankamen? Dharmottara verneint. Sie hatten einfach Glück.[290]

Gettier hat nicht von Dharmottara geklaut. Er hatte einfach nur zufällig dieselbe Idee, zwölfhundert Jahre später. In der Zwischenzeit hat auch noch ein italienischer Philosoph, Peter von Mantua, ähnliche Überlegungen angestellt.[291] Er lebte im vierzehnten Jahrhundert. Aber auch das war Gettier nicht bewusst.

Alte Texte gibt es nicht immer in Übersetzung. Weshalb die Leute den Überblick darüber verlieren, was in ihnen steht.

Das ist ein Problem für die Philosophie. Oder genauer gesagt, das sind mehrere Probleme in einem. Philosophen aus weit zurückliegenden Zeiten oder entlegenen Orten finden oft kein Gehör. Und sie sind nicht die einzigen. Viel zu lange blieben auch Frauen außen vor. Weiter oben habe ich die Vorstellung, ein boshafter Genius könnte unseren Kopf mit Unwahrheiten füllen, Descartes zugeschrieben. Neuere Studien zeigen jedoch, dass er von den Arbeiten einer spanischen Nonne beeinflusst gewesen sein könnte: Teresa von Ávila, die in ihren Schriften zur Erkenntnis ebenfalls auf Dämonen zurückgriff, wenn auch in etwas anderer Form.*[292] Doch während Descartes von allen Studierenden gelesen wird, befassen sich nur wenige mit Teresa von Ávila.

Das versucht eine neue Generation von Philosophinnen und Philosophen zu ändern. Sie hält nach neuen Ideen in alten Traditionen der ganzen Welt Ausschau. Ein Resultat davon ist, dass Dharmottara nun der englischsprachigen Welt geläufig ist. Außerdem gibt es eine gemeinschaftliche Anstrengung, die Werke von Frauen sichtbar zu machen, die in der Philosophiegeschichte bisher keine oder nicht genügend Aufmerksamkeit erhalten haben.[293] Wie sich herausstellt, war Teresa von Ávila nicht die einzige Frau, die Descartes und die philosophischen Ideen seiner Zeit beeinflusst hat. Später werden wir noch eine Prinzessin kennenlernen, die mit ihm über das Bewusstsein stritt.

◆ ◆ ◆

---

* Teresa von Ávilas Dämonen verlockten sie zu falschen Überzeugungen, erinnerten sie an irdische Freuden und versuchten, sie vom meditativen Weg hin zur Erkenntnis ihrer Selbst und Gottes abzubringen.

Den Fokus der Philosophie zu erweitern, ist schwierig, besonders mit Hinblick auf die Vergangenheit. Vieles ist für die Geschichte verloren. Aber wir können sicherstellen, dass wir nicht wieder denselben Fehler begehen, indem wir einer größeren Bandbreite von Philosophinnen und Philosophen Gehör schenken.

In diesem Sinne ist es an der Zeit, Descartes hinter uns zu lassen. Dafür fällt mir auch genau die richtige Frau ein. Wie Gettier lehrte auch Gail Stine an der Wayne State University. Als sie 1977 starb, war sie noch viel zu jung, 37 Jahre alt.[294] Sie war Erkenntnistheoretikerin: eine Philosophin, die über das Wissen forscht, und sich damit beschäftigt, was es ausmacht und wie wir es erlangen.

Stine fand die eben benannte Diskrepanz faszinierend. In der Alltagskommunikation gehen wir standardmäßig davon aus, eine ganze Menge zu wissen. Wenn es jedoch um Philosophie geht, kommt es uns so vor, als würde uns unser Wissen entgleiten. Sobald wir Descartes lesen, sind wir uns nicht mehr sicher, ob wir überhaupt irgendetwas wissen.

Wie kommt das?

Stine hatte eine Idee, die schlicht und durchschlagend zugleich war.[295] Die Bedeutung mancher Wörter verändert sich je nach Kontext. Oft ist das leicht zu erkennen. Zu Hause bin ich groß, bei der Arbeit jedoch nicht. Warum? Weil meine Vergleichsgruppe sich ändert. Die Kinder und auch Julie sind kleiner als ich, also bin ich verglichen mit ihnen relativ groß. Allerdings bin ich kleiner als der Durchschnittsamerikaner, also hält mich bei der Arbeit niemand für groß.

Mit 1,90 m ist mein Freund JJ groß – bei der Arbeit. Inmitten von Profi-Basketballern ist er es nicht. Und selbst der größte Mann der Welt ist nicht in allen Kontexten groß. Neben einer Giraffe sieht er ganz schön klein aus.

Es ist also offensichtlich, dass *groß* und *klein* ihre Bedeutungen verändern. Dasselbe gilt auch für *dick* und *dünn*. Aber manche

Begriffe sind wirklich überraschend kontextabhängig. Zum Beispiel: *leer*.

Wenn ich an einem x-beliebigen Tag sage: »Der Kühlschrank ist leer«, meine ich damit: »Wir haben nichts fürs Abendessen«. Und trotzdem finden sich dort allerhand Dinge: Getränke, Ketchup, Senf und so weiter. Aber wenn wir uns über den Kontext des Gesprächs einig sind, werden Sie mir zustimmen, dass der Kühlschrank leer ist, solange nichts darin ist, aus dem sich eine Mahlzeit zubereiten lässt.

Jetzt ändert sich der Kontext: Das Umzugsunternehmen rückt an, und wir beeilen uns, alles vorzubereiten. »Ist der Kühlschrank leer?«, frage ich. Jetzt bedeutet *leer* etwas anderes. Wenn noch Getränke im Kühlschrank stehen, ist er *nicht* leer. Es darf schließlich nichts darin bleiben, das während des Umzugs herumfliegen könnte, da wir sonst am Zielort eine Sauerei beseitigen müssten.

Es ist verführerisch zu denken, dies sei die wahre Bedeutung von *leer* – ohne Essen und Getränke darin –, und ich hätte mich vorher einfach ein wenig ungenau ausgedrückt. Aber dieser Versuchung sollten wir widerstehen, da selbst ein Kühlschrank ohne Essen und Trinken darin nicht in allen Kontexten als leer gelten würde. Wenn wir zum Beispiel ein Experiment durchführen wollten, für das ein Vakuum im Kühlschrank geschaffen werden müsste, wäre dieser nicht leer, bis sich keine Luft mehr darin befände. In den meisten Kontexten bedeutet *leer* jedoch nicht »frei von jeglicher Materie«. Es bedeutet, was immer es bedeuten soll, und das ist situationsabhängig.

Stine meinte, auch das Wort *wissen* sei kontextabhängig, und zwar auf ähnliche Weise wie das Wort *leer*.[296] In unterschiedlichen Situationen bestimmen unterschiedliche Standards darüber, ob Menschen etwas wissen. Diese Standards hängen Stine zufolge von den *relevanten Alternativen* ab, die sich je nach Situation ändern.

Ein typisches Beispiel wäre folgendes. Sie besuchen den Zoo von San Diego und entdecken dort schwarz-weiß gestreifte Tiere. »Da sind die Zebras!«, sagen Sie und gehen näher, um sie sich anzusehen. Wissen Sie, dass Sie sich gerade Zebras anschauen? Natürlich tun Sie das. Vorausgesetzt das Wetter ist gut und Ihre Sehkraft auch, wäre es wirklich schwer, Zebras mit anderen Zootieren zu verwechseln.

Aber ... können Sie wirklich sicher sein, dass es sich nicht um gekonnt verkleidete Esel handelt? Von Ihrem momentanen Standort aus nicht. Sie müssten deutlich näher herangehen, um herauszufinden, ob die Tiere, die Sie für Zebras hielten, nicht in Wahrheit Esel mit einem wirklich guten Stylisten sind. Stine jedoch behauptet, Sie bräuchten die Möglichkeit gar nicht auszuschließen, um zu wissen, dass Sie dort Zebras sehen, weil es sich dabei nicht um eine relevante Alternative handelt.[297] Es gibt keinen Anlass zu der Vermutung, der Zoo könnte Esel als Zebras verkleiden.

Es gibt Orte, an denen das anders aussieht. Im mexikanischen Tijuana sind Esel mit aufgemalten Zebrastreifen seit Langem eine touristische Attraktion.[298] Dort ist Misstrauen also angebracht, wenn Sie meinen, ein Zebra zu sehen. Sie wissen nicht, was Sie da sehen, bis Sie ausschließen können, dass es sich um einen bemalten Esel handelt.*[299]

Wie hilft uns das, den Skeptizismus zu bändigen? Na ja, stellen Sie sich vor, Sie wären gerade im Zoo gewesen und erzählten nun einer Freundin davon, wie toll Sie die Zebras fanden.

»Du weißt nicht, ob du Zebras gesehen hast«, antwortet sie.

»Natürlich weiß ich das«, geben Sie schroff zurück.

»Es könnten auch verkleidete Esel gewesen sein«, erklärt sie –

---

* Fun fact: Die bemalten Esel in Tijuana werden auch *zonkeys* genannt, eine Zusammensetzung aus *zebra* (Zebra) und *donkey* (Esel). Sie sind aber eigentlich keine *zonkeys*. Die echten Zonkeys sind hybride Tiere, die aus der Kreuzung von Zebras mit Eseln entstehen. Sie sehen aus wie Esel in Zebraleggins und sind der Hammer.

ein klares Zeichen dafür, dass sie entweder verrückt geworden oder Erkenntnistheoretikerin ist.

An diesem Punkt müsse man sich für einen von zwei Wegen entscheiden, führt Stine aus. Entweder kann man darauf beharren zu wissen, dass man Zebras gesehen hat, weil es keinen Grund zur Annahme gibt, bemalte Esel könnten eine relevante Alternative darstellen. Oder Sie erlauben Ihrer Freundin, den kommunikativen Kontext so zu ändern, dass bemalte Esel zu einer relevanten Alternative werden.[300]

Wie könnte das aussehen? Wenn Ihre Freundin keinen Beweis dafür hat, dass in Zoos Esel bemalt werden, spielt sie das Skeptizismus-Spiel und sucht nach Ansatzpunkten für Zweifel. Ein gutes Spiel! Es kann uns viel darüber beibringen, auf welche Grenzen wir stoßen, wenn wir versuchen, Informationen über die Welt zusammenzutragen. Aber Sie müssen es gar nicht unbedingt mit ihr spielen.

Stine sieht das Ganze ungefähr so: Die Skeptikerin hat recht – wir wissen nichts –, *wenn wir so reden wie Skeptikerinnen und Skeptiker*. Außerhalb der Philosophie gibt es jedoch keinen Grund dafür, dies zu tun. Im Alltagsleben wäre es sogar geradezu albern, so zu reden. Es gibt unzählige Dinge, die wir im Alltagszusammenhang wissen, und diese müssen wir auch kommunizieren können.[301]

◆ ◆ ◆

Dennoch sollten Sie vor Leuten, die das Skeptizismus-Spiel spielen, auf der Hut sein. Es gibt mehr davon, als Sie vielleicht glauben. Und obwohl das Spiel im Rahmen der Philosophie lustig sein mag, kann es außerhalb geradezu gefährlich werden.

Das hat N. Ángel Pinillos erst kürzlich am Beispiel des Klimawandels gezeigt.[302] Auch er ist Erkenntnistheoretiker und interessiert sich vor allem dafür, wie Menschen Zweifel an wissenschaftlichen Erkenntnissen säen.

Die Beweislast, dass unser Kohlendioxidausstoß den Klimawandel verursacht, ist erdrückend.[303] Wir zerstören die Welt im Zeitlupentempo. Gleichzeitig unternehmen wir nicht genügend, um diese Zerstörung aufzuhalten. Warum? Das hat viele Gründe. Aber ein wichtiger Aspekt ist, dass Leute mit dem Kohlendioxidausstoß Geld verdienen, weshalb sie nicht damit aufhören wollen. Das sagen sie natürlich nicht so offen. Das käme nicht gut an. Stattdessen behaupten sie, wird wüssten noch nicht genug, um zu handeln.

Diese Strategie findet sich auch in der Politik. 2017 wurde etwa Chris Sununu, der Gouverneur von New Hampshire, von einem Wähler gefragt, ob Kohlendioxidausstoß für den Klimawandel verantwortlich sei. Seine Antwort lautete:

Ich bin mir da nicht ganz sicher. Und ich habe das am MIT [Massachusetts Institute of Technology, Anm. d. Übers.] gelernt, bei den weltbesten Experten, wenn es um die Erforschung der Erde und der Atmosphäre geht. Und ich habe mir die Datenlage selbst angesehen … ich denke, wir sollten sie weiter beobachten. Wir müssen weiter forschen, um die gesamten Auswirkungen zu verstehen, sowohl in Bezug auf die Umwelt als auch auf die sozialen, wirtschaftlichen oder anderen Faktoren, die hier eine Rolle spielen. Ist Kohlendioxid wirklich der Hauptgrund für die konstante Erderwärmung der letzten 150 Jahre? Ich bin mir da nicht ganz sicher. Möglich ist es.[304]

Das klingt einleuchtend. Sununu hat sich mit der Frage beschäftigt. Der Kohlenstoffdioxidausstoß könnte der Grund für die Erderwärmung sein. Er schließt das nicht aus. Er weiß es nur einfach nicht.

Aber gucken Sie genau hin, wie Sununu ein *ganz* vor das *sicher* setzt, um den Standard für wissenschaftliche Erkenntnis hoch anzusetzen. Können wir uns *ganz* sicher sein, dass der Kohlendioxidausstoß den Klimawandel verursacht? Vielleicht nicht. Doch es gibt da auch noch etwas anderes, bei dem wir uns nicht *ganz* sicher sein können: dass wir gerade nicht träumen. Die Frage lautet also: Warum müssen wir uns dabei *ganz* sicher sein? Wenn wir jetzt nicht handeln, könnten die Konsequenzen verheerend sein. Und wir sind uns so gut wie sicher, wenn auch nicht mit der allerletzten Gewissheit.

Es ist also eine bewusste Strategie und zwar eine altbekannte. In den 1980er-Jahren hatte Exxon bereits beschlossen, »die Unsicherheit der wissenschaftlichen Erkenntnisse hervorzuheben«[305], obwohl das eigene Forschungsteam überzeugt war, dass der menschengemachte Klimawandel eine echte Bedrohung darstellte. Doch auch die Ölindustrie hatte sich diese Taktik nur abgeschaut. Und zwar von der Tabakindustrie, welche die Verbindung zwischen Krebs und Rauchen anzweifelte, obwohl sie bereits durch eigene Forschungen belegt war. Ein internes Memo von Brown & Williamson ließ einmal verlauten: »Zweifel ist unser Produkt«[306].

Wie gehen wir mit dieser Zweifeltaktik um? Das ist eine schwierige Frage. Als Philosoph fühle ich mich dem Zweifel verpflichtet, ähnlich wie auch Descartes.*[307] Ich halte es für wichtig, vermeintliches Wissen zu hinterfragen und zu überprüfen, wo man vielleicht einen falschen Weg eingeschlagen haben könnte. Diesen Hang teilt man auch in der Wissenschaft und zwar so sehr, dass die Ungewissheit dort sogar quantifiziert wird. Das macht sie zu leichter Beute für Zweifelsäer.

---

* Aber nicht ganz so wie er. Descartes hatte es sich zum Ziel gemacht, alles anzuzweifeln, und zwar alles auf einmal. Ich glaube nicht, dass wir dazu in der Lage sind oder dass es uns irgendwo hinführen würde, wenn wir es täten. Alles kann angezweifelt werden, aber wir können nicht alles gleichzeitig anzweifeln, weil wir dann unmöglich entscheiden können, ob unsere Zweifel gerechtfertigt sind. Zweifel ist eher ein Stück-für-Stück-Projekt.

Darüber haben Rex und ich uns kürzlich unterhalten. Ich bringe ihm bei, stets zu zweifeln und Fragen zu stellen. Aber gleichzeitig möchte ich ihm zeigen, dass nicht alle Fragen mit guten Absichten gestellt werden. Deshalb habe ich ihm beigebracht, auch die Fragenden zu hinterfragen. Möchte diese Person etwas wirklich besser verstehen? Ist sie an den Beweisen interessiert? Würde sie mir Bescheid sagen, wenn sie merkt, dass ihre Sicht nicht richtig ist? Oder muss ich davon ausgehen, dass sie das vertuschen würde?

Pinillos schlägt eine andere Strategie vor.[308] In der Öffentlichkeit sollten wir eher über Wahrscheinlichkeiten reden als darüber, was wir wissen. Natürlich besteht eine *gewisse* Möglichkeit, dass der wissenschaftliche Konsens nicht zutrifft und unser Kohlendioxidausstoß nicht für den Klimawandel verantwortlich ist. Aber die Wissenschaft kann diese Möglichkeit quantifizieren, und sie ist sehr gering. Sollten wir wirklich die Zukunft unserer Kinder riskieren, weil eine minimale Chance besteht, dass die Wissenschaft falschliegt? Genau das ist es nämlich, was die Zweifelsäer von uns verlangen.

Wir müssen nicht *wissen*, um zu handeln. Wir begründen ständig Dinge mit Wahrscheinlichkeiten. Pinillos vergleicht das mit einer Lotterie. Wir *wissen* nicht, dass wir verlieren werden. Natürlich ist es höchstwahrscheinlich. Aber es gibt eine relevante Alternative, die wir nicht verleugnen können – wir könnten gewinnen! Also träumen wir davon. Wir würden jedoch niemals damit *planen*.

Wer den menschengemachten Klimawandel bestreitet, beruft sich meist darauf, dass wir nicht *wüssten*, ob Kohlendioxidausstoß den Klimawandel verursacht. Das ist an sinnvollen Maßstäben gemessen falsch. Wir wissen es. Aber es bringt nichts, sich auf eine Diskussion über dieses Wissen einzulassen, weil die Skeptiker und Skeptikerinnen immer auf unerreichbar hohen Standards bestehen können. Stattdessen sollten wir die Frage an sie zurückgeben: Warum sind sie gewillt, unsere Zukunft aufs Spiel zu setzen, nur weil die geringfügige Möglichkeit besteht, dass die Wissenschaft falschliegt? Vielleicht gewinnen wir im Lotto. Doch planen sollten wir damit nicht.

◆ ◆ ◆

Es ist wichtig, Kinder auf Falschinformationen vorzubereiten, ihnen beizubringen, wie sie die Faktenlage bewerten und zuverlässige Informationsquellen ausmachen können. Rex ist hin und wieder für solche Gespräche zu haben. Aber noch lieber beschäftigt er sich mit verrückten Ideen. Sein neuester Favorit erinnert ein bisschen an die Vorstellung, wir wären Gehirne in Tanks. Er würde gern wissen, ob wir in einer Computersimulation leben. Tatsächlich ist er geradezu besessen von der Idee, dass alles in unserer Welt (einschließlich uns selbst) nur ein Computerprogramm sein könnte – dass wir in einer super-hochaufgelösten Version der *Sims* (oder anderer »Lebenssimulations«-Videogames) leben.

Über diese Vorstellung wird hitzig diskutiert, seitdem Nick Bostrom, ein Philosoph von der Oxford University, gesagt hat, seiner Meinung nach bestünde durchaus die Möglichkeit, dass wir in einer Computersimulation leben. Daraufhin haben sich mehrere Berühmtheiten dieser Meinung angeschlossen, etwa Elon Musk, der es für sehr wahrscheinlich hält, dass wir Sims sind.[309]

Bostrom ist der Gründungsdirektor des Future of Humanity Insitutes (FHI) in Oxford, einem interdisziplinären Forschungszentrum, das sich damit befasst, was alles in unserer Welt schiefgehen könnte. Zu den angsteinflößendsten Punkten auf der Liste gehören Klimakatastrophen, Aliens und aus dem Ruder laufende künstliche Intelligenz. Mit anderen Worten: Das Institut versucht, uns das Leben in einem Keanu-Reeves-Film zu ersparen.

Bostrom ist jedoch vor allem dafür bekannt, dass er annimmt, es wäre bereits so weit. Er hält es für möglich, dass wir in einer *Matrix*-artigen Simulation leben. Warum? Hier eine abgespeckte Version seiner Argumentation.[310] Wenn Menschen in der Lage wären, Welten zu simulieren, würden sie es vermutlich tun. Und wenn sie es täten, dann vermutlich mehr als einmal. Tatsächlich könnten sie viele Welten simulieren – Hunderte, Tausende, vielleicht sogar Millionen von Welten –, wenn das erhellend (oder unterhaltsam) genug für sie wäre. In diesem Fall gäbe es deutlich mehr simulierte Welten als tatsächliche. Das macht es wahrscheinlich, dass wir uns in einer von ihnen befinden.

Das ist, wie gesagt, nur die Kurzfassung seiner Argumentation. Bostrom hält sich ein Hintertürchen offen, da jeder Schritt Unwägbarkeiten und Potenzial für Zweifel zulässt. Zuallererst könnte es unmöglich sein, Welten wie unsere zu simulieren. Viele Menschen nehmen jedoch an, dass es irgendwann möglich sein wird. Sie sind beeindruckt von den Fortschritten, die wir seit dem Videospiel *Pong* (1972 von Atari veröffentlicht) bis heute beobachten konnten, und erwarten eine ähnliche Weiterentwicklung in der Zukunft. Aber vielleicht gerät der Fortschritt ja ins Stocken.

Oder es könnte zu viel Energie verbrauchen, eine realistische Simulation zu erstellen. (Manchen Berechnungen zufolge bräuchte es dafür Computer in der Größe von Planeten.) Oder es könnte nicht möglich sein, in einem Computer Wesen mit Bewusstsein zu erschaffen.

Zu diesen Unwägbarkeiten ließe sich noch hinzufügen: Selbst wenn Menschen in der Lage wären, Welten wie unsere zu simulieren, hätten sie vielleicht gar kein Interesse daran. Bostrom stellt sich vor, dass Wissenschaftlerinnen Simulationen dazu nutzen könnten, mehr über ihre Vorfahren zu lernen. Aber vielleicht würden sie ihre Möglichkeiten auch ganz anders einsetzen. Oder sie hätten ethische Vorbehalte, Wesen zu erschaffen, die genauso leiden müssten wie wir. Es ist sehr schwer, hier Voraussagen zu treffen.

Bostrom zufolge gibt es jedoch eine Sache, die wir mit Sicherheit sagen können. Mindestens eine dieser Aussagen ist wahr:[311]

(A) Es ist nicht möglich, Welten wie unsere zu erschaffen.
(B) Es ist möglich, die Leute tun es aber trotzdem kaum.
(C) Wir sind ziemlich sicher Sims.

Ich habe Rex gefragt, welche dieser Aussagen er für richtig hält. Er sagte, entweder (A) oder (C). (B) ist seiner Meinung nach Unsinn. »So wie ich die Menschen kenne«, erklärte er, »würden wir es tun, wenn wir es könnten.« Rex vermutet auch, dass wir dazu in der Lage sind. Also tendiert er zu (C). Er glaubt, wir sind Sims. In einer bedeutenderen Welt als der unseren hätten die Leute herausgefunden, wie man Welten simuliert, und dann unsere geschaffen.

Ich bin da skeptischer als Rex. Selbst wenn es möglich wäre, Welten wie die unsere zu erschaffen, halte ich den Energiebedarf für extrem hoch – zu hoch, um es ständig zu tun. Die Simulation des gesamten Universums, bis hinunter auf die Quantenebene, würde viel zu viel Energie verbrauchen. Also müssten sich die Leute entscheiden, was sie wirklich darin haben wollten – menschliche Gehirne vielleicht und ihre direkte Umgebung. Und das führt uns direkt zum nächsten Problem: Das verlangt ein ausgefeiltes Verständnis der Funktionsweise unseres Gehirns, und davon sind wir noch weit entfernt.*

---

* In gewisser Weise wäre es wohl doch einfacher, ein komplettes Universum zu simulieren. Man legt einfach die grundlegenden Bedingungen fest und überlässt es dann sich selbst, um zu sehen, was passiert.

Es ist möglich, dass Fortschritte im Bereich der künstlichen Intelligenz manche oder alle diese Problemstellungen lösen könnten. *Möglich* hat jedoch wenig mit Gewissheit zu tun.

◆ ◆ ◆

Die Simulationshypothese ist spekulativ. Aber unglaublich interessant.

Sie wirft viele ethische Fragen auf. Würden Sie eine Welt erschaffen, in der die Leute Schmerz empfinden? Was wäre eine ausreichende Begründung dafür, Menschen Sklaverei oder den Holocaust durchleiden zu lassen? Wenn die Antwort darauf »Nichts« lautet (und davon gehe ich aus), was sagt das dann über die Wahrscheinlichkeit aus, dass wir uns in einer Simulation befinden?

Und sie wirft theologische Fragen auf. Wenn die Simulationshypothese stimmt, wurden die meisten Welten von jemandem geschaffen – den Menschen, die sie programmiert haben. Und diese Schöpferinnen oder Schöpfer sind, in Bezug auf diese Welten, allgegenwärtig und allwissend. Sind sie also Gottheiten?

Außerdem wirft sie metaphysische Fragen auf. Verfügen wir über einen freien Willen, wenn diese Schöpferpersönlichkeiten den Verlauf unserer Geschichte bestimmen? Oder sind wir in gewisser Weise versklavt, wenn wir nur dazu dienen, ihre Zwecke zu erfüllen, und das auch nur so lange, wie sie uns brauchen?[312]

Und sie wirft praktische Fragen auf. Wenn Sie davon ausgehen, sich in einer Simulation zu befinden, was würden Sie tun? Rex würde einen Brief an die allwissenden Programmiererinnen und Programmierer verfassen. Er stellt sich vor, seine Zeilen in ein Feld zu schneiden, wie bei einem Kornkreis. »Hallo! Wir wissen, dass wir uns in einer Simulation befinden. Mehr *Shake Shack*-Filialen bitte.« Aber das könnte gefährlich sein.

Was, wenn diese Instanzen nicht wollten, dass wir Bescheid wissen? Sie könnten die gesamte Welt abschalten oder Sie rausschreiben. Ups.

◆ ◆ ◆

Zu guter Letzt wirft die Simulationshypothese Fragen darüber auf, was wir eigentlich wissen können. Sie wirkt wie die technisch ausgereiftere Version der Geschichte mit dem boshaften Genius. Das Gehirn im Tank, dieses Mal allerdings ohne Tank, weil auch das Gehirn nur simuliert ist.

Schon wieder kommt es einem so vor, als ob alles, was man zu wissen meint, falsch sein könnte. Wenn Sie sich in einer Simulation befinden, halten Sie gerade kein Buch in der Hand. Es gibt kein Buch. Und Sie haben keine Hände, um etwas zu halten. Es ist alles nur eine raffinierte Illusion.

Oder vielleicht auch nicht.

David Chalmers ist so etwas wie ein Rockstar der Philosophie. Lange Zeit sah er mit seiner Lederjacke und den langen Haaren (mittlerweile kurz, da sie grau wurden) auch so aus. Er ist Professor für Philosophie und Neurowissenschaften an der New York University und unter anderem ein führender Experte im Fachgebiet Bewusstsein.

Chalmers stört sich nicht an der Idee, dass wir in einer Computersimulation leben könnten. Er glaubt auch nicht, dass es unser Wissen beeinträchtigen würde. Wir nehmen an, Hände zu haben, sagt Chalmers, und das tun wir auch, selbst wenn wir in einer Simulation leben. Sie besteht sogar aus Materie – Elektronen, Quarks usw. –, genau wie angenommen. Überraschend ist nur, woraus diese Materie besteht – nämlich aus Bits![313]

Trotzdem sind unsere Hände real. Sie sind keine Nachbildung, wie Filmrequisiten, und auch nicht fiktiv wie die Hände Ihrer liebsten Romanfigur. Fiktive Hände taugen nicht viel, außer in fiktiven Welten. Aber Ihre Hände sind für eine ganze Menge zu gebrauchen. Sie können Bücher halten, Essen kochen und Dutzende andere Dinge tun, geschickt wie Sie sind. Wenn Ihre Hände nicht mehr da wären, würden Sie sie garantiert vermissen. Das ist ein Zeichen für etwas Echtes.

Aber meine Hände sind nicht echt!, beharren Sie nun vielleicht. Sie sind nur simuliert. Die allmächtige Programmiererin mag ja echte Hände haben. Aber wir haben nichts als diese traurigen Nachahmungen. Wir *sind* nichts als traurige Nachahmungen.

Da liegt ein Irrtum vor.[314] Wir haben Hände, ganz nach unserem üblichen Verständnis. Das ändert sich auch nicht, wenn wir plötzlich feststellen (oder auch nur annehmen), in einer simulierten Welt zu leben. Das bedeutet nur, dass die Wirklichkeit anders ist, als wir dachten; sie ist von Grund auf computerbasiert, nicht physisch.

Um zu verstehen, wie ich das meine, schauen wir uns am besten einmal Rex' Hände an. Er weiß, dass er sie hat und das auch schon eine ganze Weile. Er weiß auch schon einiges über sie, zum Beispiel, dass sich Muskeln und Knochen darin befinden. Mittlerweile weiß er sogar noch ein bisschen mehr, nämlich, dass seine Knochen aus Molekülen zusammengesetzt sind und diese wiederum aus Atomen.

Irgendwann wird er lernen, dass Atome Protonen, Neutronen und Elektronen enthalten. Und dann wird er lernen, dass Protonen und Neutronen aus Quarks bestehen. Und wenn er das alles weiß, lernt er vielleicht, dass Elektronen gar keine kleinen Kugeln sind, die sich um den Kern eines Atoms herumbewegen, wie es oft in Schulbüchern dargestellt ist. Sie sind verteilt, ein bisschen wie Wolken.

Schritt für Schritt wird Rex immer mehr über die Beschaffenheit seiner Hände lernen. Aber es würde zu keinem Zeitpunkt Sinn ergeben, sollte er sagen: »O nein. Ich habe gar keine Hände. Hände sind aus Muskeln und Knochen gemacht. Aber die Dinger da, am Ende meiner Arme, sind aus Quarks und Elektronen!« Wenn er das sagte, würden wir ihm erklären, dass seine Hände sehr wohl aus Muskeln und Knochen bestehen. Nur dass diese Muskeln und Knochen eben aus Elektronen und Quarks gemacht sind.

Wenn wir wirklich in einer Simulation leben sollten, können wir diese Geschichte noch ein wenig erweitern. Dann würde unsere grundlegende physische Materie auf etwas Computerbasiertem gründen, zum Beispiel auf Bits. Wenn Rex das herausfindet, hat er noch mehr über die Beschaffenheit seiner Hände gelernt. Er wird jedoch weder gelernt haben, dass sie nicht echt sind, noch, dass er eigentlich keine hat.

Das kann schnell zu Verwirrung führen, weil es verlockend ist, die Position der allwissenden Programmiererin einzunehmen. Wenn *sie* in einer grundsätzlich stofflichen Welt lebt, hält sie unsere Welt für virtuell – eine simulierte Version ihrer Wirklichkeit. Aus ihrer Perspektive wären wir virtuelle Menschen mit virtuellen Händen. Aus unserer Perspektive jedoch sind wir einfach nur Menschen mit Händen, genau wie immer.

Ich würde sogar noch einen Schritt weitergehen als Chalmers und behaupten: Selbst aus der Perspektive der allwissenden Programmiererin wären wir keine virtuellen Menschen. Wir wären Menschen. Eine Person zu sein, geht mit einem gewissen moralischen Status einher, der bestimmte Rechte und Pflichten umfasst. Dieser moralische Status hängt letztendlich nicht davon ab, ob wir aus Materie oder aus Bits bestehen, sondern davon, ob wir für Argumente zugänglich sind, Gefühle empfinden können und so weiter.

Wer erwägt, Welten mit Menschen darin zu simulieren, wird mit ernsten moralischen Fragen konfrontiert, da diese Menschen Gegenstand moralischer Bedenken sein werden. Diese Fragen ähneln denen, die sich werdende Eltern stellen, wenn sie ein Kind bekommen, da jedes menschliche Leben auch Leiden beinhaltet. Und sie ähneln den Fragen, mit denen sich ein Gott beschäftigen muss, weil er entschieden hat, eine Welt zu schaffen (immer vorausgesetzt, es gibt Gott überhaupt). Eine Simulation ist ein *Schöpfungsakt*, kein Fantasieprodukt. Ich hoffe sehr, dass jede Gesellschaft, die technisch in der Lage ist, Welten zu simulieren, sich dieser Verantwortung bewusst wäre.

Dessen ungeachtet stellt die Simulationshypothese keine Bedrohung für uns dar, weder für unsere Realität noch für die meisten unserer Überzeugungen. Es handelt sich dabei nicht um eine *skeptische* Hypothese, sondern eine *metaphysische*. Sie beschreibt eine mögliche Funktionsweise unserer Welt, behauptet aber nicht, wir könnten niemals Wissen darüber erlangen.

◆ ◆ ◆

Kinder finden es toll, sich vorzustellen, dass die Welt eigentlich ganz anders ist, als sie scheint. Ich vermute, das erklärt ihre Vorliebe für skeptische Argumente und die Simulationshypothese.

Eine Zeit lang war Rex ein Riesenfan des Traumskeptizismus. Deshalb habe auch ich mich so gern damit beschäftigt. Und so kam es, dass ich einen meiner Lieblingsaugenblicke als Vater Descartes zu verdanken habe.

Rex war damals sieben Jahre alt. Er bastelte mir eine Geburtstagskarte. Da schrieb er anschließend hinein: *Ich liebe dich, also bin ich.*

Hiermit möchte ich offiziell vorschlagen, das *Cogito* durch *te amo* zu ersetzen. Es funktioniert genauso gut. Jeder andere Geisteszustand tut es auch. Warum nehmen wir dann nicht einfach die Liebe?

Aber bevor Sie sich in Lobeshymnen über meine Beziehung zu Rex ergehen, möchte ich Ihnen versichern, dass er Julie mehr liebt. Das bestätigte er eines Tages auf dem Weg von der Schule nach Hause. Rex ging damals in die zweite Klasse, und wir redeten über den Traumskeptizismus. Wir machten eine Art Spiel daraus. Rex versuchte, einen Weg zu finden, um zu beweisen, dass er nicht träumte. Meine Aufgabe war es, ihn zu widerlegen.

»Wäre es nicht komisch«, sagte Rex, »wenn du und ich den gleichen Traum träumen würden? Und wir müssen denselben Traum haben, da wir ja miteinander sprechen.«

»Ja, das wäre wirklich seltsam«, sagte ich. »Aber vielleicht bin ich ja auch gar nicht echt, sondern nur eine Figur aus deinen Träumen. Was wäre dann?«

Das brachte sein kleines Köpfchen wirklich durcheinander. Er brauchte eine ganze Weile, um den Gedanken zu verarbeiten, zu wiederholen und zu erweitern.

»Wären meine Freunde dann auch Traumfiguren?«, fragte er.

»Ja, genau.«

Wir waren an der Ecke zu unserer Auffahrt angelangt. Julie war gerade mit Hank nach Hause gekommen.

»Was ist mit Mommy?«, fragte Rex und zeigte in ihre Richtung.

»Sie könnte auch eine Figur aus deinem Traum sein.«

Rex sah verstört aus.

Dann sagte er ganz leise: »In dem Fall möchte ich niemals aufwachen.«

9
Wahrheit

»Ich habe ein neues Tier kennengelernt«, sagte Hank.

»Welches denn?«

»Es heißt Du-brach-jum-spak-säh.« (Ich kann unmöglich wiedergeben, wie ein Zweitklässler das ausspricht.)

»Cool«, antwortete ich. »Wusstest du, dass ich mit einem *Duobrachium sparksae* zusammen in die erste Klasse gegangen bin?«

»Nein, das kann nicht sein«, sagte Hank. »Er ist gerade erst entdeckt worden. Man hat ihn 2015 zum ersten Mal gesehen.«

»Sie hätten mal in Ms. Dosecks Klasse suchen sollen«, sagte ich. »Denn eines der Kinder dort war ein *Duobrachium sparksae*. Er hieß Sparky.«

»Das stimmt nicht«, widersprach Hank.

»Doch, klar«, meinte Rex. »In Daddys Grundschulklasse waren viele Tiere. Er saß längere Zeit neben einem Pinguin, und sein bester Freund war ein Affe.«

Es war nicht das erste Mal, dass ich eine solche Geschichte erzählte. Rex war mittlerweile zu alt dafür, aber ich freute mich über die Schützenhilfe.

»Wie groß war er denn?«, fragte Hank.

»So groß, wie man in der ersten Klasse eben ist«, antwortete ich.

»Das kann nicht sein«, sagte Hank. »Sie sind ganz klein.«

»Ich weiß«, gab ich zurück.* »Aber ich wollte Sparkys Geheimnis nicht ausplaudern. Genau genommen bestand er nämlich aus drei *Duobrachium sparksae* übereinander, versteckt unter einem Mantel. Sie wechselten sich damit ab, wer ganz oben stehen durfte.«

»Sie leben im Wasser«, erklärte Hank verächtlich. »Sie ähneln kleinen Quallen.«

Hätte ich diese Information doch nur von Anfang an gehabt.

»Ja«, sagte ich. »Man konnte das Wasser im Mantel hin und her schwappen hören. Einmal hat Sparky mich hineinschauen lassen, und da sah ich, dass jeder von ihnen in einem Aquarium schwamm und den nächsten über seinem Kopf hielt.«

»Und wie konnten sie dann laufen?«

»Das habe ich tatsächlich nie herausgefunden. Der Mantel war sehr lang und schleifte über den Boden.«

»Ich wette, der unterste hat seine Tentakel benutzt«, meinte Rex.

»Vielleicht hatte Sparky auch einen Roller«, sagte ich, und Rex nickte. »Wenn ich ihn irgendwann einmal bei einem Klassentreffen sehe, frage ich ihn.«

»Sie haben keine Gesichter«, wandte Hank ungehalten ein.

»Im Meer nicht, nein«, sagte ich. »Aber Sparky hatte sich mit einem Filzstift eines aufgemalt.«

Da schlug Hank mit der Faust auf den Tisch. »Lügner!«, rief er. »HÖR AUF, MICH ANZULÜGEN!!!!«

◆ ◆ ◆

Wenn ich es hin und wieder zu weit treibe, tut es mir hinterher leid. Aber dass ich Hank getriezt hatte, bereute ich nicht. Es hatte Spaß gemacht. Und ihm die Chance gegeben, meine Geschichte

---

* Ich wusste es nicht.

als erfunden zu entlarven. Statt einfach zu wiederholen, was er gelernt hat, hatte er sein Wissen eingesetzt, um mich zu widerlegen.

Dennoch war er hinterher frustriert. Er glaubte, ich hätte gelogen. Hatte er recht? Ich meine nein. Klar, ich hatte etwas erzählt, das nicht der Wahrheit entsprach – wissentlich. Aber ich hatte mich nur verstellt, und das war Hank klar. Daher hatte ich meiner Meinung nach nicht gelogen. Doch diese Grenze ist schwerer zu bestimmen, als man vielleicht meint.

»Wo ist der Unterschied zwischen Lügen und dem Spielen einer Rolle?«, fragte ich Rex ein paar Tage später.

»Wer lügt, sagt etwas, das nicht wahr ist«, antwortete er.

»Aber tut man das nicht auch, wenn man eine Rolle spielt?«

»Stimmt, aber wer lügt, versucht, andere zu täuschen.«

»Kann man nicht auch eine Rolle spielen, um jemanden zu täuschen, etwa nach einer Mathearbeit?« Das sicherste Anzeichen dafür, dass Rex eine richtig gute Mathearbeit geschrieben hat, ist der traurige Gesichtsausdruck, den er aufsetzt, bevor er uns die Note mitteilt.

»Doch, schon«, sagte Rex stockend. Langsam dämmerte ihm, wie schwierig diese Frage war.

In einem gewissen Sinne verstellt man sich bei jeder Lüge. Wenn wir lügen, tun wir so, als wäre etwas wahr – obwohl es das nicht ist. Das hat etwas von Schauspielerei. Und trotzdem hatte Rex unrecht. Wer lügt, sagt nicht unbedingt immer etwas Unwahres.

Darauf kam er einige Tage später ganz allein. Beim Schlafengehen sagte er zu mir: »Ich habe über das Lügen und diesen Gettier nachgedacht und habe jetzt einen Fall für dich.«

»Schieß los«, sagte ich.

»Okay, es ist Montagabend, und du fragst mich, ob ich den Müll rausgebracht habe. Ich glaube, dass ich es nicht getan habe, sage aber trotzdem Ja, weil ich keinen Ärger will. Doch in Wahrheit habe ich den Müll rausgebracht. Ich hatte es nur vergessen. Lüge ich?«

»Was meinst du?«

»Was ich gesagt habe, ist wahr – aber nur durch Zufall. Ich dachte, es wäre falsch. Daher glaube ich, dass ich gelogen habe.«

»So sehe ich es auch«, sagte ich. Dann fiel mir auf, dass Montag war. »Rex, hast du den Müll rausgebracht?«

»Vielleicht«, sagte er grinsend. (Hatte er.)

Ich fand es irgendwie cool, dass Rex eine Verbindung zwischen Lügen und dem Gettier-Problem gezogen hatte. Oberflächlich gesehen hat beides nicht viel miteinander zu tun. Beim Gettier-Problem geht es um das, was man weiß, nicht um das, was man sagt. Aber es gibt sehr wohl eine Verbindung. Im Fall von Gettier glaubt man etwas, das der Wahrheit entspricht, allerdings nur durch einen glücklichen Zufall, da der Sachverhalt nicht so klar ist, wie man meint.* Rex hatte in seinem Szenario etwas Wahres gesagt, aber nur durch Glück, weil er davon ausgegangen war, dass es nicht stimmte. (Ein Grund, warum Gettier so viel Aufmerksamkeit zuteilwird, besteht darin, dass sich sein grundsätzlicher Ansatz – etwas trifft zu, aber nur durch Zufall – auf alle Bereiche der Philosophie anwenden lässt.)

---

* Kurz zur Erinnerung, damit niemand zurückblättern muss: Beim Gettier-Problem hegt jemand eine gerechtfertigte, wahre Überzeugung, bei der aber irgendetwas nicht stimmt, sodass die Überzeugung nicht als Wissen zählt. Unser Beispiel lautete so: Sie glauben, ein Exemplar von *The Joy of Cooking* im Haus zu haben, weil Sie es jahrelang besessen und häufig benutzt haben. Doch wie es der Zufall will, hat Ihr Partner/Ihre Partnerin das Buch gerade verliehen. In der Zwischenzeit hat Ihnen aber jemand aus dem Freundeskreis ein neues Exemplar geschenkt, es liegt als Geschenk verpackt im Wohnzimmer, weil Ihr Geburtstag noch bevorsteht. Ihre Überzeugung ist sowohl gerechtfertigt als auch wahr. Aber Sie *wissen* nicht, dass Sie ein Exemplar des Kochbuches im Haus haben. Es ist purer Zufall, dass es so ist.

Noch beachtlicher war: Rex hatte recht. Eine Lüge kann wahr sein. Trotzdem hat jede Lüge etwas Falsches an sich. Das liegt daran, wie wir uns im Augenblick der Lüge geben. Wer lügt, behauptet etwas zu glauben, das er oder sie in Wahrheit nicht glaubt.[315]

Üblicherweise tun wir das, um unsere Zuhörerschaft hinters Licht zu führen. Wobei nicht alle Lügen auf Täuschung abzielen. Das lernte ich von meiner Freundin Seana Shiffrin, einer weiteren Rechtsphilosophin. Sie war es, die mich vor einigen Jahren zu meiner großen Begeisterung mit dem Candlepin-Bowling bekannt machte, einer viel besseren Variante des Spiels mit schmalen, kerzenförmigen Pins. (Shiffrin sagt, dass sie mich auch einmal mit zum Duckpin-Bowling nehmen wird, wo die Pins kleiner und bauchiger sind, aber ich weigere mich zu glauben, dass es das gibt.) Bowling ist allerdings nur eine Nebenbeschäftigung von Shiffrin. Hauptberuflich befasst sie sich mit Versprechen, Vertragsrecht, Meinungsfreiheit und … Lügen.

Wer lügt, will meistens täuschen. Doch es gibt auch andere Motive dafür, wissentlich die Unwahrheit zu sagen. Shiffrin führt als Beispiel einen Zeugen vor Gericht an, der eine Falschaussage macht, obwohl er weiß, dass ihm niemand seine Geschichte abnehmen wird.[316] Er hat keine Chance, irgendjemanden zu täuschen, und legt es vielleicht nicht einmal darauf an. Warum dann die Lüge? Vielleicht möchte er es vermeiden, die Wahrheit zu sagen, weil er damit jemand anderen in die Sache hineinzieht. Oder die Mafia gegen sich aufbringt. Also erzählt er ein Märchen, auch wenn er weiß, dass ihm niemand glauben wird.

Wenn wir Rex' Müllgeschichte mit Shiffrins Gerichtsverhandlung zusammenbringen, stellt sich heraus, dass Rex' ursprüngliche Definition einer Lüge (eine unwahre Aussage, um jemanden zu täuschen) in beiden Hinsichten falsch war. Doch der Weg zu einer besseren Erklärung ist nicht weit. Shiffrin zufolge lügt eine Person, wenn sie etwas behauptet, an dessen Wahrheitsgehalt sie nicht glaubt, und zwar in einer Situation, in der Aufrichtigkeit erwartet werden kann.[317] Dieser letzte Aspekt ist äußerst wichtig. Denn wir erwarten nicht immer, dass jemand aufrichtig ist. Beim Impro-Theater weiß ich sehr genau, dass die Personen auf der Bühne Dinge sagen werden, die sie nicht für wahr halten.[318] Ansonsten ergäbe das ganze Unterfangen keinen Sinn. Das Gleiche gilt, wenn wir einen fiktionalen Text lesen – auch dann verlangen wir von der Autorin nicht, nur das geschrieben zu haben, was sie für wahr hält.

Shiffrin bezeichnet Situationen, in denen wir keine Aufrichtigkeit erwarten, als *losgelöste Kontexte*.[319] Doch bei der Frage, wann keine Aufrichtigkeit erwartet wird, ist Vorsicht geboten. Wenn mich jemand ständig anlügt, erwarte ich vielleicht nicht mehr, dass er oder sie mir die Wahrheit sagt.[320] Das ist allerdings nicht das, was Shiffrin meint. Sie interessiert sich für Situationen, in denen es einen guten Grund dafür gibt, Unehrlichkeit zu akzeptieren. Diese nennt sie *gerechtfertigt losgelöste Kontexte*.[321] In solchen Situationen ist man ihr zufolge niemandem die Wahrheit schuldig. Daher zählt Unaufrichtigkeit hier nicht als Lüge.[322]

Solchen gerechtfertigt losgelösten Kontexten begegnen wir häufiger, als wir meinen. Wenn wir Bekannte treffen, tauschen wir häufig Nettigkeiten mit ihnen aus – *Schön, dich zu sehen. Es geht mir gut. Tolle neue Frisur!* Solche Aussagen sind Shiffrin zufolge »vom gesellschaftlichen Kontext erfordert«[323]. Im Grunde geht es nur darum, unser Gegenüber und unsere Beziehung zueinander zu würdigen. Doch ein »kompetenter Zuhörer« weiß, so Shiffrin, dass derartige Aussagen »nicht dazu vorgesehen sind, ihren Inhalt als wahr aufzufassen«[324]. Daher ist es okay, unaufrichtig zu sein. Wir dürfen *Alles gut* sagen, obwohl in Wahrheit gar nichts gut ist. Shiffrin betrachtet es nicht einmal als Lüge.

Manche Menschen finden das seltsam. Sie würden solche Aussagen vielleicht eher als »harmlose Lügen« bezeichnen. Aber auch sie wären wohl der Meinung: Es ist in Ordnung, so etwas zu sagen. (Wir sind nicht jedem Menschen einen detaillierten Bericht über unser Leben schuldig, auch wenn wir gefragt werden, wie es uns geht.) Daher sollten wir uns hier nicht zu sehr an Bezeichnungen festklammern. Wir können das Wort *Lüge* unterschiedlich definieren. Wichtig ist vor allem der moralische Aspekt. In einem gerechtfertigt losgelösten Kontext ist es erlaubt, Dinge zu sagen, die wir nicht für wahr halten.

Und damit zurück zur Ausgangsfrage: Was ist der Unterschied zwischen Lügen und Schauspielern? Zuvor haben wir festgestellt, dass wir in gewissem Sinne bei jeder Lüge etwas vorspielen. Doch ein großer Teil der Schauspielerei findet in gerechtfertigt losgelösten Kontexten statt. Wenn wir zum Beispiel mit einem Kind spielen und dabei so tun, als wären wir Superheldinnen oder Zauberer, ist die Erwartung, dass alle Aussagen wahr sein müssen, aufgehoben, damit wir ganz in unseren Fantasiewelten versinken können. Genau darum ging es mir, als ich Hank erzählte, dass ich einen *Duobrachium sparksae* in meiner Klasse gehabt hätte.

Den Kindern haben die Spinnereien, die ich ihnen erzählte, lange Freude gemacht. Und sie erfinden bis heute eigene Geschichten. Doch so langsam lassen sie diese Welten hinter sich zurück. Und das ist meiner Meinung nach das Traurigste daran, sie heranwachsen zu sehen.

◆ ◆ ◆

Dass man nicht lügen darf, lernte ich selbst mit drei. Mein Bruder Marc war damals sieben. Als unsere Eltern eines Tages der Meinung waren, dass wir zu laut seien, schickten sie uns nach draußen. Marc war aber nicht bereit, einfach klein beizugeben. Er sagte mir, ich solle mich vor die Tür stellen und so viel Lärm machen wie möglich. Das klang nach einem Riesenspaß. Ich brüllte, so laut ich konnte. Ich sang. Ich hämmerte gegen das

Holz. Da riss meine Mutter die Tür auf wurde ihrerseits ziemlich laut. Wir wurden zurück ins Haus beordert.

»Marc hat mir gesagt, dass ich schreien soll«, erklärte ich, sobald ich sah, dass sie sauer war.

Marc hingegen gab mir die Schuld, und da verstand ich, warum er nicht mitgemacht hatte.

Meine Erinnerungen an das, was als Nächstes geschah, sind verschwommen. Wir wurden in getrennten Zimmern befragt. Marc blieb eine Zeit lang bei seiner Version. Doch irgendwann knickte er ein und gab zu, dass er mich angestiftet hatte.

Ich weiß nicht mehr, welche Strafe wir erhielten, aber mir ist in Erinnerung geblieben, dass seine härter ausfiel als meine. Und ich weiß noch, warum das so war: Er hatte GELOGEN (in hörbaren Großbuchstaben). Ich war mir nicht sicher, warum das so wichtig war. Doch was auch immer Marc falsch gemacht hatte, ließ mein Vergehen in den Hintergrund treten. Also prägte ich mir ein: nicht lügen.

Aber warum nicht? Das wurde nie explizit erklärt. Und auch die Philosophie hat keine klare Antwort parat. Zumindest nicht die Philosophen in meinem Haus.

»Was ist so schlimm daran zu lügen?«, fragte ich Hank eines Tages beim Abendessen.

»Man sagt nicht die Wahrheit.«

»Ja, aber was ist daran so schlimm?«

»Man lügt«, sagte Hank.

Wir drehten uns im Kreis.

»Aber was ist daran so schlimm?«

»Man will jemanden dazu bringen, etwas zu glauben, das nicht wahr ist.«

Wir machten Fortschritte. Durch diese Aussage schloss sich Hank einer langen philosophischen Tradition an. Viele glauben, dass Lügen verwerflich ist, weil es auf Täuschung abzielt.

Aber halt. Was ist daran so schlimm? Eine gängige Argumentation lautet: Wenn wir jemanden täuschen, manipulieren wir seine Sichtweise zu unseren Zwecken. Somit beeinträchtigen wir die Fähigkeit dieser Person, ihren freien Willen zum Ausdruck zu bringen.[325] Darin hallt die kantianische Vorstellung wider, mit der wir uns bereits befasst haben: Wir sollten Menschen wie Menschen behandeln, nicht als Gegenstände, die wir uns zunutze machen können.

Gegen diese Argumentation ist bis hierher nichts einzuwenden. Aber sie deckt nicht jedes Szenario ab. Wie Shiffrin uns gezeigt hat, streben nicht alle Lügen eine Täuschung an. Der Zeuge vor Gericht hatte nicht die Absicht, mit seiner Falschaussage jemanden in die Irre zu führen. Doch das reicht als Entschuldigung nicht aus. Es ist falsch, vor Gericht zu lügen, egal, welche Absicht dahintersteckt. Und das ist nicht das einzige Problem an der Überlegung, dass Lügen verwerflich sind, weil sie täuschen sollen. Die meisten Menschen halten es für schlimmer, jemanden anzulügen, als ihn oder sie einfach nur auf die falsche Fährte zu locken. So kommt es, dass viele Leute es vermeiden zu lügen, wenn sie ihre Zuhörerschaft in die Irre führen.

Aus philosophischen Kreisen hört man oft die Geschichte von Athanasius von Alexandria.[326] Athanasius wurde von Leuten verfolgt, die ihm Böses wollten und ihm vielleicht sogar nach dem Leben trachteten. Doch als sie auf ihn trafen, erkannten sie ihn nicht und fragten: »Wo ist Athanasius?« Er antwortete: »Ganz in der Nähe.« Und so zogen die Männer weiter und suchten ihn. Wir sollen Athanasius für clever halten. Er führte seine Verfolger hinters Licht, ohne zu lügen!

Aber was wäre so schlimm daran gewesen, Menschen anzulügen, die einen umbringen wollen? Warum hatte er ihnen nicht erzählt, Athanasius sei mehrere Tagesreisen entfernt gesichtet worden oder bereits tot?

»Lügen Sie doch einfach«, sagt Jennifer Saul. Sie ist Sprachphilosophin und hat einen Artikel mit genau diesem Titel herausgebracht.[327] Darin argumentiert sie, dass Lügen nicht schlimmer ist, als andere in die Irre zu führen. Ihr Beispiel dafür lautet: Dave und Charla sind kurz davor, zum ersten Mal miteinander zu schlafen. Dave fragt Charla, ob sie Aids habe. Wie es der Zufall will, ist Charla tatsächlich HIV-positiv und weiß das auch. Aber sie weiß auch, dass sie noch nicht an Aids erkrankt ist. Da sie Dave nicht vertreiben will, antwortet sie: »Nein, ich habe kein Aids.« Beruhigt willigt Dave in ungeschützten Sex ein.[328]

Charla hat nicht gelogen. Was sie sagte, entsprach der Wahrheit. Aber trotzdem hat sie Dave getäuscht, auf ziemlich niederträchtige Art und Weise. Natürlich hätte er seine Frage präziser formulieren können; es gibt einen Unterschied zwischen HIV und Aids. Aber Charla wusste, was er meinte, und ihre Antwort war darauf ausgelegt, ihn zu täuschen. »Es ist völlig absurd«, schreibt Saul, »Charlas Täuschung auch nur ein kleines bisschen weniger schlimm zu finden, weil sie vermieden hat zu lügen.«[329]

Saul zufolge ist Lügen falsch, weil es auf Täuschung abzielt. Welche Form die Täuschung annimmt, spielt in den meisten Fällen keine Rolle. Wenn wir jemanden täuschen wollen, können wir genauso gut lügen.[330] Ist die Täuschung verwerflich, wird sie nicht schlimmer, nur weil wir etwas Unwahres sagen. Und wenn sie berechtigt ist – wenn wir gute Gründe dafür haben –, machen wir uns sowieso keines Fehlverhaltens schuldig. Genau das würde Saul auch über Athanasius sagen. Er hat nicht gelogen, aber es wäre auch kein Problem gewesen, wenn er es getan hätte.

Mit diesem letzten Punkt bin ich einverstanden. Ich glaube nicht, dass Athanasius seinen Verfolgern gegenüber zur Wahrheit verpflichtet war. Aber die Ansicht, dass Lügen anderen Formen der Täuschung ebenbürtig ist, überzeugt mich nicht unbedingt. Klar, eine Lüge, die auf Täuschung abzielt, ist verwerflich, solange das auch für die Täuschung gilt. Doch wie Shiffrin erklärt hat, ist Lügen auch aus einem anderen Grund falsch.

Um das zu erkennen, müssen wir wieder ein Stück zurückschauen – bis in die Einleitung, wo wir uns Gedanken über die unterschiedliche Farbwahrnehmung gemacht haben. Dort bestand unser Problem darin, dass wir keinen Zugang zur Wahrnehmung eines anderen Menschen haben. Es gibt keine Verbindung zwischen uns und dem, was im Kopf anderer Leute vorgeht. Doch manchmal müssen wir einfach wissen, wie es in ihnen aussieht. Ein Zusammenleben, geschweige denn Zusammenarbeiten wäre unmöglich, wenn wir nicht irgendwie herausfinden könnten, was andere denken. Das beste Instrument, um diese Mauer zu durchbrechen, ist laut Shiffrin die Sprache. Sie verhilft uns zu einem Maß an Verständnis, das ohne sie nicht möglich wäre.

Dank dieses Verständnisses können wir aufeinander eingehen, voneinander lernen und gemeinsame Projekte und Pläne umsetzen. Ohne es wäre unser Leben deutlich ärmer. Daher haben wir allen Grund dazu, die sprachliche Kommunikation wertzuschätzen und ihre Fähigkeit, für gegenseitiges Verständnis zu sorgen, zu bewahren.

Lügen sei deshalb verwerflich, sagt Shiffrin, weil es die Geisteshaltung des Lügenden falsch darstellt. Dadurch untergräbt es die Kompetenz der Sprache, das zu tun, was nur sie kann – Verständigung zu ermöglichen. Wenn wir lügen, erzeugen wir ein Rauschen im Kanal und stellen die Verlässlichkeit des zukünftigen Austauschs infrage. Würde sich das durchsetzen, verlören wir, so Shiffrin, den »verlässlichen Zugriff auf einen wesentlichen Satz an Wahrheiten«[331].

Shiffrins Erklärung ist nicht abschließend. Es kann auch aus anderen Gründen falsch sein zu lügen. Es kann respektlos sein. Es kann Vertrauen kosten. Und es kann täuschen. In vielen Fällen lässt einer dieser Aspekte Shiffrins Begründung in den Hintergrund treten. Charlas Täuschung brachte Dave in große Gefahr. Das war schon schlimm genug; eine Lüge hätte wohl keine weitere Steigerung bedeutet. Doch in vielen Fällen ist In-die-

Irre-Führen das geringere Übel. (Die Jungs verschleiern uns gegenüber gern, wie häufig sie *Minecraft* spielen.) Und in solchen Situationen spricht *doch* etwas dafür, eindeutige Lügen zu vermeiden. Die Möglichkeit einer aufrichtigen Kommunikation bleibt weiter bestehen.

◆ ◆ ◆

»Hey, Jungs, ich habe eine Frage an euch: Angenommen, jemand will einen Freund von euch umbringen, und ihr versteckt ihn auf dem Dachboden.«

»Wie heißt er?«, will Hank wissen.

»Jack«, sage ich. »Und dann steht plötzlich der Kerl, der ihn umbringen will, vor der Tür und fragt, wo Jack ist.«

»Wie heißt *der*?«, fragt Hank.

»Spielt keine Rolle.«

»Nennen wir ihn Bob«, meinte Rex.

»Okay, Bob will wissen, wo Jack ist. Was sagt ihr ihm?«

»Nicht hier!«, sagte Rex.

»Du würdest also lügen?«

»Das ist keine Lüge.«

»Aber Jack ist doch auf dem Dachboden.«

»Ja, aber wenn ich sage, dass er nicht hier ist, meine ich damit, dass er nicht genau hier ist, wo wir gerade stehen.«

Anscheinend wächst bei uns der Athanasius von Ann Arbor heran. Gleich zwei davon, wie sich herausstellte.

»Was würdest du sagen, Hank?«

»Ich würde sagen, dass ich ihn kurz zuvor erst auf der Straße gesehen hätte.«

»Stimmt das denn?«

»Ja, ich habe ihn auf der Straße gesehen, als er zu uns kam, bevor er sich auf dem Dachboden versteckte.«

»Warum nicht einfach lügen? Ihr könntet sagen, dass Jack die Stadt verlassen hat.«

»Ich glaube, wir müssten gar nicht lügen«, sagte Rex.

»Wäre es denn in Ordnung, zu lügen, wenn es etwas bringen würde?«

»Ja, ich finde schon«, meinte Rex. »Ich muss Bob nicht dabei helfen, Jack umzubringen.«

Kant hätte diese Aussage kategorisch zurückgewiesen. So zumindest lautet die gängigste Interpretation seines kurzen Essays »Über ein vermeintes Recht aus Menschenliebe zu lügen«.[332] Darin betrachtet er den Fall, den ich meinen Kindern vorgesetzt hatte – ein Mörder an der Tür, auf der Suche nach seinem anvisierten Opfer. Offenbar gelangt Kant zu dem Schluss, dass man nicht lügen darf, auch nicht dem Mörder gegenüber.

Das ist Unsinn. Niemand hält das für richtig, auch nicht die eingeschworensten Kant-Fans. Und wahrscheinlich nicht einmal Kant selbst. Das Szenario ging aus einer Auseinandersetzung mit dem französisch-schweizerischen Staatstheoretiker Benjamin Constant hervor. Allen Wood, ein führender Kant-Experte, ist der Sache auf den Grund gegangen, und seiner Ansicht nach waren beide Männer hauptsächlich an »der Pflicht zur Ehrlichkeit […] in *politischen Zusammenhängen*« interessiert.[333] Wood geht nicht davon aus, dass Kant sich irgendeinen Mörder an der Tür vorstellte. Ihm sei es um einen Polizisten gegangen, der Informationen über den Aufenthaltsort eines Verdächtigen verlangt.[334] Wood vermutet, dass Constant die Sache zum Teil deshalb anders bewertete als Kant, weil er aufgrund seiner Erfahrungen während der Französischen Revolution skeptisch war, was die Trennlinie zwischen Polizei und Kriminellen betraf.[335]

Wood zufolge hätte sich ein anderes Szenario besser geeignet, um Kants Position zu verdeutlichen: Eine vereidigte Zeugin bekommt vor Gericht eine Frage gestellt, »deren wahrheitsgemäße Beantwortung voraussichtlich dafür sorgen wird, dass ein Freund, […] von dem sie weiß, dass er unschuldig ist, wegen Mordes verurteilt wird«.[336] Das ist eine fürchterliche Zwickmühle. Dennoch muss man – Wood zufolge – die Wahrheit sagen, es sei denn, »das Gerichtsverfahren ist unrechtmäßig oder eine Farce«[337]. Ansonsten wäre die Zeugin die Person, die »den Prozess zu einer Farce macht«[338], weil sie dafür sorgt, dass dieser auf einer Lüge aufbaut.

Kant würde dem vielleicht zustimmen, aber ich bin mir da nicht so sicher. Ich halte es für denkbar, dass Lügen in Extremsituationen zulässig sein könnten; es kommt auf die Umstände an. Doch davon einmal abgesehen: Was machen wir denn nun mit dem ursprünglichen Fall, der so viel Aufmerksamkeit auf sich zog und so häufig belächelt wurde? Natürlich darf man in diesem Fall lügen. Und dank Shiffrin verfügen wir über die Werkzeuge, um diese Antwort zu begründen. Wir befinden uns in einem gerechtfertigt losgelösten Kontext. Der Mörder hat kein Anrecht auf unsere Mithilfe, da er nichts Gutes im Schilde führt. Wie Rex schon sagte: Wir müssen Bob nicht dabei helfen, Jack umzubringen.

◆ ◆ ◆

Der Mörder vor der Tür erhält mehr Aufmerksamkeit, als er verdient. Nur wenige von uns werden sich je in dieser Situation wiederfinden. Und selbst Kant und Constant interessierten sich vor allem für etwas anderes: »die Pflicht von Politikern und Staatsmännern, die Wahrheit zu sagen«.[339]

Das ist ein Thema, das auch Rex beschäftigt.

»Ich kann nicht glauben, dass er so viel lügt«, sagte er mehrfach über Donald Trump. Er sah sich gern die Liste der Lügen an, die manche Medien veröffentlichen.[340]

Natürlich gibt es in der Politik so einige, die ein kompliziertes Verhältnis zur Wahrheit haben. Das Besondere an Trump war seine unverblümte Abneigung ihr gegenüber. An seinem ersten Tag als Präsident log er in Bezug auf den Regen bei der Zeremonie zur Amtseinführung und ließ zu, dass sein Pressesprecher falsche Angaben über die Anzahl der Anwesenden machte.[341] Und das war erst der Anfang. Gegen Ende seiner Amtszeit beharrte Trump entgegen anderslautender Beweise darauf, dass er um den Wahlsieg betrogen worden sei,[342] was Teile seiner Anhängerschaft dazu anstachelte, das Kapitol zu stürmen.

»Donald Trump ist ein schlechter Präsident«, sagte Rex eines Tages beim Abendessen, kurz nach dem Aufstand.

»Für uns ist er ein schlechter Präsident«, meinte Hank. »Aber für die Leute, die ihn mögen, ist er ein guter.«

»Nein, er ist ein schlechter Präsident«, wiederholte Rex.

»Für uns, ja«, beharrte Hank. »Aber für die, die ihn mögen, ist er gut.«

»Hank, meinst du damit, dass die Leute, die Donald Trump mögen, *glauben*, dass er gut ist – obwohl es nicht stimmt?«, fragte ich.

»Nein«, antwortete er mit Nachdruck. »Sie glauben, dass er gut ist, und wir glauben, dass er schlecht ist, *und es gibt nichts in der Mitte, das entscheiden könnte, wer recht hat.*«

»Muss denn nicht eine von beiden Seiten recht haben?«, fragte ich. »Entweder ist er ein guter Präsident oder nicht.«

»Nein«, sagte Hank. »Für uns haben wir recht, und für die anderen haben sie recht.«

Diese Sicht nennt sich *Relativismus* – die Vorstellung, dass für verschiedene Menschen verschiedene Wahrheiten gelten. Und ich war schockiert, sie in unserem Haus zu entdecken. Denn sie entspricht nicht dem, wie ich die Welt sehe – oder mit meinen Kindern darüber spreche.

Ich fragte mich: Wie ausgeprägt war Hanks Relativismus wohl? Viele Menschen sind skeptisch, ob es auf ethische Fragen – oder bei Werturteilen wie der Frage, ob Trump ein guter Präsident ist oder nicht – eine einzige gültige Antwort gibt. War das auch bei Hank der Fall? Oder reichte sein Relativismus tiefer?

»Hank«, sagte ich. »Stell dir einmal vor, wir gehen nach draußen, und ich sage, es regnet, und du sagst, es regnet nicht. Hat einer von uns beiden recht?«

»Für mich habe ich recht«, sagte er. »Und für dich hast du recht.«

»Aber entweder fallen Tropfen vom Himmel oder nicht«, wandte ich ein. »Es liegt nicht an uns, zu entscheiden, ob es regnet.«

»Für dich fallen Tropfen vom Himmel, für mich nicht«, sagte Hank.

Anfangs war ich mir nicht sicher, ob Hank es ernst meinte. Er hielt mich gern zum Besten. Jahrelang war ich mir nicht sicher, ob er das Alphabet aufsagen konnte. Immer wenn ich ihn bat, mir das dazugehörige Lied vorzusingen, warf er einige Buchstaben durcheinander. Ich glaubte, dass er mich verschaukelte, so wie ich es gern mit Rex machte. Aber er zog die Nummer so konsequent – und so unverbesserlich – durch, dass ich mich irgendwann fragte, ob ihm die Bedeutung der Reihenfolge eigentlich bewusst war.

Als er dann in die Vorschule kam, war klar, dass er mich nur veräppelt hatte – und das, seit er drei war. In Gegenwart der Lehrerin beherrschte er das Alphabet ohne Probleme – ebenso wie viele andere Dinge, von denen wir nicht geahnt hatten, dass er sie konnte.

Daher bin ich dem kleinen Kerl gegenüber immer etwas misstrauisch und halte stets Ausschau nach dem verschmitzten Grinsen, das er nicht unterdrücken kann, wenn er Schabernack treibt. *Er ist wahnsinnig gut*, dachte ich. *Er hat schon mit acht erkannt, welches philosophische Konzept mich am meisten auf die Palme bringt.* Doch im Verlauf des Abends wurde deutlich, dass Hank wirklich meinte, was er sagte. Er hatte sich seine Gedanken darüber gemacht und beschlossen, dass allen von uns eine eigene Wahrheit zustand.

◆ ◆ ◆

Warum? Der zentrale Punkt seiner Überlegungen war das, was er zu Rex gesagt hatte: »Sie glauben, dass er gut ist, und wir glauben, dass er schlecht ist, *und es gibt nichts in der Mitte, das entscheiden könnte, wer recht hat.*«

Bei diesem letzten Teilsatz zog Hank mit der flachen Hand eine senkrechte Grenzlinie in der Luft, um zu illustrieren, dass es nichts in der Mitte gab. Doch was er wirklich meinte, war, dass es *niemanden* in der Mitte gab – kein neutrales Schiedsgericht, um den Disput zu klären.

Im Kapitel über Rechte habe ich erzählt, dass Hank sich gern von den Fällen berichten lässt, die ich in meinen Kursen durchnehme, und jedes Mal fragt: »Wie lautete das Urteil?« Er will hören, was richtig ist, und geht davon aus, dass der Richter oder die Richterin darüber entscheidet. Gibt es diese Instanz nicht, existieren verschiedene Wahrheiten für verschiedene Menschen.

Viele meiner Studierenden lassen sich von ähnlichen Argumenten verlocken – vor allem (aber nicht ausschließlich) die Sportbegeisterten unter ihnen. Für sie ist es Alltag, dass ein Schiedsgericht entscheidet: Auf der Linie oder im Aus, Strike oder Ball, Foul oder kein Foul. Diese Entscheidungen sind endgültig, niemand kann dagegen vorgehen. Was der Schiri sagt, gilt. Wenn er sagt, der Ball war auf der Linie, dann war er auf der Linie. So kann sicherlich der Eindruck entstehen, dass er die Macht hätte, über die Wahrheit zu bestimmen.

Doch das stimmt nicht. Zumindest so viel sollte uns der Videobeweis gelehrt haben. Im Tennis entscheidet die Position, die der Ball beim Aufkommen in Bezug auf die Linien auf dem Platz einnimmt, darüber, ob er drin oder aus ist, nicht die Entscheidung der Person auf dem Schiedsrichterstuhl. Im Idealfall stimmt deren Aussage mit der Wahrheit überein, aber sie legt nicht fest, was die Wahrheit ist.[343]

Es hilft, sich in Erinnerung zu rufen, dass man sportliche Wettkämpfe auch ohne Schiedsgericht austragen kann. Wir können uns auf einen Platz stellen, den Ball über das Netz schlagen und selbst entscheiden, ob er drin war oder im Aus. In den meisten Fällen wären wir einer Meinung. In manchen nicht. Wir haben unterschiedliche Blickwinkel, und unser persönliches Interesse kann unsere Wahrnehmung beeinflussen. Das ist ein Grund dafür, dass es die Unparteiischen gibt. Aber genau genommen sind auch sie nur außenstehende Personen, die richtig oder falsch liegen können. Die Wahrheit existiert unabhängig davon.

Es ist leicht, das durcheinanderzubringen, denn in gewisser Hinsicht stimmt das, was diese Personen sagen, tatsächlich. Wenn die Schiedsrichterin in einem Fußballspiel entscheidet, dass ein Spieler im Abseits stand, dann geht das Spiel so weiter, *als ob* er wirklich im Abseits stand, egal, ob das der Wahrheit entspricht oder nicht. Die Person mit der Trillerpfeife hat die Macht, festzusetzen, was wir im weiteren Verlauf des Spiels als *wahr annehmen*. Doch die strittige Situation ereignete sich vor und unabhängig von ihrer Entscheidung, genauso wie es in einem Spiel ohne unparteiische Instanz der Fall wäre. Die Abwesenheit einer neutralen Vermittlungsinstanz geht keinesfalls mit der Abwesenheit der Wahrheit einher.

Trotzdem stehen viele Menschen dem Konzept einer objektiven Wahrheit skeptisch gegenüber. In manchen Kreisen ist es gerade angesagt, die Wahrheit zu einem gesellschaftlichen Konstrukt zu erklären. Doch wie wir im Kapitel über *race* gelernt haben, bedeutet die Tatsache, dass es sich bei unseren Begrifflichkeiten um soziale Konstrukte handelt, nicht, dass das auch für den Gegenstand gilt, auf den sie sich beziehen. Wir bestimmen, was einen Planeten ausmacht. Doch sobald wir diese Entscheidung getroffen haben, steht fest, ob Pluto die Bedingungen erfüllt oder nicht. Und wir können uns irren, etwa wenn wir die Fakten falsch eingeschätzt haben.

In Bezug auf den Regen vertritt bis auf Hank kaum jemand

eine relativistische Position. Wenn es um die konkret erfahrbare Welt geht, haben die meisten von uns keine Einwände gegen das Konzept einer objektiven Wahrheit. Punkt. Sollte Hank mitten in einem Wolkenbruch darauf beharren, dass es nicht regnet, würde ich nicht glauben, dass er über seine eigene Wahrheit verfügt. Ich würde davon ausgehen, dass er den Verstand verloren hat – oder mich mal wieder auf den Arm nimmt.

Wenn es jedoch um Werturteile geht, kann Hank auf deutlich mehr Unterstützung zählen. War Donald Trump ein guter Präsident? Ist Abtreibung falsch? War Beethoven besser als Bach? Auf diese Fragen gibt es keine richtigen Antworten, behaupten manche. Es gibt nur unterschiedliche Sichtweisen.

Dabei leugnen die Menschen, die das sagen, gar nicht unbedingt die Existenz der Wahrheit als solche. Was sie ablehnen, ist das Konzept einer objektiven Wahrheit – einer Wahrheit, die für uns alle gilt, unabhängig davon, wer wir sind. Um die Wahrheit zu retten, *relativieren* sie sie. Es gebe nicht die *eine* Antwort auf die Frage, ob Abtreibung richtig oder falsch ist, sagen sie. Aber es gebe durchaus Antworten, die sich je nach Weltsicht unterscheiden. Für die Feministin, der die reproduktive Selbstbestimmung sehr wichtig ist, sind Abtreibungen zulässig. Für den Katholiken, der den Lehren der Kirche anhängt, kommt eine Abtreibung nicht infrage. Was davon stimmt? Das sei eine Frage, die man so nicht stellen könne, heißt es im Relativismus. Die Feministin hat ihre Wahrheit, der Katholik seine.

Das sind ziemlich düstere Aussichten – es würde bedeuten, dass jeder und jede von uns für sich allein kämpft. Wir können aneinandergeraten, aber nicht zusammenfinden. Die Feministin und der Katholik reden völlig aneinander vorbei. Ihre Forderungen entsprechen ihrer relativen Sicht auf die Welt. Seine ergeben sich aus der seinen. Beide haben innerhalb ihrer jeweiligen Moralvorstellungen recht. Doch laut den Hanks dieser Welt gibt es nichts in der Mitte, das eine Weltsicht über die andere stellen könnte. Daher bringt es nichts, sich darüber auseinanderzusetzen. Jegliche Überzeugungsversuche können nicht an den Verstand appellieren, da auch dessen Ausrichtung relativ ist. (Die Feministin wird andere Aspekte für wichtig erachten als der Katholik. Und es gibt nichts in der Mitte, das darüber entscheidet, wer recht hat.)

Diese Denkweise ist außerhalb philosophischer Kreise beliebter als innerhalb selbiger. Die meisten mit Philosophie befassten Menschen halten einen konsequenten Relativismus (also einen Relativismus, der alles einschließt) sogar für grundsätzlich unlogisch.[344] Denn was für eine Aussage soll der Satz *Es gibt keine objektive Wahrheit* sein? Eine objektive Aussage, die für uns alle gilt? Wenn ja, widerlegt sie sich selbst. Oder handelt es sich um eine subjektive Behauptung, die nur für die Person wahr ist, die sie aufstellt? Ist das der Fall, steht sie nicht im Widerspruch zum Konzept einer objektiven Wahrheit. Dann verrät sie uns nur etwas über die Einstellung der Person, die dieses Argument anführt.

Ein maßvollerer Relativismus würde sich nicht derartig selbst in den Schwanz beißen. Moralischer Relativismus kann durchaus sinnvoll erscheinen. Es ist kein Widerspruch an sich zu sagen: *Es gibt keine objektiven moralischen Wahrheiten.* Die Frage ist, ob das stimmt.

Die klassische Argumentation basiert auf einer einleuchtenden Beobachtung. Wir haben unterschiedliche, zum Teil gegensätzliche Moralvorstellungen. Das gilt für die Menschen an einem Ort, aber noch mehr, wenn wir den Blick in die Ferne oder in vergangene Jahrhunderte richten. Darüber hinaus werden die Moralvorstellungen der Menschen in weiten Teilen von der Kultur und der Gesellschaft geprägt, in der sie aufwachsen. Wären wir an einem anderen Ort und zu einer anderen Zeit geboren, würden wir viele moralische Fragen anders bewerten. Einige unserer tiefsten Überzeugungen galten in früheren Zeiten eher als randständig. Sklaverei war lange weithin akzeptiert. Heute finden wir das Konzept abscheulich.

Darüber hinaus scheinen viele moralische Differenzen einfach unlösbar zu sein. Über das Thema Abtreibung – und die Frage, ob sie legal sein sollte – beispielsweise wird seit Jahrzehnten, nein, seit Jahrhunderten diskutiert, und immer noch gehen Überzeugte beider Seiten auf die Straße.

Der Relativismus liefert uns eine Erklärung dafür – im Grunde die von Hank: Es gibt keine Instanz in der Mitte, die entscheidet, wer recht hat. Jeder und jede von uns verfügt über einen eigenen Bezugsrahmen, von denen keiner dem anderen überlegen ist. Doch wir sollten nicht außer Acht lassen, dass das einen Preis hat. Mit dieser Einstellung können wir es nicht als Tatsache ansehen, dass Sklaverei verwerflich ist – sie ist es nur in Bezug auf die Moralvorstellungen, denen *wir* anhängen. Das Gleiche gilt für Völkermord. Wir könnten zu einem Nazi sagen: »Unserer Meinung nach solltest du keine jüdischen Menschen umbringen.« Aber solange er unser Weltbild nicht teilt, wären wir nicht in der Lage, ihm einen Grund dafür zu nennen. Wir müssten ihm zugestehen: Er hat seine Wahrheit, wir unsere. Was anfangs einleuchtend erschien, wirkt jetzt absurd.

Vielleicht haben wir aus unserer anfänglichen Beobachtung die falschen Schlüsse gezogen. Das meinte zumindest Ronald Dworkin.[345] Er wies gern und häufig darauf hin, dass Uneinigkeit nicht unbedingt auch Unbestimmtheit beinhalte. Sie verweise eher auf das Gegenteil. Wenn wir darüber streiten, ob Abtreibung falsch ist, liegt das mit hoher Wahrscheinlichkeit daran, dass wir meinen, es gäbe eine richtige Antwort auf die Frage – und diese Antwort sei wichtig. Wir werden uns vielleicht niemals einig werden. Aber Einigkeit etabliert keine Wahrheit. Und Uneinigkeit bedeutet nicht, dass es keine Wahrheit gibt.

◆ ◆ ◆

Ja, es mag sein, dass wir anders denken würden, wenn wir zu einer anderen Zeit oder an einem anderen Ort lebten. Doch dann wären nicht nur unsere Moralvorstellungen anders, sondern auch unsere wissenschaftsbasierten Ansichten. Vor vielen Jahren wären wir davon überzeugt gewesen, dass die Sonne um die Erde kreist. Heute wissen wir, dass die Erde um die Sonne kreist. Die Tatsache, dass wir früher anderer Ansicht waren, stellt diese Erkenntnis nicht infrage. Wir können darlegen, wo wir uns damals geirrt haben und warum unser heutiger Wissensstand besser belegt ist. Das Gleiche gilt, meine ich, für die Sklaverei.

Der Umstand, dass sich unsere Moralvorstellungen ändern können, stellt nicht deren Wahrheitsgehalt infrage. Er legt nahe, dass bei diesem Thema etwas Demut angebracht wäre. Wir sollten uns fragen, ob wir vielleicht falschliegen. Wir sollten mit Menschen reden, die anderer Meinung sind. Und wir sollten offen dafür sein, unsere Ansichten aufgrund des Gelernten zu überdenken. Das Konzept der Wahrheit oder die Suche danach sollten wir jedoch nicht aufgeben.

Aber wonach genau suchen wir eigentlich? Was macht moralische Wahrheit aus? Das ist eine der schwierigsten Fragen der Philosophie. Wie Dworkin anmerkte, glaubt niemand, »dass das Universum inmitten der zahlreichen Energie- und Materieteilchen auch eine Sonderform birgt – die *Moronen* –, die durch ihre Dynamik und ihren Impuls Felder aufspannen, aus denen sich [...] die Moralität oder Unmoralität, also die Tugend- oder Lasterhaftigkeit, konkreter menschlicher Taten oder Institutionen ergibt«.[346]

Doch wenn nicht die Moronen darüber entscheiden, ob etwas moralisch ist, was dann? Ich kann die Auseinandersetzungen zu diesem Thema hier nicht angemessen wiedergeben. Aber ich kann einen Einblick in meine Überlegungen dazu gewähren. Sie sind denen von Dworkin sehr ähnlich.

Meiner Meinung nach beruht die moralische Wahrheit auf

den Gründen, die wir für unsere moralischen Ansprüche vorbringen. Dworkin wies darauf hin, dass niemand die Frage, warum Abtreibungen falsch seien, damit beantworten würde, dass ihre Falschheit in der Struktur des Universums vorgegeben sei.[347] Stattdessen würde die Person Gründe anführen. Sie könnte sagen, dass Gott Abtreibungen verbietet. Oder dass sie gegen die Würde menschlichen Lebens verstießen. Oder dass es falsch sei, Unschuldige zu töten. Sobald diese Gründe auf dem Tisch liegen, können wir fragen: Taugen sie etwas? Hat die Person etwas übersehen? Ist ihre Argumentation schlüssig? Idealerweise würden wir das gemeinsam tun. Wir würden das Thema gemeinsam ergründen.

Stellen wir uns jetzt vor, wir befänden uns mitten in diesem Gespräch, als sich plötzlich eine Skeptikerin einschaltet. »Eure Worte sind völlig überflüssig«, würde sie sagen. »Gründe sind nicht real.« Wir würden sie fragen, warum sie diese Meinung vertritt. Daraufhin nennt sie uns ihre ... Gründe. Und dann könnten wir fragen: Taugen sie etwas? Hat sie etwas übersehen? Ist ihre Argumentation schlüssig?

Ohne rationales Denken geht es einfach nicht. Wie Dworkin einst sagte: »Wir können bei keiner Behauptung, selbst bei den ausgefeiltesten aller skeptischen Darlegungen oder Aussagen, mehr erreichen, als uns zu fragen, ob wir sie nach den besten Überlegungen, die uns angemessen erscheinen, für zutreffend halten.«[348] Ist das der Fall, sollten wir sie glauben – solange wir keinen Anlass haben, das Gegenteilige zu tun.

◆ ◆ ◆

Hanks Relativismus hielt nicht lange an. Ich brachte ihn noch am gleichen Abend zum Einsturz.

An manchen Tagen lese ich ihm vor dem Schlafengehen keine Geschichte vor, sondern wir führen stattdessen ein Gespräch »von

Mann zu Mann«, wie er es nennt. Meistens albern wir herum. Gelegentlich unterhalten wir uns aber auch ganz ernsthaft. An jenem Abend setzten wir unser Gespräch über den Relativismus fort. Ich versuchte, Hank mit Gegenargumenten zu überzeugen – ohne Erfolg. Doch ich hatte noch eine Geheimwaffe in petto.

Ich knipste das Licht aus. Ich sang ihm sein Schlaflied. Und dann sagte ich beim Hinausgehen: »Gute Nacht, Hank. Du bist der liebste Sechsjährige, den ich kenne.«

»Ich bin doch nicht sechs«, sagte er. »Ich bin acht.«

»Ach ja?«, sagte ich. »Deiner Meinung nach vielleicht. Für mich bist du sechs.«

»Ich bin acht« rief er, jetzt schon leicht aufgebracht.

»Meine Wahrheit sieht anders aus«, sagte ich. »Wenn es nach mir geht, bist du sechs.«

»Ich bin acht«, erklärte er bestimmt. »*Manche Dinge sind einfach wahr.*«

◆ ◆ ◆

Ganz genau. Aber warum fällt es uns so schwer, uns auf die Wahrheit zu einigen? Darüber hat sich C. Thi Nguyen viele Gedanken gemacht. Er war lange Restaurantkritiker für die *L.A. Times* – mehr oder weniger mein Traumberuf. (Kleiner Hinweis an alle Gastronomieredaktionen: Rex und ich stehen jederzeit für die Bewertung von Taco-Ständen zur Verfügung. Hanks Spezialgebiet ist Sushi.) Doch irgendwann wechselte Nguyen zur Philosophie. Heute beschäftigt er sich mit Themen wie Vertrauen, Spiele und den Funktionsweisen von Gemeinschaften.

Im Zentrum seiner Arbeit steht eine Unterscheidung, die Nguyen vornimmt: zwischen *epistemischen Blasen* und *Echokammern*. Als epistemische Blasen bezeichnet er »*ein Informationsnetzwerk, in dem relevante Stimmen bewusst ausgeblendet werden*«[349]. Wir leben zunehmend in solchen Blasen. Wir verteilen uns geografisch so, dass wir von Menschen umgeben sind, die ähnlich denken wie wir. In unseren Social-Media-Feeds tummeln sich Freunde und Freundinnen, die unsere Ansichten teilen. Und die Algorithmen sorgen dafür, dass das Internet unsere Vorlieben bedient.

Epistemische Blasen sind schlecht. Sie blenden Informationen aus, die unseren Ansichten widersprechen, was uns in unserer Meinung bestärkt. Sie vermitteln uns den Eindruck, dass alle Menschen die Dinge so sähen wie wir, auch wenn es sich in Wahrheit völlig anders verhält. Es kommt sogar vor, dass sie uns ganze Themenbereiche vorenthalten. Trotzdem sind die epistemischen Blasen nicht das, was Nguyen in Sorge versetzt. Sie seien »leicht zum Platzen zu bringen«[350], sagt er; dafür müsse man nichts weiter tun, als die Menschen »den Informationen und Argumenten auszusetzen, die sie verpasst haben«.

Deutlich bedenklicher findet Nguyen *Echokammern*. Das klingt recht ähnlich, aber es gibt einen wichtigen Unterschied: Eine Echokammer ist »*ein soziales Gefüge, aus dem heraus andere relevante Stimmen aktiv diskreditiert wurden*«.[351] Das Problem der Echokammer besteht nicht darin, dass dort bestimmte Informationen fehlen, sondern dass verlässliche Quellen untergraben werden.

Als Beispiel für jemanden, der aktiv an der Erschaffung einer Echokammer mitgewirkt hat, nennt Nguyen Rush Limbaugh. Limbaugh moderierte jahrzehntelang eine erfolgreiche Radioshow in den USA, in der er seine konservativen Ansichten verbreitete. Die Hörer und Hörerinnen hatten Zugang zu weiteren Informationen über die Sendung hinaus. Viele konsumierten andere Medien und befanden sich deshalb nicht in einer epistemischen Blase. Doch Limbaugh lehrte sein Publikum, niemandem zu vertrauen, der oder die nicht seiner Meinung war.[352] Er stellte es so dar, als hätte es die Gegenseite auf ihn und sein Publikum abgesehen. Außerdem äußerte er Zweifel an der Integrität der Andersdenkenden, sodass der Eindruck entstand, sie seien nicht nur fehlgeleitet, sondern hegten böse Absichten.

Limbaugh lebt nicht mehr, aber die rechtspopulistische Echokammer, die er mit erschaffen hat, besteht fort. Sie hat sich sogar stark ausgedehnt, befeuert durch private Nachrichtensender und die sozialen Medien. Das Misstrauen, das Limbaugh und seinesgleichen gesät haben, bereitete unter anderem dem Sturm auf das Kapitol die Bühne: Eine große Anzahl an Menschen war bereit, jede Lüge zu glauben, solange sie aus der richtigen Richtung kam.

Echokammern gibt es auch im linken Spektrum (allerdings keine mit einer vergleichbaren Reichweite). In ihrem Buch *Nice Racism: How Progressive White People Perpetuate Racial Harm* (Netter Rassismus: Wie progressive *Weiße* rassistische Verletzungen fortführen) listet Robin DiAngelo eine Reihe von Taten und Haltungen auf, die ihrer Ansicht nach rassistisch sind.[353] Einige von ihnen sind eindeutig – Blackfacing beispielsweise, oder die Weigerung, die korrekte Aussprache eines Namens zu lernen. Andere hingegen sind umstrittener. So bestehen etwa berechtigte Zweifel daran, ob es rassistisch ist, die Diversitätsbemühungen eines Unternehmens auch auf den Bereich Neurodiversität zu erweitern.*[354] (Schließlich haben wir es nicht mit einem Nullsummenspiel zu tun – man kann gleichzeitig gegen Rassismus vorgehen und Menschen mit unterschiedlicher neurologischer Veranlagung ein angenehmeres Arbeitsumfeld verschaffen.) Aber DiAngelo will keine Einwände gegen die Punkte auf ihrer Liste hören. Im Gegenteil, sie betrachtet es als rassistisch, sie überhaupt zu hegen. Der letzte Eintrag auf ihrer Liste lautet: »mangelndes Verständnis dafür, warum einzelne Punkte

---

* Neurodiversität ist ein Konzept, das atypische neurologische Entwicklungen (etwa ADHS, Autismus oder Legasthenie) als natürliche menschliche Unterschiede und nicht etwa als pathologisch bewertet. [Anm. d. Übers.]

auf dieser Liste problematisch sind«[355]. Durch diese Aussage macht DiAngelo ihre Ansichten unangreifbar für jede Form der Kritik[356] – indem sie jeden Widerspruch im Voraus diskreditiert, ungeachtet der Begründung. Das ist ein klarer Schritt in Richtung Echokammer.

Um unsere politische Landschaft stünde es sicherlich deutlich besser, wenn es weniger Echokammern gäbe. Doch Nguyen hebt hervor, dass nicht alle Echokammern politisch geprägt sind.[357] Auch die Gruppe derer, die sich gegen Impfungen aussprechen, stellen eine solche Gemeinschaft dar. Sie lässt die Menschen Verschwörungen sehen, wo es keine gibt, und untergräbt ihr Vertrauen gegenüber Ärzten und Wissenschaftlerinnen. Weitere Echokammern finden sich im Bereich Ernährung, Sport und innerhalb der Pyramidensysteme des Multi-Level-Marketings. Nguyen sagt, diese ließen sich mithilfe einer einzigen Frage ausmachen: »Untergräbt das Glaubenssystem einer Gemeinschaft aktiv die Vertrauenswürdigkeit von Außenstehenden, die den zentralen Lehren nicht anhängen? Dann handelt es sich wahrscheinlich um eine Echokammer.«[358]

Echokammern sind widerstandsfähiger als epistemische Blasen. Es reicht nicht, den betroffenen Menschen Informationen von außen zukommen zu lassen, da sie diese durch den Filter der Echokammer betrachten. Dennoch gibt es Auswege. Laut Nguyen kann man sich aus Echokammern befreien, indem man sich an Descartes orientiert und radikal alles anzweifelt. Man müsse sich von den Überzeugungen lösen, zu denen man innerhalb der Echokammer gelangt ist, und ganz von vorn anfangen.

So ganz funktioniert die Methode von Descartes hier allerdings nicht, meint Nguyen. Wer auf absolute Gewissheit pocht, findet nichts, worauf er aufbauen kann. Deshalb schlägt der Philosoph eine Art Neustart des epistemischen Betriebssystems vor, indem man anfängt, gleichermaßen und unvoreingenommen den eigenen Sinneswahrnehmungen und anderen Menschen zu trauen.[359] Man öffnet sich der Welt und setzt sich vielen Informationsquellen auf einmal aus, ohne automatisch davon auszugehen, dass irgendeine von ihnen nicht vertrauenswürdig sei. Irgendwann muss man sich entscheiden, welche Aussagen man für verlässlich hält. Doch wer sich dieser Aufgabe ohne Scheuklappen stellt, neigt Nguyen zufolge eher dazu, glaubwürdige Quellen auszuwählen.

◆ ◆ ◆

Nguyens Überlegungen wirkten sich auf meine Einstellung zur Kindererziehung aus. Familien sind epistemische Blasen, zumindest für kleine Kinder. Sie beziehen anfangs fast alle Informationen von ihren Eltern und womöglich den Geschwistern. Es ist wichtig, sicherzustellen, dass Kinder gute Informationen erhalten. Aber: Genauso wichtig ist es, keine Echokammer zu erschaffen, indem wir die Kinder dazu bringen, allen Informationsquellen zu misstrauen, die andere Ansichten vertreten als wir selbst.

Das ist ein Balanceakt. Meine Kinder müssen wissen, dass nicht jeder Mensch vertrauenswürdig ist. Sie sollen stets die Augen offenhalten. Und ich möchte, dass ihnen bekannt ist, welchen Informationsquellen ich vertraue. Aber vor allem sollen sie in der Lage sein, Quellen selbst einzuschätzen.

Im letzten Kapitel habe ich erzählt, dass ich Rex dazu ermutige, Leute, die Fragen stellen, zu hinterfragen: Möchte diese Person etwas wirklich besser verstehen? Ist sie an den Beweisen interessiert? Würde sie mir Bescheid sagen, wenn sie merkt, dass ihre Sicht nicht richtig ist? Oder muss ich davon ausgehen, dass sie das vertuschen würde? Diese Fragen sind genauso hilfreich bei der Bewertung von Informationsquellen. Und wir können noch weitere hinzufügen: Handelt es sich um ausgebildete Journalisten? Ziehen sie Expertinnen zurate? Veröffentlichen sie

Berichtigungen? Versuchen sie, Empörung anzufachen? Oder wollen sie uns informieren?

Rex ist unserer epistemischen Blase bereits entwachsen. Er ist allein im Internet unterwegs. Hank wird ihm bald folgen. Wir hoffen, dass wir sie gegen Echokammern gewappnet haben, indem wir sie gelehrt haben, aufgeschlossen zu sein – und dass wir ihnen die nötigen Werkzeuge an die Hand gegeben haben, um kritisch abzuwägen, wem man vertrauen kann.

◆ ◆ ◆

Die Tatsache, dass Familien epistemische Blasen darstellen, ist ganz entscheidend für das magische Denken von Kindern. Solange man selbst die Kontrolle über die Informationen hat, klingt das Konzept des Weihnachtsmanns gar nicht so unsinnig. Erst wenn die Kinder auf andere Kinder treffen, die Bescheid wissen – oder zweifeln –, fangen auch sie an, die Sache zu hinterfragen.

In unserer Familie gab es keinen Weihnachtsmann. Aber wir fühlten uns trotzdem verpflichtet, den Glauben an ihn aufrechtzuerhalten. Denn wir wollten nicht, dass die Jungs ihren Freunden und Freundinnen das Weihnachtsfest verdarben. Das hatte viele amüsante Gespräche zur Folge, in denen Rex wilde Pläne schmiedete, wie wir den Weihnachtsmann auch zu uns locken könnten. Er hatte keinen Erfolg, aber immerhin kam die Zahnfee vorbei. Die Kinder liebten sie. Sie freuten sich auf jeden Brief von ihr – und natürlich auf die Dollarmünze oder die anderen kleinen Überraschungen, die sie daließ. Rex und ich verbrachten einmal eine ganze Heimfahrt damit, uns zu überlegen, was die Zahnfee wohl mit den vielen Zähnen anstellt. Er meinte, dass sie eine Art Währung im Feenland darstellen. Ich versuchte ihm zu erklären, dass eine Gemeinschaft aus magischen Wesen eine gewisse Kontrolle über die vorhandene Geldmenge anstreben sollte. Die Suche nach immer neuen Zähnen sei wie der Abbau von Gold: nicht der richtige Weg, um ein fortschrittliches Wirtschaftssystem am Laufen zu halten.

Hank zweifelte bereits an der Existenz der Zahnfee, bevor ihm der erste Zahn ausgefallen war. Ein Freund hatte ihm erzählt, dass es sie gar nicht gebe – dass es die Mütter und Väter seien, die den Kindern die Dinge hinlegten. (Ein gutes Beispiel dafür, wie leicht epistemische Blasen platzen.) Da wir nicht wollten, dass Hank die freudige Aufregung verwehrt blieb, logen wir. Genau genommen erzeugten wir eine Art Echokammer.

»Ich weiß nicht, warum er dir so etwas erzählt, Hank. Ich glaube, er hat da etwas durcheinandergebracht. Die Zahnfee kommt zu Rex, und sie ist früher auch zu Mommy und Daddy gekommen.«

So retteten wir uns über ein halbes Dutzend Zähne hinweg, bevor die Zweifel wieder aufkamen. Rückblickend frage ich mich allerdings: War es in Ordnung, so zu lügen? Hank hatte uns eine direkte Frage gestellt, und wir hatten ihm nicht die Wahrheit gesagt.

Vielleicht bewegten wir uns in einem losgelösten Kontext. Weiter oben habe ich gesagt, dass erfundene Welten uns in einen solchen versetzen. Aber in den meisten Fällen wissen die Kinder, dass es sich um eine erfundene Welt handelt. Hier hingegen versuchten wir, diese Tatsache aktiv vor Hank zu verbergen. Das Spiel fand auf einer ganz anderen Ebene statt. Und vielleicht war unser Verhalten falsch. Shiffrin meint, dass wir uns nur dann in einem gerechtfertigt losgelösten Kontext befinden, wenn alle wissen, dass der Anspruch der Aufrichtigkeit nicht gilt – oder es sich ableiten können.[360]

Ich glaube jedoch, dass sie damit falschliegt. Und das nicht nur in Bezug auf Kinder. Es ist keine Lüge, wenn Sie jemanden mithilfe eines Tricks zu einer Überraschungsgeburtstagsparty locken. Natürlich sagen Sie dabei manchmal etwas, das nicht der

Wahrheit entspricht – dass Sie einen ruhigen Abend zu zweit geplant hätten oder wegen eines Notfalls ganz dringend nach Hause müssten. Doch wenn es um Unwahrheiten geht, um jemanden zu überraschen oder ihm eine Freude zu machen, gibt es einen gewissen Spielraum. Und genau das war unser Ziel bei Hank: Wir wollten ihm ermöglichen, eine Fantasievorstellung zu genießen, zumindest eine Zeit lang. Daher bin ich nicht der Meinung, dass wir ihn angelogen hätten, zumindest nicht in einem moralisch bedeutsamen Sinn.

◆ ◆ ◆

Mir fantastische Geschichten für Hank auszudenken, zählt zu meinen Lieblingsbeschäftigungen. Einmal erzählte ich ihm, dass Kirby Smart, der Trainer des Footballteams der University of Georgia, ihn im nächsten Spiel aufstellen wolle.

»Auf welcher Position?«, fragte Hank.

»Als Runningback«, sagte ich. »Er glaubt, du könntest einfach zwischen den Beinen der Leute hindurchlaufen.«

»Ich könnte mich auch von jemandem auf dem Rücken tragen lassen«, meinte Hank.

»Gute Idee. Niemand würde dich dort entdecken.«

»Oder ich stelle mich auf die Schultern des Quarterbacks und werfe von da aus.«

»Sei vorsichtig da oben, ja?«, sagte ich. »Das klingt gefährlich.«

So ging es eine Weile weiter. Hank muss sich darüber im Klaren gewesen sein, dass wir nur Spaß machten. Er war sechs und hatte schon viele Footballspiele gesehen.

Daher überraschte es mich, als er fragte: »Das ist alles nicht ernst gemeint, oder?«

»Was meinst du?«

»Sag du es«, bat er.

»Hank, du weißt es doch.«

»*Bitte sag es.*«

Also sagte ich es ihm. So ging es jahrelang fast jedes Mal, wenn wir herumflachsten. Irgendwann fragte Hank: »Das ist jetzt aber nicht ernst gemeint, oder?« Und wenn ich nicht direkt darauf einging, reagierte er gereizt und forderte mich auf, ihm doch bitte zu bestätigen, was er bereits wusste.

Shiffrin half mir dabei, Hank zu verstehen. Wir akzeptieren Unaufrichtigkeit in gerechtfertigt losgelösten Kontexten. Doch es muss immer einen Ausweg aus diesen Situationen geben – eine Möglichkeit, die Losgelöstheit zu beenden und zu der Annahme zurückzukehren, dass alle die Wahrheit sagen.[361]

Stellen wir uns einmal vor, eine Freundin fragt uns, wie wir ihr Outfit finden. Vielleicht möchte sie eine ehrliche Einschätzung hören. Oder sie sucht Bestätigung. Wenn wir sie gut kennen, wissen wir wahrscheinlich, worauf sie aus ist. Und wenn die Antwort »Bestätigung« lautet, befinden wir uns in einem gerechtfertigt losgelösten Kontext. Wir können sagen: »Sieht super aus!«, selbst wenn wir eigentlich anderer Meinung sind.

Aber was, wenn die Freundin nun sagt: »Nein, wirklich. Sag mir, was du meinst. Ich will es wissen.« Dann sollten wir ihr eine ehrliche Antwort geben. Die Freundin hat den losgelösten Kontext für beendet erklärt.

Shiffrin hält Lügen für falsch. Aber noch schlimmer ist es in ihren Augen, zu lügen, nachdem man jemandem versichert hat, die Wahrheit zu sagen.[362] Hier sieht sie eine Analogie zum Hissen der weißen Flagge im Krieg. Die Flagge steht für Kapitulation oder Waffenstillstand und ist eine Einladung zum Verhandeln. Diese Situation zu missbrauchen – so zu tun, als ergäbe man sich, um sich ein Überraschungsmoment zu verschaffen oder den Feind zu hintergehen –, gilt als Kriegsverbrechen.[363] Warum? »Selbst wenn wir einander an die Gurgel gehen«, schreibt Shiffrin, »müssen wir uns einen Ausweg offenhalten, über den sich ein mögliches Ende des Konflikts verhandeln lässt.«[364]

Natürlich stellt ein Krieg eine ganz andere Form des losgelösten Kontextes dar. Doch Shiffrins Analogie ließ mich erkennen, worum es Hank wirklich ging – er wollte sichergehen, dass es einen Ausweg gab. Er liebt Fantasiewelten. Aber er muss wissen, dass wir ihm die Wahrheit sagen würden, wenn er uns darum bittet. Er muss wissen, dass seine weiße Flagge respektiert wird.

Eines Abends beim Schlafengehen zeigte er das noch einmal in aller Deutlichkeit – und bestätigte uns in unserer Entscheidung, was die Zahnfee anging. Julie war gerade dabei, ihn richtig zuzudecken, und er redete über den Zahn, der ihm an jenem Tag ausgefallen war.

Plötzlich wurde er ganz ernst. »Bevor ich Papa werde«, sagte er, »will ich wissen, ob es die Zahnfee wirklich gibt.«

»Einverstanden«, sagte Julie. »Ich sage es dir, bevor du Papa wirst.«

»Okay«, meinte Hank. »Wenn ich irgendetwas tun muss, will ich Bescheid wissen, damit ich nichts falsch mache.« Dann schlief er ein, ohne zu fragen, ob es die Zahnfee denn nun gab.

Hank wollte sichergehen, dass er es wissen könnte. Aber er wollte es nicht wissen – noch nicht.

10

Geist

Wie ist es wohl, Bailey zu sein? Darüber führen wir bei uns zu Hause ausgiebige Gespräche. Bailey, nur zur Erinnerung, ist unsere Mini-Goldendoodle-Dame.

Rex liebt es, ihr Tun mit Worten zu begleiten. Allerdings nicht im Stil eines Sportkommentators – er sagt nicht: »Bailey ist Erich Eichhörnchen dicht auf den Fersen ... wird sie ihn erwischen? ... Sie ist ganz nah dran ... Nein! Zum tausendsten Mal verpasst sie ihn um ein paar Millimeter.«

Stattdessen redet er so, als wäre er Bailey: »Oh, ein Eichhörnchen. Das würde ich mir gern schnappen. Jetzt aber schnell! Und da ist noch ein Eichhörnchen ... auf geht's ... oder vielleicht ruhe ich mich auch einfach aus.«

Diese Nummer ist lustig, weil wir uns sicher sein können, dass Bailey keine derartigen Gedankengänge hat. Sie versteht zwar ein paar Wörter, aber mehr auch nicht. Außerdem ist es lustig, weil es den Eindruck erweckt, als würde Bailey von menschlichen Regungen und Überlegungen angetrieben, obwohl wir eigentlich wissen, dass ihr Innenleben in Wahrheit ganz anders aussieht. Woher wir das wissen? Nun ja, sie begrüßt andere Hunde, indem sie an deren Hintern schnüffelt. Sie frisst Hasenköttel. (So hat sie sich einen Parasiten eingefangen.) Und sie bellt Luftballons an, ohne ersichtlichen Grund.

Manchmal ist es klar, was Bailey denkt. Wir wissen, wann sie

Hunger hat, pinkeln muss oder spielen will. Wir wissen, dass sie nicht gern badet. Sie liebt Julie und die Jungs. Von mir ist sie nicht ganz so begeistert, und das spricht für ein gesundes Urteilsvermögen.

Doch eine echte Vorstellung davon, wie es ist, Bailey zu sein, haben wir nicht. Schon allein ihre Wahrnehmung muss sich stark von unserer unterscheiden. Sie sammelt viele Informationen über ihren Geruchssinn – deutlich mehr als wir. In der Forschung geht man davon aus, dass Hundenasen zehn- bis hunderttausendmal so empfindlich sind wie Menschennasen.[365] Der Teil des Hundegehirns, der für das Riechen zuständig ist, ist (proportional gesehen) ungefähr vierzigmal größer als sein Gegenstück im menschlichen Gehirn. Außerdem verfügen Hunde, anders als wir, über ein Organ, mit dem sie Pheromone registrieren.

Wie wäre es wohl, über eine so hervorragende Nase zu verfügen? Ich kann raten, aber so richtig gut kann ich es mir nicht vorstellen. Würde ich kurz in Baileys Kopf hineinschlüpfen – und die Welt so wahrnehmen wie sie –, wäre ich bestimmt völlig überrascht, wie anders alles aussähe. Doch selbst dann wüsste ich noch nicht, wie es ist, Bailey zu sein. Dafür bräuchte ich mehr als nur die Sinnesorgane eines Hundes. Ich bräuchte auch die Ansichten eines Hundes, die Triebe eines Hundes und so weiter.

Einmal habe ich Hank gefragt: »Was meinst du, wie es ist, Bailey zu sein?«

»Ganz anders«, meinte er.

»In welchem Sinne?«

»Für sie gelten andere Regeln.«

Das war nicht ganz das, worauf ich abzielte. Aber ich war neugierig. »Was meinst du damit?«

»Sie muss raus, um zu pinkeln. Ich nicht. Und ich darf Schokolade essen. Sie nicht.«

»Glaubst du, dass sie die Welt anders wahrnimmt als wir?«

»Bestimmt«, meinte Hank. »Sie kann nicht so viele Farben sehen wie wir.«

Das stimmt. Hunde nehmen vor allem Blau-, Gelb- und Grautöne wahr.[366]

»Was glaubst du, geht jetzt gerade in ihrem Kopf vor?«

Bailey starrte uns mit leerem Blick an und kaute dabei auf einem Spielzeug herum.

»Ich weiß es nicht«, sagte Hank. »Frag sie doch.«

Das tat ich auch. Sie drehte den Kopf in meine Richtung, ließ sich aber nicht zu einer Antwort herab.

Bailey ist ein wichtiges Mitglied unserer Familie. Aber was in ihrem Kopf vorgeht, ist uns meistens ein Rätsel.

◆ ◆ ◆

Auch was in den Köpfen der Jungs vorgeht, war uns lange ein Rätsel. Jetzt, da sie sprechen können, hat das nachgelassen, weil sie uns ihre Gedanken nun manchmal mitteilen. Doch als Babys stellten sie ein noch größeres Mysterium für uns dar als Bailey. Sie bewegt sich immerhin, sodass wir oft zumindest eine grobe Vorstellung davon haben, was sie denkt. Aber Babys liegen einfach nur da und beobachten die Welt um sie herum.

Meine Mutter war ganz besessen von der Frage, was sich im Kopf eines Säuglings abspielte. Ständig fragte sie: »Was geht wohl gerade in ihm vor?«

»Er will wissen, wann du aufhörst, das zu fragen«, sagte ich dann.

Aber natürlich stellte ich mir dieselbe Frage. Ich glaube, so ergeht es jedem Menschen, der Zeit mit einem Baby verbringt. Babys nehmen die Welt sehr aufmerksam in Augenschein. Aber ihre Gedanken sind absolut undurchdringlich für uns.

Na ja, nicht *absolut* undurchdringlich. In der Psychologie beschäftigt man sich durchaus damit, was in den Köpfen von Babys vorgeht. Doch das ist kein einfaches Vorhaben, weil sie es uns nicht sagen können. Also muss man sie beobachten, genauso aufmerksam, wie sie die Welt beobachten. Man muss nachverfolgen, wohin sie schauen und wie lange sie den Blick auf bestimmte Gegenstände oder Personen richten. Sobald sie etwas älter sind, kann man ihnen Spiele vorsetzen und aus ihrem Verhalten ableiten, über welche kognitiven Fähigkeiten sie verfügen.

Obwohl diese Methoden relativ beschränkt sind, haben sie doch zu einer großen Fülle von Erkenntnissen geführt. Wer einen Kurs in Entwicklungspsychologie belegt, erfährt, wie Babys ihre Aufmerksamkeit steuern, wie ihr Gedächtnis funktioniert und wie sie ermitteln, welche Handlung welche Wirkung auslöst. Eines lernt man dort aber nicht: wie es sich anfühlt, ein Baby zu *sein* – oder auch nur ein Kleinkind. Das weiß niemand. Sie sind uns mindestens so fremd wie Hunde, vielleicht sogar noch fremder.

Die Versuchung ist groß, zu glauben, dass der Geist kleiner Kinder genauso funktioniert wie der von Erwachsenen, nur in etwas weniger ausgereifter Form. Aber das stimmt nicht. Alison Gopnik, eine angesehene Entwicklungspsychologin, schreibt:

Kinder sind nicht einfach nur unvollkommene Erwachsene, primitive Heranwachsende, die erst allmählich unsere Perfektion und Komplexität erreichen. […] Sie verfügen […] über sehr verschiedene, wenn auch gleichermaßen komplizierte und leistungsfähige geistige Funktionen, Gehirne und Bewusstseinsformen, die je andere evolutionäre Aufgaben erfüllen. Die menschliche Entwicklung vollzieht sich eher in Gestalt einer Metamorphose als in Form eines simplen Wachstums, ähnlich der Raupe, die zum Schmetterling wird – obgleich es manchmal eher so aussieht, als seien die Kinder die lebhaften, umherschweifenden Schmetterlinge, die sich auf dem Weg zum Erwachsensein in langsam kriechende Raupen verwandeln.[367]

Der kindliche Geist ist zu erstaunlichen Leistungen fähig, mit denen der von Erwachsenen nicht mithalten kann. Wer sich anschaut, wie ein Kind eine neue Sprache lernt, kann sich nur wünschen, er wäre auch noch dazu in der Lage.

Und es ist nicht nur die kognitive Leistungsfähigkeit, durch die sich Kinder von uns unterscheiden. Auch ihre Fantasie ist lebhafter. Sie erschaffen ständig neue Welten. Das ist uns verloren gegangen. Wir müssen arbeiten, was nur wenig Zeit für Spielen und erfundene Welten lässt. Aber die Arbeit ist nicht das Einzige, das uns davon abhält. Unser Gehirn funktioniert anders. Wir hängen in dieser Welt fest. Obwohl wir uns andere vorstellen können, macht es uns nicht mehr so viel Freude, darin zu versinken.

Als die Jungs noch klein waren, bewunderte ich beim Spielen oft, wie viel Begeisterung sie für ihre Fantasiewelten aufbrachten. Und ich wünschte mir, es ginge mir genauso. Manchmal machte mir das Spielen Spaß – zum größten Teil war es aber Freude über ihre Freude. Und häufig langweilte ich mich zu Tode und wünschte mir, wir würden endlich aufhören, damit ich mich sinnvolleren Dingen zuwenden könnte.

Wahrscheinlich sollte ich ein schlechtes Gewissen deswegen haben.

»Du wirst dich noch nach diesen Zeiten zurücksehnen«, höre ich immer wieder.

Das stimmt. Ich vermisse die Kinder jetzt schon. Das sage ich ihnen auch.

»Wie kannst du mich denn vermissen?«, fragt Hank. »Ich bin doch noch hier.«

»Du bist hier, ja«, antworte ich. »Aber der Junge, der du noch vor einer Minute warst, ist weg, und er kommt nicht mehr zurück.«

So wie ich die Jungs vermisse, vermisse ich auch mich selbst. Ich war früher ein ziemlich verrücktes Kind, das sich seine eigenen Welten erschuf, und das ist endgültig vorbei. Ich weiß nicht einmal mehr, wie es sich anfühlte; meine Erinnerungen beschränken sich auf Bruchstücke. Wer Zeit mit Kindern verbringt, kann gar nicht anders, als sich zu wünschen, die Welt mit ihren Augen zu sehen und ganz im Spielen aufzugehen.

Selbst die Fachleute, die sich am besten mit Kindern auskennen, wünschen sich das. John Flavell, ein weiterer renommierter Entwicklungspsychologe, sagte einmal zu Gopnik, er würde »alle seine Universitätsgrade und Ehrungen für die Möglichkeit eintauschen, nur fünf Minuten im Kopf eines kleinen Kindes zu verbringen – um die Welt noch einmal als Zweijähriger zu erleben«.[368]

Die Vorstellung gefällt mir: ein angesehener Forscher, der sich in den Kopf eines Kindes versetzt, um wiederzuerlangen, was wir alle einst hatten. Es zeigt, wie wenig wir darüber wissen, wie es ist, ein kleiner Mensch zu sein. Trotz aller Erkenntnisse, die Gopnik, Flavell und andere über die Vorgänge im Kopf eines Babys zusammengetragen haben, ist ihr Innenleben dennoch ein einziges großes Rätsel für uns.[369] Wir waren alle einst Babys, aber niemand von uns weiß, wie es ist, eines zu sein.

◆ ◆ ◆

Die Fragen, die wir uns bis hierhin gestellt haben – wie ist es, Bailey zu sein? Wie ist es, ein Baby zu sein? –, erinnern an den Titel eines der berühmtesten philosophischen Aufsätze des zwanzigsten Jahrhunderts: an Thomas Nagels »Wie ist es, eine Fledermaus zu sein?«

Als Philosoph ist Nagel sehr breit aufgestellt. Zu seinen bisherigen Forschungsthemen gehören Altruismus, Objektivität, das Wesen von Beweggründen und ... das Steuersystem. Doch am bekanntesten ist er für seine Betrachtung, wie es ist, eine Fledermaus zu sein. Das ist eine spannende Frage, da Fledermäuse über Fähigkeiten verfügen, die uns fehlen. Sie können fliegen. Und sich per Echolot orientieren. Genau das weckte Nagels Interesse. Fledermäuse stoßen sehr hohe Töne aus und ziehen aus dem

Echo Rückschlüsse über ihre Umgebung. Das ermöglicht es ihnen, »eine genaue Unterscheidung von Abstand, Größe, Gestalt, Bewegung und Struktur vorzunehmen, die derjenigen vergleichbar ist, die wir beim Sehen machen«.[370]

Wie ist es, eine Fledermaus zu sein? Wir wissen es nicht. Und es ist nicht klar, wie wir es herausfinden könnten. Nagel erklärt:

> Es wird nicht helfen, sich vorzustellen, dass man Flughäute an den Armen hätte, die einen befähigten, bei Einbruch der Dunkelheit und im Morgengrauen herumzufliegen, während man mit dem Mund Insekten finge; dass man ein schwaches Sehvermögen hätte und die Umwelt mit einem System reflektierter akustischer Signale aus Hochfrequenzbereichen wahrnähme; und dass man den Tag an den Füßen nach unten hängend in einer Dachkammer verbrächte.[371]

All das würde uns (bestenfalls) einen Eindruck davon vermitteln, wie es sich für einen Menschen anfühlt, als Fledermaus zu leben. Doch darum geht es Nagel nicht. Ihn interessiert, »wie es für eine *Fledermaus* ist, eine Fledermaus zu sein«[372]. Und er sieht keine Möglichkeit, das herauszufinden, da ihm nur die Mittel seines eigenen Geistes zur Verfügung stehen.

In der Philosophie gilt Nagel manchen als zu pessimistisch, nicht zuletzt deshalb, weil sich einige Menschen eben *doch* per Echolot orientieren können. Der bekannteste von ihnen dürfte Daniel Kish sein, der als »echter Batman« bezeichnet wird.[373] Kish ist blind, er hat mit dreizehn Monaten die Sehkraft verloren. Doch es dauerte nicht lange, bis er anfing, mit der Zunge zu schnalzen und aus den Schallwellen Informationen über seine Umgebung abzulesen, wie eine Fledermaus. Das gelingt ihm so gut, dass er auf diese Weise Fahrrad fahren kann. Er sagt, dass er sieht. Und Aufnahmen von Kishs Gehirn legen nahe, dass seine Form der Echoortung tatsächlich die Bereiche des Gehirns aktiviert, die visuelle Informationen verarbeiten, was es plausibel erscheinen lässt, dass sie tatsächlich eine Erfahrung bewirkt, die unserem Sehen ähnelt.[374]

Könnte Kish uns also einfach *erzählen*, wie es ist, eine Fledermaus zu sein? Nein, würde Nagel sagen.[375] Menschen, die zur Echoortung fähig sind, können vielleicht teilweise nachvollziehen, wie es sich anfühlt, eine Fledermaus zu sein. Sie haben mehr mit den Tieren gemeinsam als der Rest von uns und sind deshalb besser in der Lage, ihre Perspektive einzunehmen. Doch vollständig kann es ihnen nicht gelingen. Kish weiß, wie es sich anfühlt, ein Mensch zu sein, der zu etwas fähig ist, was auch eine Fledermaus beherrscht. Aber er weiß nicht, wie es sich anfühlt, das als Fledermaus zu tun, genauso wenig wie wir wissen, wie es ist, ein Kleinkind zu sein, das Dinge tut, zu denen auch wir in der Lage sind.

Das Problem, mit dem wir es hier zu tun haben, ist das gleiche, auf das ich schon im Kindergarten gestoßen war, als mir klar wurde, dass ich nicht wusste, wie meine Mutter die Farbe Rot sieht. Anders formuliert: Ich wollte wissen, wie es war, sie zu sein, während sie etwas Rotes anschaute. Und ich erkannte, dass es keine Möglichkeit gab, das herauszufinden.

Na und?, mögen einige jetzt sagen. Es gibt so vieles, was wir nicht über die Welt wissen. Warum sollte es uns wurmen, dass wir nicht wissen, wie andere Menschen Rot sehen? Wir wissen nicht, ob es auf anderen Planeten Leben gibt, ob eine kalte Fusion möglich ist oder warum sich so viele Leute für die Kardashians interessieren. Die Welt ist ein rätselhafter Ort.

Das stimmt. Allerdings könnten wir all diese Fragen klären, wenn wir über genügend Zeit und Mittel verfügten. Die Tatsache, dass ich nicht weiß, wie meine Mutter die Farbe Rot sieht, ergibt sich jedoch aus anderen – und anscheinend unüberwindlichen – Problemen. Es macht nicht den Eindruck, als könnten Zeit oder Geld etwas ausrichten. Genauso wenig bringt es, meine Mutter einfach zu fragen, obwohl sie es weiß. Sie kann mir nicht erklären, wie die Farbe Rot für sie aussieht, weil wir nicht über die Worte dafür verfügen. Die Erfahrung ist im buchstäblichen Sinn *unbeschreiblich*. Und sie ist *privat*. Die Wahrnehmung meiner Mutter ist ihr allein vorbehalten, ich kann keinen Einblick in sie erhalten.

Wir alle haben eine individuelle Perspektive auf die Welt, und die der anderen Menschen bleibt uns versperrt. Es ist kein Zufall, dass wir einander nicht in den Kopf schauen können. Wenn man darüber nachdenkt, ist schon die Vorstellung widersinnig. Um die Welt so zu erleben, wie sie ein Kleinkind erlebt, müssten wir ein Kleinkind *sein* und dabei trotzdem irgendwie wir selbst bleiben. Aber wenn wir wir selbst bleiben, können wir kein Kleinkind sein.[376] Wir sind nicht zu einer Wahrnehmung in der Lage, die nicht unsere eigene ist.[377]

Dieses Problem sollten wir nicht überbewerten. Wir können ganz gut erkennen, was in anderer Leute Köpfe vorgeht. Ich weiß, wann Hank glücklich ist und wann traurig. Ich weiß, wann er Hunger hat oder wütend ist. Das lässt sich an seinem Gesicht ablesen:

Dass ich seine Gefühlslage erkennen kann, liegt zum Teil daran, dass ich ähnliche Emotionen habe, die ich auf ähnliche Weise zum Ausdruck bringe. Wenn sich Gemütszustände in Verhaltensweisen niederschlagen, sind wir durchaus fähig, sie einzuordnen.

Aber uns unterlaufen Fehler. Und nicht alle Vorgänge im Kopf machen sich äußerlich bemerkbar. Daher sollten wir das Problem auch nicht unterschätzen. Unser Unvermögen, uns Zugang zum Geist anderer zu verschaffen, hat tiefreichende Auswirkungen auf unser Miteinander. Es verschafft mir eine gewisse Privatsphäre. Ich kann meine Gedanken für mich behalten. Und es sorgt dafür, dass ich hin und wieder von meinen Mitmenschen überrascht werde, weil ich nicht immer weiß, was sie denken. Das ist in den meisten Fällen gut. Aber es hat auch Nachteile. Die Tatsache, dass wir nicht fühlen können, was andere fühlen, hat zur Folge, dass wir ihren Schmerz leicht ignorieren.

◆ ◆ ◆

Das setzt natürlich voraus, dass andere Menschen überhaupt Qualen leiden. Und vielleicht sollten wir das nicht ohne Weiteres annehmen. Wir sind bisher einfach davon ausgegangen, dass es etwas gibt, das ein Baby, Bailey, eine Fledermaus – oder irgendjemand anders – empfindet. Das heißt, wir haben es für selbstverständlich gehalten, dass andere Wesen über ein Innenleben verfügen.

Aber wie können wir uns da so sicher sein? Ich weiß, dass ich über ein Bewusstsein verfüge. Das heißt, ich weiß, dass ich als ich etwas empfinde. Das ist mir eindringlicher bewusst als alles andere, was ich weiß. Doch warum sollte ich glauben, dass auch andere über ein Bewusstsein verfügen – und es sich überhaupt irgendwie anfühlt, jemand anders zu sein?

Vielleicht hat der kartesianische Dämon meine Welt mit lauter Geschöpfen gefüllt, die aussehen, als würden sie denken und fühlen, die aber in Wahrheit die Welt überhaupt nicht bewusst wahrnehmen. Oder ich bin die Hauptfigur in einer Computersimulation – die Einzige, die von der Programmiererin mit einem Geist ausgestattet wurde. Möglicherweise handelt es sich bei allen, mit denen ich zu tun habe, nur um leere Hüllen – bloße Erscheinungen, wie Figuren in einem Videospiel. (Ist Ihnen schon einmal aufgefallen, dass Sie sich nie fragen, wie es wäre, Mario zu sein und ständig Prinzessin Peach retten zu wollen? Oder Pac-Man, der immer und immer wieder das Gleiche frisst?)

Wenn Philosophinnen und Philosophen sich Gedanken über solche Dinge machen, denken sie an Zombies. Aber nicht an die Sorte Zombies, wie wir sie aus der Popkultur kennen. In der Philosophie wollen die Zombies nicht unser Gehirn fressen. Sie sind auf eine ganz andere Art verstörend.

Was ist ein philosophischer Zombie? Das lässt sich am einfachsten verstehen, wenn wir uns meinen Zombie-Zwilling anschauen. Er gleicht mir in jeder Hinsicht bis auf eine. Er ist so groß wie ich, so schwer wie ich, so alt wie ich – der perfekte Doppelgänger, bis hin zu den Elementarteilchen (Elektronen, Quarks etc.). Außerdem verhält er sich genau wie ich. Er bewegt sich wie ich, spricht wie ich und sagt exakt das Gleiche wie ich, zum selben Zeitpunkt. Das Buch, das er gerade schreibt, entspricht diesem hier Wort für Wort. Er ist mein Ebenbild, mit nur einem Unterschied: Er ist sich seiner selbst nicht bewusst.[378]

Es ist wichtig zu klären, was ich damit meine, da das Konzept des Bewusstseins schwer greifbar ist. Manchmal meinen wir damit, dass jemand die Welt in seiner Umgebung wahrnimmt. In diesem Sinne sind wir bei Bewusstsein, wenn wir wach sind, aber nicht, wenn wir schlafen oder im Koma liegen. So gesehen ist auch mein Zombie-Zwilling bei Bewusstsein, zumindest die meiste Zeit über. Wenn er wach ist, ist er sich der Geschehnisse um ihn herum bewusst und kann darauf reagieren – er reagiert genauso darauf, wie ich es tun würde.

Wie unterscheidet er sich dann von mir? Ihm fehlt das, was

in der Philosophie als *phänomenales Bewusstsein* bezeichnet wird. Sein Dasein beschränkt sich auf reines Verhalten, er *erlebt* es nicht. Denken wir einmal kurz daran, wie es ist, einen Taco zu essen – an die Kombination der verschiedenen Aromen im Mund. Oder wie es ist, sich ein Stück von Bach oder einen Song von Bachman-Turner Overdrive anzuhören. Oder den Wind in den Haaren zu spüren. Mein Zombie-Zwilling kennt diese Erfahrungen nicht. Er verhält sich so, wie er sich verhält, weil er in allen Situationen das tut, was ich tue. Aber in seinem Inneren herrscht Leere. Eine Eingabe erzeugt ein Ergebnis, wie bei einem Taschenrechner oder einem Computer. Aber es gehen keine bleibenden Erlebnisse – kein Innenleben – damit einher. In ihm ist es dunkel.

Und nun kommt die Frage: Ich weiß, dass ich kein Zombie bin, weil ich weiß, dass ich die Welt erlebe.* Aber warum sollte ich davon ausgehen, dass es bei anderen genauso ist? Ich habe keinen Zugang zu dem, was in ihnen vorgeht, also kann ich nicht zwischen einer Welt, in der auch andere Menschen über ein Innenleben verfügen, und einer Welt, in der das nicht der Fall ist, unterscheiden. Um mich herum könnten alle Zombies sein, aber ich hätte keine Möglichkeit, das herauszufinden.

Das ist eine skeptische Hypothese, ähnlich denen, die wir im Kapitel über Wissen kennengelernt haben. Dort konnten wir sie erfolgreich entkräften. Es ist interessant festzustellen, dass es etwas gibt, das ich von meinem Standpunkt aus nicht ausschließen kann. Aber ich werde mich trotzdem so verhalten, als verfügten auch die anderen Menschen über ein Bewusstsein. Ich glaube sogar, dass es so ist. Aus gutem Grund.

Wie schon gesagt weiß ich, dass ich über ein Bewusstsein verfüge. Die Annahme, dass es bei den restlichen Menschen anders sei, setzt voraus, dass ich mich für etwas Besonderes halte – wirklich herausragend außergewöhnlich. Warum sollte gerade ich

---

* Natürlich würde mein Zombie-Zwilling genau das Gleiche sagen.

der einzige Mensch sein, der die Welt wirklich erlebt? Ich, ein dahergelaufener Schmock, geboren 1976 in einem Vorort von Atlanta. Dass die ganze Welt nur für mich existiert, ausschließlich für mich, habe ich schon seit der Highschool nicht mehr geglaubt. Es könnte zwar stimmen. Aber es wäre schwer zu verstehen, warum. Und wenn man sich vor Augen führt, was das über Sie sagt, kann ich den Gedanken nicht so richtig ernst nehmen.

Also nein, ich glaube nicht, dass Sie ein Zombie sind. Aber allein schon die Möglichkeit, dass es so sein könnte, stellt ein sogenanntes schwieriges Problem dar.

Das Problem ist dabei nicht die Entscheidung, ob andere über ein Bewusstsein verfügen. Es besteht in der Frage nach dem Warum. Warum haben wir ein Innenleben? Warum gibt es etwas, das es ausmacht, Sie zu sein? Oder ich? Oder ein Baby, eine Fledermaus oder Bailey? Warum verfügt überhaupt irgendjemand über ein Bewusstsein? Warum sind wir nicht alle Zombies?

Danach habe ich Hank einmal gefragt, wenn auch indirekt. Er war acht.

»Kannst du ein mittleres C auf dem Klavier spielen?«

»Klar«, sagte er. Er nahm seit Jahren Unterricht.

Dann ging er zum Instrument und drückte die entsprechende Taste.

»Wie entsteht der Ton, den wir hören?«, fragte ich.

Hank erklärte mir, wie Klaviere funktionieren: Die Taste aktiviert ein Hämmerchen, das gegen eine Saite schlägt, was die Saite zum Schwingen bringt und so einen Ton erzeugt.

»Okay«, sagte ich, »aber wie kommt es, dass *das* etwas in unserem Kopf entstehen lässt?«

»Hmmm ... Schallwellen?«

»Was sind Schallwellen?«

»So Wellen eben«, meinte Hank grinsend.

Also erklärte ich es ihm. »Wenn die Saite schwingt, stößt sie dabei Moleküle in der Luft an, die wiederum gegen andere stoßen, und das setzt sich immer weiter fort, bis es die Luftmoleküle in deinem Ohr erreicht.«

»Und die stoßen dann gegen mein Trommelfell«, sagte Hank.

»Genau. Das versetzt die Nerven in deinem Ohr in Erregung, und sie senden ein Signal an dein Gehirn.«

»Verstehe«, meinte Hank.

»Ja, aber jetzt kommt meine Frage: Wenn dieses Signal dein Gehirn erreicht, warum erlebst du es dann als den Ton, den du hörst?«

»Keine Ahnung«, sagte Hank achselzuckend. »Ich bin schließlich kein Experte oder so was.«

Das stimmt. Doch wie es der Zufall will, kennt Hank die Antwort auf diese Frage genauso gut wie jeder andere auch – denn *niemand kennt die Antwort*.

Ganz besonders anschaulich hat das Thomas Henry Huxley dargelegt, ein Biologe, der vor mehr als hundert Jahren lebte. »Die Tatsache, dass sich durch die Erregung des Nervengewebes etwas so Bemerkenswertes wie das Bewusstsein ergibt«, schrieb er, »ist so unerklärlich wie das Auftauchen des Dschinns, als Aladin im Märchen an der Lampe rieb.«[379]

Wir wollen das Geheimnis noch ein bisschen genauer unter die Lupe nehmen. Die Signale, die sich von Hanks Ohr zu seinem Gehirn übertragen, werden an verschiedenen Orten verarbeitet, denen jeweils unterschiedliche Aufgaben zukommen. Ein Teil des Gehirns entschlüsselt die Dauer, die Intensität und die Frequenz des Tons. Ein weiterer ermittelt den Ausgangsort. Wieder andere ordnen die Bedeutung des Tons ein – handelt es sich um ein Martinshorn oder eine Melodie, um Worte oder Wehklagen? In der Hirnforschung weiß man eine Menge über diese Abläufe und lernt immer mehr dazu. Nicht geklärt ist aber, *warum* wir in einem solchen Fall einen Ton hören. Das heißt, niemand kann erklären, warum es dieses Gefühl gibt, das sich beim Vernehmen eines mittleren C einstellt. Man weiß nicht, warum wir nicht innerlich stumm sind.

David Chalmers (der uns schon bei der Simulationshypothese weitergeholfen hat), bezeichnet das als das »schwierige Problem des Bewusstseins«[380]. Er unterscheidet es von anderen Problemen, die im Vergleich dazu leicht zu lösen seien (auch wenn wir noch nicht alle Antworten kennen). Die leichten Probleme beziehen sich auf die Art und Weise, wie unser Gehirn Informationen verarbeitet – wie es sie identifiziert, zusammenführt, abspeichert, für die weitere Nutzung verfügbar macht und so weiter. Mit solchen Prozessen beschäftigt sich die Neurowissenschaft, und wir dürfen davon ausgehen, dass sie diese Fragen irgendwann klären wird. Schon jetzt liegt eine Reihe von Erkenntnissen vor.

Das »schwierige Problem« hingegen besteht darin, herauszufinden, warum die ganze Informationsverarbeitung etwas in uns auslöst. Irgendein System in meinem Kopf ist nicht nur in der Lage, Schallwellen mit einer Frequenz von 262 Hz wahrzunehmen, sondern diese Erkenntnis dann auch an andere Teile meines Gehirns zu übermitteln, damit diese die Information ebenfalls verwerten können. Aber warum lösen diese Vorgänge das Gefühl in mir aus, das sich einstellt, wenn ich ein mittleres C höre? Warum lösen sie überhaupt etwas in mir aus?

◆ ◆ ◆

Die Philosophie beschäftigt sich schon sehr lange mit dem Geist. Descartes glaubte, dass Körper und Geist zwei getrennte Substanzen seien. (Das nennt sich *Dualismus*.) Er konnte sich einen Geist ohne Körper vorstellen – und einen Körper ohne Geist[381] –, daher musste es sich um zwei unterschiedliche Dinge handeln. Der Geist, sagte er, sei etwas, das denke. Der Körper sei etwas, das Raum einnehme.[382] Beide stünden natürlich in einer Beziehung zueinander. Doch die Frage nach dem Wie erwies sich als kompliziert. Descartes zufolge befindet sich der Geist nicht *im* Körper, nicht so, wie sich ein Seemann an Bord eines Schiffes befindet.[383] Stattdessen sei er mit dem Körper verwoben, sodass sie eine gemeinsame Einheit bildeten. Descartes glaubte, dass diese Verbindung in der Zirbeldrüse stattfinde,[384] einem kleinen Organ im Mittelhirn.

Das ist anatomisch gesehen Unsinn. Heute wissen wir, dass die Hauptaufgabe der Zirbeldrüse darin besteht, Melatonin zu produzieren. Doch in der Philosophie wies man Descartes' Theorie schon deutlich vor dieser wissenschaftlichen Entdeckung zurück. Zu seinen frühesten Kritikerinnen gehörte eine Prinzessin, Elisabeth von Böhmen, mit der ihn ein Briefwechsel verband.[385] Elisabeth forderte eine Erklärung dafür, wie eine unstoffliche Substanz wie der Geist eine stoffliche wie den Körper beeinflussen könne, bezweifelte aber, dass Descartes eine solche zu liefern in der Lage war.

Wenn wir Elisabeths Anliegen in eine etwas modernere Sprache übertragen wollen, können wir sagen, dass der Körper etwas Physisches ist, und soweit wir es wissen, ist die physische Welt *kausal geschlossen*. Jedes physische Ereignis hat einen physischen Auslöser.[386] Da bleibt kein Platz für einen nicht-physischen Geist, der das Verhalten des physischen Körpers beeinflusst.

Wir können diese Kritik zu einer Frage zusammenfassen: Was genau passierte Descartes zufolge in der Zirbeldrüse? Wie versetzte das Gespenst in der Maschine die Maschine in Bewegung?[387]

Heute hängt kaum noch jemand dem kartesianischen Dualismus an. Stattdessen hat sich die gegenteilige Ansicht durchgesetzt. Demnach gibt es nur eine Form der Materie – im Grunde die Materie, die in der Physik untersucht wird –, und alles, was in der Welt existiert, ist entweder diese Materie oder aus dieser Materie aufgebaut. Dieser Position zufolge (die für gewöhnlich als *Materialismus* bezeichnet wird) ist der Geist das Gehirn. Und geistige Zustände (wie Überzeugungen, Wünsche und Empfindungen) sind Gehirnzustände.*[388]

---

* Alternativ gehen manche Leute davon aus, dass geistige Zustände Funktionen von Gehirnzuständen sind. Diese Unterscheidung soll die Mög-

Für diese Denkweise spricht einiges. Sie ist wissenschaftsfreundlich, da sie kein Gespenst in einer Maschine voraussetzt. Um etwas über den Geist zu erfahren, müssen wir nur das Gehirn erforschen. Außerdem sind die Verbindungen zwischen dem Geist und dem Gehirn klar erkennbar. Gehirnverletzungen wirken sich oft auf die geistigen Fähigkeiten aus. Viele psychische Erkrankungen wurzeln in der Struktur des Gehirns. Und wir lernen ständig mehr darüber, wie das Gehirn Dinge tut, die Aufgabe des Geistes sind, etwa Erinnerungen abzuspeichern.

Dennoch überzeugt die materialistische Vorstellung, dass der Geist das Gehirn ist, nicht alle. Um das zu verstehen, können wir uns von Rex helfen lassen ... und von einem Philosophen namens Frank Jackson. Jackson ist ein renommierter Geistesphilosoph und Begründer eines der einflussreichsten Gedankenexperimente der zeitgenössischen Philosophie.[389]

Davon erzählte ich Rex eines Abends.

»Stell dir eine Wissenschaftlerin namens Mary vor«, setzte ich an, »die in einem Zimmer lebt, das komplett schwarz und weiß ist. Andere Farben gibt es dort nicht.«

»Warum?«, fragte Rex.

»Weil Mary an einem Experiment teilnimmt. Die Leute, die sie in das Zimmer gebracht haben, wollen nicht, dass sie andere Farben sieht als Schwarz und Weiß.«

»Was hat sie an?«, will Rex wissen.

»Nur schwarze und weiße Kleidung, die jede Stelle ihres Körpers bedeckt. Außerdem gibt es keinen Spiegel in dem Zimmer, sodass sie sich selbst nicht sehen kann.«

»Das ist ein ziemlich seltsames Experiment«, meinte Rex.

---

lichkeit offenhalten, dass Geschöpfe, die ganz anders aufgebaut sind als wir – etwa Roboter mit ihren Prozessoren aus Silizium –, die gleichen geistigen Zustände erfahren könnten wie wir, beispielsweise Schmerz. Das ist vermutlich die plausiblere materialistische Ansicht. Aber da die im Text definierte einfacher zu verstehen ist, bleibe ich bei ihr.

»Ja, und es wird noch merkwürdiger. Denn Mary erforscht Farben und wie wir Farben wahrnehmen. Das Ganze findet weit in der Zukunft statt, zu einer Zeit, in der die Wissenschaft Farben komplett erforscht hat und genau weiß, was in unserem Gehirn passiert, wenn wir sie sehen. Auch Mary kennt sich damit aus – sie hat es aus ihren schwarz-weißen Büchern und dem schwarz-weißen Fernseher gelernt. Nur hat sie eben noch nie andere Farben als Schwarz und Weiß gesehen.«

»Okay«, sagte Rex.

»Eines Tages beschließt man, dass es jetzt Zeit ist, Mary etwas Rotes zu zeigen. Also bekommt sie einen Apfel.«

»Das findet sie bestimmt cool«, meinte Rex und nahm damit Jacksons Punkt vorweg.

»Warum?«

»Weil sie nun erfährt, wie Rot aussieht.«

»Bist du sicher, dass sie es nicht schon vorher wusste? Denk dran, ich habe gesagt, dass Mary sich ganz genau damit auskennt, was im Gehirn eines Menschen passiert, der etwas Rotes sieht.«

»Ja«, sagte Rex, »aber sie weiß nicht, wie Rot *aussieht*. Dafür muss sie es selbst zu sehen bekommen.«*

◆ ◆ ◆

---

* Kleine Nebenbemerkung zu Mary: Es ist sehr aufwendig, dieses Experiment durchzuführen, und absolut unrealistisch. Man müsste Mary vollständig in Schwarz und Weiß hüllen, sie davon abhalten, sich selbst anzuschauen, und darauf hoffen, dass sie keine Farben sieht, wenn sie die Augen schließt. Aus diesem Grund halte ich es für besser, mir Mary als eine Expertin für menschliche Sexualität vorzustellen. Sie weiß absolut alles über unsere physische Reaktion auf sexuelle Stimulation, hat aber rein zufällig aus religiösen Gründen noch nie selbst einen Orgasmus erlebt. Dann passiert es eines Tages doch. Lernt sie dadurch etwas? Ich glaube ja. Sie lernt, wie es sich *anfühlt*, einen Orgasmus zu haben. Man kann sich leicht vorstellen, dass das Erlebnis sie überrascht – dass sie erfreut (oder enttäuscht) ist über die Empfindungen, die mit den ihr bekannten Hirnaktivitäten einhergehen.

Wenn Rex recht hat, liegt der Materialismus falsch. Mary wusste über alle materiellen Fakten Bescheid – ihr war klar, wie sich die Neuronen in ihrem Gehirn verhalten würden, wenn sie etwas Rotes zu Gesicht bekam. Trotzdem wusste sie nicht, wie es *ist*, etwas Rotes zu sehen. Das bedeutet, dass es Dinge gibt, die über das Materielle hinausgehen – zum Beispiel die Erfahrung, etwas Rotes zu sehen. Außerdem bedeutet es, dass der Geist mehr ist als das Gehirn, da man offensichtlich alles über das Gehirn wissen kann, was es zu wissen gibt, und trotzdem nicht alles über den Geist weiß.

Hat Rex recht? Bevor wir uns damit befassen, möchte ich zwei weitere Einwände gegen den Materialismus anführen.

Bei dem ersten geht es um das Argument, das ich meiner Mutter gegenüber vorbrachte, als ich ihr sagte, dass ich nicht wüsste, wie sie die Farbe Rot sieht. Wir können uns zwei Versionen meiner Mutter vorstellen. Körperlich sind sie in jeder Hinsicht identisch. Die eine Version nimmt Rot so wahr, wie ich es tue. Doch für die andere sieht die Farbe Rot so aus wie für mich Blau. Solange es möglich ist, dass beide Versionen meiner Mutter existieren – wenn nicht in dieser Welt, dann in irgendeiner anderen –, hat der Materialismus unrecht, da die körperliche Beschaffenheit ihres Gehirns nicht darüber bestimmt, was sie wie wahrnimmt.

Für den zweiten Einwand müssen wir uns eine dritte Version meiner Mutter vorstellen. Auch diese ist rein körperlich ein Abbild der ersten beiden. Aber sie ist nicht in der Lage, die Welt zu erleben. Sie ist ein Zombie. Auch hier gilt: Solange es möglich ist, dass diese Version existiert – wenn nicht in dieser Welt, dann in einer anderen –, hat der Materialismus unrecht, aus genau dem gleichen Grund. Die physische Beschaffenheit des Gehirns meiner Mutter bestimmt nicht darüber, was sie erlebt.

Das kann man sich leicht verdeutlichen, indem man fragt: Was muss Gott alles erledigen, um die Welt zu erschaffen?[390]

(Angenommen, es gibt einen Gott. Dazu später mehr.) Von einem materialistischen Standpunkt aus gesehen ist Gott fertig, sobald er die physische Welt erschaffen hat, da es über sie hinaus nichts gibt. Den Geist gibt es umsonst dazu, weil er ja im Gehirn enthalten ist. Andersherum legen die Argumente, die wir uns gerade angeschaut haben, nahe, dass Gott noch nicht fertig ist, nachdem er die materiellen Fakten geschaffen hat. Er muss entscheiden, welche Lebewesen über ein Bewusstsein verfügen sollen und wenn ja, welche Art von Erlebnissen sie haben sollen.

Aufgrund dieser Argumente – und anderer dieser Art – tendieren einige Philosophen und Philosophinnen doch wieder zum Dualismus.[391] In den vergangenen Jahren war es vor allem David Chalmers, der ein erneutes Interesse daran geweckt hat. Doch Chalmers ist kein Verfechter des kartesianischen Dualismus. Er geht nicht davon aus, dass es ein Gespenst in der Maschine gibt. Stattdessen meint er, dass Geist und Gehirn zwei verschiedene Aspekte einer tiefergehenden, grundlegenderen Realität sein könnten, die weder physisch noch phänomenal sei. Seiner Ansicht nach könnten *Informationen* die grundlegenden Bausteine der Welt sein, sowohl in materieller als auch in geistiger Form.[392] Er hält es für möglich, dass Materie grundsätzlich mit einem Erleben einhergeht – eine Überzeugung, die als *Panpsychismus* bekannt ist.[393] Dann müssten wir uns nicht nur bei unseren Freunden und Verwandten darüber Gedanken machen, ob sie über ein Bewusstsein verfügen, sondern auch bei der Waage im Bad.

◆ ◆ ◆

Bevor wir uns zu große Sorgen machen, sollte ich klarstellen, dass der Großteil der philosophischen Welt die Einwände gegen den Materialismus, die ich eben angeführt habe, zurückweist. Niemand tut das entschiedener als Daniel Dennett. Dennett ist begeisterter Segler – und eine der bekanntesten Persönlichkeiten der US-amerikanischen Philosophie. Er hat Texte über den freien Willen, Religion und Evolution veröffentlicht. Doch am bekanntesten ist seine Arbeit zum Thema Bewusstsein.

Dennett zufolge hat Rex unrecht, was Mary angeht. Er glaubt nicht, dass sie etwas Neues lernt, wenn sie den roten Apfel vorgesetzt bekommt. Und es macht ihm Spaß, die Geschichte weiterzuspinnen. Er malt sich aus, wie es wäre, Mary in die Irre zu führen, indem man ihr einen blauen Apfel statt eines roten gibt. Seiner Meinung nach würde sie den Trick sofort durchschauen, weil ihr auffiele, dass ihr Gehirn etwas Blaues registriert, obwohl sie angeblich etwas Rotes sieht.[394]

Wie? Dennett beharrt, dass Mary, sollte sie wirklich alle materiellen Fakten kennen, in der Lage wäre, die subtilen Unterschiede ihrer Reaktion auf Blau oder Rot zu bemerken. (Es ist zum Beispiel denkbar, dass Blau sich anders auf ihre Stimmung auswirkt als Rot.) Das würde ihr einen Hinweis darauf liefern, mit welcher Farbe sie es zu tun hat. Ich glaube, dass Dennett in dieser Hinsicht recht hat. Aber gleichzeitig reicht das meiner Meinung nach nicht aus, um Rex zu widerlegen. Die Frage ist nicht, ob Mary irgendwie herausfinden kann, ob sie gerade etwas Rotes sieht; die Frage ist, ob sie bereits im Voraus weiß, wie sich das anfühlt. Und dafür reicht es nicht, über bestimmte Auswirkungen auf die Vorgänge in ihrem Hirn informiert zu sein. Ihr müsste *jede* Auswirkung vertraut sein. Ansonsten wäre es eine neuartige Erfahrung. Und wie Rex sagt, ist es schwer vorstellbar, wie sie das Rotsein von Rot vorhersehen könnte.

Doch Dennett behauptet, dass es so etwas wie das »Rotsein von Rot« gar nicht gibt. In der Philosophie des Geistes spricht man in diesem Zusammenhang von *Qualia*. Das ist der Fachbegriff für die Eigenschaften unseres Erlebens: das Rotsein von Rot oder das Blausein von Blau. Oder das Gefühl, das wir empfinden, wenn wir müde, hungrig oder ängstlich sind. Oder die Schmerzen durch eine Verletzung. Kurz gesagt sind Qualia das, was unser phänomenales Bewusstsein ausmacht. So sehen es zumindest die meisten Menschen, nicht aber Dennett: Er bestreitet, dass es Qualia überhaupt gibt.[395]

Das, was wir für Qualia halten, seien in Wahrheit nur Bewertungen und Veranlagungen, sagt er.[396] Wir bewerten Objekte als rot. Und wir neigen dazu, auf bestimmte Weise auf rote Objekte zu reagieren. Doch darüber hinaus gäbe es kein Gefühl, das sich einstellt, wenn wir etwas Rotes sehen, und mit Sicherheit kein Rotsein von Rot. Wir lägen einfach falsch, wenn wir meinen, diesbezüglich individuelle, unvermittelbare Empfindungen zu haben.

Und was sagt Dennett zum invertierten Farbspektrum? Er hält es für Unsinn. Genauer gesagt nennt er es »eines der tückischsten Meme in der Philosophie«[397]. Ihm zufolge haben wir keine individuelle Wahrnehmung von Rot oder Blau, sodass es keine Unterschiede zwischen uns gibt. Dennett geht sogar noch ein Stück weiter: Zur Frage, ob Zombies existieren könnten, schreibt er: »Ist die Existenz von Zombies überhaupt denkbar? Sie sind nicht nur möglich, sondern wirklich. Wir alle sind Zombies.«[398]

Wow. Das ist eine krasse Behauptung. Und es lässt sich schwer einschätzen, ob Dennett das wirklich glaubt. In einer der merkwürdigsten Fußnoten der gesamten Philosophiegeschichte erklärt er es zu einem »Akt hoffnungsloser intellektueller Unredlichkeit«, diesen letzten Satz »außerhalb des Zusammenhangs« zu zitieren.[399] Doch ehrlich gesagt bin ich mir nicht sicher, in welchem Kontext diese Behauptung weniger krass wäre.*[400, 401] Unter Philo-

---

* In der zitierten Passage weist Dennett die Vorstellung zurück, dass wir über *epiphänomenale* Qualia verfügen. »Epiphänomenal« bedeutet in diesem Zusammenhang, dass etwas keine kausalen Konsequenzen hat. Wenn Zombies möglich sind, heißt das, dass Bewusstseinserfahrungen epiphänomenal sind – dass sie keine Auswirkungen auf die Geschehnisse in der Welt haben –, da Zombies so sind wie wir, nur ohne Bewusstsein. Dennett mag recht haben, wenn er den Epiphänomenalismus ablehnt – dieser ist sogar unter denen umstritten, die bewusste Erfahrungen für real halten. Doch

sophen erzählt man sich den Witz, dass Dennetts Buch *Philosophie des menschlichen Bewusstseins,* das im englischen Original *Consciousness Explained* (Die Erklärung des Bewusstseins) heißt, eigentlich eher *Consciousness Explained Away* (Die Wegerklärung des Bewusstseins) heißen müsste. Ich meine allerdings: Wer das Buch liest und sich wirklich mit dessen Inhalt auseinandersetzt, könnte zu dem Schluss kommen, dass er recht hat. Dennett formuliert scharfzüngig, aber an seinen Argumenten ist etwas dran. In seinem Buch lernt man viel über das Gehirn, zweifelt am Ende allerdings möglicherweise am eigenen Geisteszustand – bzw. man fragt sich, ob es so etwas wie den Geist überhaupt gibt.

Dennett hat viel Zustimmung geerntet, doch seine Ansichten überzeugen nicht jeden Menschen. Chalmers merkt an, dass er beim Blick in sein Inneres eine Bandbreite von Geisteszuständen (Empfindungen und Emotionen) entdecke, die Dennett entweder verleugne oder so beschreibe, dass er ihr wahres Wesen verkenne. Das Gefühl, etwas Rotes zu sehen beispielsweise, habe wenig mit einer Bewertung oder Veranlagung zu tun. An einer Stelle fragt sich Chalmers, ob Dennett nicht vielleicht wirklich ein Zombie sei.[402] (Die beiden gehen nicht gerade zimperlich miteinander um.) Etwas wohlwollender überlegt er, ob Dennett sich vielleicht daran gewöhnt hat, von außen auf seinen Geist zu schauen (Extrospektion statt Introspektion), da das eine bestimmte Form der wissenschaftlichen Betrachtung erleichtert. Chalmers jedenfalls beharrt darauf, dass sich durch den Blick ins Innere Wissen erlangen lässt, das auf materialistischer Ebene nicht erklärbar ist. Mary kann sich mit dem Gehirn beschäftigen,

---

sein Zombieglaube zeigt sich auch an anderer Stelle: Ein Stück weiter vorn deutet er an, dass es »keine Qualia über allen Reaktionsdispositionen gibt«. Die meisten von uns gehen davon aus, dass Rot mehr in uns bewirkt, als nur diese Reaktionen auszulösen – das Rotsein von Rot. Das Gleiche gilt für Angstzustände: Die Veranlagung dazu kann ein Problem sein, aber auch das akute Empfinden ist störend.

so viel sie will – wie es wirklich ist, etwas Rotes zu sehen, weiß sie erst, wenn es so weit ist.

Die Auseinandersetzung besteht fort. Viele Fachleute für Materialismus halten Chalmers und seine cleveren Argumente für nicht überzeugend. Und in der Neurowissenschaft bezweifeln nicht wenige, dass das »schwierige Problem« schwieriger ist als die anderen Fragestellungen, mit denen sie sich befassen. Möglich, dass wir bis heute noch nicht wissen, wie die physischen Gegebenheiten im Gehirn ein phänomenales Bewusstsein hervorbringen können, sagen sie. Aber mit der Zeit werde es die Forschung ganz gewiss herausfinden.

◆ ◆ ◆

Wie mein Standpunkt zu dem Ganzen aussieht? Ich habe keinen.

Jules Coleman ist schon seit Jahrzehnten mein Mentor und Freund. Er war zu Studienzeiten mein Juradozent. Und ich verdanke ihm eine der wichtigsten Lektionen, die ich je gelernt habe.

Als Student begegnete ich ihm einmal im Korridor, und es entspann sich ein philosophisches Gespräch. Ich weiß nicht mehr, was die Ausgangsfrage war. Aber ich erinnere mich noch, wie ich versuchte, meine Sichtweise darzulegen.

»Meiner Ansicht nach …«, setzte ich an.

Er unterbrach mich.

»Sie sind zu jung, um Ansichten zu haben«, sagte er. »Sie können Fragen, Ansatzpunkte, Ideen und sogar Tendenzen haben. Aber keine Ansichten. Für Ansichten sind Sie noch nicht bereit.«

Damit wollte er mir zwei Dinge verdeutlichen. Zum einen, dass es gefährlich ist, Ansichten zu haben, weil man sich oft auf sie versteift. Und das erschwert es uns zu hören, was andere Leute zu sagen haben. Eine von Colemans charakteristischen Eigenschaften als Philosoph besteht in der Bereitschaft, seine

Meinung zu ändern.*⁴⁰³ Das liegt daran, dass es ihm mehr um die Fragen geht als um die Antworten. Er will verstehen und ist willens, der Erkenntnis überallhin zu folgen, auch wenn er sich dafür gegen eine frühere Position stellen muss.

Zweitens muss man sich Ansichten erst verdienen. Man sollte keine Ansicht vertreten, wenn man sie nicht auch verteidigen kann – indem man Argumente dafür anführen kann und in der Lage ist, Gegenargumente zu entkräften. Als Coleman sagte, ich sei zu jung für Ansichten, ging es ihm im Grunde nicht um mein Alter. (Ich war 26.) Er meinte, dass ich mich noch nicht lange genug mit Philosophie befassen würde. Heute, Jahrzehnte später, habe ich viele Ansichten. Ich kann erklären, warum ich ihnen anhänge und warum ich die Gegenposition für falsch halte. Aber das gilt nicht für jede Frage, weil ich nicht immer tief genug in die Thematik vorgedrungen bin, um mir eine Ansicht zu verdienen.

Ein Bereich, für den das gilt, ist die Philosophie des Geistes. Ich lese eine Menge darüber, weil ich viele Fragen habe; doch was mich verwirrt, ist die Tatsache, dass absolut geniale Menschen ganz unterschiedliche Ansichten vertreten. Und die Argumente dafür und dagegen türmen sich schneller auf, als ich sie einordnen kann. Sollte man mich je zwingen, Stellung zu beziehen, würde ich es mit Hank halten: »Ich bin schließlich kein Experte oder so was.«

Das hält mich jedoch nicht davon ab, herausfinden zu wollen, wie das Bewusstsein in unsere Welt passt. Die Tatsache, dass jemand anderes mehr weiß als Sie – mehr gelesen hat, sich eingehender mit den Themen befasst hat, weitere Möglichkeiten in Betracht gezogen hat –, untergräbt keinesfalls Ihre Bemühungen,

---

* Diese Eigenschaft teilt er mit Frank Jackson. Nachdem Jackson die Geschichte von Mary jahrzehntelang verteidigt hatte, änderte er seine Meinung und entschied, dass sie wohl tatsächlich nichts Neues lernen würde, wenn sie etwas Rotes erblickt. Doch darauf können wir keine Rücksicht nehmen. Die Geschichte steht für sich, und die Diskussionen darüber sind noch nicht abgeschlossen.

eine Fragestellung zu durchdringen. Es ist lohnenswert, etwas selbst zu durchdenken und eigenständig zu Erkenntnissen zu gelangen. Sie müssen nicht gleich die beste Pianistin der Welt sein, damit es sich lohnt, Klavier zu spielen. Und Sie müssen nicht der beste Philosoph sein, damit es sich lohnt, philosophische Überlegungen anzustellen.

Im Grunde ist es toll, zu entdecken, dass andere Menschen in philosophischen Fragen deutlich mehr wissen als man selbst, weil es uns die Chance verschafft, von ihnen zu lernen. Doch der Lerneffekt stellt sich nicht ein, wenn Sie die Ansichten anderer unhinterfragt akzeptieren. Sie müssen das Problem schon selbst durcharbeiten, unterstützt von Leuten, die mehr Erfahrung damit haben als Sie, statt sich einfach deren Urteil zu beugen. Das ist einer der Gründe dafür, warum ich meine Kinder in dieser Hinsicht nie bevormunde. Ich schreibe ihnen nicht vor, was sie in Bezug auf eine Frage zu denken haben, auch wenn ich ihnen erzähle, wie meine Überlegungen aussehen. Mir ist es lieber, wenn sie sich eigene Ansichten erarbeiten.

◆ ◆ ◆

An meinen Ansichten zum Thema Bewusstsein arbeite ich selbst, wie schon gesagt, bis heute. Vielleicht verfestigen sie sich nie. Aber da ich dieses Buch nun einmal schreibe, werde ich zumindest meine Tendenz mit Ihnen teilen. Am faszinierendsten finde ich in diesem Bereich die Arbeit von Galen Strawson. Im Kapitel über Strafe ist bereits sein Vater, Peter Strawson, aufgetaucht. (In manchen Familien ist der Hang zum Philosophieren sehr ausgeprägt.) Auch Galen ist ein brillanter Philosoph, ein führender Denker in Fragen rund um den freien Willen, die individuelle Identität, das Wesen des Bewusstseins und andere Dinge. Ich mag seine Arbeit, weil sie hervorhebt, wie ahnungslos wir eigentlich sind.

Für Dennetts Zombie-Glauben hat Strawson nichts übrig. Er nennt ihn »die dümmste Behauptung, die jemals geäußert wurde«[404], da er das verleugne, was offenbar sei: dass wir die Welt erleben. Wenn sich herausstelle, dass die Wissenschaft damit unvereinbar sei, müsse man sich zur Not von der Wissenschaft verabschieden, sagt Strawson. Aber das sei nicht der Fall. Strawson ist ein waschechter Materialist und fest davon überzeugt, dass alles auf der Welt physisch ist, auch der Geist.

Wie ist das möglich? Laut Strawson besteht das Problem darin, wie wir über physische Dinge denken. Unser Ansatzpunkt sei die Annahme, dass physische Grundbestandteile (wie Materie und Energie) kein Bewusstsein für die Welt hätten. Und dann fragen wir uns, warum es bei bestimmten Konstellationen dieser Bestandteile (ein Baby, Bailey, eine Fledermaus) eben *doch* so ist. Strawson möchte uns zum Umdenken bewegen. Wir wüssten ganz genau, sagt er, dass physische Dinge ein Bewusstsein für die Welt hätten, weil *wir* ein physisches Ding mit einem Bewusstsein für die Welt seien.[405] Das Problem bestehe nicht darin, das Bewusstsein zu erklären; wir wüssten genau, was das ist. Genau genommen wüssten wir das besser als alles andere auf der Welt. Das Problem sei, dass wir die physischen Dinge nicht gut genug verständen, um zu wissen, wie das Bewusstsein dazu passt.

Strawson zufolge besagt die einfachste Hypothese, dass jegliche Materie ein Bewusstsein für die Welt hat.[406] Das führt uns wieder zurück zum Panpsychismus. Strawson behauptet, dass dieses Bewusstsein ein Teil der Welt sei, selbst in der allergeringsten Ausprägung.

Wie ist es, ein Elektron zu sein? Er hat keine Ahnung. Vielleicht ist es nur ein unaufhörliches »bssssssssss«.[407]

Wie fühlt es sich an, ein Esstisch zu sein? Wahrscheinlich gar nicht. Die Aussage, dass jegliche Materie ein Bewusstsein für die Welt hat, bedeutet nicht, dass das auch bei allen erdenklichen Zusammenstellungen von Materie der Fall ist. Vielleicht gilt es für die Elektronen im Tisch, während der Tisch selbst womöglich kein eigenständiges Subjekt ist.

Wie sieht es mit der Badezimmerwaage aus? Schwer zu sagen. Sie spürt Ihr Gewicht. Aber Sie müssen sich keine Sorgen machen, dass sie Ihnen das vorhält. Der Panpsychismus geht *nicht* davon aus, dass alles fähig ist, zu denken, sondern davon, dass das Gefühl eines Erlebens tief in die Struktur der Welt verwoben ist.

Das ist natürlich alles wilde Spekulation. Doch wie schon Chalmers betonte, sind wir auf Spekulation angewiesen, da es so vieles gibt, was wir nicht verstehen. Wir befinden uns in dem Stadium, in dem wir auf Ideen angewiesen sind, um Möglichkeiten abzuwägen.[408]

Werden wir je verstehen, wie das Bewusstsein und die Welt zusammenpassen? Es gibt philosophische Köpfe, die das verneinen.[409] Bailey wird niemals verstehen, was die allgemeine Relativitätstheorie aussagt. Dafür reichen ihre kognitiven Fähigkeiten nicht aus. Vielleicht gilt das Gleiche für uns und das Bewusstsein. Das wäre äußerst bedauerlich. Aber es gibt nur eine Möglichkeit, das herauszufinden. Wir müssen darüber nachdenken.

◆ ◆ ◆

Als Hank noch kleiner war – vier oder fünf Jahre alt –, spielten wir vor dem Baden häufig ein Spiel. Ich wies ihn an, seine Kleidung abzulegen, und er tat es. Dann sagte ich ihm, er solle seine Knie oder die Ellbogen ablegen. Und einmal forderte ich ihn auf, seine Gedanken abzulegen.

»Du willst doch nicht, dass sie nass werden«, sagte ich.
»Wo sind meine Gedanken?«, fragte Hank.
»Hast du sie verloren?«
»Nein.« Er kicherte.
»Dann leg sie ab.«
»Geht nicht«, meinte er. »Ich weiß nicht, wo sie sind.«
»Hank, du musst wirklich besser auf deine Sachen aufpassen.

Mommy und Daddy können dir nicht ständig neue Gedanken kaufen, wenn du deine verlierst.«

»Ich weiß, wo sie sind«, sagte Hank.

»Wo denn?«

»Nicht hier.« Dann rannte er nackt davon.

Rex und ich führten ein ähnliches Gespräch, als er zehn war.

»Ich frage mich, wo mein Geist sitzt«, sagte er.

»Was glaubst du?«

»Vielleicht in meinem Po.«

»Fällt es dir schwer zu denken, wenn dir der Po wehtut?«

»Ja«, sagte er. »Weil ich dann an meinen Po denke.«

Hin und wieder unterhalten wir uns aber auch ernsthafter über das Bewusstsein. In letzter Zeit ging es darum, wie weitverbreitet es wohl ist. Wir fragten uns, ob Roboter oder Computer über ein Bewusstsein verfügen. Und wunderten uns darüber, dass es das Bewusstsein überhaupt gibt. Einmal las ich Rex den Abschnitt aus dem Text von Huxley vor, in dem er erstaunt anmerkt, »dass sich durch die Erregung des Nervengewebes etwas so Bemerkenswertes wie das Bewusstsein ergibt«.

Wir diskutierten ein paar Minuten darüber. Dann beendete Rex das Gespräch.

»Können wir jetzt aufhören, über das Bewusstsein zu sprechen?«, fragte er.

»Klar«, sagte ich.

»Gut. Das erregt nämlich mein Nervengewebe.«

11

Unendlichkeit

»Was hast du heute in der Schule gelernt?«

»Nichts.«

»Wirklich? Gar nichts? Den ganzen Tag lang?«

»Nein, nichts«, sagte Rex, genervt von der Frage. Doch dann fügte er hinzu: »Aber ich habe etwas herausgefunden: Das Universum ist unendlich.«

»Genau genommen ist sich die Wissenschaft da nicht so sicher«, sagte ich. »Manche halten es für unendlich. Andere hingegen glauben, dass es sehr, sehr groß ist – aber endlich.«

»Nein, das Universum *muss* unendlich sein«, erklärte Rex überraschend überzeugt für einen Siebenjährigen, dessen gesamtes Physikwissen aus einer Handvoll Folgen der Serie *Das Universum – Eine Reise durch Raum und Zeit* stammte.

»Wie kommst du darauf?«

»Na ja, stell dir mal vor, du fliegst bis ans Ende des Universums. Und schlägst dann ein Loch in die Umrandung.«

Er boxte mit der Faust in die Luft.

»Irgendwo geht deine Hand doch hin, oder?«

»Was, wenn sie einfach gegen etwas stößt?«

»Dann wäre da etwas, das sie stoppt«, meinte Rex. »Das würde heißen, dass du noch nicht am äußersten Ende angekommen bist.«

◆ ◆ ◆

Rex ist nicht der erste Mensch, der so argumentiert. Üblicherweise wird dieser Gedankengang einem Philosophen aus der griechischen Antike namens Archytas zugeschrieben.[410] Aber vielleicht ist das auch nur eine Frage der Überlieferung. Wahrscheinlich kam schon irgendeine Siebenjährige vor ihm auf die Idee.

Archytas war ein Freund von Platon. Als Platon einmal auf Sizilien Stress mit ein paar harten Jungs hatte, schickte Archytas (der zufälligerweise auch Politiker war – und Mathematiker) ein Schiff, um ihn zu retten.[411]

Er formulierte Rex' Überlegung so:

Wenn ich am äußersten Rande des Universums angelangt wäre [...] könnte ich dann meine Hand oder meinen Stab in das hinausstrecken, was sich jenseits dessen befindet, oder nicht? Es wäre widersinnig, es nicht tun zu können. Doch wenn ich Hand oder Stab ausstrecke, wäre das, was sich dort befindet, entweder ein Körper oder ein Raum.[412]

Halt, stopp – das ging jetzt sehr schnell. Und es klang verwirrend. Was wäre denn daran so widersinnig, wenn man am Rand des Universums die Hand nicht ausstrecken könnte?

Das wusste Rex zu erklären, genauso wie Archytas. Wie Rex schon sagte: Wenn es nicht weitergeht, muss dort etwas sein, das uns aufhält. Sagen wir einmal, es handelt sich um eine Wand aus Lego-Steinen. Wenn die Steine immer weitergehen, ist das Universum unendlich – und besteht vor allem aus Lego.* Wenn die Wand nicht bis ins Unendliche reicht und wir eine Möglichkeit finden, sie zu durchschlagen, können wir noch weiter vordringen. Zumindest bis wir auf eine andere Begrenzung stoßen.

---

* Die Geschwindigkeit, in der sich bei uns zu Hause die Lego-Steine anhäufen, legt nahe, dass sie tatsächlich der Hauptbestandteil des Universums sind.

Doch bei diesem Hindernis könnten wir Rex' Ansatz einfach wiederholen. Die Schlussfolgerung scheint unausweichlich: Das Universum ist unendlich.

Wir müssen uns dabei nicht auf Rex' Argumentation verlassen. Und auch nicht auf die von Archytas. Der römische Dichter und Philosoph Lukrez stellte die gleiche Überlegung ein paar Hundert Jahre später an. Er malte sich aus, einen Speer bis zum Außenrand des Universums zu schleudern. Entweder der Speer durchdringt die Begrenzung, was bedeutet, dass das Universum dort nicht zu Ende ist, oder er wird von irgendetwas aufgehalten.[413] Aber in dem Fall befindet sich hinter dem angeblichen Außenrand noch etwas anderes. Wie schon zuvor lässt sich dieses Spielchen endlos fortsetzen. Das All gibt einfach nicht auf.

Sagt zumindest Lukrez. Aber vielleicht wollen Sie es lieber von einem Wissenschaftler hören. Reicht Ihnen Isaac Newton? Wie sich herausstellt, sah er die Sache genauso wie Rex: »Der Raum erstreckt sich in jeder Richtung ins Unendliche«, sagte er. »Wir können uns nämlich nirgends eine Grenze vorstellen, ohne zugleich zu denken, dass es jenseits davon noch Raum gibt.«[414]

Hat Newton recht? Stellen wir uns immer, wenn wir an einen begrenzten Raum denken, auch einen Raum außerhalb dessen vor? Gehen wir ruhig einmal in uns und überlegen, ob uns weitere Möglichkeiten einfallen, die Newton damals übersehen hat.

◆ ◆ ◆

In der Zwischenzeit würde ich gern ein paar Worte zum Thema Schule verlieren. Ich habe keine Ahnung, was Rex an jenem Tag hätte lernen sollen. Das weiß ich fast nie, weil er nicht darüber spricht. Meistens sagt er nur, wie langweilig es war. Aber Langeweile hat ihre Vorteile. In diesem Fall gelangte ein Junge, der noch nicht einmal das kleine Einmaleins beherrschte, beim

Thema Ausdehnung des Universums zu derselben Erkenntnis wie Isaac Newton.

Was die Schule angeht, verspürt Rex den gleichen Frust, den auch ich als Kind erlebte. Der Unterricht ist zu unflexibel, und im Grunde geht es gar nicht anders. Die Lehrkräfte müssen sich um eine Menge Kinder gleichzeitig kümmern und haben ein Stoffpensum abzuarbeiten. Das macht es schwer, den Unterricht auf die Bedürfnisse der einzelnen Kids zuzuschneiden. In einigen Fächern ist es leichter als in anderen. Wenn es beispielsweise um das Lesen geht, kann jeder halbwegs geeignete Bibliothekar einem Kind dabei helfen, ein Buch zu finden, das zu seinen jeweiligen Interessen und Fähigkeiten passt. Doch im Matheunterricht ist es schon komplizierter, den Stoff anzupassen. Man kann manche Kinder besonders fördern oder unterstützen, aber es gibt bestimmte Lernziele, die alle zu erreichen haben. Das Lehrpersonal hat nur wenig Zeit, um auf individuelle Vorlieben einzugehen.

Ich gebe mir Mühe, diese Lücke zu füllen, indem ich mich immer wieder erkundige, was die Jungs interessiert. Und das führt zu spannenderen Gesprächen, als wenn ich sie frage, was sie in der Schule gelernt haben. Eines Tages erzählte Hank, dass er sich für das Thema Unendlichkeit interessiere. Das tun viele Kinder. Sobald man anfängt, rechnen zu lernen, ist es ganz natürlich zu fragen: Was ist die größte Zahl?

Hank war sich sicher, dass es »unendlich« war. Aber nicht, weil das im Unterricht Thema gewesen war, sondern weil er es in der ersten Klasse von einer Freundin gehört hatte.

Doch diese Freundin lag falsch. Unendlich ist nicht die höchste Zahl. Es gibt keine höchste Zahl. Diese Nachricht fand Hank einfach nur toll.

»Nenn eine richtig große Zahl«, forderte ich ihn auf.

»Eine Million«, sagte Hank.

»Okay. Welche Zahl kommt dann?«

»Eine Million und eins.«

»Also brauchst du wohl eine noch größere Zahl.«

»Eine Trillion«, sagte Hank.

»Okay. Was kommt danach?«

»Eine Trillion und eins.«

Wir trieben das Spiel noch ein paar Runden weiter, sodass Hank die Begriffe *Quadrillion* und *Quintillion* kennenlernte. Dann fragte ich: »Was ist mit einem Googol? Weißt du, was das ist?«

»Nein.«

»Das ist eine wahnsinnig große Zahl – eine Eins mit hundert Nullen dahinter. Es ist die größte Zahl, deren Namen ich kenne.«

»Ist es die größte Zahl überhaupt?«, fragte Hank.

»Nix da. Was glaubst du, welche Zahl danach kommt?«

»Ein Googol und eins«, rief er begeistert.

»Und danach?«

»Ein Googol und zwei!«

»Wow! Du hast mir gerade neue Zahlen beigebracht.«

Hank war sehr stolz auf sich.

Dann fragte ich: »Glaubst du, dass uns je die Zahlen ausgehen werden? Oder können wir immer plus eins rechnen?«

»Wir können immer plus eins rechnen«, meinte er.

»Gibt es dann eine höchste Zahl?«

»Nein.«

»Ganz genau«, sagte ich. »*Unendlich* ist das Wort, mit dem wir beschreiben, dass es immer weiter geht. Wir gelangen nie ans Ende, egal, wie weit wir zählen.«

◆ ◆ ◆

Lange Zeit über lautete Rex' Standardantwort auf die Frage, wofür er sich interessiere: für den Weltraum.

Also kehren wir dorthin zurück.

Haben Sie irgendeine Möglichkeit entdeckt, die Newton entgangen ist? Wenn wir uns einen abgegrenzten Raum vorstellen, muss es dann automatisch auch noch etwas drum herum geben?

Die Antwort lautet nein. Newton hatte unrecht. Ebenso wie Rex. Soweit wir wissen, kann es durchaus sein, dass das Universum unendlich ist. Aber als Beweis reicht Rex' Argument nicht aus.

Um das zu erklären, genügt ein Luftballon. Also schnappte ich mir einen, als Rex seine Sichtweise dargelegt hatte.

»Schauen wir uns einmal die Oberfläche dieses Ballons an«, sagte ich. »Ist sie endlich? Oder unendlich?«

»Endlich?«, fragte Rex unsicher.

»Was passiert, wenn wir den Ballon aufschneiden und ihn auf dem Tisch ausbreiten? Würde er dann immer weitergehen?«

»Nein«, sagte Rex, dieses Mal deutlich entschiedener. »Die Oberfläche ist endlich.«

»Gut. Jetzt stell dir vor, dass eine Ameise über die Oberfläche des Luftballons krabbelt. Sie läuft in eine Richtung los und dann immer weiter. Wird sie jemals irgendwo auf ein Hindernis stoßen oder am Rand ankommen?«

»Nein«, sagte Rex, während ich den Weg der Ameise mit dem Finger aufzeigte.

»Was passiert, wenn sie immer weiter krabbelt?«

»Sie kommt wieder da an, wo sie losgelaufen ist«, sagte Rex und fuhr ebenfalls mit dem Finger über den Ballon.

»Ganz genau! Sie kommt wieder da an, wo sie losgelaufen ist, weil die Ballonoberfläche gekrümmt ist und irgendwo wieder auf sich selbst stößt.«

Wir fuhren ein paar weitere mögliche Wege mit dem Finger ab, um ganz sicherzugehen.

Dann erklärte ich: »Die Oberfläche des Ballons ist endlich. Aber die Ameise kann trotzdem ewig weiterlaufen, ohne an eine Kante zu stoßen. Weil es keine Kanten gibt!«

»Kann die Ameise herunterspringen?«, fragte Rex.

»Gute Frage!«, sagte ich. »Sagen wir einmal, nein. Stell dir vor, dass die Ameise komplett flach ist. Weil die Oberfläche des Luftballons das gesamte Universum darstellt. Es gibt keinen Raum darüber oder darunter und auch nicht innen drin. Daher kann die Ameise nirgendwo anders hin, als auf der Oberfläche des Ballons zu bleiben.«

»Okay«, sagte Rex, den Blick immer noch auf den Ballon gerichtet.

»Unser Raum ist dreidimensional«, erklärte ich, »nicht zweidimensional wie die Oberfläche eines Ballons. Doch in der Wissenschaft glauben manche, dass er genauso funktioniert. Er ist endlich, hat aber keine Ränder.« Dann fragte ich: »Wenn das Universum so funktioniert, was glaubst du, würde passieren, wenn wir uns in ein Raumschiff setzen und immer weiter geradeaus fliegen?«

»Wir kämen wieder da hin, wo wir gestartet sind!«, rief Rex.

»Genau!«

»Cool!«

»Denk dran: Wir wissen nicht, ob das stimmt. Es kann auch sein, dass das Universum unendlich ist. Aber es ist durchaus möglich, dass es endlich ist und durch die Krümmung irgendwo wieder auf sich selbst stößt.«

◆ ◆ ◆

Rex' Überlegung zum Thema Unendlichkeit erinnerte mich daran, dass auch ich einmal auf einen uralten Gedankengang gekommen war, als ich mich in der Schule gelangweilt hatte. Allerdings war ich damals etwas älter gewesen als Rex – ich ging in die zehnte Klasse.

Im Unterricht von Mr. Jones traf ich meinen Freund Eugene und beschloss, ihn an dem teilhaben zu lassen, was mich den ganzen Tag lang beschäftigt hatte.

»Hey, Eugene! Darf ich dich hauen?«, fragte ich.

Eugene war das mit Abstand größte und dickste Kind der Schule. Als er auf die Highschool kam, musste sich das Football-Team einen Helm von den Profis der Atlanta Falcons leihen, weil die Schule keinen passenden besaß. Später finanzierte sich Eugene sein Studium über ein Kugelstoß-Stipendium.*

»Warum?«, fragte er.

»Ich will etwas beweisen«, antwortete ich.

Das galt andersherum nun genauso. »Okay. Tut ja eh nicht weh.«

Ich ballte die Hand zur Faust und holte aus. Dann hielt ich inne.

»Ich kann dich nicht hauen«, sagte ich.

»Schon okay, tu es einfach.«

»Nein, ich meine, ich *kann* es nicht. Es ist unmöglich.«

Dann erklärte ich ihm, was ich meinte.

»Um dich zu hauen, muss meine Faust erst die Hälfte der Strecke zwischen dir und mir zurücklegen.«

Ich bewegte meinen Arm, bis meine Faust nur noch halb so weit von Eugene entfernt war.

»Dann muss ich die Hälfte der restlichen Strecke überwinden.«

Ich bewegte meine Faust erneut.

»Und noch einmal. Und noch einmal. Und noch einmal.«

Jedes Mal schob ich meine Faust ein bisschen näher an ihn heran.

»Das heißt, dass ich nie ganz bis zu dir kommen kann. Egal, wie oft ich die Hälfte zurücklege, bleibt immer noch etwas Strecke über.«

---

* Außerdem stellte er den Rekord in unserem örtlichen Chicken-Wings-Imbiss auf, indem er 176 Wings hintereinander verspeiste und auch dann nur aufhörte, um zu Hause anzurufen – seine Mutter sagte, er solle nach Hause kommen, das Essen sei fertig.

Mittlerweile drückte meine Faust gegen Eugenes Brust. Zum Glück war er ein sanfter Riese – und ebenfalls ein Mathe-Nerd.

»Ich weiß, dass es sich so anfühlt, als würde ich dich berühren. Aber es ist unmöglich.«

Mr. Jones hatte die ganze Zeit über in der Nähe gestanden. Jetzt schaltete er sich ein: »Wer hat dir Zenons Paradoxon beigebracht?«

»Wer ist Zenon?«, fragte ich.

»Schlag es nach«, entgegnete er.*

◆ ◆ ◆

Zenon von Elea lebte kurz vor Archytas und Platon, etwa zur gleichen Zeit wie Sokrates (im fünften Jahrhundert vor unserer Zeitrechnung). Er war ein Freund von Parmenides, der eine der allerbesten Ideen der Philosophiegeschichte hatte: Es gibt nur eine einzige Substanz, die sich nicht verändert; jeder Hinweis auf das Gegenteil ist eine Illusion.[415] Das bezeichnet man als *Monismus*.

---

* Ein paar Worte zu Billy Jones: Er gestaltete seinen Unterricht unheimlich fesselnd. Seine Fächer waren Latein, Deutsch und Chemie, aber es hätten genauso gut auch noch ein Dutzend andere sein können. Auf Außenstehende hätten seine Stunden völlig chaotisch gewirkt, weil sich jedes Kind mit etwas anderem beschäftigte, jeweils im eigenen Tempo. Wer die aufgetragene Aufgabe schnell erledigt hatte, bekam eine neue Herausforderung gestellt. Dabei handelte es sich häufig um Knobeleien, die er sich selbst ausgedacht hatte. Es kam vor, dass er uns die Chemiehausaufgaben in einer Sprache aufschrieb, die wir nicht beherrschten, nur um es ein bisschen spannender zu machen. Oder er stellte uns eine Denksportaufgabe und verlangte, dass wir die chemischen Elemente aufzählten, deren Symbole hintereinander gelesen die richtige Antwort ergaben. »Archytas« beispielsweise war Argon (Ar), Kohlenstoff (C), Wasserstoff (H), Yttrium (Y), Tantal (Ta) und Schwefel (S). Außerdem nahm er regen Anteil an unseren Interessen und bemühte sich, sie durch Projekte zu vertiefen. In Mr. Jones' Unterricht langweilte sich niemand. Wir verehrten ihn und lernten bei ihm mehr als bei allen anderen. Ich habe nie einen besseren Lehrer gehabt und kenne vermutlich auch keinen besseren Menschen.

Zenon ersann viele Paradoxa, die diese Form des Monismus stützten. Die berühmtesten davon beschäftigen sich mit der Bewegung. Meine Demonstration im Unterricht von Mr. Jones entsprach dem ersten von ihnen. Es ist unter dem Namen *Dichotomieparadoxon* bekannt und geht so: Wer versucht, von einem Ort an einen anderen zu gelangen, legt zunächst einmal die Hälfte der Strecke zurück, dann die Hälfte der verbliebenen Strecke, dann die Hälfte der nun verbliebenen Strecke, dann die Hälfte der nun verbliebenen Strecke ... So geht es *ewig* weiter. Und das stellt ein Problem dar.

Man kann es auch anders formulieren: Zu Beginn liegt zwischen Eugene und meiner Faust eine bestimmte Distanz. Um ihn zu boxen, muss ich die Hälfte dieser Distanz überwinden, dann ein Viertel, dann ein Achtel, dann ein Sechzehntel, dann ein Zweiunddreißigstel und so weiter, ohne je ans Ende zu kommen. Auch das stellt ein Problem dar. Die jeweiligen Strecken werden immer kürzer. Aber es gibt unendlich viele davon, daher ist unklar, wie ich sie je alle überwinden soll.

Wenn wir das Paradoxon von hinten aufzäumen, wird es sogar noch verblüffender. Anfangs muss ich die Hälfte der Distanz überwinden. Aber um das zu schaffen, muss ich zunächst die Hälfte der Hälfte zurücklegen (also ein Viertel der Gesamtdistanz). Um ein Viertel der Strecke zurückzulegen, muss ich ein Achtel überwinden. Und um ein Achtel zu überwinden, muss ich ein Sechzehntel überwinden. Und so weiter, bis ins *Unendliche*.

Das gilt ganz unabhängig davon, wie kurz die Strecke ist, die ich bewältigen will. Es macht also den Anschein, als könnte ich mich überhaupt nicht bewegen – nicht einmal ein kleines bisschen. Um auch nur die geringste Distanz zurückzulegen, muss ich eine unendliche Anzahl von Distanzen überwinden. Allerdings habe ich nicht unendlich viel Zeit. Deshalb bin ich gefangen. Bewegung ist nur eine Illusion.

So sagte zumindest Zenon. Er hat allerdings nicht sonderlich viele Menschen überzeugt. Von Diogenes heißt es, er sei, als er Zenons Argumentation hörte, einfach aufgestanden und losgelaufen, um die Behauptung mit den Füßen zu widerlegen.[416] Das war ein netter Versuch, aber nicht sonderlich überzeugend, da Zenon ja gerade darauf hinauswollte, dass die Dinge nicht unbedingt so sind, wie sie scheinen. Um zu beweisen, dass Bewegung möglich ist, muss man eine Schwachstelle in Zenons Argumentation aufspüren.

Ich war lange Zeit der Meinung, das sei mir gelungen. Wenige Tage später saß ich erneut in Mr. Jones' Unterricht und erklärte Eugene, dass ich die Lösung gefunden hätte. Um ihn zu boxen, müsse meine Faust unendlich viele endliche Streckenabschnitte zurücklegen. Und es mache den Eindruck, als könne die Zeit dafür nicht ausreichen. Doch die Zeit ließe sich in ebenso viele kleine Untereinheiten aufteilen wie der Raum. Dann gäbe es für jeden Punkt im Raum, den ich passieren müsse, einen Zeitpunkt, zu dem ich ihn erreichen könnte.

Vielleicht ist es verständlicher, wenn ich es grafisch darstelle.

P1		P2
	RAUM	

Z1		Z2
	ZEIT	

Auf dem Weg von P1 zu P2 muss ich unendlich viele Punkte im Raum passieren. Aber gleichzeitig liegen zwischen Z1 und Z2 auch unendlich viele Zeitpunkte. Das verschafft mir die Zeit, die ich brauche. Genau genommen habe ich exakt einen Punkt auf dem Zeitstrahl pro Punkt im Raum, den ich passieren muss.

Diese Erklärung stellte mich zufrieden, und so hörte ich auf, über Zenon nachzudenken. Erst Jahre später erfuhr ich, dass auch Aristoteles auf diese Antwort gekommen war.[417] Aber sie stellt keine Lösung für das Rätsel dar (und das wusste Aristoteles).[418] Das Problem ist, dass nicht klar wird, wie die Zeit in diesem Zusammenhang funktioniert. Eine Sekunde kann nur verstreichen, wenn erst eine halbe Sekunde vergeht. Damit eine halbe Sekunde verstreichen kann, muss zunächst eine Viertelsekunde vergehen. Und ... na ja, wie es weitergeht, ist klar, oder? Diese Reihe lässt sich bis ins Unendliche fortsetzen, und es scheint, als wäre selbst eine einzige Sekunde unendlich lang.[419] Und das ergibt keinen Sinn.

◆ ◆ ◆

Dieses Rätsel konnte erst die moderne Mathematik lösen – vor allem dank der Entwicklung der Infinitesimalrechnung (durch Isaac Newton und Gottfried Wilhelm Leibniz). Was die Details angeht, gibt es bis heute Differenzen.[420] Aber die entscheidende Erkenntnis besteht darin, dass die Summe einer unendlichen Reihe endlicher Distanzen nicht unbedingt unendlich ist. Genau genommen ist die Summe der Reihe, die uns interessiert (1/2, 1/4, 1/8, 1/16, ...), einfach 1. Das heißt, dass sich die vielen kleinen Distanzen eben nicht zu einer großen Strecke summieren, die zu weit ist, um sie in einer endlichen Zeitspanne zu überwinden.[421]

Ungeachtet dessen gibt es aber einige Menschen, die glauben, dass die Lösung für das Problem nicht unbedingt in der Mathematik zu finden ist, sondern sich aus der Physik ergibt. Zenon ging davon aus, dass der Raum unendlich teilbar sei – dass wir ihn in immer kleinere Stücke zerlegen könnten. Doch das trifft vielleicht gar nicht zu. Jüngere Erkenntnisse der Quantenmechanik legen nahe, dass dem Raum wohl eher eine körnige Struktur zugrunde liegt als eine durchgängige. Das bedeutet, dass es vielleicht doch winzige Raumteilchen gibt, die sich nicht weiter teilen lassen. Sollte das stimmen, muss meine Faust keine unendliche

Anzahl von Punkten passieren, um Eugene zu treffen, sondern nur eine endliche Menge superkleiner Raumteilchen,[422] was kein Problem ist – solange er nicht zurückschlägt.

◆ ◆ ◆

Ich habe gerade erklärt, dass die Lösung zu Zenons Paradoxon in der Mathematik oder der Physik begründet ist – nicht in der Philosophie. Und die Antwort auf die Frage zu Beginn des Kapitels – Ist das Universum unendlich? – ist sicherlich eine naturwissenschaftliche. Was machen diese Fragen dann in einem Buch über Philosophie?

Zum Teil sollen sie dafür sorgen, dass wir uns ein paar Gedanken über den Zusammenhang zwischen der Philosophie und anderen Disziplinen machen. Es ist kein Zufall, dass Archytas Philosoph *und* Mathematiker war. Die Liste derjenigen, die sich mit beidem befassten, ist lang und enthält große Namen wie Descartes und Leibniz. Das dürfte niemanden überraschen, da in der Philosophie und in der Mathematik mehr oder weniger mit der gleichen Methode gearbeitet wird – beide Fächer verlangen eine eingehende Auseinandersetzung mit rätselhaften Fragestellungen und Problemen. Eine Begabung für das eine ist keine Garantie für eine Begabung für das andere, da die Fragen und Probleme unterschiedlicher Natur sind. Aber manche Menschen glänzen in beidem.

In der Geschichte der Philosophie gibt es so einige, die sich auch durch herausragende Leistungen in den Naturwissenschaften hervortaten, nicht zuletzt Aristoteles. Überhaupt werden Naturwissenschaft und Philosophie erst seit relativ kurzer Zeit als getrennte Felder betrachtet. Erstere wurde über viele Jahre lang schlicht als *Naturphilosophie* bezeichnet, um sie von anderen Teilbereichen der Philosophie wie der Moralphilosophie oder der Ästhetik zu unterscheiden. Wir betrachten sie heute als getrennte Disziplinen, weil sie unterschiedliche Vorgehensweisen verfolgen. Natürlich denken Menschen, die Naturwissenschaft betreiben, sorgfältig über ihre Fragestellungen nach. Aber sie ergründen die Welt auch mithilfe von Beobachtungen und Experimenten.

Das sind Hilfsmittel, auf die auch in der Philosophie zurückgegriffen wird, aber deutlich seltener. Viele der dort am häufigsten diskutierten Fragen gehen nicht mit Experimenten einher. Kein Experiment der Welt wird uns je verraten, was Gerechtigkeit ist.*[423] Oder Liebe. Oder Schönheit. Kein Experiment wird uns verraten, wann eine Strafe gerechtfertigt ist. Oder Rache. Oder welche Rechte wir haben. Kein Experiment verrät uns, was Wissen ist. Oder ob wir Aussichten darauf haben, es zu erlangen.

Das wichtigste Hilfsmittel, das uns zur Verfügung steht, um diese Art von Fragen zu beantworten, sind präzise Überlegungen und Gespräche. Aus diesem Grund werden in der Naturwissenschaft immer wieder Zweifel daran laut, ob die Philosophie überhaupt ein Quell der Erkenntnis ist.[424] Dort werde ja nur geredet, heißt es dann. Doch da muss man einwenden: Wenn die Philosophie nicht als Erkenntnisquelle dient, gilt das auch für die Naturwissenschaften. Denn letzten Endes basiert jedes Experiment auf einer Behauptung – nämlich der, dass *dies* der richtige Weg sei, um etwas über die Welt herauszufinden. Und jedes

---

* Zumindest kein Experiment der Art, wie es in der Naturwissenschaft üblich ist. Einige Größen der Philosophie wie der US-amerikanische Pragmatiker John Dewey meinen, dass wir mit ethischen Ideen experimentieren, indem wir sie ausprobieren – indem wir sie anwenden und schauen, was dabei herauskommt. Ich glaube, da ist durchaus etwas dran. Und das bedeutet, dass Erkenntnisse zur Ethik, zumindest eine bestimmte Art von ihnen, hauptsächlich außerhalb des akademischen Kontexts gewonnen werden. Dennoch kommt denjenigen, die Philosophie professionell betreiben, eine wichtige Rolle zu – sie überarbeiten Konzepte, entwickeln neue, durchdenken sie und so weiter.

Ergebnis verlangt eine Interpretation. Wie schon gesagt: In der Naturwissenschaft sind sehr sorgfältige Überlegungen nötig, genau wie in der Philosophie. Ohne gute Argumente wird das reine Experimentieren die Bemühungen nicht retten können. In gewisser Weise gründet auch wissenschaftliche Forschung auf präzisen Überlegungen und Gesprächen, genau wie die Philosophie.

In letzter Konsequenz streben beide Bereiche das gleiche Ziel an. Wir alle bemühen uns, die Welt zu verstehen, und nutzen dazu die Werkzeuge, die uns passend erscheinen. Bei dem, was wir als getrennte Felder betrachten – Mathematik, Naturwissenschaften und Philosophie –, handelt es sich um Äste des gleichen Baumes. Eignet sich ein Problem eher dazu, im Rahmen einer anderen Disziplin gelöst zu werden, reicht die Philosophie es weiter. Und genau das geschah mit Archytas' Frage zur Ausdehnung des Universums. Die Naturwissenschaft ermöglicht uns, den Blick tief ins Weltall – und tief in unsere Vergangenheit – zu richten, um die Grenzen des Kosmos auszumachen. Ähnlich war es auch bei Zenons Bewegungsparadoxon. Die Mathematik verhalf uns zu einem besseren Verständnis der Unendlichkeit. Und die Naturwissenschaften entschlüsseln die Struktur des Raumes.

Doch wie wir gleich sehen werden, gibt es rund um die Unendlichkeit durchaus Rätsel, die (bisher) ausschließlich auf dem Gebiet der Philosophie angesiedelt sind.

◆ ◆ ◆

Hier ist eines davon: Gehen wir einmal davon aus, das Universum sei tatsächlich unendlich. Was bedeutet das für uns? Beeinflusst das unser Verhalten? Es scheint, als laute die Antwort nein. Selbst wenn das Universum nicht unendlich ist, so ist es unvorstellbar groß. Schätzungen zufolge erstreckt sich allein der beobachtbare Teil über 93 Milliarden Lichtjahre.[425] Den Großteil davon werden wir natürlich niemals zu Gesicht bekommen. Nur die wenigsten von uns werden je die Chance haben, unseren Blauen Planeten zu verlassen. Im Moment ist der Mars das entfernteste Ziel, das wir ins Auge gefasst haben. Daher könnte man sich fragen: Was für eine Rolle spielt es für uns, ob das Universum unendlich groß ist?

Nick Bostrom, dem wir die Simulationshypothese zu verdanken haben, meint, dass es eine enorme Rolle spielt. Zumindest wenn man einer bestimmten ethischen Position anhängt. Einer populären Ausprägung des Utilitarismus zufolge besteht unsere Aufgabe im Leben darin, das Verhältnis zwischen Freude und Leid im Universum maximal in Richtung Freude zu verschieben. Das ist eine verlockende Vorstellung. Taten haben Auswirkungen. Unser Anliegen sollte sein, dass diese positiv ausfallen. Und natürlich kann man argumentieren, dass sich das am besten daran messen lässt, ob sie den Menschen Freude oder Leid bringen. Aber nicht nur den Menschen. Wenn es nur auf Freude und Leid ankommt, ist es egal, wer – oder was – diese Empfindungen verspürt. Daher die Formel: Handle so, dass deine Taten das Verhältnis zwischen Freude und Leid im Universum maximal in Richtung Freude verschieben.

Bostrom sagt, gegen diese Formel sei nichts einzuwenden, solange das Universum endlich ist. Aber sie funktioniere nicht, sollte es sich als unendlich herausstellen.[426] Warum? Gehen wir einmal davon aus, dass der Teil des Universums, den wir nicht sehen können, genauso aufgebaut ist wie der, den wir kennen, also aus Galaxien, Sternen und Planeten besteht. Es erscheint einigermaßen sicher, dass es auf manchen davon Lebewesen geben dürfte. Vielleicht sind sie so wie wir. Oder sie sind ganz anders, können aber dennoch Freude und Leid empfinden. Ist Letzteres der Fall, gehen ihre Freude und ihr Leid ebenfalls in das universelle Verhältnis ein.

Wie viele solcher Lebewesen gibt es? Wenn das Universum unendlich ist (und der Rest dem Teil gleicht, den wir sehen), müssen wir laut Bostrom davon ausgehen, dass es unendlich viele sind, selbst wenn nur ein kleiner Teil der Planeten bewohnt ist. Denn wenn sich das Universum bis ins Unendliche erstreckt, gibt es wohl auch unendlich viele Planeten. Und das ist ein Problem. Sollte es unendlich viele Lebewesen im Universum geben, gibt es auch unendlich viel Freude im Universum. Und unendlich viel Leid. Und wir könnten tun, was wir wollten, ohne dass es Auswirkungen auf das Verhältnis zwischen beidem hätte.

◆ ◆ ◆

Mathe-Fans erkennen vielleicht jetzt schon, warum das der Fall ist. Aber keine Sorge, falls es sich Ihnen noch nicht erschließt. Wir müssen uns einfach noch ein bisschen mehr mit dem Thema Unendlichkeit beschäftigen. Und das geht am besten mithilfe eines Rätsels, das ich irgendwann auch mal mit den Kindern durchspielte.

Sie sollten sich vorstellen, sie wären der Nachtportier des sogenannten Hilbert-Hotels.* Das Hotel besteht nur aus einem einzigen Korridor. Aber der ist dafür sehr lang – genauer gesagt, unendlich lang, und es gehen unendlich viele Zimmer von ihm ab, die aufsteigend nummeriert sind.

Heute Abend ist jedes dieser Zimmer belegt. Im unendlichen Hotel sind unendlich viele Gäste einquartiert. Das Geschäft brummt! Ein guter Zeitpunkt, um sich einmal kurz zurückzulehnen. Aber gerade in dem Augenblick taucht eine müde Reisende auf. Sie fragt, ob noch ein Zimmer für sie frei sei.

---

* Benannt nach David Hilbert, dem großen Mathematiker des neunzehnten und zwanzigsten Jahrhunderts.

»Tut mir leid«, sagt der Nachtportier. »Wir sind komplett ausgebucht.«

»Sind Sie sicher, dass Sie mich nicht noch irgendwo dazwischenquetschen können?«, fragt die Frau. »Das Wetter draußen ist furchtbar.«

Der Portier würde ihr so gern helfen. Aber er weiß einfach nicht, wie. Klar, es gibt eine unendliche Anzahl von Zimmern. Doch die sind im Moment alle belegt. Egal, wie weit die Frau den Korridor hinabliefe, sie würde kein freies Bett finden.

Als sie sich gerade zum Gehen wendet, kommt dem Portier eine Idee. Er kann die Frau *doch* unterbringen – zumindest solange sich die anderen Gäste nicht gegen eine geringfügige Unannehmlichkeit sträuben.

Wie geht das?

Die Jungs kamen zunächst nicht auf die Lösung, als ich ihnen diese Frage vorsetzte. Aber jetzt, wo sie die Antwort wissen, präsentieren sie das gleiche Rätsel gern anderen Kindern – und Erwachsenen.

Die Lösung ist ganz einfach. Der Portier muss nur eine Durchsage an alle Gäste machen und sie bitten, ihre Sachen zu packen und jeweils ein Zimmer aufzurücken. Der Gast aus Zimmer 1 zieht um in Zimmer 2, der Gast aus Zimmer 2 in Zimmer 3 und so weiter und so fort, den ganzen Korridor hinab, bis ins Unendliche.

Anschließend hat jeder von ihnen einen neuen Schlafplatz. Aber das erste Zimmer ist nun frei und steht für die müde Reisende zur Verfügung.

Die Lektion hier lautet: unendlich plus eins ist ... unendlich.

Besser noch: Der Trick funktioniert bei jeder endlichen Zahl an Personen. Wenn auf einmal zwei müde Reisende vor der Tür stehen, bittet man eben alle Gäste, zwei Zimmer aufzurücken. Wenn es drei sind, drei. Und so weiter. (Allerdings nicht endlos – man kann die Gäste nicht dazu bringen, eine unendliche Zahl von Zimmern aufzurücken.)*

Auch daraus ergibt sich eine Lektion: unendlich plus eine beliebige endliche Zahl ist immer ... unendlich.⁴²⁷

◆ ◆ ◆

Zurück zu Bostrom. Wenn es im Universum unendlich viel Leid gibt, kann keine meiner Handlungen es vergrößern. Natürlich kann ich anderen Menschen Kummer bereiten. Aber auch wenn meine Ex-Freundinnen das Gegenteil behaupten, kann ich doch nur eine endliche Menge an Leid verursachen.** Und wenn wir

---

* Wir können aber trotzdem eine unendliche Menge an neuen Gästen unterbringen! Dafür müssen wir nur jeden bereits anwesenden Gast bitten, in das Zimmer mit der doppelt so hohen Zimmernummer zu ziehen, und den Neuankömmlingen die Räume mit den ungeraden Zahlen zuweisen. Daraus lassen sich zwei Erkenntnisse ableiten: Zum einen ist unendlich plus unendlich gleich unendlich. Und zweitens existieren ebenso viele gerade Zahlen wie gerade und ungerade Zahlen zusammen – was vielleicht mein liebster Mathe-Fakt ist.

Und es ist noch viel mehr möglich in Hilberts Hotel! Wir können unendlich viele Busse mit unendlich vielen Fahrgästen unterbringen. Wir können einen Gast pro rationale Zahl unterbringen (das sind Zahlen, die sich in Brüchen ausdrücken lassen). Doch es gibt einige Gruppen, die so groß sind, dass sie nicht reinpassen – was zum Beispiel nicht geht, ist ein Gast pro reale Zahl. Warum nicht, wenn das Hotel doch unendlich viele Zimmer hat? Weil Unendlichkeit, wie sich herausstellt, in unterschiedliche Größenordnungen daherkommen kann. Die Menge der realen Zahlen (zu denen auch die irrationalen Zahlen wie π gehören, die sich nicht in Brüchen ausdrücken lassen) ist unzählbar groß – es gibt mehr reale Zahlen als ganze Zahlen, auch wenn beide Mengen (die der ganzen und die der realen Zahlen) unendlich groß sind. Ja, Mathe macht doch *viel* mehr Spaß, als ich zu Schulzeiten dachte.

** Scherz. Ich habe meine Jugendliebe geheiratet und deshalb keine Ex-Freundinnen – nirgendwo im Universum. Manche Menschen behaupten, dass in einem unendlichen Universum alles existiert, was existie-

dem unendlichen Leid endliches Leid hinzufügen, ist das Ergebnis ... unendliches Leid.

Das Gleiche gilt für die Freude.

Das bedeutet: In einem unendlichen Universum ist es im Sinne des Utilitarismus völlig egal, was wir tun. Es spielt keinerlei Rolle, ob wir andere Menschen verletzen oder ihnen helfen. Das Verhältnis zwischen Freude und Leid wird immer gleich bleiben. Wir haben keinen Einfluss darauf. Deshalb steht es uns wohl frei, zu tun, worauf auch immer wir Lust haben, so schrecklich unser Handeln mitunter auch sein mag.

Es sei denn, der Utilitarismus irrt. Was ein zu großes Thema ist, um es hier abzuhandeln. Trotzdem möchte ich sagen: Ich glaube, dass das zutrifft. Und Bostroms Überlegung ist ein Hinweis darauf. Meiner Meinung nach sind Menschen als Individuen zu betrachten, nicht nur als Gefäße für Freude und Leid.

Der Utilitarismus behandelt Menschen als Räume, die es zu füllen gilt. Wenn eine unendlich große Anzahl von uns bereits bis oben hin voller Freude und Leid steckt, ist es völlig egal, ob noch ein weiterer hinzukommt.

Ich möchte Menschen lieber so behandeln wie der Portier die Reisende an der Hotelrezeption. Es *ist* wichtig, dass sie einen Schlafplatz bekommt, auch wenn wir durch unsere Handlung die Gesamtzahl der Menschen, auf die selbiges zutrifft, nicht vergrößern.

◆ ◆ ◆

Doch halt. Ist es wirklich wichtig, wie es der Frau ergeht? Oder anders gefragt, weil ich sie ja erfunden habe: Sind *wir* wichtig?

---

ren kann. Das stimmt nicht. Wir können den Kosmos durchkämmen, solange wir wollen, würden aber trotzdem niemals eine Ex von mir finden, auch wenn Julie gern darauf hinweist, dass sich das schnell ändern kann.

Es gibt ein Bilderbuch, das ich gerne mit den Kindern lese. Es heißt *A Hundred Billion Trillion Stars*[428] (Hundert Milliarden Billionen Sterne), und es kommen lauter große Zahlen darin vor. Dort ist zu lesen, dass auf der Erde 7,5 Milliarden Menschen leben und zehn Billiarden Ameisen. Aber die größte Zahl im Buch sind die hundert Milliarden Billionen aus dem Titel. Das ist eine Eins mit 23 Nullen dahinter. Und trotzdem könnte diese Zahl deutlich zu niedrig angesetzt sein. Manchen Schätzungen zufolge gibt es noch zehnmal mehr Sterne im beobachtbaren Universum – tausend Milliarden Billionen.[429] Oder einfacher ausgedrückt: eine Quadrillion. Und natürlich noch unendlich viele mehr, sollte das Universum unendlich sein. Aber bleiben wir erst einmal bei einer Quadrillion. Das ist mehr als genug, um uns zum Nachdenken zu bringen.

Ich mag es, das Buch mit den Kindern zu lesen, weil ich ihnen gern vor Augen führe, wie winzig sie sind. Oder besser gesagt: Wie winzig *wir* sind. Das Universum ist unvorstellbar groß, selbst wenn es nicht unendlich ist. Wir nehmen nur ein winziges Fleckchen darin ein, und dieses Fleckchen ist nichts Besonderes. Schlimmer noch, wir beanspruchen es noch gar nicht mal so lange. Wir werden, wenn wir Glück haben, rund achtzig Jahre alt. Das Universum besteht aber bereits seit mehr als dreizehn Milliarden Jahren und hat noch weitere Milliarden oder Billionen vor sich.

Wir sind also bestenfalls ein kleiner Funke im Verlauf der Zeit. Und das lässt uns furchtbar unbedeutend erscheinen.

◆ ◆ ◆

»Glaubst du, dass wir von Bedeutung sind?«, fragte ich Rex eines Tages, als wir uns über die Größe des Universums unterhielten. Er war zehn.

»Nein, eher nicht«, sagte er.

»Warum nicht?«

»Es gibt einfach so viel da draußen«, meinte er. »Deshalb kann ich mir nicht vorstellen, dass wir eine große Bedeutung haben.«

Wir gingen weiter und führten unser Gespräch fort. Nach einer Weile fragte ich: »Ist es okay, wenn ich dich haue?«

»Nein«, rief er überrascht.

»Warum nicht?«, fragte ich. »Ist doch bedeutungslos.«

»Nicht für mich«, antwortete er und lächelte.

Rex hatte innerhalb von zehn Minuten zwei Gedanken geäußert, die schwer miteinander zu vereinbaren sind.

Wenn wir einen Schritt zurücktreten und uns im Kontext des Universums betrachten, sind wir so klein, dass man von Bedeutungslosigkeit sprechen könnte. Die Welt wäre kaum anders, wenn der einzelne Mensch nie geboren worden wäre. Und sie wird auch nicht sonderlich anders sein, nachdem er gestorben ist.

Das Gleiche gilt für unsere gesamte Spezies. Das Universum sähe nicht großartig anders aus, wenn es uns nie gegeben hätte. Und es wird gar nicht so anders sein, wenn wir einmal ausgestorben sind.

Von außen betrachtet wirkt alles, was wir tun, irrelevant. Selbst unsere größten Erfolge fallen nicht weiter ins Gewicht.

Doch von innen heraus haben schon die kleinsten Dinge eine enorme Bedeutung.

Wir haben keine Bedeutung. Aber die Dinge haben eine Bedeutung für uns.

◆ ◆ ◆

Erinnern Sie sich noch an Tom Nagel? Wir haben ihn bereits im letzten Kapitel kennengelernt – er ist der Typ, der wissen wollte, wie es ist, eine Fledermaus zu sein. Aber er interessiert sich auch für die Auswirkungen dieser beiden Gedanken: Wir haben keine Bedeutung. Aber die Dinge haben eine Bedeutung für uns.

Nagel zufolge verleiht das Nebeneinander dieser beiden Sätze in unseren Köpfen dem Leben eine gewisse Absurdität.[430] Und damit meint er etwas ganz Konkretes. Nagel bezeichnet etwas als absurd, wenn es eine Diskrepanz zwischen der Ernsthaftigkeit und der Relevanz einer Sache gibt.[431] Als Jurastudent habe ich einmal einen Kurs dazu absolvieren müssen, wie man Quellenangaben für juristische Fachzeitschriften formatiert. Dabei entspann sich eine endlose, hitzige Debatte darüber, ob ein Punkt an einer bestimmten Stelle kursiv gesetzt werden müsse oder nicht. Es ging um nichts. Kursive Punkte sind ohnehin nur sehr schwer zu erkennen. Und es interessiert niemanden. Das Ganze war wirklich absurd.

Nagel meint, dass man das in gewisser Weise über unser ganzes Leben sagen könne. Wir nehmen es sehr ernst. Wir machen uns Gedanken über unser Aussehen, unsere Kleidung, unseren Beruf, unsere Ziele, unsere Pläne – und warum das Ganze? Eigentlich ist es völlig egal. Denn irgendwann ist einfach alles vorbei, und dann spielt es keine Rolle, was in unserem Leben passiert ist.[432]

Wir sind unbedeutend. Und das wissen wir. Und trotzdem machen wir weiter, als sei alles von größter Bedeutung.

Absurd.

◆ ◆ ◆

Manche Menschen kämpfen gegen dieses Gefühl an. Sie versuchen, sich all ihrer Bindungen zu entledigen – alles Weltliche für bedeutungslos zu erklären. Wenn sie das schaffen, ist ihr Leben weniger absurd. Aber es gelingt kaum jemandem. (Oft ist schon der Versuch absurd.[433])

Andere Leute beharren darauf, dass das Universum tatsächlich für sie erschaffen wurde. Sie seien von Bedeutung, sagen sie, weil sie dem Gott, der hinter all dem stehe, etwas bedeuteten.

Was Gott angeht, bin ich skeptisch, aus Gründen, die ich später noch erläutern werde. Doch selbst wenn er existiert, halte ich den Gedanken, dass wir ihm wichtig sind, für vermessen. Soweit wir wissen, nehmen wir in den göttlichen Erwägungen kaum mehr Raum ein als zehn Billiarden Ameisen. Für Gott spielt die Musik vielleicht einfach woanders. Wir sind nicht der Mittelpunkt des Universums, nicht einmal der Mittelpunkt unseres Sonnensystems. Warum sollte Gott die Geschöpfe, die ihm wichtig sind, in einer entlegenen Ecke ansiedeln? Oder sich die Mühe machen, noch mehr zu erschaffen? Wenn wir das sind, worauf es ankommt, warum gibt es dann den ganzen Rest?

Ich weiß, ich weiß. Sie meinen, Gott würde einen Plan verfolgen, so mysteriös er auch auf uns wirken mag. Und ihm seien alle seine Geschöpfe wichtig, ganz unabhängig davon, wo im Kosmos sie sich aufhalten. Mag sein.

Aber ich ziehe eine andere Lehre aus dieser Auffassung von Gott: Diesen Kniff, den manche ihm zutrauen – die Dinge bedeutungsvoll zu machen, einfach indem er die Menschen liebt –, den beherrschen auch wir.

Natürlich können wir nicht dafür sorgen, dass Dinge und Ereignisse eine Bedeutung im kosmischen Sinne erlangen. Aber wir können dafür sorgen, dass sie *uns* etwas bedeuten. Dafür ist nichts weiter nötig, als dass wir sie uns zu Herzen nehmen.

Und das halte ich für eine Art Superkraft. Es ist nicht übertrieben zu sagen, dass wir selbst über unsere Bedeutung in der Welt bestimmen. Das ist eine Fähigkeit, über die nicht viele Geschöpfe verfügen.

Deshalb sollten wir Dingen Bedeutung beimessen, auch wenn es absurd ist. Wir sollten uns um unsere Familie, unsere Freunde, unsere Mitmenschen kümmern und unsere Ziele und Pläne verfolgen. Sie geben unserem Leben Sinn.

Sollten wir auch uns selbst wichtig nehmen? Ich würde gern Ja sagen. Aber ich habe gerade einen Aufsatz von meiner Freundin Sarah Buss gelesen, der mich zweifeln lässt.

Buss ist ebenfalls Philosophin an der University of Michigan. Die Jungs lieben sie heiß und innig, vor allem, weil sie ihnen jedes Jahr Weihnachtsplätzchen mitbringt. Außerdem ist sie eine der scharfsinnigsten Moralphilosophinnen, die ich kenne.

In letzter Zeit hat sie sich mit dem Thema Zivilcourage auseinandergesetzt – damit, was das ist und ob man es lernen kann. Buss möchte wissen, warum manche Menschen bereit sind, ihr Leben zu riskieren, Opfer zu bringen, sich gegen Unterdrückung aufzulehnen und anderen zu helfen, obwohl es ihnen viel abverlangt.

Sie ist sich nicht sicher; es könnte viele Gründe dafür geben. Aber ihre Vermutung lautet, dass die Courage mancher Menschen darauf zurückzuführen ist, dass sie sich selbst wenig Bedeutung beimessen – anderen hingegen sehr viel.[434] Sie betrachten sich selbst eher aus der kosmischen Perspektive – als winziges, mehr oder weniger unbedeutendes Wesen. Ihre Mitmenschen aber erscheinen ihnen riesig groß.

Das ist ein Zustand, der schwer zu erreichen ist, sowohl emotional als auch intellektuell.[435] Das größte Hindernis sind unsere Liebe und unser Mitgefühl uns selbst gegenüber – und die Angst um uns, die wir dadurch verspüren.[436] Um die entsprechende Courage zu erlangen, müssen wir uns als unwichtig betrachten. Aber es reicht nicht aus, rational zu verstehen, dass alles, was uns widerfährt, relativ egal ist. Wir müssen es *fühlen*, auf die gleiche Weise, wie wir jetzt Angst und Selbstliebe fühlen.[437] Ansonsten gewinnt die Furcht im Fall eines Konflikts tendenziell die Oberhand.

Diese Einstellung ist nicht das Gleiche wie ein geringes Selbstwertgefühl – das ist wichtig. Buss meint nicht, dass wir unser Leben nicht für lebenswert halten sollten oder uns selbst für jemanden, der weder Liebe noch Respekt verdient hätte. Natürlich sollten wir, wenn es nach ihr geht, immer nach links und rechts schauen, bevor wir die Straße überqueren. Ebenso können wir von anderen erwarten, dass sie uns gut behandeln.[438] Aber wenn Zivilcourage verlangt ist, hilft es, die eigene Bedeutungslosigkeit genauso zu spüren wie die Angst.

Das stellt uns nicht nur vor ein emotionales, sondern auch vor ein intellektuelles Problem. Wenn man sich selbst für unwichtig erachtet, müsste das eigentlich genauso für alle anderen gelten. Aber das ist gefährlich. Wir wollen ja kein rücksichtsloser Mensch sein. Genau das wird jedoch geschehen, wenn wir andere für unbedeutend halten. Daher müssen wir gedanklich daran festhalten, dass andere wichtig sind, uns in Hinblick auf uns selbst aber von dieser Vorstellung lösen.

Eine solche Sicht auf die Welt mag in sich nicht logisch sein. Aber sie ist gut. Selbstlos. Liebevoll.

Und Liebe ist nicht immer logisch.

◆ ◆ ◆

Ich möchte, dass meine Kinder in der Lage sind, Zivilcourage zu zeigen. Aber das ist ziemlich viel verlangt. Ich bin mir nicht einmal sicher, wie ich mich im Zweifelsfall verhalten würde. Das ist schwer einzuschätzen, bis es drauf ankommt.

Zumindest möchte ich aber, dass sie verstehen, dass es eine Perspektive gibt, aus der heraus sie unbedeutend sind. Sie sollen üben, wie es sich anfühlt, die Welt aus dieser Warte zu betrachten. Sie sollen in der Lage sein, die Dinge im Zusammenhang zu sehen und einen Blickwinkel einzunehmen, aus dem heraus sie selbst – und ihre aktuellen Sorgen – unwichtig sind.

Deshalb unterhalte ich mich mit ihnen über die Größe des Universums.[439] Und deshalb habe ich eines Abends *A Hundred Billion Trillion Stars* aus dem Regal gezogen. Hank war sieben und das Schlafengehen zu dieser Zeit schwierig. Julie war ein paar Minuten zuvor ausgerastet, weil er immer so lange brauchte, bis er im Bett lag. (Unendlich lange, so kam es uns vor.) Deshalb war er bedrückt, als wir es uns bequem machten, um das Buch zu lesen.

Am Ende angekommen, stellte ich ihm die gleiche Frage, die ich Rex gestellt hatte: »Glaubst du, dass wir bei all dem, was es dort draußen noch gibt, von Bedeutung sind?«

»Nein«, sagte er. Dann fügte er ganz von selbst hinzu: »Na ja, für uns selbst schon.«

»Auf jeden Fall«, sagte ich. »Du bist von großer Bedeutung für mich.«

Dann fragte ich ihn: »Wie geht es dir, wenn du an die vielen Galaxien, Sterne und Planeten dort draußen denkst?«

»Es hilft nichts dagegen, dass ich traurig bin«, sagte er in einem Tonfall, der andeutete, dass er mich durchschaute.

Also sang ich ihm ein Schlaflied und sagte Gute Nacht.

Ich werde es trotzdem weiter versuchen.

Ich will durchaus, dass meinen Kindern Dinge am Herzen liegen, dass sie dafür brennen. So verleiht man dem Leben einen Sinn.

Aber das ist der leichte Part. Schwieriger ist es, zu lernen, dass diese Dinge eigentlich nicht von Bedeutung sind, auch wenn wir sie enorm ernst nehmen, auch wenn es um Leben und Tod geht.

Wenn meine Kinder das erkennen und ihnen die Dinge trotzdem wichtig sind, verhalten sie sich ein bisschen absurd. Aber das tun sie ohnehin. Und sie befinden sich in guter Gesellschaft. Denn das Gleiche gilt für uns alle.*[440]

---

* Nicht dass das wichtig wäre.

12

Gott

»Zack hat Gottstiefel.«

»Was?«, fragte ich und wandte mich Rex zu. Ich stand in der Küche und bereitete das Abendessen vor. Rex (damals vier) saß am Tisch und verspeiste gerade die letzten Reste seines Vor-dem-Essen-Snacks. Diese Snacks erfüllen in unserem Haushalt gleich zwei Funktionen: Sie ermöglichen es uns, in Ruhe zu kochen, *und* sie stellen sicher, dass unsere Kinder das Gekochte nicht essen.

»Zack hat Gottstiefel«, wiederholte Rex, als wäre das eine Offenbarung.

»ZACK HAT GOTTSTIEFEL?!«, sagte auch ich, als wäre es wirklich eine Offenbarung. (Übertriebener Enthusiasmus ist eine meiner bevorzugten Erziehungsmethoden. Wenn ein Kind ein Gespräch für aufregend hält, kommt dabei meistens etwas Gutes heraus.)

»Ja! Zack hat Gottstiefel«, erklärte Rex mit zunehmender Begeisterung.

»*Welcher* Zack? Der große Zack? Der kleine Zack? Der erwachsene Zack?« Es gab absurd viele Zacks in Rex' Kindergarten.

»Der kleine Zack!«, rief Rex triumphierend.

»Wirklich? Der kleine Zack hat Gottstiefel?!«

»Ja!«

»Cool! Aber ... was sind denn Gottstiefel?«

»Weißt du doch«, sagte Rex, als sei das völlig klar.

»Nein, Kumpel, ich weiß es nicht. Was sind Gottstiefel?«

»Stiefel mit Gott drauf.«

»Gott ist auf Zacks Stiefeln!«, rief ich mit der gebotenen Überraschung. »Ist Gott schwer? Kann Zack noch laufen? Sitzt er im Kindergarten fest? SOLLEN WIR HINFAHREN UND IHM HELFEN?«

»Nicht Gott selbst, Daddy! Bilder von Gott!«

»Ach so.« Ich senkte meine Stimme. »Wie sieht Gott denn aus?«

»*Weißt du doch*«, sagte Rex in verschwörerischem Tonfall.

»Nein, weiß ich nicht«, flüsterte ich. »Wie sieht Gott aus?«

»Der Mann mit dem Cowboyhut.«

»Welcher Mann mit dem Cowboyhut?«

»Aus dem Film.«

So langsam kamen wir der Sache näher. Rex hatte erst drei Filme gesehen. Der erste war *Coco, der neugierige Affe*. »Meinst du den Mann mit dem gelben Hut?«

»Nein«, kicherte er.

Der zweite Film war *Cars*. »Meinst du Hook?«

»Nein! Hook hat keinen Cowboyhut«, sagte er in einem Tonfall, als spräche *er* mit einem kleinen Kind.

Also blieb nur noch *Toy Story* übrig. »Woody?«

»Ja! GOTT!«

◆ ◆ ◆

Als Kind war ich fest davon überzeugt, dass Gott aussah wie Superman. Oder wie George Washington. Er verfügte über Superkräfte, ein Hinweis auf den Sohn Kryptons, war aber auch supergut und superalt, und mein großes Vorbild in dieser Hinsicht war George Washington.

Ich habe keine Ahnung, wie Rex zu seiner Überzeugung gelangt war, aber wer Lust auf ein bisschen Grusel hat, kann sich gern einmal vorstellen, dass Woody tatsächlich Gott ist. Seine aufgemalten Augen verfolgen uns auf all unseren Wegen, bei allem, was wir tun. Unheimliche Vorstellung, oder?

Doch wenn man genauer darüber nachdenkt, fällt auf: Das gilt auch für Gott an sich. Allwissenheit ist allunheimlich.

◆ ◆ ◆

Und wie sieht Gott nun aus? Wie Washington? Woody? Superman? Alles falsch, meinen die großen monotheistischen Religionen. Drei von vier Fachleuten sagen, dass Gott nicht in Raum und Zeit existiert.* Er habe Zeit und Raum erschaffen und stehe deshalb außerhalb von beidem. Nur dass das nicht aufgeht, weil man zum Stehen Raum einnehmen muss und »außerhalb« eine Ortsangabe ist. Dabei geht es doch gerade darum, dass Gott eben kein räumlich-zeitliches Wesen ist.** Deshalb sieht er auch nicht aus wie irgendetwas.

Halt, stopp! Sind wir nicht nach seinem Abbild erschaffen worden? Und taucht Gott nicht hin und wieder in der Bibel auf? In der Theologie interpretiert man den Ausdruck »nach Gottes Abbild erschaffen« meist eher metaphorisch. Demzufolge geht es nicht darum, dass wir wirklich aussehen wie Gott – dass Gott zwei Arme und zwei Beine hat und mit dem Alter um die Mitte herum etwas zulegt –, sondern darum, dass wir einige von Gottes Eigenschaften teilen, etwa das Vermögen, logisch zu denken.

---

* Der vierte empfiehlt Colgate. (Kleiner Scherz. Jedes Kind weiß, dass Oral-B die beste Zahnpasta ist.) Aber die Statistik ist in Wahrheit gar nicht wahr: Ich habe sie erfunden, um zu unterstreichen, dass Gottes Beziehung zu Raum und Zeit umstritten ist. Es gibt hitzige Debatten darüber, ob Gott zeitlos ist (das heißt, außerhalb der Zeit existiert) oder eher ewig (das heißt, zu jedem Zeitpunkt existiert). Die theologischen Details sind für uns nicht von Bedeutung.

** Das heißt auch: Nein, er schaut nicht auf uns *herab* – tut mir leid!

Und obwohl Gott in der Bibel erscheint – denken wir nur an Moses und den brennenden Dornbusch –, bekommen die Menschen in diesen Geschichten nicht unbedingt Gott selbst zu Gesicht, sondern eher eine Art Avatar.

Bei Jesus ist die Sache komplizierter. Und ich als Jude werde nicht versuchen, die Dreifaltigkeit zu erklären. Doch so viel soll gesagt sein: Selbst dem Christentum zufolge ist Gott kein gänzlich räumlich-zeitliches Wesen. Jesus sah sicherlich irgendwie aus (wenn auch wohl nicht so wie Washington, Woody oder Superman). Aber Gottes übrige Eigenschaften – die, über die er trotzdem verfügen soll – sind nicht in Raum oder Zeit verortet. Was bedeutet, dass wir sie nicht sehen können.

Und das ist überaus praktisch.

◆ ◆ ◆

Antony Flew war ein atheistischer* Philosoph, der in der zweiten Hälfte des zwanzigsten Jahrhunderts an mehreren Universitäten in England tätig war. Er erzählte eine Geschichte, die von einem Philosophen aus Cambridge stammte, einem Mann mit dem unwahrscheinlichen, aber überaus bezeichnenden Namen John Wisdom (John Weisheit).[441] Sie ging so: Zwei Männer laufen durch einen Wald. Sie kommen zu einer Lichtung, auf der viele Blumen wachsen, aber auch eine Menge Unkraut. Der eine Mann sagt zum anderen: »Hier ist wohl ein Gärtner am Werk.«

Der andere meint: »Es gibt keinen Gärtner.«

Beide Männer machen nicht viele Worte. Nennen wir sie einfach Gibt-es und Gibt-es-nicht.

Die beiden beschließen, ihre Zelte auf der Lichtung aufzuschlagen und zu warten. Einen Gärtner bekommen sie nie zu

---

* Zumindest bis er spät im Leben zum Glauben fand, was einige aber auf eine Demenzerkrankung zurückführten.

sehen. Doch das bringt Gibt-es nicht von seiner Meinung ab: »Der Gärtner muss unsichtbar sein«, sagt er. Also bauen sie einen Stacheldrahtzaun. Und weil sie ganz sicher sein wollen, dass sie den Gärtner auch erwischen, wenn er kommt, setzen sie den Zaun unter Strom. Und suchen die Umgebung mit Spürhunden ab. Doch der Gärtner taucht nicht auf. Der Zaun hängt reglos da. Sie hören niemanden schreien, weil er einen elektrischen Schlag erlitten hätte. Und die Hunde schlagen niemals an. Aber Gibt-es lässt sich nicht beirren. »Es gibt einen Gärtner«, beharrt er, »einen unsichtbaren, nicht greifbaren Gärtner, der keine elektrischen Schläge spürt, keinen Geruch verströmt und kein Geräusch macht, einen Gärtner, der sich heimlich um den Garten kümmert, den er liebt.«[442]

Da wird es Gibt-es-nicht zu viel und er ruft: »Wie unterscheidet sich denn ein unsichtbarer, nicht greifbarer, stets flüchtiger Gärtner von einem eingebildeten Gärtner oder gar keinem Gärtner?«[443]

◆ ◆ ◆

Flew war der Meinung, dass alle Gespräche über Gott nur leeres Gerede seien – bedeutungslos. Gibt-es meinte, es gäbe einen Gärtner, und machte sich deshalb auf die Suche nach ihm. Als er ihn nicht entdeckte, schränkte er seine Aussage ein, immer weiter, bis die Behauptung komplett inhaltsleer war, da man sie nicht widerlegen konnte.

Sagen wir einmal, Sie und ich sind uneinig darüber, ob sich im Kühlschrank ein Hähnchen befindet. Ich sage Ja, Sie sagen Nein. Wie können wir die Meinungsverschiedenheit beilegen? Na ja, indem wir nachschauen. Als wir das tun, können wir kein Hähnchen entdecken. Sie verkünden, dass Sie recht gehabt hätten, aber ich beharre auf meinem Standpunkt. Schließlich habe ich nie behauptet, dass man das Hähnchen sehen könne. Es ist ein unsichtbares Hähnchen. Daraufhin tasten wir den Innenraum des Kühlschranks ab, doch keiner von uns fühlt ein Hähnchen. Sie verkünden erneut, dass Sie recht gehabt hätten, aber ich beharre auf meinem Standpunkt. Schließlich habe ich nie behauptet, dass man das Hähnchen fühlen könne. Es ist ein nicht greifbares Hähnchen.

Irgendwann werden Sie zu dem Schluss kommen, dass ich geisteskrank bin. Oder unendlich stur. Aber so oder so ergibt es keinen Sinn, weiter mit mir darüber zu diskutieren, ob sich im Kühlschrank ein Hähnchen befindet oder nicht. Ich würde einfach keinen Beweis für das Gegenteil akzeptieren.

In früheren Zeiten gingen die Menschen davon aus, dass Gott eine feste Rolle in der Welt zukam. Er kümmerte sich um den Garten. Sie beteten um Regen. Oder dafür, dass der Regen aufhörte. Auch heute beten natürlich noch viele Leute. Manche von ihnen sogar um Regen. Aber nur wenige von uns glauben, dass jeder kleine Schauer auf eine göttliche Entscheidung zurückgeht. Wir können erklären, warum es regnet, und haben es daher nicht mehr nötig, Gott dafür verantwortlich zu machen. Doch mit dem Verlust seiner Aufgaben verwandelten wir Gott in eine unsichtbare, nicht greifbare Gestalt, deren Spuren in der Welt (wenn es denn welche gibt) unmöglich auszumachen sind. Das führt zu der Befürchtung, dass Gott nicht realer ist als das unsichtbare, nicht greifbare Hähnchen, das sich de facto nicht in meinem Kühlschrank befindet.

Oder doch? Ein Hähnchen wäre kein Hähnchen, wenn man es nicht sehen, riechen, schmecken und anfassen könnte. Jedes Hähnchen lässt sich in Raum und Zeit verorten. Aber warum sollte für Gott das Gleiche gelten wie für ein Hähnchen? Es gibt schließlich noch andere Formen der Existenz.

◆ ◆ ◆

Ich nehme meine Aufgaben als Onkel fast genauso ernst wie meine Aufgaben als Vater. Nicht sonderlich ernst also. Einmal überzeugte ich meinen Neffen davon, dass es die Zahl sechs gar nicht gibt.

»Hey, Ben, kannst du bis zehn zählen?«, fragte ich ihn, als er fünf Jahre alt war.

»Eins, zwei, drei, vier, fünf, sechs, sieben ...«, setzte er an.

»HALT! STOPP! Was hast du gerade gesagt?«

»Sieben.«

»Nein, davor.«

»Sechs.«

»Was ist sechs?«

»Eine Zahl.«

»Nein, das stimmt nicht.«

»Doch, das stimmt.«

»Nein, Ben, wirklich nicht. Bis zehn zählen geht so: Eins, zwei, drei, vier, fünf, sieben, acht, neun, zehn.«

Anfangs war Ben ziemlich skeptisch, aber ich kann sehr beharrlich und überzeugend sein. Irgendwann trottete er zu seiner Mutter.

»Onkel Scott sagt, dass es die Zahl sechs nicht gibt.«

»Na ja, Onkel Scott ist sehr gut in Mathe«, sagte seine Mutter. Und an dieser Stelle möchte ich gern anmerken, dass die Frau, die meine Kinder Tante Nicole nennen, in vielerlei Hinsicht einfach grandios ist, nicht zuletzt, weil sie zulässt, dass ich ihr Kind manipuliere.

Ich trieb das Spielchen immer weiter, bis Ben fest davon überzeugt war, dass die Zahl sechs eine Erfindung der großen Kindergartenmafia sei. Doch sobald er die Verschwörungstheorie geschluckt hatte, gab ich nach und sagte ihm die Wahrheit: Die Zahl sechs gibt es doch.

Aber sie hat keine räumliche oder zeitliche Dimension. Die Fragen »Wo ist die Zahl sechs?« oder »Wann ist die Zahl sechs?«

ergeben keinen Sinn, da sich diese weder im Raum noch in der Zeit verorten lässt. Genauso sinnlos ist die Frage danach, wie sie aussieht, weil die Sechs nicht zu den Dingen gehört, die uns Photonen entgegenschleudern.

Halt!, denken Sie jetzt vielleicht. *Ich weiß doch, wie eine Sechs aussieht. Nämlich so:*

6

Aber 6 ist nur ein Symbol für die Zahl, so wie die vier Buchstaben des Wortes *Gott* nur ein Symbol für das allmächtige Wesen sind, das wir so nennen. Die Zahl lässt sich auch so darstellen:

VI

Oder so:

Sechs

Oder auf jede andere beliebige Weise, solange wir unseren Mitmenschen klarmachen, wofür das Symbol steht. Dennoch ist das Symbol etwas anderes als die Zahl selbst.

◆ ◆ ◆

Was ist die Zahl sechs? Warum gibt es sie? Mit dieser Frage setzt sich die Philosophie der Mathematik schon lange auseinander. Was wir sicher sagen können, ist dies: Die Sechs existiert aufgrund der Rolle, die sie innerhalb eines Systems spielt. Sie folgt auf die Fünf und kommt vor der Sieben. Und sie steht in einer bestimmten Beziehung zu unzähligen anderen Einheiten, deren Existenz sich aus ihrem Verhältnis untereinander ergibt. Deshalb musste ich meinem Neffen am Ende doch die Wahrheit sagen. Ohne die Sechs dreht der Rest der Mathematik völlig frei.

Die Aussage, dass es die Sechs aufgrund ihrer Position innerhalb des Systems gibt, lässt allerdings die komplizierten Fragen außen vor: Hat die Menschheit das System *erschaffen* oder es *entdeckt*? Würde es die Zahlen auch geben, wenn wir nicht da wären? Ich tendiere zu Ja, auch wenn ich mich nicht in der Lage sehe, diese Ansicht zu verteidigen – würde ich es versuchen, würden Sie dieses Buch sehr bald aus der Hand legen. Denn dann wird es superschnell superkomplex und superlangweilig.

Doch was ich mit dem Zahlenbeispiel sagen will, ist Folgendes: Nicht alles, was existiert, existiert auf die gleiche Art und Weise. Hähnchen existieren in Raum und Zeit. Ebenso Gärtner. Die Zahl sechs hingegen nicht. Und wenn es die Sechs gibt, ohne dass sie in Zeit oder Raum verortbar wäre, warum sollte das dann nicht auch für Gott gelten?

◆ ◆ ◆

»Gibt es Gott in echt?«, fragte Rex häufig, als er noch klein war. Da wir ihn in religiöse Bildungseinrichtungen schickten, lernte er eine Menge über Gott – oder hörte zumindest die jüdischen Geschichten über ihn. Wir hatten die Einrichtungen in erster Linie deshalb ausgesucht. Wir wollten, dass er die Geschichten kannte und sich in seiner Kultur und seinem Umfeld heimisch fühlte.

Doch als er diese Geschichten hörte, fragte er immer wieder: »Gibt es Gott in echt?« Alles, was ich bisher geschrieben habe, deutet darauf hin, dass meine Antwort darauf Nein lauten müsste. Aber das stimmt nicht, aus zwei Gründen. Erstens bin ich mir nicht sicher – mehr dazu gleich. Doch noch wichtiger ist zweitens: Wenn ein Kind eine »große Frage« stellt, halte ich es für wichtig, ein Gespräch darüber einzuleiten, statt es im Keim zu ersticken.

Deshalb antworte ich niemals mit Ja oder Nein. Stattdessen präsentiere ich eine Bandbreite von Ansichten: »Manche Menschen glauben, dass es Gott wirklich gibt und die Geschichten, die wir in der Bibel lesen, tatsächlich so passiert sind. Andere meinen, dass die Geschichten nicht mehr als eben Geschichten sind, dass sie erfunden wurden, um Dinge zu erklären, die die Menschen nicht verstehen.« Dann frage ich: »Was meinst du?« Und ich nehme Rex' Antwort ernst, nicht als Abschluss des Gesprächs, sondern als Auftakt dazu. Wenn Rex sagt, Gott gebe es wirklich, erkundige ich mich, wie er darauf kommt, ob ihm aufgefallen sei, dass die Geschichten in der Bibel manchmal nicht so ganz zusammenpassen (es gibt zum Beispiel zwei Schöpfungsgeschichten) und warum so viel Schlimmes auf der Welt passiert, obwohl es Gott gibt und er es unterbinden könnte. Wenn Rex in die andere Richtung tendiert, wenn er meint, die Geschichten seien nichts als Geschichten, frage ich ihn, warum so viele Menschen sie ernst nehmen, wie er die Existenz der Welt erklären würde und so weiter.

Das Gespräch muss auf den Entwicklungsstand des jeweiligen Kindes abgestimmt sein. Und niemand sollte davon ausgehen, dass Rex und ich stundenlang vor dem Kaminfeuer sitzen, Brandy schlürfen und uns über die großen Geheimnisse des Lebens austauschen. Die meisten dieser Unterhaltungen sind kurz – sie dauern häufig nur ein oder zwei Minuten. Aber das summiert sich. Manchmal auf ganz erstaunliche Weise.

◆ ◆ ◆

»Gibt es Gott in echt?«, fragte Rex. Er war vier. Seit der Woody-Offenbarung war noch nicht viel Zeit vergangen.

Da wir dieses Gespräch häufiger führten, sprang ich direkt zur entscheidenden Frage: »Was glaubst du?«

»Ich glaube, dass Gott in echt erfunden ist und im Erfundenen echt«, verkündete Rex.

Ich war baff. Das ist ein ziemlich tiefgründiger Gedanke für einen Vierjährigen. Es wäre auch ein ziemlich tiefgründiger Gedanke für einen Vierzigjährigen. Ich bat Rex, mir zu erklären, wie er das meinte.

»In echt gibt es Gott nicht«, sagte er. »Aber wenn wir so tun als ob, dann gibt es ihn.«

◆ ◆ ◆

In der Philosophie gibt es für diese Position eine Bezeichnung. Sie heißt *Fiktionalismus*. Wenn ich sage: »Ich unterrichte an der University of Michigan«, sage ich die Wahrheit – hier, jetzt, in dieser Welt. Aber stellen wir uns vor, ich sage: »Dumbledore unterrichtet in Hogwarts.« Als Aussage über diese Welt ist das falsch. Hogwarts existiert nicht in dieser Welt, ebenso wenig wie Dumbledore, deshalb kann er wohl kaum dort unterrichten. Doch beides existiert in einer anderen Welt – der fiktiven Welt von Harry Potter. *In dieser Fiktion* ist die Aussage »Dumbledore unterrichtet in Hogwarts« richtig. Und wenn ich den Satz sage, ist sofort klar, dass ich über die fiktive Welt rede, weshalb wir die Aussage als wahr einordnen, auch wenn sie in dieser Welt nicht zutrifft.

Eine fiktionalistische Einstellung Dumbledore gegenüber bedeutet nur, zu akzeptieren, dass er in einer fiktiven Welt statt in unserer existiert. Das verleugnet natürlich niemand. Dumbledore ist ganz offensichtlich eine fiktive Figur. Doch in der Philosophie gibt es auch die Ansicht, dass wir Dinge fiktionalistisch betrachten sollten, die auf den ersten Blick gar nicht fiktiv wirken. Ein Beispiel dafür ist die Moral. Es gibt Menschen, denen zufolge Rechte frei erfunden sind, genau wie Dumbledore.

Das ist ein trauriger Gedanke. Unsere Rechte sind uns wichtig. Wir kämpfen für unsere Rechte. Ganz in echt. Daher wäre es ganz schön blöd, wenn sie gar nicht real wären.

»Immer mit der Ruhe!«, sagen diejenigen, die Moral für etwas Erfundenes halten. »Die Geschichten, die wir uns über unsere Rechte erzählen, sind gute Geschichten, mit positiven Auswirkungen, also sollten wir sie ruhig auch weiterhin erzählen. Lasst uns für unsere fiktiven Rechte kämpfen!«

◆ ◆ ◆

Ich bin kein Vertreter dieser Position. Meiner Ansicht nach sind Rechte genauso real wie das sichtbare, greifbare Hähnchen in meinem Kühlschrank. Oder die Zahl sechs. Aber einige aus meiner Zunft würden sagen, dass ich auch damit falschliege. Sie glauben, dass Zahlen nur ausgedacht sind. Ihrer Meinung nach gibt es keine Sechs, keine Sieben und auch keine Zweiundsiebzig, außer in den Geschichten, die wir darüber erzählen.

Auch das ist ein trauriger Gedanke. Wie viele Stunden wir mit der schriftlichen Division verschwendet haben!

»Aber diese Stunden sind ja nicht verschwendet!«, würden diese Menschen sagen. »Die Geschichten, die wir über Zahlen erzählen, sind absolut genial. Ohne sie könnten wir nicht leben. Daher gilt: Egal, was du tust, hör nicht auf, über Zahlen zu reden, obwohl wir sie hundertprozentig erfunden haben.«

◆ ◆ ◆

Ich bin allerdings auch kein Vertreter dieser Position. Ohne Mathe könnten wir die Welt nicht verstehen. Die Gesetze der Physik (wie $E = mc^2$ oder $F = ma$) werden in mathematischen Formeln ausgedrückt. Und bestimmte Zahlen scheinen in die Grundstruktur des Universums eingeschrieben zu sein, etwa c, was für die Geschwindigkeit des Lichts in einem Vakuum steht (rund 300 000 Kilometer pro Sekunde). Schneller kann sich nichts hier – oder sonst irgendwo – bewegen. Es wäre seltsam, wenn die Physik auf etwas Fiktivem basieren würde – wenn eine erfundene Mathematik der Schlüssel zum Verständnis unserer realen Welt wäre. Deshalb bin ich beim Thema Mathe genauso wenig Fiktionalist wie beim Thema Moral.

Doch ich muss zugeben: Ich glaube, dass Rex recht hat. Gott ist in echt erfunden und im Erfundenen echt. Wenn es um Gott geht, bin ich Fiktionalist.

Wir haben vor Kurzem die Synagoge gewechselt. In der alten wurde der Gottesdienst hauptsächlich auf Hebräisch abgehalten, und ich spreche kaum Hebräisch. Ich kann die Gebete auswendig, verstehe aber meistens nicht, was ich da sage. Daher habe ich in der alten Synagoge immer einfach mitgesungen, ohne auf die Worte zu achten. Das gefiel mir.

In der neuen Synagoge singen wir größtenteils die gleichen Lieder und beten die gleichen Gebete, aber viele davon auf Englisch. Und das kann ich nur schwer ertragen. Wie sich herausstellte, mag ich meine Religion am liebsten unergründlich.

Ich glaube die Geschichten, die wir uns erzählen, einfach nicht. Und wenn ich sie auf Englisch höre, werde ich ständig damit konfrontiert.

◆ ◆ ◆

Ein alter jüdischer Witz, der gern erzählt wird, geht so:

Ein Kind kommt von der Sonntagsschule nach Hause, und der Vater fragt, was es gelernt habe.

»Heute haben wir gelernt, wie Moses die Juden aus der ägyptischen Gefangenschaft befreit hat.«

»Und wie hat er das gemacht?«, fragt der Vater.

»Sie sind ganz schnell davongelaufen, so schnell, dass sie kein Brot mehr backen konnten. Und als sie zum Roten Meer kamen, waren ihnen die Ägypter dicht auf den Fersen. Also mussten sie sich beeilen. Sie bauten in rasender Geschwindigkeit eine

Brücke, rannten hinüber, und als sie auf der anderen Seite angekommen waren, sprengten sie die Brücke in die Luft.«

»Wirklich?«, fragt der Vater. »Das haben sie euch beigebracht?«

»Nein«, antwortet das Kind. »Aber wenn ich dir erzähle, was sie uns erzählt haben, würdest du mir auch nicht glauben.«

◆ ◆ ◆

Ich bin das Kind in diesem Witz.

Ich glaube diese Geschichten nicht und habe es auch nie getan, nicht einmal, als ich sie zum ersten Mal hörte.

Aber: Ich tue so als ob. Und ich habe nicht vor, daran etwas zu ändern. Weil es die Welt zu einem besseren Ort macht.

In unserem Haushalt entzünden wir am Freitagabend die Sabbatkerzen und beten dabei zu Gott. Es ist ein Augenblick der Besinnung inmitten der hektischen Woche, der uns als Anlass dient, zusammenzukommen und Dank zu sagen für das, was wir haben.

Im Verlauf des Jahres begehen wir verschiedene Feiertage, fröhliche und andächtige. Dazu treffen wir uns mit Freunden und Verwandten. Wir singen Lieder und sprechen Gebete, die schon seit vielen Generationen Tradition sind. Wir markieren die großen Ereignisse in unserem Leben durch religiöse Rituale: die Beschneidung oder Namensgebung eines Neugeborenen, die Bar- oder Bat-Mizwa-Feier zum Abschluss der Kindheit, die Hochzeit als Auftakt zur Gründung einer neuen Familie und die Bestattung am Ende des Lebens.

Diese Ereignisse kann man auch ohne Gott bedeutungsvoll gestalten. Aber viele Nichtgläubige verpassen etwas, weil es ihnen nicht gelingt, alternative Traditionen zu schaffen.

Die Lösung besteht nicht darin, zu glauben. Sie besteht darin, so zu tun als ob.

Zumindest für mich. Ich habe nichts dagegen, wenn andere Leute gläubig sind. Doch was ist Glauben eigentlich? Und warum geht er mir ab? Ludwig Wittgenstein war einer der einflussreichsten (und rätselhaftesten) Philosophen des zwanzigsten Jahrhunderts. Er verfasste viele extrem kurze Geschichten, und hier ist eine davon:

> Angenommen, jemand wäre gläubig und sagte: »Ich glaube an ein Jüngstes Gericht«, und ich sagte: »Nun, ich bin nicht sicher. Möglicherweise.« Du würdest sagen, dass es eine enorme Kluft zwischen uns gibt. Wenn er sagte: »Über uns befindet sich ein deutsches Flugzeug«, und ich sagte: »Möglicherweise. Ich bin nicht sicher«, würdest du sagen, dass unsere Meinungen ziemlich dicht beieinander lägen.[444]

Warum liegen die beiden Personen, um die es hier geht, in dem einen Fall nah beieinander, im anderen aber nicht? Wenn sie sich darüber unterhalten, ob ein Flugzeug über ihre Köpfe hinwegfliegt, sind sie sich einig, was ihren Blick auf die Welt angeht. Sie wollen beide die Fakten ermitteln, sind sich aber uneinig darüber, wie die vorliegenden Indizien zu bewerten sind. Und selbst diese Differenz reicht nicht sonderlich tief. Die eine Person glaubt, dass die andere recht haben könnte, was das Flugzeug angeht, ist sich nur nicht sicher.

In dem ersten Wortwechsel – dem über das Jüngste Gericht – sieht die Lage ganz anders aus. Wenn jemand sagt, dass er an ein Jüngstes Gericht »glaubt«, heißt das nicht, dass er die Sachlage in Augenschein genommen hat und zu dem Schluss gekommen ist, dass es tatsächlich ein Jüngstes Gericht geben wird. Denn seien wir einmal ehrlich: Die Beweislage ist nicht gerade überzeugend. Stattdessen wird hier ein Glaube proklamiert. Und Glaube hat mehr mit Handlungen als mit Überzeugungen zu tun, wie die Philosophin Lara Buchak aus Berkeley deutlich machte.[445]

Um zu verstehen, wie Buchak das meint, schauen wir uns am besten eine andere Geschichte an. Stellen wir uns einmal vor, Sie würden befürchten, dass eine gemeinsame Freundin in Bezug auf einen wichtigen Punkt lügt. Ich höre Ihnen zu und sage dann: »Ich kann die Bedenken nachvollziehen, aber ich glaube ihr.« Wenn ich das sage, widerspreche ich Ihnen nicht. Ich deute nicht einmal an, dass ich die Sachlage anders einschätze als Sie. Stattdessen verkünde ich, dass ich mich so verhalten will, als sage die Freundin die Wahrheit – dass ich es darauf ankommen lassen werde –, auch wenn die Tatsachen für das Gegenteil sprechen sollten. Wenn mein Glaube stark genug ist, bin ich bereit, mich mit dem zufriedenzugeben, was wir wissen. (Wenn ich Sie aufgefordert hätte, die Aussage der Freundin zu überprüfen, wäre das ein sicheres Anzeichen dafür, dass es mir an Glauben *mangelt*.)

Eine Person, die an Gott glaubt, ist ebenfalls gewillt, es darauf ankommen zu lassen. Sie entscheidet sich bewusst dafür, so zu handeln, als gäbe es Gott, ohne eine Bestätigung abzuwarten oder nach weiteren Beweisen zu suchen. Vielleicht erkennt sie an, dass es Anlass zum Zweifel gibt, oder sogar, dass die Beweislage dünn ist. Aber sie ist dennoch bereit, ihr Leben auf Gott auszurichten.*

Genauso gilt: Wenn Sie sagen, dass Sie an das Jüngste Gericht glauben, erklären Sie mir damit, dass Sie fest entschlossen sind,

---

* Interessanterweise kann man bei einem Menschen, der sich sicher ist, dass es Gott gibt, nicht von Glauben sprechen. Glauben setzt voraus, dass ein gewisses Risiko besteht, sich zu irren. So würde ich zum Beispiel niemals sagen: Ich glaube daran, dass Tiger Woods Golfspieler ist. Ich bin mir sicher; hier ist kein Glaube nötig. Doch ich *kann* daran glauben, dass Woods das Masters-Turnier gewinnen wird, genauso wie eine Person, die sich sicher ist, dass Gott existiert, daran glauben kann, dass er über sie wacht oder so ähnlich, solange Zweifel daran möglich sind. Im Neuen Testament heißt es: »Glaube aber ist: Grundlage dessen, was man erhofft, ein Zutagetreten von Tatsachen, die man nicht sieht.« (Hebräer 11,1 Einheitsübersetzung)

die Welt auf eine bestimmte Weise zu sehen und entsprechend zu handeln. Wenn ich antworte: »Nun, ich bin nicht sicher. Möglicherweise«, stelle ich dadurch klar, dass mir diese Entschlossenheit fehlt. Somit tut sich eine Kluft zwischen uns auf, und die ist tatsächlich enorm. Der andere hat den Sprung ins Ungewisse gewagt, ich hingegen stehe noch hier.

◆ ◆ ◆

Sollte ich den Sprung ebenfalls wagen? Ich finde, das ist nicht die richtige Frage, weil ich bezweifle, dass wir rational zu der Überzeugung gelangen können zu glauben. Doch da gehen die Meinungen in der Philosophie auseinander.

Blaise Pascal, der berühmte französische Mathematiker des siebzehnten Jahrhunderts, beschäftigte sich hin und wieder auch mit Philosophie. Er meinte, wir könnten durchaus rational zum Glauben finden. Seine Überlegung lautete: Angenommen, es gibt einen Gott. Wenn wir auf ihn wetten – indem wir an ihn glauben –, wird er darüber erfreut sein und uns bis in alle Ewigkeit dafür belohnen. Setzen wir jedoch auf das Gegenteil, ist er verärgert. Und nun ja, den Rest können wir uns denken.

Gehen wir jetzt davon aus, dass es keinen Gott gibt. An ihn zu glauben, kostet uns nicht viel. Klar, wir verschwenden einen Teil unserer Zeit damit, in der Kirche zu sitzen oder, äh, Gutes zu tun. Aber die guten Taten haben auch unabhängig von Gott einen Wert. Und wenn wir nicht in die Kirche gehen, verschwenden wir diese Zeit vermutlich eh nur mit *Candy Crush*. Oder, wie es Pascal vor der Erfindung von *Candy Crush* formulierte: »Wenn Ihr gewinnt, so gewinnt Ihr alles, und wenn Ihr verliert, so verliert Ihr nichts: Wettet also, ohne zu zögern, dass er ist.«[446]

Dieses Argument wird als die »Pascalsche Wette« bezeichnet. Aber wir könnten es auch die »Hanksche Wette« nennen. Als Hank sieben war, fragte ich ihn, ob es Gott wirklich gibt. Wir unterhielten uns kurz darüber, doch er brach das Gespräch nach wenigen Minuten ab.

»Ich rede nicht so gern darüber«, sagte er.

»Warum?«

»Weil Gott bestimmt beleidigt wäre – wenn es ihn gibt.«

Ich lachte und erzählte ihm von Pascal. »Du hast gerade den gleichen Gedanken wie er damals: dass man an Gott glauben sollte, um ihn nicht zu verärgern – falls es ihn gibt.«

»Das habe ich immer schon gedacht«, meinte Hank. »Deshalb will ich nie darüber reden.«

In der Philosophie wird viel darüber gestritten, ob die Pascalsche Wette aufgeht.[447] Wir müssen darüber kein Urteil fällen. Doch so viel möchte ich sagen: Ich bezweifle, dass Menschen, die aus egoistischen Gründen an Gott glauben, im Jenseits auf die volle Belohnung dafür hoffen dürfen.[448] Deshalb könnte ich mir vorstellen, dass Hank und Pascal nicht ganz richtig – oder sogar völlig daneben – liegen, was den Gewinn der Wette angeht.

◆ ◆ ◆

Obwohl es meiner Meinung nach nicht möglich ist, durch rationale Überlegungen zum Glauben zu finden, kann ich doch zumindest rational erklären, warum mir der Glaube fehlt – und warum ich nicht versucht bin, den Sprung zu wagen. Wie bereits gesagt, richten Gläubige ihr Leben auf Gott aus. Das ist in gewisser Weise das Gegenteil dessen, was ich tue. Ich bin ein Mensch, der alles hinterfragt, der zweifelt, der die Welt und unseren Platz in ihr verstehen will. Lieber versinke ich in Mysterien, als dass ich einfach eine ungesicherte Erklärung übernehmen würde. Daher verlangt der Glaube eine Verbindlichkeit, zu der ich nicht fähig bin, zumindest nicht ohne mich einmal auf links zu krempeln.

Bei vielen Menschen ist es andersherum, und, wie schon gesagt: Ich habe nichts gegen ihren Glauben. Im Gegenteil, ich bewundere viele Gläubige für die guten Taten, zu denen sie ihre Überzeugung bewegt. Religiöse Kunst und religiöses Engagement machen die Welt zu einem schöneren Ort. Und das ist kein Zufall. Der Glaube ist für viele ein sinnstiftendes Element, er bietet Orientierung und dient als Motivation. Für Juden und Jüdinnen lautet das Ziel *tikkun olam* – die Reparatur der Welt. Viele Glaubensrichtungen – und viele Gläubige – streben nach Ähnlichem. Und es besteht kein Zweifel daran, dass die Welt davon profitiert.

Doch gleichzeitig kann aus Glauben Hass erwachsen. Und auch das ist kein Zufall. Niemand, der den ersten Teil von Rex' Formel – Gott ist in echt erfunden – beherzigt, kann im Namen Gottes hassen.* Ich kann meine Geschichten erzählen und Sie Ihre. Erst wenn wir sie wirklich glauben, werden die Widersprüche zum Problem.

Selbstverständlich ist es möglich, zu glauben, ohne zu hassen, und viele Menschen tun das auch. Aber religiöser Hass ist die Wurzel derart vieler Konflikte auf der Welt, dass ich mir wünschte, Rex' Ansicht sei weiterverbreitet. Wenn ich es mir aussuchen könnte, wären wir in Bezug auf Gott alle fiktionalistisch eingestellt und würden uns den Glauben für andere Dinge aufsparen – füreinander und für unsere gemeinsame Fähigkeit, die Welt zu reparieren.

Wäre das der Fall – würden wir uns zusammentun, um die Welt zu reparieren –, würde es Gott vermutlich erfreuen. Wenn es ihn gibt. Das können Sie gern als die Scottsche Wette bezeichnen. Es ist eine bessere Wette als die von Pascal.

◆ ◆ ◆

---

* Natürlich kann ein solcher Mensch aus anderen Gründen hassen. Die Behauptung, die ich hier aufstelle, ist nicht wertend. Ich will schlicht sagen, dass die Religion *eine* mögliche Quelle des Hasses ist. Wir alle kennen auch andere: Nationalismus, Rassismus, Sexismus und so weiter und so fort. Eines haben all diese Ideologien mit der Religion gemeinsam: Sie erzeugen bei denjenigen, die sich als Teil des inneren Zirkels verstehen, ein Gefühl der Überlegenheit. Und das ist, so befürchte ich, der Grundpfeiler von weiten Teilen des Hasses, den sie hervorbringen.

Eines Abends erzählte ich Rex (damals neun), dass ich unsere Unterhaltungen über Gott aufschrieb. Er schaute mich ängstlich an. »Daran könnten sich manche verletzen«, sagte er.

Ich lächelte. Sprachliche Schnitzer sind etwas, das ich vermissen werde. Daher wagte ich es nicht, ihn zu korrigieren. Ich wollte meinen kleinen Jungen so lange behalten, wie es ging.

Rex hat recht. Vielen Menschen wird die Vorstellung, dass der Allmächtige ein Fantasieprodukt ist, nicht gefallen. Doch wie ich Rex erklärte, muss ein Philosoph das sagen, was er denkt, selbst wenn er glaubt, dass es anderen nicht passt. Das ist seine Aufgabe.

Dennoch bin ich Ihnen meine Zweifel ebenso schuldig wie meine Überlegungen.

Es gibt so vieles in der Welt, was wir nicht verstehen. Wir wissen nicht, was das Bewusstsein ist, warum es existiert oder wie verbreitet es ist. Und noch grundlegender: Wir wissen nicht, warum es die Welt gibt, warum die Naturgesetze sind, wie sie sind, oder warum es überhaupt Naturgesetze gibt.

Die Antwort vieler Menschen lautet Gott. Die meisten Religionen beginnen mit einer Schöpfungsgeschichte. Keine von ihnen ist wahr. Doch selbst wenn das der Fall wäre, würden sie das Rätsel nicht lösen. Sie würden es nur verschieben. Denn wenn es einen Gott gibt – und wenn Gott die Welt, wie wir sie kennen, erschaffen hat –, müssten wir uns eben fragen: Warum gibt es Gott?

◆ ◆ ◆

Vielleicht muss es Gott einfach geben. Das ist eine Position, die in der Philosophie durchaus vertreten wird. Im elften Jahrhundert behauptete Anselm von Canterbury, einen Beweis für die Existenz Gottes gefunden zu haben.[449] Dieser Beweis begann mit einer ungewöhnlichen Überlegung: Wir können uns ein Wesen denken, sagte Anselm, über das hinaus nichts Größeres gedacht werden könne. Was im Grunde nur eine hochtrabende Formulierung war für: Wir können uns etwas vorstellen, das toller ist als alles andere, was uns so einfällt.

Lassen Sie uns das einmal ausprobieren. Denken Sie an das Allertollste, was Sie sich vorstellen können. Ich mache das Gleiche.

Bei mir sind es Tacos. Was ist es bei Ihnen? Auch Tacos? Habe ich mir gedacht.

Nun ja, bei Anselm war es Gott. (Er hatte allerdings auch noch nie Tacos gegessen.) Als Nächstes sagte er, dass Gott existieren müsse, weil der Umstand, dass er existiert, einen so tollen Kerl noch toller macht. Und da Gott einfach der tollste Kerl überhaupt ist, muss er laut Anselm auch existieren. Tada! (Oder, wie es in der Logik heißt: q.e.d.)*

Wer nun das Gefühl hat, dass Anselm es sich damit ein bisschen leicht gemacht hat, steht nicht allein da. Ein Mönch namens Gaunilo zog das Argument ins Lächerliche, kaum dass die Tinte getrocknet war.[450] Er sagte, er sei in der Lage, sich eine Insel vorzustellen, die vortrefflicher sei als alle anderen Inseln, die man sich vorstellen könne. Und die tatsächliche Existenz mache eine vortreffliche Insel noch vortrefflicher. Anselms Logik zufolge muss das perfekte Ziel für Hochzeitsreisen also existieren!

In der Philosophie ist Anselms Überlegung unter einem klangvollen Namen bekannt – »ontologischer Gottesbeweis«. Rex hält ihn allerdings für lächerlich: »Nur weil ich mir etwas vorstellen kann, heißt das nicht, dass es das wirklich gibt.« Was mehr oder weniger der vorherrschenden Meinung in der Philosophie entspricht. Es hat im Verlauf der Jahre durchaus Versuche gegeben,

---

* q.e.d. ist die Abkürzung für *quod erat demonstrandum*. Das bedeutet in etwa »was zu beweisen war« und steht am Ende eines erfolgreich geführten Beweises.

den Beweis zu verbessern.[451] Aber ich kenne niemanden, der nur auf Grundlage von Anselms Überlegungen an Gott glaubt.

(Sollte das auf Sie zutreffen, habe ich eine Insel, die ich Ihnen gern verkaufen würde. Gaunilo sagt, sie sei einfach traumhaft.)

◆ ◆ ◆

Ich glaube nicht, dass Gott eine Erklärung für die Existenz der Welt bietet. Wie gesagt: Er verschiebt das Rätsel nur.

Aber wie können wir sie sonst erklären? Vielleicht gibt es noch etwas anderes, das existieren muss und uns verstehen lässt, warum die Welt existiert. Albert Einstein sagte einst: »Was mich eigentlich interessiert, ist, ob Gott die Welt hätte anders machen können.«[452] Aber Einstein sprach von *Gott* im metaphorischen Sinne. Seine Frage war nicht theologisch gemeint. Ihm ging es darum, ob die Naturgesetze so sein mussten, wie sie sind.[453] Die Feststellung, dass sie nicht anders möglich sind, ist vermutlich unsere einzige Hoffnung auf eine zufriedenstellende Erklärung dafür, warum die Welt so ist, wie sie ist. Doch selbst das liefert uns wohl keine Informationen darüber, warum die Welt existiert.

Warum gibt es überhaupt Naturgesetze? Warum nicht einfach nichts? Das könnte die größte Frage von allen sein.[454]

Vielleicht gibt es keine Erklärung für die Existenz der Welt. Vielleicht ist sie einfach da. Vielleicht können wir es nicht verstehen. Oder ich irre mich, und der Schlüssel zu diesem Mysterium ist doch Gott.

Ich würde mich nie darauf festlegen, dass Gott nicht existiert – so sicher bin ich mir nicht.

Ich zweifle. Und ich zweifle an meinen Zweifeln. Das ist die beste Grundhaltung für einen Philosophen. Und es ist die Haltung, die ich meinen Kindern vermitteln will.

◆ ◆ ◆

»Glaubst du, dass es Gott wirklich gibt?«, fragte ich Rex, als ich die letzten Seiten dieses Buches schrieb. Er war elf.

»Nein«, sagte er, ohne zu zögern.

»Warum nicht?«

»Wenn es Gott wirklich gäbe, würde er nicht so viele Leute sterben lassen.« Wir befanden uns mitten in der Pandemie. Zu diesem Zeitpunkt waren bereits mehr als zweieinhalb Millionen Menschen an COVID-19 gestorben.

»Warum sagst du das?«

»Es heißt ja, dass Gott uns liebt«, sagte er. »Und so etwas lässt man doch nicht zu, wenn man jemanden liebt – und es verhindern kann.«

Das ist das *Problem des Bösen*, das wohl jedem Menschen, der sich mit Gott befasst, vertraut sein dürfte, wenn auch vielleicht nicht unter diesem Namen. Die beste Zusammenfassung des Problems stammt von J. L. Mackie, einem unverbesserlichen Skeptiker in Bezug auf Gott und Moral. »In seiner einfachsten Form«, meint Mackie, »stellt sich das Problem so dar: Gott ist allmächtig; Gott ist ganz und gar gut; und dennoch gibt es das Böse.«[455] Mackie zufolge sorgt die Anwesenheit des Bösen in der Welt dafür, dass der Glaube an einen allmächtigen und ganz und gar guten Gott irrational ist.*[456]

Man kann das Problem lösen, indem man sich von dem Gedanken verabschiedet, dass Gott sowohl allmächtig als auch ganz und gar gut ist.[457] Sobald man auf einen der beiden Aspekte verzichtet, ist es leicht, die Existenz des Bösen zu erklären. Gott kann nichts dagegen tun, oder es ist ihm egal. Doch wenn man – wie die meisten Gläubigen – darauf besteht, dass Gott tatsächlich

---

* Um das zu zeigen, seien einige Ergänzungen zur Grundaussage nötig, merkt Mackie an: »Diese zusätzlichen Prinzipien lauten: Gut ist insofern das Gegenteil von Böse, als etwas Gutes das Böse stets eliminiert, soweit es kann, und es gibt keine Grenzen für das, was ein allmächtiges Wesen bewirken kann.«

allmächtig *und* ganz und gar gut ist, wird es komplizierter. Dann stellt die Existenz des Bösen ein Problem dar – ungefähr das, auf das Rex gestoßen war. Warum sollte ein ganz und gar guter Gott zulassen, dass Menschen leiden, obwohl er etwas dagegen tun könnte?

Auf diese Frage gibt es viele Antwortversuche, die meisten sind allerdings wenig überzeugend. So behaupten manche Menschen, dass das Gute das Böse bedingt – dass das eine nicht ohne das andere existieren könne. Es ist allerdings nicht klar, warum das so sein sollte. Aber das ist egal, weil eine Person, die so argumentiert, Gottes Allmacht infrage stellt.[458] In diesem Fall gibt es nämlich doch etwas, was er nicht kann: Gutes ohne Böses zu erschaffen.

Darüber hinaus gilt: Wenn das Böse automatisch mit dem Guten einhergeht, würde vielleicht ein kleines bisschen davon ausreichen. Ist absolut jedes Übel auf der Welt notwendig? Warum können wir keine Welt haben, die genauso ist wie die aktuelle, nur ohne diesen schmerzhaften Stich, den ich letzten Dienstag verspürt habe? Was für ein Gott ist nicht in der Lage, dafür zu sorgen, dass ich ein bisschen weniger Ischias habe? Mein Physiotherapeut Tony schafft es, die Schmerzen zu lindern, und er nimmt nicht für sich in Anspruch, eine Gottheit zu sein.

Ein Held ist er allerdings schon. Und manche sagen, dass genau das der Grund dafür ist, warum Gott das Böse in der Welt zulässt. Ihm geht es nicht um Freude und Leid. Ihm geht es darum, was sie bewirken: Mitgefühl, Wohltätigkeit und Heldentaten[459] – wie die, die Tonys Hände auf meinem Rücken vollbringen. Natürlich erzeugen Freude und Leid auch Bosheit, Hinterhältigkeit und Herzlosigkeit.[460] Und es ist nicht klar, welche Seite gewinnt. An manchen Tagen scheint es, als würden unsere schlechten Eigenschaften die Oberhand behalten.

»Daran ist aber nicht Gott schuld«, behauptet seine Gefolgschaft. Gott gesteht uns einen freien Willen zu. Das ist sein Ziel.

Und um es zu erreichen, muss er loslassen. Wenn wir schlechte Entscheidungen treffen, liegt das an uns, nicht an ihm. Das ist historisch betrachtet die einflussreichste Antwort auf Rex' Frage. Doch mich überzeugt sie nicht, aus Gründen, die Mackie sehr gut auf den Punkt gebracht hat: »Wenn Gott den Menschen so geschaffen hat, dass er sich in seinem freien Willen manchmal für das Gute entscheidet und manchmal für das Böse, warum konnte er den Menschen dann nicht so erschaffen, dass er aus freiem Willen immer das Gute wählt?«[461] Die Antwort kann nicht lauten, dass wir nicht frei wären, wenn Gott dafür gesorgt hätte, dass wir immer das Gute vorziehen. Mackie meint nicht, dass Gott unsere Entscheidungen steuert. Er merkt nur an, dass unser Verhalten für Gott vorhersehbar ist. Deshalb könnte er, wenn er wollte, nur Menschen erschaffen, die in jeder Situation die richtige Entscheidung treffen.

Manche Menschen sagen, das sei nicht möglich, nicht einmal für Gott. Denken wir einmal zurück an die Einleitung, als Hank sich darüber beschwerte, dass Julie seine Entscheidung vorweggenommen hatte, indem sie ihm einen Burger aufwärmte, bevor er seine Wahl verkündet hatte. Es gibt Zweifel daran, ob die vorherige Kenntnis dessen, was jemand tun wird, mit dem freien Willen vereinbar ist. Ich sehe darin kein Problem. Hank traf seine Wahl, auch wenn wir wussten, wie sie ausfallen würde. Und Gott dürfte noch etwas besser in diesem Spiel sein. Er würde in jeder Situation voraussagen können, was Hank tun wird. Und nicht nur Hank. Er wüsste, wie jeder von uns in jeder beliebigen Situation handeln würde, da Allmacht mit Allwissenheit einhergeht. Sollte man zumindest meinen. Doch wer immer noch der Meinung ist, der heiligste Kerl von allen sei dazu nicht in der Lage, sollte sich klarmachen, dass das eher machtlos als allmächtig klingt.

Meiner Meinung nach stellt das Problem des Bösen ein beträchtliches Hindernis für den Glauben dar, und ich habe wenig

Verständnis für diejenigen, die es einfach mit Binsenweisheiten abtun. Leibniz bestand darauf, dass wir in der besten aller möglichen Welten leben.[462] Wäre eine bessere denkbar gewesen, hätte Gott sie erschaffen. Daher können wir beruhigt davon ausgehen, dass unsere Welt das Optimum ist, Ischias (und, äh, Sklaverei) zum Trotz. Das halte ich für Unsinn. (Ebenso wie Voltaire.[463]) Auf diese Weise ist Gott aus dem Schneider, was Unmengen an Kummer und Leid angeht, einfach nur aufgrund der Annahme, dass er es schon besser gemacht hätte, wenn es ihm möglich gewesen wäre.

Meiner Ansicht nach verlangt das Problem des Bösen allerdings nach einer überzeugenderen – und verständlicheren – Lösung. Dieser Meinung war auch Marilyn McCord Adams. Sie war Philosophin und zugleich episkopale Priesterin. Außerdem erhielt sie als erste Frau die Regius-Professur für Theologie in Oxford. 1978 gründete sie zusammen mit anderen die Gesellschaft christlicher Philosophen und Philosophinnen, der sie später vorstand. (Wenn ich bisher den Eindruck vermittelt habe, dass Philosophie und Glauben im Widerspruch zueinander stünden, stellt Adams den Beweis für das Gegenteil dar. Historisch gesehen waren viele Philosophen und Philosophinnen tiefreligiös, und das gilt bis heute.)

Adams war nicht der Ansicht, dass sich das Problem des Bösen lösen ließ, indem wir auf die Welt als Ganzes schauen. Sie meinte, dass Gott sich für das Vorhandensein furchtbarer Erlebnisse im Leben einzelner Menschen verantworten müsse, nicht in ihrer Gesamtheit, sondern individuell betrachtet.[464] Die Liste der Übel, an die Adams dabei dachte, umfasste Folter, Vergewaltigung, Hunger, Kindesmissbrauch, Genozid und andere Gräueltaten, die so schrecklich sind, dass ich sie hier nicht einmal nennen werde.[465] Laut Adams wäre es denkbar, dass solche Übel in einer maximal guten Welt existieren – aus Gründen, die sich uns nur schwer erschließen. Doch was ihr nicht gefiel, war die Vorstellung eines Gottes, der Menschen furchtbar leiden ließ »als Mittel auf dem Weg zu seinem Ziel der globalen Vollkommenheit«[466]. Adams fragte sich: »Könnte der Lastwagenfahrer, der aus Versehen sein geliebtes Kind überfährt, Trost in dem Gedanken finden, dass dies [...] Teil des Preises war, den Gott für eine Welt mit dem bestmöglichen Gleichgewicht zwischen moralisch Gutem und moralisch Bösem akzeptiert hatte?«[467] Sie glaubte es nicht. In ihren Augen konnte Gott nicht als »gut oder liebevoll«[468] gelten, wenn er zuließ, dass das Leben, ganz gleich welcher Person, vom Bösen verschlungen wurde.

Und dennoch scheint genau das für viele Leben zu gelten. Wie können wir diesen Widerspruch auflösen? Adams ging nicht davon aus, dass das auf säkulare Weise zu erreichen war. Jede angemessene Antwort auf die Frage nach dem Bösen basierte ihr zufolge zwangsläufig auf religiösen Konzepten – solchen, zu denen nur gelangt, wer den Sprung ins Ungewisse wagt.[469] Adams argumentierte, dass die Nähe zu Gott das Leben eines Menschen *umhüllen* könne, was es ganz ungeachtet allen Leidens lebenswert machen würde.[470] Im Vergleich zur Liebe Gottes würden die Qualen in den Hintergrund treten. Doch vor allem könne Gott das Böse in unserem Leben *besiegen*, indem er es in ein organisches Ganzes integriere, das für sich genommen wertvoll war, zum Teil gerade aufgrund des Leidens.[471] (Zur Verbildlichung dieses Gedankens verwies Adams darauf, dass ein kleiner Ausschnitt eines Gemäldes für sich gesehen hässlich sein, aber dennoch zum ästhetischen Wert des Ganzen beitragen könne.[472])

Wie können furchtbare Erlebnisse zu etwas Wertvollem beitragen? Adams spekulierte, dass »die menschliche Erfahrung des Grauens [...] ein Mittel zur *Identifikation* mit Jesus Christus«[473] sein könne, da auch er »im Verlauf seiner Leidensgeschichte und seines Todes schreckliches Übel erlitten« habe. Alternativ hält sie es für möglich, dass Gott sich für unser Leiden dankbar zeigen und so seine Bedeutung für uns verschieben könne.[474]

Adams war sich nicht sicher, wie die Antwort lautete, aber das bereitete ihr keine Sorgen. Wir sollten einfach akzeptieren, sagte sie, dass »es Gründe gibt, bei denen uns die kognitive, emotionale und/oder spirituelle Reife fehlt, um sie zu erfassen«.[475] Ein zweijähriges Kind, erklärte sie, verstehe möglicherweise nicht, warum seine Mutter zulässt, dass es einen schmerzhaften medizinischen Eingriff über sich ergehen lassen muss. Trotzdem könne es davon überzeugt sein, dass »die Mutter es liebe, nicht aufgrund kognitiv unzugänglicher Beweggründe, sondern aufgrund inniglicher Fürsorge und Nähe« während der leidvollen Erfahrung.[476]

Für diejenigen, die die Gegenwart Gottes spüren oder daran glauben, sie später einmal spüren zu werden, befindet sich Adams meiner Meinung nach auf einer heißen Spur. Außerdem halte ich es für recht und billig, zur Verteidigung religiöser Lehren auf religiöse Vorstellungen zurückzugreifen. Doch ehrlich gesagt kommt mir das etwas zu optimistisch vor – eine unwiderlegbare Geschichte, die rechtfertigen soll, was nicht zu rechtfertigen ist. Das mag daran liegen, dass Gottes Güte in meiner religiösen Tradition nicht als selbstverständlich gilt. Schon Abraham, der allererste Jude, stritt mit Gott über dessen Plan, Sodom und Gomorrha zu zerstören.[477]

»Wirst du zusammen mit den Bösen auch die Rechtschaffenen vernichten?«, fragte Abraham. »Stell dir vor, du findest fünfzig Menschen, die rechtschaffen sind.«

Gott sagte, er werde die Städte verschonen, wenn er fünfzig rechtschaffene Menschen finden könne.

»Wie sieht es bei 45 aus?«, fragte Abraham. »Würdest du sie vernichten, wenn nur fünf fehlen?«

»Nein«, sagte Gott. »45 reichen auch.«

»Vierzig?«

»In Ordnung.«

»Dreißig?«

»Okay.«

Abraham handelte Gott bis auf zehn runter. Aber vielleicht trieb Gott auch einfach ein Spielchen mit ihm. Denn wie sich herausstellte, fanden sich nicht einmal zehn rechtschaffene Seelen, und so zerstörte Gott die Städte – und damit alle, die darin wohnten.* Wenn er wirklich allwissend ist, muss ihm klar gewesen sein, dass es so ausgehen würde.

Das Entscheidende ist aber, dass Abraham es nicht für gesichert hielt, dass Gottes Plan gut war. Er kämpfte für einen besseren, und Gott gab nach.

Ich gehe nicht davon aus, dass ich nach meinem Tod auf Gott treffen werde. Aber wenn doch, habe ich vor, mir ein Beispiel an Abraham zu nehmen und mit ihm zu diskutieren. Es gibt eine Menge Leid in der Welt. Genau genommen gibt es eine Menge Leid im Leben jedes einzelnen Menschen.

Wenn es Gott gibt, will ich Antworten. Die ist er uns meiner Meinung nach schuldig.

◆ ◆ ◆

Als Rex darauf beharrte, dass es Gott nicht gebe, fragte ich ihn, ob er sich noch daran erinnern könne, was er als kleiner Junge gesagt hatte.

Er wusste es nicht mehr, also sagte ich es ihm: »Gott ist in echt erfunden und im Erfundenen echt.«

---

* Ich frage mich, was Adams über die Menschen sagen würde, die Gott umbrachte. Waren sie zu sehr von Gottes Güte umhüllt? Christen eines bestimmten Schlages würden argumentieren, dass sie es eben verdient hätten, und es dabei belassen. Doch Adams meint: Wenn irgendjemand von uns verdammt wäre, stelle das menschliche Leben eine ziemlich schlechte Wette dar – und wäre unvereinbar mit der Vorstellung eines liebenden Gottes. Ihr ging es ebenso um diejenigen, die Gräueltaten begingen, wie um deren Opfer.

»Klingt ziemlich klug«, meinte er.

»Ja, das dachte ich auch. Hältst du das immer noch für richtig?«

»Vielleicht.«

Unser Gespräch ging noch eine Weile weiter. Ich erzählte ihm vom Fiktionalismus und davon, wie er mit vier Jahren selbst auf einen komplexen philosophischen Gedanken gekommen war. Dann fragte ich erneut: »Was meinst du? Hattest du damals recht?«

»Keine Ahnung«, sagte er. »Das ist echt kompliziert. Ich weiß nicht, was ich denken soll.«

»Auch das klingt ziemlich klug«, sagte ich.

Die Kindheit ist flüchtig, sie geht vorbei. Und das Gleiche gilt für einige der Gedanken, die sie begleiten. Ich glaube, dass Rex als kleines Kind recht hatte. Aber ich kann auch seine jetzige Zurückhaltung verstehen.

Er denkt eben noch weiter darüber nach. Und ich hoffe, dass er niemals damit aufhört.

ENDE
Leitfaden zur philosophischen Erziehung

Rex und sein Freund James packten ihre Sachen zusammen, um von der Schule nach Hause zu fahren.

»Was macht diesen Spind zu diesem Spind?«, fragte Rex.

»Wie meinst du das?«, erwiderte James.

»Also, wenn man die Tür abnimmt und eine neue einsetzt, ist es dann noch derselbe Spind?«

»Ja«, sagte James. »Nur eben mit einer neuen Tür.«

»Und wenn man den Kasten austauscht, der hinter der Tür ist? Wäre es dann immer noch derselbe Spind?«

»Ich weiß es nicht«, sagte James. »Komische Frage.«

»Er befände sich immer noch an derselben Stelle«, sagte Rex. »Aber er wäre nicht mehr aus demselben Metall.«

»Ich glaube, dann wäre es ein anderer Spind«, meinte James.

»Ich bin mir nicht sicher«, sagte Rex. »Es wäre immer noch mein Spind.«

◆ ◆ ◆

Rex berichtete mir von diesem Gespräch, als er von der Schule nach Hause kam.

»Ich habe James zum Schiff des Theseus befragt!«, sagte er. »Na ja, wir haben nicht über das Schiff gesprochen, aber über meinen Spind und darüber, ob es noch derselbe wäre, wenn wir die Tür austauschen.«

Das Schiff des Theseus ist ein altes Gedankenexperiment zum Thema Identität. Rex hatte es in einem der Percy-Jackson-Romane kennengelernt. Er hatte mir voller Begeisterung davon erzählt – und war überrascht gewesen, dass ich es schon kannte. Aber es handelt sich um eines der berühmtesten Gedankenexperimente der Philosophie.

Die klassische Version lautet so: Das Schiff, auf dem Theseus von Kreta aus nach Hause segelte, verblieb als Andenken im Hafen von Athen. Doch mit der Zeit fingen die Holzplanken an zu verrotten. Wenn eine Planke verfault war, ersetzte man sie durch eine neue, bis vom ursprünglichen Material nichts mehr übrig war. Laut Plutarch war man in philosophischen Kreisen damals geteilter Meinung darüber, ob es sich bei dem Schiff im Hafen weiterhin um Theseus' Schiff oder um ein neues handelte.[478]

Wer dazu neigt, es für ein neues Schiff zu halten, sollte sich fragen: An welchem Punkt war es nicht mehr das von Theseus? Als die erste Planke ersetzt wurde? Das kann nicht sein. Man hat ja auch nicht plötzlich ein neues Auto, nur weil man die Stoßstange ersetzt. Oder ein neues Haus, wenn man das Dach erneuert. Wie es aussieht, können Gegenstände in gewissem Umfang verändert werden, ohne ihre Identität einzubüßen.

Aber in welchem Maß? War das Schiff das des Theseus, bis die letzte Planke ersetzt wurde? Oder gab es eine Art Kipppunkt in der Mitte – etwa als die Hälfte des Holzes erneuert worden war? Auch das klingt seltsam, weil es einer einzelnen Planke eine enorme Bedeutung beimisst – der Planke, mit der die Fünfzig-Prozent-Marke überschritten wird. Doch wie kann man die Identität eines Schiffes aus Hunderten oder Tausenden Planken an einer einzigen von ihnen festmachen?

Vielleicht hängt diese Frage gar nicht von einzelnen Planken ab. Vielleicht ist es die Anordnung der Planken, auf die es ankommt, nicht die Frage, ob sie ursprünglich im Boot verbaut waren oder nicht. In dem Fall ist das Schiff im Hafen tatsächlich immer noch das Schiff des Theseus.

Doch auch auf dieser Schlussfolgerung sollten wir uns besser nicht ausruhen. Unser alter Freund Thomas Hobbes hat das Gedankenspiel erweitert.[479] Er stellte sich vor, dass die einzelnen Planken des Schiffs nach ihrem Ausbau abtransportiert und aufbewahrt wurden. (Vielleicht waren sie nicht verrottet, sondern nur völlig verschmutzt.) Sobald alle Planken ersetzt waren, fügte ein geschäftstüchtiger Schiffsbauer die alten Teile wieder zusammen.

Das muss doch nun das Schiff des Theseus sein! Es besteht aus denselben Teilen, die auf die gleiche Weise angeordnet sind. (Wenn Sie Ihr Auto in seine Einzelteile zerlegen und es auf der anderen Seite der Garage wieder zusammensetzen, ist es schließlich noch dasselbe Auto, oder?) Doch wenn das so entstandene Schiff das des Theseus ist, was ist dann mit dem Schiff im Hafen? Sie können ja schlecht beide das Schiff des Theseus sein. Schließlich handelt es sich um zwei verschiedene Schiffe.

Lässt sich dieses Rätsel auflösen? Meiner Meinung nach gibt es *viele* richtige Lösungen. Antworten auf Fragen nach der Identität, so stelle ich oft fest, hängen davon ab, warum uns die Frage interessiert. Für diejenigen, die darauf aus sind, etwas zu berühren, das schon Theseus berührt hat, lautet die Antwort: Nein, in diesem Sinne ist das Schiff im Hafen nicht das seine. Hofft man darauf, sich das Objekt anzuschauen, das schon seit Generationen bewundert wird, gilt: Ja, das ist es. (Stellen wir uns vor, dass wir nach einem Urlaub in Athen von einer Freundin gefragt werden: »Hast du das Schiff des Theseus gesehen?« Die passende Antwort wäre in diesem Fall: »Ja, aber mir war klar, dass es im Grunde gar nicht sein Schiff war«, da sie das Dilemma rund um die Identität des Schiffes widerspiegelt.) Die ursprüngliche Überlegung stellt uns meiner Meinung nach vor ein Rätsel, weil nicht deutlich wird, warum es uns interessiert, ob das Schiff das von

Theseus ist. Ohne einen entsprechenden Hinweis können wir nicht sagen, ob das Schiff nun seines ist oder nicht.

Wie so viele Gedankenexperimente, von denen hier bereits die Rede war, mag auch das Theseus-Paradoxon albern wirken. Dabei kann die Identität von enormer Bedeutung sein. So ist ein Gemälde von Leonardo da Vinci beispielsweise etwas sehr Wertvolles. Aber einmal angenommen, bei der Restauration sei ein Teil der Farbe abgetragen oder entfernt worden. Wäre das Bild dann immer noch ein echter Leonardo? Wenn wir das mit Nein beantworten, wäre selbst die Mona Lisa raus, denn mit ihr wurde im Verlauf der Zeit ganz schön viel Schindluder getrieben. Das scheint also keine Voraussetzung für einen echten Leonardo zu sein. Aber was genau dürfen wir mit einem Gemälde anstellen, bevor wir es nicht mehr ihm zuschreiben? Von der Antwort könnten Millionen Dollar abhängen.[480]

Wir können die Frage auch auf die persönliche Ebene übertragen. Was macht uns zu demselben Menschen, der wir letzte Woche waren? Oder letztes Jahr? Oder auf den Fotos vom Abschlussball? Die Planken sind Stück für Stück ersetzt worden. Macht uns das zu einem anderen Menschen? Oder sind wir der gleiche Mensch in einem anderen Körper? Oder der gleiche Mensch im gleichen Körper, auch wenn dieser nicht mehr aus demselben Material besteht und nicht mehr so angeordnet ist wie damals?

Auch hier meine ich, dass die Antwort davon abhängt, warum wir uns dies fragen. Es gibt Zusammenhänge, in denen ich noch der gleiche Mensch bin wie das Kind aus der Einleitung – das Kind, das sich den Kopf darüber zerbrach, wie seine Mutter die Farbe Rot sieht. In anderer Hinsicht bin ich heute aber nicht einmal mehr derselbe Mensch wie der, der diese Einleitung geschrieben hat. Seitdem ist eine Menge passiert. (Hallo, COVID!)

Wir wollen an dieser Stelle nicht weiter auf die Gedankenexperimente eingehen. Spielen Sie sie ruhig allein durch. Oder mit einem James Ihrer Wahl. Um Philosophie zu betreiben, braucht es immer ein Gegenüber, am besten mehr als eines.

Für mich sind das schon seit Langem meine Kinder. Aber ich fand es supercool, als Rex anfing, philosophische Gespräche im Freundeskreis anzuregen. Das Kleinkind, das seine Auszeit liebte, war zum Sokrates aus der zweiten Klasse geworden. Ich hoffe nur, dass es für ihn besser ausgeht als damals für Sokrates. (Er wurde hingerichtet, weil er die Jugend Athens verdorben haben soll – durch seine nervige Fragerei.)

Es ist nun schon seit einiger Zeit klar, dass wir einen Philosophen heranziehen – genau genommen sogar zwei. Sollten Sie das Gleiche versuchen? Diese Frage stellt sich meiner Meinung nach gar nicht. Wenn Sie ein Kind im Haus haben, ziehen Sie automatisch einen Philosophen oder eine Philosophin groß, wissentlich oder unwissentlich. Offen ist nur, ob Sie diese Veranlagung fördern, ignorieren oder im Keim ersticken wollen. Und es dürfte kaum überraschend sein, dass ich für das Fördern plädiere.

Warum? Denken wir daran, was Rex ganz am Anfang über die Philosophie gesagt hat: *Es ist die Kunst des Denkens.* Und das ist eine Kunst, von der man möchte, dass das eigene Kind sie beherrscht. Das Ziel besteht *nicht* darin, ein Kind so zu erziehen, dass es später hauptberuflich Philosophie betreibt. Es besteht darin, es zu einem Menschen zu machen, der den Dingen auf den Grund geht und Überlegungen anstellt. Einem Menschen mit eigenen Gedanken. Der wichtig findet, was andere denken – und der mit ihnen gemeinsam nachdenkt. Kurz gesagt, das Ziel ist, einen Menschen heranzuziehen, der denkt.

◆ ◆ ◆

Wie gelingt das? Am einfachsten, indem Sie mit Ihren Kindern sprechen. Stellen Sie ihnen Fragen und hinterfragen Sie die Antworten. Es müssen keine komplizierten Fragen sein, und Sie müssen sich nicht mit Philosophie auskennen, um sie zu stellen. In den meisten Situationen reicht eine Auswahl an Standardfragen.

- Was meinst du?
- Warum glaubst du das?
- Fällt dir ein Grund dafür ein, warum du dich irren könntest?
- Was meinst du mit ...?
- Was ist ...?

Diese Fragen sollen das Kind dazu bringen zu argumentieren – und sich in die Gegenseite hineinzuversetzen. Lassen Sie daher vor allem das Kind reden. Aber kommen Sie ihm umgehend zu Hilfe, wenn es nicht weiterweiß. Und am wichtigsten ist: Betrachten Sie die Unterhaltung als einen Austausch auf Augenhöhe. Nehmen Sie das, was Ihr Kind sagt, ernst, auch wenn Sie anderer Meinung sind – oder wenn es Ihnen albern vorkommt. Erörtern Sie die Dinge gemeinsam – und widerstehen Sie dem Drang, dem Kind zu sagen, was es denken soll.[481]

Wie regt man ein philosophisches Gespräch an? Man kann entsprechende Situationen kreieren, und im Anhang zähle ich einige Hilfsmittel auf, die Ihnen dabei helfen können: Bücher, Podcasts und Webseiten. Eigentlich stellt so ziemlich jedes Bilderbuch philosophische Fragen; vielleicht haben Sie bisher nur nicht darauf geachtet. Und das ist in Ordnung so. Auch ich gehe meistens einfach darüber hinweg. An manchen Abenden will man einfach die Geschichte genießen. Oder zum Ende kommen. Aber es macht Spaß, eine philosophische Unterhaltung zu führen, wenn sich die Gelegenheit ergibt.

Es geht aber auch ohne Bücher oder Ähnliches. Wenn Sie Ihren Kindern einfach zuhören – egal, ob sie sich über etwas beklagen oder neugierig sind –, kommen häufig genug philosophische Fragen auf. Behauptet ein Kind zum Beispiel, etwas sei nicht fair, fragen Sie es, was Fairness bedeutet. Oder ob es Ihre Aufgabe ist, für Fairness zu sorgen. Oder ob es schon einmal von Unfairness profitiert hat. Sie müssen gar keine Antworten parat haben, wenn Sie die Fragen stellen. Schauen Sie einfach, wohin das Gespräch führt.

◆ ◆ ◆

Es ist schwer, sich mit einem Kind zu unterhalten, das völlig aufgelöst ist. Meiner Erfahrung nach können philosophische Überlegungen jedoch dazu beitragen, es zu beruhigen. Erinnern Sie sich noch an den Abend, an dem Hank heulend erklärte, er habe kein Anrecht auf Rex? Ich sprach ganz ruhig mit ihm und nahm ihn ernst. Woraufhin er seine Emotionen zumindest so weit in den Griff bekam, dass wir uns wieder unterhalten konnten. Das klappt nicht immer. Manchmal muss ein Kind einfach in den Arm genommen werden. Oder es braucht Zeit für sich. Aber es kann besänftigend wirken, ernst genommen zu werden.

Neugierde ist ein ebenso guter Ansatzpunkt wie Klagen. Nutzen Sie es aus, wenn Ihr Kind etwas wissen will. Und machen Sie sich keine Sorgen darüber, ob Sie alle Antworten kennen. Unterhalten Sie sich einfach eine Zeit lang. Stellen Sie dann zusammen Nachforschungen an. Das gilt natürlich bei wissenschaftlichen Fragen. Aber auch bei *allen* anderen Fragen. Als ich ein kleines Kind war, wollte ich ständig wissen, was das beste Irgendetwas war. Mein Vater hatte stets eine Antwort parat.

»Was ist die beste Musik?«

»*Rhapsody in Blue*«, sagte er.

»Was ist die beste Fernsehserie?«

»*The Lone Ranger*.«

Das waren Antworten, die aus seiner Warte stimmten. Aber eben auch: verpasste Gelegenheiten.

»Was ist die beste Musik?«

»Das ist eine gute Frage«, würde ich sagen. »Was macht gute Musik deiner Meinung nach aus?«

Und schon wären wir mitten in einem Gespräch über Ästhetik. Und nein, Sie müssen sich nicht mit dem Thema Ästhetik auskennen, um diese Unterhaltung zu führen. Ich habe selbst keine Ahnung davon. Warten Sie einfach ab, was Ihr Kind sagt, und tauschen Sie Ihre Gedanken mit ihm aus.

Gehen Sie vor allem auf die merkwürdigen Fragen ein. Wenn Ihr Kind überlegt, ob das ganze Leben vielleicht nur ein Traum ist, tun Sie diesen Gedanken nicht einfach ab. Wenn es wissen will, warum es immer wieder Tag wird, hören Sie sich seine Antwort darauf an. Und wenn ein Kind eine Frage stellt, die Sie völlig verblüfft, nehmen Sie sich die Zeit und staunen Sie gemeinsam über die Welt.

◆ ◆ ◆

Erinnern Sie sich noch an den Abend, an dem ich Hank vom Relativismus kurierte? Wir führten ein Gespräch »von Mann zu Mann«, und ich brachte ihn zum Einlenken, indem ich darauf beharrte, dass er sechs sei, obwohl er eigentlich schon acht Jahre alt war.

Dabei habe ich Ihnen allerdings verschwiegen, was kurz zuvor geschah.

Während wir über die Wahrheit diskutierten, fragte mich Hank, warum mir das Ganze so wichtig sei.

»Ich bin Philosoph«, sagte ich. »Wir wollen alles verstehen. Aber vor allem die Wahrheit.«

»Du bist aber kein besonders guter Philosoph«, sagte Hank.

»Warum?«

»Deine Argumente überzeugen mich nicht.«

Ich lachte – und beschloss in jenem Augenblick, ihm den Relativismus noch am gleichen Abend auszutreiben. Es war ein bisschen so wie damals, als Rex mir Tipps im Air-Hockey-Spielen gab – wenige Minuten nach Beginn seines ersten Matches.

Glaubst du etwa, ich weiß nicht, was ich hier mache, Kleiner? Dann pass jetzt mal gut auf.

Also machte ich mich ans Werk. Aber ich bereue es ein kleines bisschen. Denn eigentlich ist es gar nicht das Ziel der Philosophie, andere zu überzeugen. Oder zumindest ist es nicht mein Ziel.

Robert Nozick – einer der größten politischen Philosophen des zwanzigsten Jahrhunderts – beschrieb einmal eine Vorgehensweise, die er *Zwangsphilosophie* nannte. Wer sie praktiziere, sagte er, suche nach »Argumenten, die so mächtig sind, dass sie im Gehirn widerhallen: Wenn ein Mensch sich weigert, die Schlussfolgerung zu akzeptieren, *stirbt* er.«[482] Das schafft natürlich niemand. Aber das Bestreben – andere durch die Kraft des eigenen Intellekts zu unterwerfen – ist in der Philosophie durchaus verbreitet. Viele glauben, dass sich Erfolg so messen lässt, wie Hank es andeutete: Wie überzeugend war jemand? Hat diese Person andere Menschen auf ihre Seite gezogen?

Mein Bestreben ist es, Dinge zu durchdringen, sodass ich sie hinterher besser verstehe als zuvor. Wenn ich dabei auf Antworten stoße, super. Und wenn andere Menschen diese Antworten für vielversprechend halten, noch besser. Doch meine grundsätzliche Sichtweise ist die von Bertrand Russell: »Die Philosophie kann nicht so viele Fragen *beantworten*, wie wir gern möchten; aber sie kann wenigstens Fragen *stellen*, die unser Interesse an der Welt vergrößern und uns zeigen, wie dicht unter der Oberfläche der alltäglichen Dinge alles seltsam und erstaunlich wird.«[483]

Kinder leben für das Seltsame und Erstaunliche. Zumindest bis wir es ihnen abtrainieren. Ich hoffe, dass Sie den Kindern in Ihrem Leben dabei helfen, sich diese Eigenschaft zu bewahren. Und genauso hoffe ich, dass Sie sie für sich selbst entdecken.

Dank

»Was schreibst du als Nächstes?«, fragte Rex, als ich das fertige Manuskript an den Verlag schickte.

»Jetzt fehlt nur noch die Danksagung«, erklärte ich.

»Bedankst du dich auch bei Hank und mir? Schließlich erzählst du ja lauter Geschichten über uns.«

Aber sicher.

Zunächst ein großes Dankschön an Rex und Hank, die mich lauter Geschichten über sie haben erzählen lassen – so wie sie passiert sind, auch wenn ihnen nicht jedes Detail daran gefällt. Außerdem bedanke ich mich für ihre Bereitschaft, mich an ihren Überlegungen teilhaben zu lassen – und einzuwilligen, dass ich diese wiedergebe. In gewisser Weise sind die beiden Co-Autoren dieses Buches.

Aber ich danke ihnen für deutlich mehr als das. Rex und Hank bringen mich zum Lächeln. Sie bringen mich zum Lachen. Sie bringen mich zum Nachdenken. Sie inspirieren mich – in philosophischen Dingen und darüber hinaus. Und ich bin ihnen auf diesen Seiten nicht gerecht geworden, nicht einmal annähernd; die beiden haben noch viele andere Seiten, die hier gar nicht zur Sprache kamen.

Rex ist der goldigste, liebste Mensch, den ich kenne. Er ist nicht nur klug, sondern weise. Und er ist lustig. Wenn ich groß bin, möchte ich gern ein bisschen mehr so sein wie er.

Hank ist leicht zum Lachen zu bringen, und sein Strahlen ist das schönste, das ich je gesehen habe. Er ist scharfsinnig und hat ein gutes Herz. Außerdem führt er stets irgendetwas im Schilde, und es ist (fast) immer etwas Gutes. Ich hoffe, dass er niemals erwachsen wird – zumindest nicht ganz. Wir sollten alle einen kleinen Hank in uns tragen.

Ich habe Julie im Bus auf dem Weg ins Ferienlager kennengelernt. Sie war sechzehn, ich siebzehn. Ich fand sie süß und nett. Also habe ich mich beim Abendessen neben sie gesetzt. Das war bis heute die beste Entscheidung meines Lebens.

Julie ist meine beste Freundin – und eine bessere Partnerin, als ich es verdient habe. Ich liebe sie mehr, als ich je in Worte fassen könnte. Obwohl sie in diesem Buch nur eine Nebenrolle spielt, ist sie der Star all derer, die sie kennen – vor allem derer, die das große Glück haben, mit ihr zusammenzuleben. Ohne Julies Ermutigung hätte ich dieses Projekt nie begonnen, und ohne ihre Unterstützung hätte ich es nie zu Ende gebracht. Und das gilt mehr oder weniger für alles, was ich tue.

Als die Kinder klein waren, wechselten Julie und ich uns mit den abendlichen Abläufen ab. An einem Tag war sie für das Baden zuständig und ich fürs Ins-Bett-Bringen, am nächsten Tag machten wir es andersherum. Damit war Schluss, als ich mich um eine Festanstellung an der Universität bemühte. Von da an übernahm Julie meistens beides, während ich meine Bewerbungsunterlagen zusammenstellte. Als wir wieder zum alten System zurückkehrten, war Rex ganz und gar nicht glücklich.

»Geh nach oben und tipp weiter, Daddy!«, forderte er beim Baden am ersten Abend. Er wollte seine Mutter zurück. Und das kann ich gut verstehen. Ich mag sie auch lieber als mich.

Jahre später ging sein Wunsch in Erfüllung. Ich verbrachte sehr viel Zeit am Computer, oft bis spät in die Nacht. In der Folge war ich häufiger müde und schlecht gelaunt, als ich zu zählen wage. Aber nicht nur, dass Julie und die Jungs all das ertragen haben; sie haben mich anschließend auch mit offeneren Armen wieder in ihren Kreis aufgenommen, als Rex es damals als kleines Kind tat. Ich habe großes Glück, Teil einer solchen Familie zu sein.

Aaron James war der Erste, der mir vorschlug, etwas über meine Kinder und Philosophie zu schreiben. Hätte er nicht die Saat ausgebracht, gäbe es dieses Buch nicht.

Jahre später erzählte ich Scott Shapiro von der Idee, und sie gefiel ihm. Noch besser, er berichtete Alison McKeen davon, und sie mochte sie ebenfalls. Außerdem wusste sie, wie man ein Buch herausbringt. Eine bessere Agentin hätte ich mir nicht wünschen können. Alison – und der Rest ihres Teams bei Park & Fine – haben sich auf fantastische Weise für mein Buch eingesetzt. Alison war mir zudem eine tolle Freundin. (Genau wie Scott, mit dem ich jetzt schon seit mehreren Jahrzehnten befreundet bin.)

Ginny Smith Younce lernte ich in einer Videokonferenz kennen. Es war Liebe auf den ersten Call. Sie verstand sofort, worum es in meinem Buch ging, und verbesserte es in unzähligen Hinsichten. Das Gleiche gilt für Caroline Sydney. Gemeinsam stellten die beiden genau die richtigen Fragen – und bewahrten mich vor vielen Fehlern. Das gesamte Team bei Penguin Press war einfach super.

Wenn ich nicht gerade im Obergeschoss schrieb, tat ich es häufig am Lake Michigan – in einem Haus, das David Uhlmann und Virginia Murphy gehört. Als Rex klein war, nannte er es »Hausstrand«, und der Name blieb hängen. Ohne die Zeit im abgeschiedenen Hausstrand wäre das Buch wohl nie fertig geworden – und auch nicht ohne die Unterstützung von David und Virginia, den besten Freunden, die man sich wünschen kann.

Angela Sun leistete mir erstklassige Hilfestellung bei den Recherchen – und gab mir fundierte Ratschläge zu vielen Themen. Ohne sie hätte es doppelt so lange gedauert, das Buch zu schreiben. Und es wäre nicht ansatzweise so gut geworden.

Einen Text zu verfassen, der so viele philosophische Fragen

thematisiert, war eine große Herausforderung. Ohne all die freundschaftliche Hilfe hätte ich sie nicht bewältigt.

Don Herzog las jedes Wort, das ich schrieb. Sein Einfluss ist beträchtlich, selbst wenn wir nicht einer Meinung sind. Er ist einer meiner liebsten Kollegen und ein noch besserer Freund.

Auch Chris Essert las den gesamten Text. Er ermutigte mich, wenn ich Ermutigung brauchte, und zügelte mich, wenn ich zu übermütig wurde. Dafür bin ich ihm ewig dankbar.

Außerdem danke ich der langen Liste von Leuten, die größere Teile des Manuskripts durchgesehen haben oder mir bei wichtigen Passagen geholfen haben: Kate Andrias, Nick Bagley, Dave Baker, Gordon Belot, Sarah Buss, Murrey Cohen, Nico Cornell, Robin Dembroff, Daniel Fryer, Megan Furman, Fiona Furnari, Daniel Halberstam, Jerry Hershovitz, Julie Kaplan, Ellen Katz, Kyle Logue, Alison MacKeen, Gabe Mendlow, William Ian Miller, Sarah Moss, Virginia Murphy, Kristina Olson, Aaron Olver, Steve Schaus, Scott Shapiro, Nicos Stavropoulos, Eric Swanson, Laura Tavares, Will Thomas, Scott Weiner und Ekow Yankah. Ihre Hinweise – und die derer, die ich vergessen habe, denn das ist sicherlich der Fall – haben dieses Buch besser gemacht.

Ein besonderer Dank gilt Aaron Olver und Scott Weiner, die mir nicht nur hervorragende Freunde waren, sondern mir auch meine Ängste nahmen und mit Rat und Tat zur Seite standen.

Ich stamme nicht aus einer philosophisch veranlagten Familie. Aber ich stamme aus einer Familie, die mich immer ernst genommen hat. Bei uns zu Hause hieß es niemals »Kinder sollen gesehen, aber nicht gehört werden«. Wir haben tiefgründige Gespräche geführt. Meine Eltern haben mich viel debattieren lassen. Und mein Bruder begegnete mir auf Augenhöhe, obwohl ich deutlich jünger war. Ich glaube, dass meine Familie mein Interesse an Philosophie nur schwer nachvollziehen kann, aber sie hat mir ohne Zweifel dabei geholfen, Philosoph zu bleiben. Dieses Glück wünsche ich allen Kindern.

ANHANG

Weiterführendes Material

Bücher für Erwachsene

Über Kinder und Elternschaft

Gopnik, Alison: *Kleine Philosophen. Was wir von unseren Kindern über Liebe, Wahrheit und den Sinn des Lebens lernen können.* Üb. v. Hainer Kober. Berlin: Ullstein, 2009.

Kazez, Jean: *The Philosophical Parent. Asking the Hard Questions about Having and Raising Children.* New York: Oxford University Press, 2017.

Lone, Jana Mohr: *The Philosophical Child.* London: Rowman & Littlefield, 2012.

———. *Seen and Not Heard. Why Children's Voices Matter.* London: Rowman & Littlefield, 2021.

Matthews, Gareth B.: *Philosophische Gespräche mit Kindern.* Üb. v. Hans-Ludwig Freese. Berlin: Freese, 1989.

———. *Denkproben: Philosophische Ideen jüngerer Kinder.* Üb. v. Hans-Ludwig Freese und Bernhard Boll. Berlin: Freese, 1991.

———. *Philosophie der Kindheit.* Üb. v. Claus Koch. Weinheim, Berlin: Quadriga, 1995.

Wartenberg, Thomas E.: *A Sneetch Is a Sneetch and Other Philosophical Discoveries. Finding Wisdom in Children's Literature.* West Sussex: Wiley-Blackwell, 2013.

———. *Big Ideas for Little Kids. Teaching Philosophy through Children's Literature*. Plymouth: Rowman & Littlefield Education, 2009.

Über das Trolley-Problem
Edmonds, David: *Würden SIE den dicken Mann töten? Das Trolley-Problem und was uns Ihre Antwort über Richtig und Falsch verrät*. Üb. v. Ute Kruse-Ebeling. Ditzingen: Reclam, 2015.

Über Strafe
Murphy, Jeffrie G. und Jean Hampton: *Forgiveness and Mercy*. New York: Cambridge University Press, 1988.

Über Wissen
Nagel, Jennifer: *Knowledge: A Very Short Introduction*. Oxford: Oxford University Press, 2014.

Über das Bewusstsein
Dennett, Daniel C.: *Philosophie des menschlichen Bewusstseins*. Üb. v. Franz M. Wuketits. Hamburg: Hoffmann und Campe, 1994.
Godfrey-Smith, Peter: *Der Krake, das Meer und die tiefen Ursprünge des Bewusstseins*. Üb. v. Dirk Höfer. Berlin: Matthes & Seitz, 2019.
Goff, Philip: *Galileo's Error: Foundations for a New Science of Consciousness*. New York: Pantheon Books, 2019.
Koch, Christof: *Bewusstsein. Bekenntnisse eines Hirnforschers*. Üb. v. Monika Niehaus und Jorunn Wissmann. Berlin, Heidelberg: Spektrum, 2013.

Über die Geschichte der Philosophie
Warburton, Nigel: *Die kürzeste Geschichte der Philosophie*. Üb. v. Antoinette Gittinger. Hamburg: Atlantik, 2014.

Weitere unterhaltsame Philosophiebücher
Edmonds, David und John Eidinow: *Wie Ludwig Wittgenstein Karl Popper mit dem Feuerhaken drohte. Eine Ermittlung*. Üb. v. Suzanne Gangloff. Stuttgart, München: Deutsche Verlagsanstalt, 2001.
Holt, Jim: *Gibt es alles oder nichts? Eine philosophische Detektivgeschichte*. Üb. v. Hainer Kober. Reinbek bei Hamburg: Rowohlt, 2014.
James, Aaron: *Arschlöcher. Eine Theorie*. Üb. v. Elisabeth Liebl. München: Riemann, 2014.
———. *Surfing with Sartre: An Aquatic Inquiry into a Life of Meaning*. New York: Doubleday, 2017.
Setiya, Kieran: *Midlife Crisis. Eine philosophische Gebrauchsanweisung*. Üb. v. Volker Oldenburg. Berlin: Insel, 2019.

Bücher für Kinder

Bilderbücher

Armitage, Duane und Maureen McQuerry: *Big Ideas for Little Philosophers*. New York: G. P. Putnam's Sons, 2020. Serie mit Titeln wie »Truth with Socrates« und »Equality with Simone de Beauvoir«.

Über das Universum
Fishman, Seth: *A Hundred Billion Trillion Stars*. New York: HarperCollins, 2017.

Über Regeln und wann man sie brechen darf
Knudsen, Michelle: *Ein Löwe in der Bibliothek*. Üb. v. Seraina Maria Sievi. Zürich: Orell Füssli, 2017.

Über Unendlichkeit
Ekeland, Ivar: *The Cat in Numberland*. Chicago: Cricket Books, 2006.

Eine Sammlung philosophischer Gedankenspiele (für Teenies)
Martin, Robert M.: *There Are Two Errors in the the Title of This Book: A Sourcebook of Philosophical Puzzles, Problems, and Paradoxes*. Peterborough, ON, Canada: Broadview Press, 2011.

Die allerwichtigsten Bücher für Kinder
Watterson, Bill: *Die Calvin und Hobbes Gesamtausgabe*. Üb. v. Matthias Wieland. Hamburg: Carlsen, 2020. Calvin und Hobbes haben mich als Kind zu philosophischen Gedanken angeregt. Heute tun sie das bei Rex. Und dazu sind die Comics einfach lustig. Ich glaube nicht, dass es einen besseren Einstieg in die Philosophie gibt, weder für Kinder noch für Erwachsene.

Webseiten

Teaching Children Philosophy (www.prindleinstitute.org/teaching-children-philosophy): Die beste Quelle, wenn Sie mit Ihren Kindern über Philosophie sprechen wollen. Hier finden Sie Lehrmodule zu Kinderbüchern, von denen Sie viele vielleicht ohnehin besitzen. Bietet zudem einen Überblick über die philosophischen Themen, die die einzelnen Bücher anschneiden, und eine Liste von Fragen, die Sie beim Lesen stellen können.

University of Washington Center for Philosophy for Children (www.philosophyforchildren.org): Eine weitere hervorragende Quelle für philosophische Gespräche mit Kindern, samt Lehrmodulen zu Bilderbüchern, Unterrichtsmaterial für pädagogisches Personal und Ratschlägen zur Einführung von Philosophieprogrammen in Schulen. Das Zentrum bietet auch Workshops für Lehrkräfte und Eltern an.

Wi-Phi (www.wi-phi.com): Auf dieser Seite finden sich viele kurze Videos zu philosophischen Themen. Rex und ich schauen sie uns gern zusammen an.

Podcasts

Hi-Phi Nation (https://hiphination.org): Ein abwechslungsreich gestalteter Philosophie-Podcast für Erwachsene.

Philosophy Bites (https://philosophybites.com): Kurze Interviews mit renommierten Philosophen und Philosophinnen.

Pickle (www.wnycstudios.org/podcasts/pickle): Ein kurzlebiger Philosophie-Podcast für Kinder. Vom australischen Pendant, Short & Curly (www.abc.net.au/radio/programs/shortandcurly/), gibt es deutlich mehr Folgen.

Smash Boom Best (www.smashboom.org): In diesem Podcast dreht sich alles um Diskussionen und Argumente. Er ist ziemlich albern und hat nicht immer etwas mit Philosophie zu tun. Aber Hank findet ihn toll.

Anmerkungen

1 Üblicherweise wird dieses Problem als eine Inversion bzw. Umkehrung des Farbspektrums beschrieben – eine 180-Grad-Verschiebung von Rot zu Grün. Einen Überblick zu diesem Problem und seinen philosophischen Implikationen bietet Alex Byrne in: »Inverted Qualia«, *Stanford Encyclopedia of Philosophy* (Herbst 2020), hg. v. Edward N. Zalta, https://plato.stanford.edu/archives/fall2020/entries/qualia-inverted.
2 Daniel C. Dennett, *Philosophie des menschlichen Bewusstseins*, üb. v. Franz Wuketits, (Hamburg: Hoffmann und Campe, 1994), S. 480.
3 Hier folgt der Rest von Lockes Erklärung (und wie Sie sehen werden, ist es mehr oder weniger das, was ich zu meiner Mom sagte): »Dies wäre jedoch nie zu erkennen; denn der Geist des einen Menschen könnte unmöglich in den Körper des anderen übergehen, um wahrzunehmen, welche Erscheinungen durch dessen Organ erzeugt werden. Daher würde in dem bezeichneten Fall weder eine Verwechslung der Ideen noch der Namen eintreten; auch würde beiden keinerlei Falschheit anhaften. Denn da alle Dinge, die die Beschaffenheit eines Veilchens hätten, beständig die von ihm blau genannte Idee erzeugten, und die, welche die Beschaffenheit der Ringelblume hätten, beständig die von ihm ebenso regelmäßig gelb genannte Idee, so würde er, wie diese Erscheinungen auch immer in seinem Geiste aussähen, in der Lage sein, die Dinge für seine Zwecke regelmäßig vermittels dieser Erscheinungen zu unterscheiden; er würde die durch die Wörter blau und gelb bezeichneten Unterschiede verstehen können, wie wenn die durch jene zwei Blumen vermittelten Erscheinungen oder Ideen in seinem Geist dieselben wären wie die Ideen im Geist anderer Menschen.« John Locke, *Versuch über den menschlichen Verstand*, Band 1, 4. durchgesehene Auflage in 2 Bänden, üb. v. C. Winkler, (Hamburg: Felix Meiner, 1981), S. 490.

4   Gareth B. Matthews schildert diese Geschichte in: *Die Philosophie der Kindheit: wenn Kinder weiter denken als Erwachsene*, üb. v. Claus Koch, (Weinheim, Berlin: Quadriga, 1995), S. 7.
5   Ein Überblick zum kosmologischen Argument ist zu finden bei: Bruce Reichenbach, »Cosmological Argument«, *Stanford Encyclopedia of Philosophy* (Frühjahr 2021), hg. v. Edward N. Zalta, https://plato.stanford.edu/archives/spr2021/entries/cosmological-argument.
6   Matthews, *Die Philosophie der Kindheit*, S. 8.
7   Matthews, *Die Philosophie der Kindheit*, S. 8.
8   Zur Fußnote siehe: Gareth Matthews, *Denkproben: Philosophische Ideen jüngerer Kinder*, üb. v. Hans-Ludwig Freese und Bernhard Boll (Berlin: Freese, 1991), S. 55–75.
9   Matthews veröffentlichte viele seiner Unterhaltungen mit Kindern in: *Philosophische Gespräche mit Kindern*, üb. v. Hans-Ludwig Freese (Berlin: Freese, 1989), sowie in: *Denkproben: Philosophische Ideen jüngerer Kinder*, üb. v. Hans-Ludwig Freese und Bernhard Boll (Berlin: Freese, 1991).
10 Matthews, *Denkproben: Philosophische Ideen jüngerer Kinder*, S. 45.
11 Matthews, *Die Philosophie der Kindheit*, S. 187.
12 Matthews, *Die Philosophie der Kindheit*, S. 13.
13 Matthews, *Die Philosophie der Kindheit*, S. 13.
14 Matthews, *Die Philosophie der Kindheit*, S. 32.
15 Michele M. Chouinard, P. L. Harris und Michael P. Maratsos, »Children's Questions: A Mechanism for Cognitive Development«, *Monographs of the Society for Research in Child Development* 72, Nr. 1 (2007): S. 1–129. Eine Erörterung der Untersuchung Chouinards findet sich bei: Paul L. Harris, *Trusting What You're Told: How Children Learn from Others* (Cambridge, MA: Belknap Press, 2012), S. 26–29.
16 Brandy N. Frazier, Susan A. Gelman und Henry M. Wellman, »Preschoolers' Search for Explanatory Information within Adult-Child Conversation«, *Child Development* 80, Nr. 6 (2009): S. 1592–1611.
17 Matthews, *Die Philosophie der Kindheit*, S. 25f.
18 David Hills, Stanford University, Department of Philosophy, aufgerufen am 13. Oktober 2021, https://philosophy.stanford.edu/people/david-hills.
19 Matthews, *Die Philosophie der Kindheit*, S. 27–34.
20 In ihrem Buch *Seen and Not Heard* berichtet Jana Mohr Lone ebenfalls von einer Mutter, deren Tochter diese Frage stellt. (Lone tritt in Matthews Fußstapfen und ist die wahrscheinlich kinderaffinste Philosophin überhaupt: In ihrem Buch beschreibt sie, was sie aus unzähligen Gesprächen mit Kindern über Philosophie gelernt hat.) Es ist gut möglich, dass wir beide mit derselben Mutter sprachen. Sollte dem nicht so sein,

scheinen Kinder auf mysteriöse Weise von dieser Frage fasziniert zu sein. Siehe Jana Mohr Lone, *Seen and Not Heard: Why Children's Voices Matter* (London: Rowman and Littlefield, 2021), S. 8.

21 Für eine Einführung zum Thema der fortdauernden Schöpfung siehe David Vander Laan, »Creation and Conservation«, *Stanford Encyclopedia of Philosophy* (Winter 2017), hg. v. Edward N. Zalta, https://plato.stanford.edu/archives/win2017/entries/creation-conservation.

22 Jana Mohr Lone, »Philosophy with Children«, *Aeon*, 11. Mai 2021, https://aeon.co/essays/how-to-do-philosophy-for-and-with-children.

23 Thomas Hobbes, *Leviathan*, üb. v. Jacob Peter Mayer (Stuttgart: Reclam, 1970), S. 115.

24 Hobbes, *Leviathan*, S. 116.

25 Judith Jarvis Thomson, *The Realm of Rights* (Cambridge, MA: Harvard University Press, 1990), S. 123.

26 Für einen Überblick zum Konsequentialismus siehe Walter Sinnott-Armstrong, »Consequentialism«, *Stanford Encyclopedia of Philosophy* (Sommer 2019), hg. v. Edward N. Zalta, https://plato.stanford.edu/archives/sum2019/entries/consequentialism.

27 Ronald Dworkin, *Bürgerrechte ernstgenommen*, üb. v. Ursula Wolf, (Frankfurt am Main: Suhrkamp, 1984).

28 Ronald Dworkin: »Rights as Trumps«, *Theories of Rights*, hg. v. Jeremy Waldron (Oxford: Oxford University Press, 1984), S. 153–167.

29 Siehe Judith Jarvis Thomson, *Das Trolley-Problem*, üb. v. Adriano Mannino und Nikil Mukerji, (Ditzingen: Reclam, 2020).

30 Jarvis Thomson, *Das Trolley-Problem*, S. 15.

31 Jarvis Thomson, *Das Trolley-Problem*, S. 63.

32 Einen Überblick zu Kants Moralphilosophie geben: Robert Johnson und Adam Cuteton, »Kant's Moral Philosophy«, *Stanford Encyclopedia of Philosophy* (Frühjahr 2021), hg. v. Edward N. Zalta, https://plato.stanford.edu/archives/spr2021/entries/kant-moral.

33 Ein weiterer Lösungsvorschlag zum Trolley-Problem basiert auf dem Umstand, dass der Tod des einzelnen Arbeiters auf dem Gleis vorhersehbar, aber nicht gewollt ist. Es handelt sich um das berühmte Prinzip der Doppelwirkung, welches besonders in den katholischen Lehren zum Thema Abtreibung zum Tragen kommt. Diesem Prinzip zufolge ist es in gewissen Fällen zulässig, bei der Verfolgung eines erstrebenswerten Zwecks Schaden anzurichten, solange der Schaden selbst nicht beabsichtigt ist. Interessanterweise wird die Trolley-Problematik als solche zum ersten Mal in einem Artikel von Philippa Foot mit dem Titel »Das Abtreibungsproblem und die Doktrin der Doppelwirkung« vorgestellt. Siehe Philippa Foot, »Das Abtreibungsproblem und die

Doktrin der Doppelwirkung«, üb. v. Anton Leist, *Um Leben und Tod*, hg. v. Anton Leist (Frankfurt am Main: Suhrkamp, 1990). Für einen Überblick zum Prinzip der Doppelwirkung und einige diesbezügliche Überlegungen und Zweifel siehe Alison McIntyre, »Doctrine of Double Effect«, *Stanford Encyclopedia of Philosophy* (Frühjahr 2019), hg. v. Edward N. Zalta, https://plato.stanford.edu/archives/spr2019/entries/double-effect.

34 Jarvis Thomson, *Das Trolley-Problem*, S. 31.
35 Jarvis Thomson, *Das Trolley-Problem*, S. 37.
36 Für eine Erörterung der Möglichkeit, dass er das tatsächlich tut, siehe John Mikhail, *Elements of Moral Cognition* (Cambridge: Cambridge University Press, 2011), S. 101–121.
37 Mikhail nennt diesen Fall »Drop Man«. Siehe Mikhail, *Elements of Moral Cognition*, S. 109.
38 Für eine spaßige Rundreise durch die Trolleyology siehe David Edmonds, *Würden SIE den dicken Mann töten? Das Trolley-Problem*, üb. v. Ute Kruse-Ebeling (Ditzingen: Reclam, 2015).
39 Wilsons Brief ist abgedruckt in: Thomas Hurka, »Trolleys and Permissible Harm«, F. M. Kamm, *The Trolley Problem Mysteries*, hg. v. Eric Rakowski (Oxford: Oxford University Press, 2015), S. 135.
40 Philippa Foot, »Das Abtreibungsproblem und die Doktrin der Doppelwirkung«.
41 Nadia Chernyak, Kristin L. Leimgruber, Yarrow C. Dunham, Jingshi Hu und Peter R. Blake, »Paying Back People Who Harmed Us but Not People Who Helped Us: Direct Negative Reciprocity Precedes Direct Positive Reciprocity in Early Development«, *Psychological Science* 30, Nr. 9 (2019): S. 1273–1286.
42 Siehe Susan Cosier, »Is Revenge Really Sweet?«, *Science Friday*, 1. Juli 2013, www.sciencefriday.com/articles/is-revenge-really-sweet/; sowie Eddie Harmon-Jones und Jonathan Sigelman, »State Anger and Prefrontal Brain Activity: Evidence That Insult-Related Relative Left-Prefrontal Activation Is Associated with Experienced Anger and Aggression«, *Journal of Personality and Social Psychology* 80, Nr. 5 (Juni 2001): S. 797–803.
43 Homer, *Ilias*, üb. v. Wolfgang Schadewaldt (Frankfurt Main: Insel, 1975), 18.108–10. In dieser Passage spricht Achilles vom »Zorn«, der »viel süßer als Honig« sei, und meint damit den Zorn beim Gedanken an Rache.
44 Zur Fußnote siehe: Simon Sebag Montefiore, *Der junge Stalin*, üb. v. Bernd Rullkötter (Frankfurt am Main: S. Fischer, 2007), S. 394.
45 Siehe William Ian Miller, *An Eye for an Eye* (New York: Cambridge University Press, 2006), S. 68f.

46 Römer 12,19, Lutherbibel.
47 Aristoteles, *Nikomachische Ethik*, »Buch V: Gerechtigkeit«, üb. v. Franz Dirlmeier (Stuttgart: Reclam, 1969), S. 119–152.
48 Miller, *An Eye for an Eye*, insbesondere Kapitel 4 (»The Proper Price of Property in an Eye«).
49 Beschrieben in William Ian Miller, *Bloodtaking and Peacemaking: Feud, Law, and Society in Saga Iceland* (Chicago: University of Chicago Press, 1997), S. 1f.
50 Miller, *Bloodtaking and Peacemaking*, S. 2.
51 Miller, *An Eye for an Eye*, S. 101.
52 *Kenton v. Hyatt Hotels Corp.*, 693 S.W.2d 83 (Mo. 1985).
53 Wie Miller erklärt (*An Eye for an Eye*, S. 53f.), gab es oft Richtlinien für die Höhe einer angemessenen Entschädigung bei bestimmten Verletzungen – so auch die Summe, über die sich Gudmund hinwegsetzte, als er den Preis für Skærings Hand festlegte.
54 Miller, *An Eye for an Eye*, S. 9.
55 Miller, *An Eye for an Eye*, S. 55.
56 Miller, *An Eye for an Eye*, S. 57.
57 Miller, *An Eye for an Eye*, S. 55.
58 Miller, *An Eye for an Eye*, S. 54.
59 Siehe Pamela Hieronymi, »Articulating an Uncompromising Forgiveness«, *Philosophy and Phenomenological Research* 62, Nr. 3 (2001): S. 529–555.
60 Hieronymi, »Articulating an Uncompromising Forgiveness«, S. 530.
61 Jeffrie G. Murphy und Jean Hampton, *Forgiveness and Mercy* (New York: Cambridge University Press, 1988).
62 Hieronymi, »Articulating an Uncompromising Forgiveness«, S. 546.
63 Siehe Scott Hershovitz, »Treating Wrongs as Wrongs: An Expressive Argument for Tort Law«, *Journal of Tort Law* 10, Nr. 2 (2017): S. 405–447.
64 Die Argumentation in diesem Abschnitt ist einem meiner Artikel entnommen: »Taylor Swift, Philosopher of Forgiveness«, *New York Times*, 7. September 2019, www.nytimes.com/2019/09/07/opinion/sunday/taylor-swift-lover.html.
65 Für einen Überblick über verschiedene Ansichten zur Vergeltung siehe John Cottingham, »Varieties of Retribution«, *Philosophical Quarterly* 29, Nr. 116 (1979), 238–246. Zu einer Kritik der wesentlichen Formen dieses Konzepts siehe David Dolinko, »Some Thoughts about Retributivism«, *Ethics* 101, Nr. 3 (1991), S. 537–559.
66 Amy Sutherland, *Die Männerbändigerin. Wie ich meinem Mann das Zuhören beibrachte und andere Kunststücke*, üb. v. Astrid Finke, (Reinbek bei Hamburg: Rowohlt, 2009).

67 Amy Sutherland, »What Shamu Taught Me about a Happy Marriage«, *New York Times*, 25. Juni 2006, www.nytimes.com/2019/10/11/style/modern-love-what-shamu-taught-me-happy-marriage.html.
68 Amy Sutherland, »What Shamu Taught Me about a Happy Marriage«.
69 Peter Frederick Strawson, »Freiheit und Übelnehmen«, *Grundkurs Willensfreiheit*, hg. v. Sven Walter, (Paderborn: mentis), S. 211–232.
70 Strawson, »Freiheit und Übelnehmen«, S. 218.
71 Sutherland, »What Shamu Taught Me about a Happy Marriage«.
72 Strawson, »Freiheit und Übelnehmen«, S. 217.
73 Joel Feinberg, »The Expressive Function of Punishment«, in: *The Monist* 49, Nr. 3 (1965), S. 397–423.
74 Feinberg, »The Expressive Function of Punishment«, S. 403.
75 David Hume, *Ein Versuch über die menschliche Natur. Buch II und III*, üb. v. Theodor Lipps (Hamburg: Felix Meiner, 1978), S. 153.
76 Zu einem Überblick über diese Forschungsergebnisse siehe Adam Grant »Raising a Moral Child«, *New York Times*, 11. April 2014, www.nytimes.com/2014/04/12/opinion/sunday/raising-a-moral-child.html.
77 In Strawsons Worten: »Was als Probe beginnt, geht gewissermaßen unmerklich in eine wirkliche Aufführung über.« Strawson, »Freiheit und Übelnehmen«, S. 226.
78 Dieses Verständnis von ausgleichender und vergeltender Gerechtigkeit erörtere ich in: »Treating Wrongs as Wrongs: An Expressive Argument for Tort Law«, *Journal of Tort Law* 10, Nr. 2 (2017), S. 405–447.
79 Chanel Miller schildert den sexuellen Missbrauch und ihre anschließenden Erfahrungen in *Ich habe einen Namen: eine Geschichte über Macht, Sexualität und Selbstbestimmung*, üb. v. Yasemin Dinçer, Hannes Meyer und Corinna Rodewald (Berlin: Ullstein, 2019).
80 Siehe Liam Stack, »Light Sentence für Brock Turner in Stanford Rape Case Draws Outrage«, *New York Times*, 6. Juni 2016.
81 Cal. Penal Code §§ 487-488 (2020).
82 Roy Walmsley, »World Prison Population List«, S. 12. Auflage, Institute for Criminal Policy Research, 11. Juni 2018, www.prisonstudies.org/sites/default/files/resources/downloads/wppl_12.pdf.
83 Ruth Bader Ginsburg, »Ruth Bader Ginsburg's Advice for Living«, *New York Times*, 1. Oktober 2016, www.nytimes.com/2016/10/02/opinion/sunday/ruth-bader-ginsburgs-advice-for-living.html.
84 Sutherland, »What Shamu Taught Me about a Happy Marriage«.
85 Strawson, »Freiheit und Übelnehmen«, S. 218.
86 Siehe Joseph Raz, *The Authority of Law: Essays on Law and Morality*, 2. Aufl., (Oxford: Oxford University Press, 2009), S. 19f.
87 Siehe hierzu Joseph Raz: »Autorität zu haben, heißt, das Recht zu

haben, über jene zu herrschen, die ihr unterstehen. Und aus dem Recht, zu herrschen, folgt die Pflicht, zu gehorchen.« in: *Ethics in the Public Domain* (Oxford: Oxford University Press, 1994), 341. Sowie Robert Paul Wolff: »Autorität ist das Recht, zu bestimmen, und, entsprechend, das Recht, Gehorsam zu fordern«, in: *In Defense of Anarchism* (Berkeley: University of California Press, 1998), S. 4.

88 Siehe Wolff: *In Defense of Anarchism*, S. 4.
89 Siehe Wolff: *In Defense of Anarchism*, S. 12–15.
90 Siehe Wolff: *In Defense of Anarchism*, S. 13.
91 Siehe Wolff: *In Defense of Anarchism*, S. 13.
92 Siehe Wolff: *In Defense of Anarchism*, S. 18f.
93 Zur Fußnote siehe: Robert Paul Wolff: *In Defense of Anarchism* (Berkeley: University of California Press, 1998), S. 12f.
94 Siehe Joseph Raz, *Authority of Law*, S. 13–15.
95 Siehe Scott J. Shapiro, »Authority«, in *The Oxford Handbook of Jurisprudence and Philosophy of Law*, hg. v. Jules L. Coleman, Kenneth Einar Himma und Scott J. Shapiro (New York: Oxford University Press 2002), S. 383–439, und Joseph Raz, *Authority of Law*, S. 3–36.
96 Raz nennt dies die Normalrechtfertigungsthese (normal justification thesis). Siehe Joseph Raz, *Morality of Freedom* (Oxford: Clarendon, 1986), S. 53. Zu meiner Darstellung der These – und meinen Bedenken daran – siehe Scott Hershovitz, »Legitimacy, Democracy, and Razian Authority«, *Legal Theory* 9, Nr. 3 (2003), S. 206–208.
97 Joseph Raz, *Morality of Freedom*, S. 56.
98 Joseph Raz, *Morality of Freedom*, S. 74ff.
99 Joseph Raz, *Morality of Freedom*, S. 49f.
100 Joseph Raz, *Morality of Freedom*, S. 47.
101 Meine Kritik an Raz' Autoritätsverständnis habe ich in drei Aufsätzen dargelegt: Scott Hershovitz, »Legitimacy, Democracy, and Razian Authority«, *Legal Theory* 9, Nr. 3 (2003), S. 201-220; Scott Hershovitz, »The Role of Authority«, *Philosophers' Imprint* 11, Nr. 7 (2011), S. 1-19; und Scott Hershovitz, »The Authority of Law«, *The Routledge Companion to the Philosophy of Law*, hg. v. Andrei Marmor (New York: Routledge, 2012), S. 65–75.
102 Siehe Scott Hershovitz, »The Role of Authority«; Stephen Darwall, »Authority and Second-Personal Reasons for Acting«, *Reasons for Action*, hg. v. David Sobel und Steven Wall (Cambridge: Cambridge University Press, 2009), S. 150–151; sowie: Ken Himma, »Just 'Cause You're Smarter Than Me Doesn't Give You a Right to Tell Me What to Do: Legitimate Authority and the Normal Justification Thesis«, *Oxford Journal of Legal Studies* 27, Nr. 1 (2007), S. 121–150.

103 Die in diesem Abschnitt dargelegte Ansicht habe ich ausführlich erörtert in Scott Hershovitz, »The Role of Authority«.
104 Massimo Pigliucci, »The Peter Parker Principle«, *Medium*, 3. August 2020, https://medium.com/@MassimoPigliucci/the-peter-parker-principle-9f3f33799904.
105 Eine Erörterung des Ansatzes, Besitz stelle eine Autoritätsrolle dar, findet sich bei Christopher Essert, »The Office of Ownership«, *University of Toronto Law Journal* 63, Nr. 3 (2013), S. 418–461.
106 Robert McGarvey, »You Can Be Fired for Your Political Beliefs«, *The Street*, 28. April 2016, www.thestreet.com/personal-finance/you-can-be-fired-for-your-political-beliefs-13547984.
107 Roger S. Achille, »Policy Banning Extreme Hair Colors Upheld«, *Society for Human Resource Management*, 14. März 2018, www.shrm.org/resourcesandtools/legal-and-compliance/employment-law/pages/court-report-policy-banning-extreme-hair-colors-upheld.aspx.
108 Elizabeth Anderson, *Private Regierung: Wie Arbeitgeber über unser Leben herrschen (und warum wir nicht darüber reden)*, üb. v. Karin Wördemann (Berlin: Suhrkamp, 2019).
109 Siehe *Frlekin v. Apple, Inc.*, 2015 U.S. Dist. LEXIS 151937, zitiert nach Anderson, *Private Regierung*, S. 25.
110 Stephanie Wykstra, »The Movement to Make Workers' Schedules More Humane«, *Vox*, 5. November 2019, www.vox.com/future-perfect/2019/10/15/20910297/fair-workweek-laws-unpredictable-scheduling-retail-restaurants.
111 Roger S. Achille, »Policy Banning Extreme Hair Colors Upheld«, *Society for Human Resource Management*, 14. März 2018, www.shrm.org/resourcesandtools/legal-and-compliance/employment-law/pages/court-report-policy-banning-extreme-hair-colors-upheld.aspx.
112 Colin Lecher, »How Amazon Automatically Tracks and Fires Warehouse Workers for ›Productivity‹«, *The Verge*, 25. April 2019, www.theverge.com/2019/4/25/18516004/amazon-warehouse-fulfillment-centers-productivity-firing-terminations.
113 Siehe Oxfam America, *No Relief: Denial of Bathroom Breaks in the Poultry Industry*, (Washington, DC, 2016), 2, https://s3.amazonaws.com/oxfam-us/www/static/media/files/No_Relief_Embargo.pdf, zitiert nach Anderson, *Private Regierung*, S. 25.
114 Hobbes, *Leviathan*, S. 115.
115 Hobbes, *Leviathan*, S. 113.
116 Hobbes, *Leviathan*, S. 115.
117 Hobbes, *Leviathan*, S. 116.
118 Hobbes, *Leviathan*, S. 115–118.

119 John Locke, *Zwei Abhandlungen über die Regierung*, üb. v. Hans Jörn Hoffmann (Frankfurt am Main: Suhrkamp, 1977), S. 291–301.
120 Locke, *Zwei Abhandlungen über die Regierung*, S. 338–340.
121 Neil deGrasse Tyson: *Astrophysik, das Universum und der ganze Rest*, üb. v. Hainer Kobler (München: FinanzBuch, 2022), S. 14.
122 Rebecca Roache: »Naughty Words«, *Aeon*, 22. Februar 2016, https://aeon.co/essays/where-does-swearing-get-its-power-and-how-should-we-use-it.
123 Roache »Naughty Words«.
124 Siehe Melissa Mohr: *Holy Shit: A Brief History of Swearing* (New York: Oxford University Press, 2013).
125 Ronald Dworkin, *Bürgerrechte ernstgenommen*, üb. v. Ursula Wolf (Frankfurt: Suhrkamp, 1984), S. 102.
126 Richard Stephens, John Atkins und Andrew Kingston, »Swearing as a Response to Pain«, *Neuroreport* 20, Nr. 12 (2009): 1056–60, zusammengefasst in: Emma Byrne, *Swearing Is Good for You: The Amazing Science of Bad Language* (New York: W. W. Norton, 2017), S. 46–48.
127 Richard Stephens fasst diese unveröffentlichten Studien hier zusammen: Byrne, *Swearing Is Good for You*, S. 58.
128 Michael C. Philipp and Laura Lombardo, »Hurt Feelings and Four Letter Words: Swearing Alleviates the Pain of Social Distress«, *European Journal of Social Psychology* 47, Nr. 4 (2017): S. 517–23, zusammengefasst von Byrne in: *Swearing Is Good for You*, S. 61.
129 Byrne, *Swearing Is Good for You*, S. 120.
130 Byrne, *Swearing Is Good for You*, S. 21–45.
131 Byrne, *Swearing Is Good for You*, S. 94.
132 Zu einer Erörterung der Argumente McCawleys sowie der Geschichte dahinter siehe: Gretchen McCulloch, »A Linguist Explains the Syntax of ›Fuck‹«, in: *The Toast*, 9. Dezember 2014, https://the-toast.net/2014/12/09/linguist-explains-syntax-f-word.
133 Dieses Kapitel orientiert sich an McCullochs »A Linguist Explains the Syntax of ›Fuck‹«. Viele Studien, auf die sich McCulloch bezieht, lassen sich hier nachlesen: *Studies Out in Left Field: Defamatory Essays Presented to James D. McCawley on the Occasion of His 33rd or 34th Birthday*, hg. v. Arnold M. Zwicky, Peter H. Salus, Robert I. Binnick und Anthony L. Vanek (Philadelphia: John Benjamins Publishing Company, 1992).
134 Siehe John J. McCarthys legendären Aufsatz: John J. McCarthy, »Prosodic Structure and Expletive Infixation«, *Language* 58, Nr. 3 (1982): S. 574–90.
135 Byrne, *Swearing Is Good for You*, S. 37–38.

136 Zur Fußnote siehe: Kristin L. Jay und Timothy B. Jay, »A Child's Garden of Curses: A Gender, Historical, and Age-Related Evaluation of the Taboo Lexicon«, *American Journal of Psychology* 126, Nr. 4 (2013): S. 459–75.

137 Das Gegensatzpaar des Heiligen und des Profanen wurde von Émile Durkheim eingeführt. Ich nutze es jedoch abweichend von dessen Vorstellungen. Siehe auch: Émile Durkheim: *Die elementaren Formen des religiösen Lebens*, üb. v. Ludwig Schmidts (Berlin: Verlag der Weltreligionen im Insel Verlag 2007).

138 Siehe dazu: John McWhorter, »The F-Word Is Going the Way of *Hell*«, *The Atlantic*, 6. September 2019, www.theatlantic.com/ideas/archive/2019/09/who-cares-beto-swore/597499. Der Verfasser weist darauf hin, dass das Wort *fuck* seinen Höhepunkt als Schimpfwort bereits überschritten habe, und es bald dasselbe Schicksal erleiden werde wie *hell* – ein Wort, das nur noch Kinder elektrisiert. Roache folgend könnten wir diesen Prozess *Anstößigkeitsentschärfung* nennen. Je mehr wir ein Wort gebrauchen, desto stärker gewöhnen wir uns daran, und dadurch wird es immer weniger als anstößig empfunden.

139 Eine Erörterung dessen findet sich in: Geoffrey K. Pullum, »Slurs and Obscenities: Lexicography, Semantics, and Philosophy«, in *Bad Words: Philosophical Perspectives on Slurs*, hg. v. David Sosa (New York: Oxford University Press, 2018), S. 168–92.

140 Eric Swanson, »Slurs and Ideologies«, in *Analyzing Ideology: Rethinking the Concept*, hg. v. Robin Celikates, Sally Haslanger und Jason Stanley (Oxford: Oxford University Press (im Druck)).

141 Swanson, »Slurs and Ideologies«.

142 Swanson, »Slurs and Ideologies«.

143 Swanson, »Slurs and Ideologies«.

144 James Baldwin, *Nach der Flut das Feuer*, üb. v. Miriam Mandelkow (München: dtv, 2019).

145 Der Brief ist in verschiedenen Bänden des Autors auf Deutsch enthalten, beispielsweise in: Martin Luther King Jr., *Warum wir nicht warten können*, üb. v. Hans Lamm (Berlin: Union, 1969).

146 Ta-Nehisi Coates, *Zwischen mir und der Welt*, üb. v. Miriam Mandelkow (Frankfurt: Fischer Taschenbuch, 2017).

147 Siehe Swanson, »Slurs and Ideologies«.

148 Zu einer Erörterung der Verwendung siehe John McWhorter, »The Idea That Whites Can't Refer to the N-Word«, *The Atlantic*, 27. August 2019, www.theatlantic.com/ideas/archive/2019/08/whites-refer-to-the-n-word/596872.

149 Swanson, »Slurs and Ideologies«.

150 Zur Fußnote siehe: Emilia Bona, »Why Are Female Athletes Criticised for Developing a ›Masculine‹ Physique?«, *Vice*, 29. Juli 2016, www.vice.com/en_us/article/pgnav7/why-are-female-athletes-criticised-for-developing-a-masculine-physique.

151 Manche Erwachsene sagen das sehr wohl. In einer Studie *der Women's Sports Foundation* unterstützte fast ein Drittel der Erwachsenen »die Annahme, Jungen seien besser im Sport als Mädchen«. Siehe dazu: N. Zarrett, P. T. Veliz und D. Sabo, *Keeping Girls in the Game: Factors That Influence Sport Participation* (New York: Women's Sports Foundation, 2020), S. 5.

152 Zur Fußnote siehe auch: Nicholas P. Linthorne, *The 100-m World Record by Florence Griffith-Joyner at the 1988 U.S. Olympic Trials*, Bericht für die *International Amateur Athletic Federation*, Juni 1995, www.brunel.ac.uk/~spstnpl/Publications/IAAFReport(Linthorne).pdf; und »Senior Outdoor 100 Metres Women All Time Top List«, *World Athletics*, abgerufen am 22. August 2021, www.worldathletics.org/records/all-time-toplists/sprints/100-metres/outdoor/women/senior.

153 »Senior Outdoor 2019 100 Metres Men Top List«, *World Athletics*, abgerufen am 27. Januar 2021, www.worldathletics.org/records/toplists/sprints/100-metres/outdoor/men/senior/2019.

154 »U18 Outdoor 2019 100 Metres Men Top List«, *World Athletics*, abgerufen am 17. Januar 2021, www.worldathletics.org/records/toplists/sprints/100-metres/outdoor/men/u18/2019.

155 So wird es zumindest in meiner Familie erzählt. Wir können keine Übersicht der Wertungen finden, wissen jedoch aus einem Zeitungsbericht, dass Benny nur einen Kampf davon entfernt war, den Weltmeister im Fliegengewicht herauszufordern. Hätte er diesen Ausscheidungskampf gewonnen, wäre Midget Wolgast sein nächster Gegner gewesen, der fast vier Zentimeter größer war als er. Benny verlor, was ihm die Chance auf den Titel verhagelte. Eine Liste seiner Profi-Kämpfe ist auf BoxRec einzusehen: https://boxrec.com/en/proboxer/431900 (abgerufen am 17. Januar 2020).

156 Serena fügte noch hinzu: »Ich liebe es, Frauentennis zu spielen. Ich möchte nur gegen Frauen spielen, schließlich will ich mich nicht blamieren.« Chris Chase, »Serena Tells Letterman She'd Lose to Andy Murray in ›Five or Six‹ Minutes«, *For the Win*, 23. August 2013, https://ftw.usatoday.com/2013/08/serena-williams-playing-men-andy-murray.

157 Sarah Ko, »Off the Rim: The WNBA Is Better Than the NBA«, *Annenberg Media*, 20. September 2019, www.uscannenbergmedia.com/2019/09/20/off-the-rim-the-wnba-is-better-than-the-nba.

158 Zur Fußnote siehe: Reed Ferber, Irene McClay Davis und Dorsey S. Williams III, »Gender Differences in Lower Extremity Mechanics During Running«, *Clinical Biomechanics* 18, Nr. 4 (2003): S. 350–57.

159 Michael D. Resnik, E. Maynard Adams und Richard E. Grandy, »Jane English Memorial Resolution, 1947–1978«, *Proceedings and Addresses of the American Philosophical Association* 52, Nr. 3 (1979): S. 376.

160 Jane English, »Sex Equality in Sports«, *Philosophy & Public Affairs* 7, Nr. 3 (1978): S. 269–77.

161 English, »Sex Equality in Sports«, S. 270.

162 English, »Sex Equality in Sports«, S. 270.

163 English, »Sex Equality in Sports«, S. 274.

164 Resnik, Adams und Grandy, »Jane English Memorial Resolution«, S. 377.

165 English, »Sex Equality in Sports«, S. 271.

166 English, »Sex Equality in Sports«, S. 273.

167 »Angela Schneider to Serve as New Director of ICOS«, *International Centre for Olympic Studies*, abgerufen am 17. Januar 2020, www.uwo.ca/olympic/news/2019/angela_schneider_to_serve_as_new_director_of_icos.html.

168 Angela J. Schneider, »On the Definition of ›Woman‹ in the Sport Context«, in *Values in Sport: Elitism, Nationalism, Gender Equality and the Scientific Manufacturing of Winners*, hg. v. Torbjörn Tännsjö und Claudio Tamburrini (London: E & FN Spon, 2000), S. 137.

169 Cindy Boren, »Michael Jordan Pledged $100 Million to Improve Social Justice Because ›This Is a Tipping Point‹«, *Washington Post*, 7. Juni 2020, www.washingtonpost.com/sports/2020/06/07/michael-jordan-pledged-100-million-improve-social-justice-because-this-is-tipping-point.

170 Schneider, »On the Definition of ›Woman‹«, S. 137.

171 Schneider, »On the Definition of ›Woman‹«, S. 134.

172 Melissa Cruz, »Why Male Gymnasts Don't Do the Balance Beam«, *Bustle*, 11. August 2016, www.bustle.com/articles/178101-why-dont-male-gymnasts-do-the-balance-beam-this-olympic-event-could-use-a-modern-update.

173 Jason Sumner, »Fiona Kolbinger, 24-Year-Old Medical Student, Becomes First Woman to Win the Transcontinental Race«, *Bicycling*, 6. August 2019, www.bicycling.com/racing/a28627301/fiona-kolbinger-transcontinental-race.

174 Angie Brown, »Nursing Mother Smashes 268-mile Montane Spine Race Record«, *BBC News*, 17. Januar 2019, www.bbc.com/news/uk-scotland-edinburgh-east-fife-46906365.

175 Zur Fußnote siehe: Claire Ainsworth, »Sex Redefined«, *Nature*, 18. Februar 2015, www.nature.com/articles/518288a.

176 Sarah Moon und Hollie Silverman, »California Fire Sparked by a Gender Reveal Party Has Grown to More Than 10,000 Acres«, *CNN*, 8. September 2020, www.cnn.com/2020/09/08/us/el-dorado-fire-gender-reveal-update-trnd/index.html.

177 Nour Rahal, »Michigan Man Dead after Explosion at Baby Shower«, *Detroit Free Press*, 8. Februar 2021, www.freep.com/story/news/local / michigan/2021/02/07/harland-cannon-explosion-baby-shower/ 4429175001.

178 Sandra E. Garcia, »Explosion at Gender Reveal Party Kills Woman, Officials Say«, *New York Times*, 28. Oktober 2019, www.nytimes.com/ 2019/10/28/us/gender-reveal-party-death.html.

179 Zitiert in: Jeanne Maglaty, »When Did Girls Start Wearing Pink?«, *Smithsonian Magazine*, 7. April 2011, www.smithsonianmag.com/arts-culture/when-did-girls-start-wearing-pink-1370097.

180 Für eine hilfreiche Zusammenfassung des aktuellen Forschungsstandes zu trans Kindern siehe auch: Kristina R. Olson, »When Sex and Gender Collide«, *Scientific American*, 1. September 2017, www.scientificameri can.com/article/when-sex-and-gender-collide.

181 Zu der Meinungsumfrage in der Fußnote siehe: Jeffrey M. Jones, »LGBT Identification Rises to 5.6% in Latest U.S. Estimate«, *Gallup*, 24. Februar 2021, https://news.gallup.com/poll/329708/lgbt-identification-rises-latest-estimate.aspx.

182 Siehe auch Talya Minsberg, »Trans Athlete Chris Mosier on Qualifying for the Olympic Trials«, *New York Times*, 28. Januar 2020, www.nytimes. com/2020/01/28/sports/chris-mosier-trans-athlete-olympic-trials. html.

183 Katherine Kornei, »This Scientist Is Racing to Discover How Gender Transitions Alter Athletic Performance – Including Her Own«, *Science*, 25. Juli 2018, www.sciencemag.org/news/2018/07/scientist-racing-dis cover-how-gender-transitions-alter-athletic-performance-including.

184 Joanna Harper, »Athletic Gender«, *Law and Contemporary Problems* 80 (2018): S. 144.

185 Briar Stewart, »Canadian Researcher to Lead Largest Known Study on Transgender Athletes«, *CBC News*, 24. Juli 2019, www.cbc.ca/news/ health/trans-athletes-performance-transition-research-1.5183432

186 Joanna Harper, »Do Transgender Athletes Have an Edge? I Sure Don't«, *Washington Post*, 1. April 2015, www.washingtonpost.com/opinions/ do-transgender-athletes-have-an-edge-i-sure-dont/2015/04/01/ccac b1da-c68e-11e4-b2a1-bed1aaea2816_story.html.

187 Joanna Harper, »Race Times for Transgender Athletes«, *Journal of Sporting Cultures and Identities* 6, Nr. 1 (2015): S. 1–9.
188 Zur Kritik an Harpers Studie siehe: Rebecca M. Jordan-Young und Katrina Karkazis, *Testosteron. Warum ein Hormon nicht als Ausrede taugt*, üb. v. Hainer Kober (München: Hanser, 2020).
189 Einen gut verständlichen Einblick in die Forschungsliteratur über Testosteron und sportliche Leistungen gibt das Kapitel über Sport in Jordan-Young und Karkazis Buch *Testosteron* (S. 239–300).
190 Harper, »Athletic Gender«, S. 148.
191 Harper, »Athletic Gender«, S. 148.
192 Siehe hierzu auch die Bekanntmachung des IAFF, des Dachverbands aller nationalen Sportverbände für Leichtathletik: »Eligibility Regulations for the Female Classification (Athletes with Differences of Sex Development)«, International Association of Athletics Federations, 1. Mai 2019, www.sportsintegrityinitiative.com/wp-content/uploads/2019/05/IAAF-Eligibility-Regulations-for-the-Female-Classi-2-compressed.pdf.
193 Jordan-Young und Karkazis, *Testosteron*, S. 297.
194 Ivy war früher unter dem Namen Rachel McKinnon bekannt. Ihre Argumentation in Bezug auf Phelps findet sich in: Fred Dreier, »Q&A: Dr. Rachel McKinnon, Masters Track Champion and Transgender Athlete«, VeloNews, 15. Oktober 2018, www.velonews.com/news/qa-dr-rachel-mckinnon-masters-track-champion-and-transgender-athlete. Dort schreibt Ivy: »Wenn man sich erfolgreiche Personen im Spitzensport ansieht, hat jede von ihnen irgendeine genetische Mutation, die dafür sorgt, dass sie in ihrer Sportart so herausragend sind. Michael Phelps' Gelenkstrukturen und Körperproportionen lassen ihn wie einen Fisch schwimmen, das ist großartig. Dennoch können wir nicht behaupten, dass er einen unfairen Wettbewerbsvorteil hat.«
195 Siehe Rachel McKinnon, »I Won a World Championship. Some People Aren't Happy«, *New York Times*, 5. Dezember 2019, www.nytimes.com/2019/12/05/opinion/i-won-a-world-championship-some-people-arent-happy.html.
196 Eine ähnliche Argumentation findet sich auch hier: Rebecca Jordan-Young and Katrina Karkazis, »You Say You're a Woman? That Should Be Enough«, *New York Times*, 17. Juni 2012, www.nytimes.com/2012/06/18/sports/olympics/olympic-sex-verification-you-say-youre-a-woman-that-should-be-enough.html.
197 Mein Dank gilt Daniel Halberstam und Ellen Katz für die Hilfe bei dieser Argumentation.
198 Harper, »Athletic Gender«, S. 141.

199 Robin Dembroff, »Real Talk on the Metaphysics of Gender«, *Philosophical Topics* 46, Nr. 2 (2018): S. 21–50.

200 Siehe Alexis Burgess und David Plunkett, »Conceptual Ethics I«, *Philosophy Compass* 8, Nr. 12 (2013): S. 1091–1101.

201 Weitere Überlegungen zur Bedeutung des Wortes *Frau* und ein zusätzliches Argument dafür, sich bei der Verwendung nach der Selbstidentifikation zu richten, finden sich hier: Talia Mae Bettcher, »Trans Women and the Meaning of ›Woman‹«, in *The Philosophy of Sex: Contemporary Readings*, 6. Auflage, hg. v. Nicholas Power, Raja Halwani und Alan Soble (Lanham, MD: Rowman & Littlefield, 2013), S. 233–50.

202 Zur Fußnote siehe auch: S. E. James, J. L. Herman, S. Rankin, M. Keisling, L. Mottet und M. Anafi, *The Report of the 2015 U.S. Transgender Survey* (Washington, DC: National Center for Transgender Equality, 2016), 44, https://transequality.org/sites/default/files/docs/usts/USTS-Full-Report-Dec17.pdf.

203 Robin Dembroff, »Why Be Nonbinary?« *Aeon*, 30. Oktober 2018, https://aeon.co/essays/nonbinary-identity-is-a-radical-stance-against-gender-segregation.

204 Siehe Dembroff, »Why Be Nonbinary?« Siehe außerdem: Dembroff, »Real Talk on the Metaphysics of Gender«, S. 38: »Wenn Gender auf Selbstidentifikation basiert, äußern manche die Befürchtung, dass die Gesellschaftssysteme, die unsere sozialen Erwartungen, Familienstrukturen, sexuelle Verfügbarkeit und genderbasierte Arbeitsteilung bisher so reibungslos bestimmen, aufgeweicht und ineffizient werden könnten. Meine Meinung dazu lautet: des Mannes Modus tollens ist des Queeren Modus ponens.«

205 Mindestens eine nichtbinäre Person tritt sowohl im Männer- als auch im Frauenhockey an. Siehe Donna Spencer, »Non-binary Athletes Navigating Canadian Sport with Little Policy Help«, *CBC Sports*, 26. Mai 2020, www.cbc.ca/sports/canada-non-binary-athletes-1.5585435.

206 Brad Meltzer, *I Am Rosa Parks* (New York: Dial Books, 2014).

207 Brad Meltzer, *I Am Martin Luther King, Jr.* (New York: Dial Books, 2016).

208 Brad Meltzer, *I Am Jackie Robinson* (New York: Dial Books, 2015).

209 Cathy Goldberg Fishman, *When Jackie and Hank Met* (Tarrytown, NY: Marshall Cavendish, 2012).

210 Mit der Geschichte dieser Art von Überlegungen beschäftigt sich K. Anthony Appiah in seinem Text »Race, Culture, Identity: Misunderstood Connections«, in K. Anthony Appiah und Amy Gutmann, *Color Conscious: The Political Morality of Race* (Princeton, NJ: Princeton University Press, 1996), S. 30–105.

211 Appiah, »Race, Culture, Identity«, S. 68–71.
212 Einen hilfreichen Überblick liefern Gavin Evans, »The Unwelcome Revival of ›Race Science‹«, *The Guardian*, 2. März 2018, www.theguardian.com/news/2018/mar/02/the-unwelcome-revival-of-race-science; sowie William Saletan, »Stop Talking About Race and IQ«, Slate, 27. April 2018, https://slate.com/news-and-politics/2018/04/stop-talking-about-race-and-iq-take-it-from-someone-who-did.html.
213 Evans, »Unwelcome Revival of ›Race Science‹«.
214 Paul Hoffman, »The Science of Race«, *Discover*, November 1994, 4, zitiert in Appiah, »Race, Culture, Identity«, S. 69.
215 Siehe Douglas L. T. Rohde, Steve Olson und Joseph T. Chang, »Modelling the Recent Common Ancestry of All Living Humans«, *Nature* 431 (2004): S. 562–66.
216 Siehe Scott Hershberger, »Humans Are More Closely Related Than We Commonly Think«, *Scientific American*, 5. Oktober 2020, www.scientificamerican.com/article/humans-are-all-more-closely-related-than-we-commonly-think.
217 Zitiert in Hershberger, »Humans Are More Closely Related«.
218 L. Luca Cavalli-Sforza und Marcus W. Feldman, »The Application of Molecular Genetic Approaches to the Study of Human Evolution«, *Nature Genetics Supplement* 33 (2003): S. 270.
219 Douglas Rohde, zitiert in Hershberger, »Humans Are More Closely Related«.
220 Für eine abweichende Perspektive siehe Quayshawn Spencer »How to Be a Biological Racial Realist«, in *What Is Race?: Four Philosophical Views*, hg. v. Joshua Glasgow, Sally Haslanger, Chike Jeffers und Quayshawn Spencer (New York: Oxford University Press, 2019), S. 73–110. Spencer zufolge zeigt die Populationsgenetik, dass Menschen sich in fünf *race*-Cluster aufteilen lassen: Afrikaner, Ostasiaten, Eurasier, amerikanische Ureinwohner und Ozeanier. Gleichzeitig stellt er jedoch klar: Diese Cluster implizieren nicht, dass diese Gruppen »in irgendwelchen gesellschaftlich relevanten Merkmalen (wie zum Beispiel Intelligenz, Schönheit, Moralvorstellungen, Charakter etc.) voneinander abweichen«, S. 104.
221 Siehe Ron Mallon, »›Race‹: Normative, Not Metaphysical or Semantic«, *Ethics 116* (2006): S. 525–51; Naomi Zack, *Philosophy of Science and Race* (New York: Routledge, 2002); and Appiah, »Race, Culture, Identity«.
222 Diese Argumentation findet sich unter anderem in: Sally Haslanger, »Tracing the Sociopolitical Reality of Race«, in Glasgow et al., *What Is Race?*, S. 4–37.
223 W. E. B. Du Bois, *Dusk of Dawn: An Essay Toward an Autobiography of a Race Concept* (New Brunswick, NJ: Transaction Publishers, 2011), S. 153.

224 »Die Zuschreibungen ›weiß‹ und ›Schwarz‹ wurden als Zwillinge geboren.« Kwame Anthony Appiah, »I'm Jewish and Don't Identify as White. Why Must I Check That Box?« *New York Times* Magazine, 13. Oktober 2020, www.nytimes.com/2020/10/13/magazine/im-jewish-and-dont-identify-as-white-why-must-i-check-that-box.html.
225 James Baldwin, »On Being White ... and Other Lies«, *Essence*, April 1984, S. 90–92.
226 »How Italians Became ›White‹«, *New York Times*, 12. Oktober 2019, www.nytimes.com/interactive/2019/10/12/opinion/columbus-day-italian-american-racism.html.
227 Staples, »How Italians Became ›White‹«.
228 Das Zitat in der Fußnote stammt aus: Michael Root, »How We Divide the World«, *Philosophy of Science* 67, Nr. 3 (2000), S. 631–632.
229 Siehe Sally Haslanger, »A Social Constructionist Analysis of Race«, in *Resisting Reality: Social Construction and Social Critique* (New York: Oxford University Press, 2012), S. 298–310; sowie Haslanger, »Tracing the Sociopolitical Reality of Race«, S. 4–37. Zu den von Haslanger untersuchten Thematiken findet sich auf Deutsch folgende Publikation, die auf verschiedenen ihrer Aufsätze beruht: Sally Haslanger, *Der Wirklichkeit widerstehen. Soziale Konstruktion und Sozialkritik,* hg. v. Daniel James (Berlin: Suhrkamp, 2021).
230 Adam Mann, »Why Isn't Pluto a Planet Anymore?« *Space*, 28. März 2019, www.space.com/why-pluto-is-not-a-planet.html.
231 Science Reference Section, Library of Congress, »Why Is Pluto No Longer a Planet?«, *Library of Congress*, 19. November 2019, www.loc.gov/everyday-mysteries/astronomy/item/why-is-pluto-no-longer-a-planet.
232 Bei dem in der Fußnote genannten Buch handelt es sich um: Beverly Daniel Tatum, *Why Are All the Black Kids Sitting Together in the Cafeteria? And Other Conversations About Race*, überarbeitete Ausgabe (New York: Basic Books, 2003), S. 31–51.
233 Neil Bhutta, Andrew C. Chang, Lisa J. Dettling und Joanne W. Hsu, »Disparities in Wealth by Race and Ethnicity in the 2019 Survey of Consumer Finances«, *FEDS Notes, Federal Reserve*, 28. September 2020, www.federalreserve.gov/econres/notes/feds-notes/disparities-in-wealth-by-race-and-ethnicity-in-the-2019-survey-of-consumer-finances-20200928.htm.
234 Jhacova Williams und Valerie Wilson, »Black Workers Endure Persistent Racial Disparities in Employment Outcomes«, *Economic Policy Institute*, 27. August 2019, www.epi.org/publication/labor-day-2019-racial-disparities-in-employment.
235 Clare Lombardo, »Why White School Districts Have So Much More

Money«, *NPR*, 26. Februar 2019, www.npr.org/2019/02/26/696794821/why-white-school-districts-have-so-much-more-money.

236 Max Roberts, Eric N. Reither und Sojung Lim, »Contributors to the Black-White Life Expectancy Gap in Washington D.C.«, *Scientific Reports* 10 (2020): S. 1f.

237 David R. Williams und Toni D. Rucker, »Understanding and Addressing Racial Disparities in Health Care«, *Health Care Financing Review* 21, Nr. 4 (2000): S. 75–90.

238 Becky Pettit und Bryan Sykes, »Incarceration«, *Pathways* (Sonderheft 2017), https://inequality.stanford.edu/sites/default/files/Pathways_SOTU_2017.pdf

239 »Tulsa Race Massacre«, *History*, 8. März 2018, www.history.com/topics/roaring-twenties/tulsa-race-massacre.

240 *Equal Justice Initiative*, »Study Finds Racial Disparities in Incarceration Persist«, 15. Juni 2016, https://eji.org/news/sentencing-project-report-racial-disparities-in-incarceration.

241 Ta-Nehisi Coates, »Plädoyer für Reparationen«, üb. v. Britt Somann-Jung, in *Zwischen mir und der Welt*, (Berlin: Hanser, 2016), S. 151–216.

242 Chike Jeffers, »Cultural Constructionism«, in Glasgow et al., *What Is Race?*, S. 75.

243 Chike Jeffers, »The Cultural Theory of Race: Yet Another Look at Du Bois's ›The Conservation of Races‹«, *Ethics* 123, Nr. 3 (2013): S. 422.

244 Jeffers, »The Cultural Theory of Race«, S. 422.

245 Jeffers, »Cultural Constructionism«, S. 74–88.

246 Belle veröffentlichte früher unter dem Namen Kathryn T. Gines. Dieses Zitat stammt aus: »Fanon and Sartre 50 Years Later: To Retain or Reject the Concept of Race«, *Sartre Studies International* 9, Nr. 2 (2003): S. 56.

247 Gines, »Fanon and Sartre«, S. 56.

248 In seinem »On Being White ... and Other Lies« (S. 91), schreibt James Baldwin: »Amerika wurde weiß – die Menschen, die, wie sie es nannten, das Land ›besiedelten‹ wurden weiß – aus der Notwendigkeit heraus, den Schwarzen den Raum zu nehmen, und die Unterwerfung der Schwarzen zu rechtfertigen. Auf einem Grundsatz wie diesem kann keine Gemeinschaft entstehen – oder mit anderen Worten, keine Gemeinschaft kann auf einer dem Völkermord gleichkommenden Lüge gründen. Weiße Menschen – aus Norwegen beispielsweise, wo sie Norweger waren – wurden weiß: indem sie das Vieh abschlachteten, die Brunnen vergifteten, ein Massaker an den amerikanischen Ureinwohnern verübten, Schwarze Frauen vergewaltigten.«

249 Judith Jarvis Thomson, »Morality and Bad Luck«, *Metaphilosophy* 20, Nr. 3–4 (Juli/Oktober 1989): S. 203–21.

250 Siehe David Schaper, »Boeing to Pay $2.5 Billion Settlement Over Deadly 737 Max Crashes«, *NPR*, 8. Januar 2021, www.npr.org/2021/01/08/954782512/boeing-to-pay-2-5-billion-settlement-over-deadly-737-max-crashes; und Dominic Gates, »Boeing's 737 MAX ›Design Failures‹ and FAA's ›Grossly Insufficient‹ Review Slammed«, *Seattle Times*, 6. März 2020, www.seattletimes.com/business/boeing-aerospace/u-s-house-preliminary-report-faults-boeing-faa-over-737-max-crashes.

251 W. Robert Thomas, »How and Why Corporations Became (and Remain) Persons under Criminal Law«, *Florida State University Law Review* 45, Nr. 2 (2018): S. 480–538.

252 David Enoch, »Being Responsible, Taking Responsibility, and Penumbral Agency«, in *Luck, Value, & Commitment: Themes from the Ethics of Bernard Williams*, hg. v. Ulrike Heuer und Gerald Lang (Oxford: Oxford University Press, 2012): S. 95–132.

253 Enoch, »Being Responsible«, S. 120–23.

254 Isabel Wilkerson, *Caste: The Origins of Our Discontents* (New York: Random House, 2020), S. 15–20.

255 Wilkerson, *Caste*, S. 16.

256 Wilkerson, *Caste*, S. 16.

257 Frederick Douglass, »The Meaning of July Fourth for the Negro«, *Frederick Douglass: Selected Speeches and Writings*, hg. v. Philip S. Foner (Chicago: Lawrence Hill, 1999), S. 192.

258 Das Repräsentantenhaus hat sich 2008 offiziell für Sklaverei entschuldigt. Das ist gut. Aber es kann nicht für die gesamten Vereinigten Staaten sprechen. Danny Lewis, »Five Times the United States Officially Apologized«, *Smithsonian Magazine*, 27. Mai 2016, https://www.smithsonianmag.com/smart-news/five-times-united-states-officially-apologized-180959254/.

259 Ta-Nehisi Coates »Plädoyer für Reparationen«.

260 Daniel Fryer, »What's the Point of Reparation?« (unveröffentlichtes Manuskript, 11. Mai 2021).

261 Stephen H. Norwood und Harold Brackman, »Going to Bat for Jackie Robinson: The Jewish Role in Breaking Baseball's Color Line«, *Journal of Sport History* 26, Nr. 1 (1999): S. 131.

262 Jackie Robinson and Wendell Smith, *Jackie Robinson: My Own Story* (New York: Greenberg, 1948), S. 96.

263 Robinson und Smith, *Jackie Robinson*, S. 96f.

264 Robinson lehnte die Einladung ab. Er wollte Greenberg keinen Ärger einhandeln. Siehe dazu die Autobiografie von Hank Greenberg, *The Story of My Life*, hg. v. Ira Berkow (Chicago: Ivan R. Dee, 1989), S. 183.

265 Siehe Robinson und Smith, *Jackie Robinson*, 96; und »Hank Greenberg a Hero to Dodgers' Negro Star«, *New York Times*, 18. Mai 1947, https://timesmachine.nytimes.com/timesmachine/1947/05/18/99271179.html.

266 Lenny Bruce, *How to Talk Dirty and Influence People* (Boston: Da Capo Press, 2016), S. 155.

267 Zitiert in: Dana Goodyear, »Quiet Depravity«, *New Yorker*, 17. Oktober 2005, www.newyorker.com/magazine/2005/10/24/quiet-depravity.

268 Emma Green, »Why the Charlottesville Marchers Were Obsessed with Jews«, *The Atlantic*, 15. August 2017, www.theatlantic.com/politics/archive/2017/08/nazis-racism-charlottesville/536928.

269 Schwarze Jüdinnen und Juden finden sich häufig zwischen den Fronten wieder. Deena Yellin, »Subjected to Anti-Semitism and Racism, Jews of Color Feel ›Stuck in the Middle‹«, *NorthJersey.com*, 27. August 2020, www.northjersey.com/story/news/local/2020/08/27/jewish-people-of-color-grapple-with-bigotry-two-fronts/5444526002.

270 Zur Fußnote siehe: James Baldwin, »Negroes Are Anti-Semitic because They're Anti-White«, *New York Times*, 9. April 1967, https://movies2.nytimes.com/books/98/03/29/specials/baldwin-antisem.html.

271 Norwood und Brackman, »Going to Bat«, S. 133–34.

272 Ami Eden, »Remembering Jackie Robinson's Fight with Black Nationalists over Anti-Semitism«, *Jewish Telegraphic Agency*, 15. April 2013, www.jta.org/2013/04/15/culture/remembering-jackie-robinsons-fight-with-black-nationalists-over-anti-semitism.

273 Jackie Robinson, *I Never Had It Made* (New York: G. P. Putnam's Sons, 1972), S. 159.

274 Hank Greenberg schreibt in seiner Autobiografie: »Für Jackie war es hart, härter als für jeden anderen Spieler, der je gelebt hatte. Ich bin ein Jude, einer der wenigen im Baseball, aber ich bin weiß, und ich hatte keine Hörner, wie es einige wohl von mir annahmen ... Aber ich konnte nachempfinden, was Jackie Robinson durchmachte. Ich fühlte mit ihm, weil ich genauso behandelt worden war. Nicht so schlimm wie er, aber ich musste mir ständig Kommentare darüber anhören, dass ich ein Jude und ein *Sheenie* sei.« Greenberg, *Story of My Life*, S. 183.

275 *Zhuangzi. Das Buch der daoistischen Weisheit*, üb. v. Viktor Kalinke (Ditzingen: Reclam, 2021), S. 36.

276 René Descartes, *Meditationen*, üb. und hg. v. Christian Wohlers (Ditzingen: Reclam, 2009).

277 Descartes, *Meditationen*, S. 20f.

278 Descartes, *Meditationen*, S. 22.

279 Descartes, *Meditationen*, S. 24.

280 Descartes, *Meditationen*, S. 28.

281 Das sehen nicht alle so. Friedrich Nietzsche etwa argumentierte, Descartes hätte daraus höchstens schließen können, dass es einen Gedanken gab, jedoch nicht, dass es ein »Ich« geben musste, das diesen dachte. Ich neige zu der Ansicht, dass Descartes' Argumentation in dieser Frage stichhaltig war. Nietzsches Zweifel lassen sich nachlesen in: Friedrich Nietzsche: *Zur Genealogie einer Moral. Kritische Studienausgabe*, hg. v. Giorgio Colli und Mazzino Montinari (München: Deutscher Taschenbuchverlag, 2010), S. 29f. Eine Verteidigung der Position von Descartes lässt sich hier nachlesen: Christopher Peacocke, »Descartes Defended«, *Proceedings of the Aristotelean Society*, Ergänzungsband 86 (2012): S. 109–25.

282 Eine Erörterung der klassischen Analyse des Wissens und der damit verbundenen Probleme findet sich in: Jonathan Jenkins Ichikawa und Matthew Steup, »The Analysis of Knowledge«, *Stanford Encyclopedia of Philosophy* (Sommer 2018), hg. v. Edward N. Zalta, https://plato.stanford.edu/archives/sum2018/entries/knowledge-analysis.

283 David Edmonds, »A Truth Should Suffice«, *Times Higher Education*, 24. Januar 2013, www.timeshighereducation.com/a-truth-should-suffice/2001095.article.

284 Edmund L. Gettier, »Is Justified True Belief Knowledge? Ist gerechtfertigte, wahre Überzeugung Wissen? hg. u. üb. v. Marc Andree Weber und Nadja-Mira Yolcu (Leipzig: Reclam, 2019).

285 Mögliche Antworten und die damit einhergehenden Probleme finden sich hier: Ichikawa und Steup, »Analysis of Knowledge«.

286 Linda Zagzebski, »The Inescapability of Gettier Problems«, *Philosophical Quarterly* 44, Nr. 174 (1994): S. 69.

287 Zagzebski, »Inescapability of Gettier Problems«, S. 67f.

288 Diese Perspektive unterstützt Timothy Williams in: *Knowledge and Its Limits* (New York: Oxford University Press, 2000).

289 Gettier, zitiert nach Edmonds, »A Truth Should Suffice«.

290 Diese Geschichte ist überliefert in: Georges B. J. Dreyfus, *Recognizing Reality: Dharmakirti's Philosophy and Its Tibetan Interpretations* (Albany, NY: SUNY Press, 1997), S. 292. Ich habe diese und die folgende Geschichte durch Ichikawas »Analysis of Knowledge« kennengelernt.

291 Peters Geschichte lautete so: »Nehmen wir einmal an, Sie befänden sich an der Seite von Platon und wüssten, dass er läuft, aber fälschlicherweise glauben Sie, es handelte sich dabei um Sokrates, weshalb Sie fest davon überzeugt sind, dass Sokrates läuft. Nun ist es jedoch so, dass Sokrates gerade in Rom läuft; auch wenn Sie das nicht wissen.« Diese Geschichte ist überliefert in Ivan Boh, »Belief Justification and Knowledge: Some Late Medieval Epistemic Concerns«, *Journal of the*

Rocky Mountain Medieval and Renaissance Association 6 (1985): S. 95.

292 Christia Mercer, »Descartes' Debt to Teresa of Ávila, or Why We Should Work on Women in the History of Philosophy«, *Philosophical Studies* 174, Nr. 10 (2017): S. 2539–55.

293 Siehe etwa: *Philosophinnen. Von Hypatia bis Angela Davis: Herausragende Frauen der Philosophiegeschichte*, üb. v. Roberta Schneider, Daniel Beskos und Nefeli Kavouras, hg. v. Rebecca Buxton and Lisa Whiting (Hamburg: mairisch, 2021).

294 »Notes and News«, *Journal of Philosophy* 75, Nr. 2 (1978): S. 114.

295 G. C. Stine, »Skepticism, Relevant Alternatives, and Deductive Closure«, *Philosophical Studies* 29 (1976): S. 249–61.

296 Stine war eine frühe und einflussreiche Verfechterin der Vorstellung, dass unsere Wissensstandards sich verändern, aber sie war nicht die erste und bei Weitem nicht die letzte. Eine eingehende Erörterung dieser Perspektive findet sich in: Patrick Rysiew, »Epistemic Contextualism«, *Stanford Encyclopedia of Philosophy* (Frühjahr 2021), hg. v. Edward N. Zalta, https://plato.stanford.edu/archives/spr2021/entries/contextualism-epistemology.

297 Stine, »Skepticism, Relevant Alternatives, and Deductive Closure«, S. 252.

298 Amy Isackson, »Working to Save the Painted ›Zonkeys‹ of Tijuana«, *NPR*, 8. August 2013, www.npr.org/2013/08/08/209969843/working-to-save-the-painted-zonkeys-of-tijuana.

299 Zur Fußnote und zur Erklärung, was *zonkeys* sind, siehe: Emily Lodish, »Here's Everything You Wanted to Know about Zonkeys, the Great Zebra-Donkey Hybrids«, *The World*, 30. April 2014, www.pri.org/stories/2014-04-30/heres-everything-you-wanted-know-about-zonkeys-great-zebra-donkey-hybrids.

300 Stine, »Skepticism, Relevant Alternatives, and Deductive Closure«, S. 256–57.

301 Stine, »Skepticism, Relevant Alternatives, and Deductive Closure«, S. 254.

302 N. Ángel Pinillos, »Knowledge, Ignorance and Climate Change«, *New York Times*, 26. November 2018, www.nytimes.com/2018/11/26/opinion/skepticism-philosophy-climate-change.html.

303 Eine Einordnung der Faktenlage durch Renee Cho findet sich in: »How We Know Today's Climate Change Is Not Natural«, *State of the Planet*, Columbia Climate School, 4. April 2017, https://blogs.ei.columbia.edu/2017/04/04/how-we-know-climate-change-is-not-natural.

304 »On Energy, Election Commission, & Education, Sununu Casts Himself

as More Pragmatist Than Politician«, New Hampshire Public Radio, 10. Juli 2017, www.nhpr.org/post/energy-election-commission-education-sununu-casts-himself-more-pragmatist-politician.

305 David Roberts, »Exxon Researched Climate Science. Understood It. And Misled the Public«, *Vox*, 23. August 2017, www.vox.com/energy-and-environment/2017/8/23/16188422/exxon-climate-change.

306 Phoebe Keane, »How the Oil Industry Made Us Doubt Climate Change«, BBC News, 20. September 2020, www.bbc.com/news/stories-53640382.

307 Zur Fußnote: Ludwig Wittgenstein formulierte es so: »D. h. die *Fragen*, die wir stellen, und unsre *Zweifel* beruhen darauf, dass gewisse Sätze vom Zweifel ausgenommen sind, gleichsam die Angeln, in welchen jene sich bewegen« Wittgenstein, *Über Gewissheit*, hg. v. G. E. M. Anscombe und G. H. von Wright (Frankfurt am Main: Suhrkamp, 1997).

308 Pinillos, »Knowledge, Ignorance and Climate Change«.

309 Rich McCormick, »Odds Are We're Living in a Simulation, Says Elon Musk«, *The Verge*, 2. Juni 2016, www.theverge.com/2016/6/2/11837874/elon-musk-says-odds-living-in-simulation.

310 Zur Langversion siehe: Nick Bostrom, »Are You Living in a Computer Simulation?« *Philosophical Quarterly* 53, Nr. 211 (2003): S. 243–55. Dieser Artikel sowie viele andere, die sich mit dieser Hypothese befassen, lassen sich einsehen unter: https://www.simulation-argument.com.

311 Ich stelle Bostroms Alternativen hier etwas vereinfacht dar, für die ursprüngliche Version siehe: Bostrom, »Are You Living in a Computer Simulation?«

312 Diese Überlegungen finden sich in: James Pryor, »What's So Bad about Living in the Matrix?« in *Philosophers Explore the Matrix*, hg. v. Christopher Grau (New York: Oxford University Press, 2005), S. 40–61.

313 David J. Chalmers, »The Matrix as Metaphysics«, in *The Character of Consciousness* (New York: Oxford University Press, 2010), S. 455–78.

314 Chalmers erklärt diesen Irrtum in »Matrix as Metaphysics«, S. 471–72.

315 Siehe Seana Valentine Shiffrin, *Speech Matters: On Lying, Morality, and the Law* (Princeton, NJ: Princeton University Press, 2014), S. 12–14.

316 Shiffrin, *Speech Matters*, S. 13–14. Das Beispiel stammt Shiffrin zufolge aus: Thomas L. Carson, »Lying, Deception, and Related Concepts«, in *The Philosophy of Deception*, hg. v. Clancy Martin (New York: Oxford University Press, 2009), S. 159–161.

317 Das ist eine vereinfachte Darstellung von Shiffrins Definition. Eigentlich beschreibt sie eine Lüge so: A äußert B gegenüber bewusst eine Behauptung P, für die gilt: A glaubt P nicht, und A ist sich bewusst, dass A P nicht glaubt, und A äußert P gezielt auf eine Weise oder in einem Zusammenhang, dass objektiv erkennbar ist: A hat die Absicht, dass B die

Aussage P als zutreffende Wiedergabe von As Überzeugung versteht und behandelt (*Speech Matters*, S. 12).

318 Siehe Shiffrin, *Speech Matters*, S. 16.
319 Shiffrin, *Speech Matters*, S. 16–19.
320 Shiffrin würde formulieren, dass der Kontext *epistemologisch* losgelöst ist, doch das entlässt uns nicht aus der Pflicht, die Wahrheit zu sagen. Siehe Shiffrin, *Speech Matters*, S. 16.
321 Shiffrin, *Speech Matters*, S. 16.
322 Shiffrin, *Speech Matters*, S. 18.
323 Shiffrin, *Speech Matters*, S. 33.
324 Shiffrin, *Speech Matters*, S. 33.
325 Shiffrin, *Speech Matters*, S. 22.
326 Siehe z. B. Alasdair MacIntyre, »Truthfulness, Lies, and Moral Philosophers: What Can We Learn from Mill and Kant?« (Tanner Lectures on Human Values, Princeton University, 6./7. April 1994), S. 336, https://tannerlectures.utah.edu/_resources/documents/a-to-z/m/macintyre_1994.pdf.
327 Jennifer Saul, »Just Go Ahead and Lie«, *Analysis* 72, Nr. 1 (2012), S. 3–9.
328 Jennifer Mather Saul, *Lying, Misleading, and What Is Said: An Exploration in Philosophy of Language and in Ethics* (Oxford: Oxford University Press, 2012), S. 72.
329 Saul, *Lying, Misleading, and What Is Said*, S. 72.
330 Saul räumt einige Ausnahmen ein, etwa Lügen vor Gericht (*Lying, Misleading, and What Is Said*, S. 99).
331 Shiffrin, *Speech Matters*, S. 23.
332 Immanuel Kant, »Über ein vermeintes Recht aus Menschenliebe zu lügen«, in *Werke in zwölf Bänden VIII: Schriften zur Ethik und Religionsphilosophie 2* (Frankfurt am Main: Suhrkamp, 1968), S. 637–43.
333 Allen W. Wood, *Kantian Ethics* (New York: Cambridge University Press, 2008), S. 245.
334 Wood, *Kantian Ethics*, S. 244–48.
335 Wood, *Kantian Ethics*, S. 249.
336 Wood, *Kantian Ethics*, S. 249.
337 Wood, *Kantian Ethics*, S. 249.
338 Wood, *Kantian Ethics*, S. 249.
339 Wood, *Kantian Ethics*, S. 249.
340 Siehe u. a. David Leonhardt und Stuart A. Thompson, »Trump's Lies«, *New York Times*, 14. Dezember 2017, www.nytimes.com/interactive/2017/06/23/opinion/trumps-lies.html, und Daniel Dale, »The 15 Most Notable Lies of Donald Trump's Presidency«, CNN, 16. Januar 2021,

www.cnn.com/2021/01/16/politics/fact-check-dale-top-15-donald-trump-lies/index.html.

341 Dale, »The 15 Most Notable Lies« und Nicholas Fandos, »White House Pushes ›Alternative Facts.‹ Here Are the Real Ones«, *New York Times*, 22. Januar 2017, www.nytimes.com/2017/01/22/us/politics/president-trump-inauguration-crowd-white-house.html.

342 Jim Rutenberg, Jo Becker, Eric Lipton, Maggie Haberman, Jonathan Martin, Matthew Rosenberg und Michael S. Schmidt, »77 Days: Trump's Campaign to Subvert the Election«, *New York Times*, 31. Januar 2021, www.nytimes.com/2021/01/31/us/trump-election-lie.html.

343 Siehe H. L. A. Hart, *Der Begriff des Rechts*, üb. v. Alexander von Baeyer (Frankfurt am Main: Suhrkamp, 1973), S. 196–204.

344 Siehe Paul Boghossian, *Angst vor der Wahrheit. Ein Plädoyer gegen Relativismus und Konstruktivismus*, üb. v. Jens Rometsch (Frankfurt am Main: Suhrkamp, 2013), S. 58–60. Boghossian glaubt, dass der globale Relativismus den im Text dargestellten Widerspruch überwinden könne, hält ihn aber dennoch für inkohärent, weil er nicht-relative Tatsachen darüber voraussetzt, welche Arten von Meinungen Menschen akzeptieren (S. 60–62).

345 Siehe Ronald Dworkin, »Objectivity and Truth: You'd Better Believe It«, *Philosophy and Public Affairs* 25, Nr. 2 (1996): S. 87–139.

346 Dworkin, »Objectivity and Truth«, S. 104.

347 Dworkin, »Objectivity and Truth«, S. 105.

348 Dworkin, »Objectivity and Truth«, S. 118.

349 C. Thi Nguyen, »Escape the Echo Chamber«, *Aeon*, 9. April 2018, https://aeon.co/essays/why-its-as-hard-to-escape-an-echo-chamber-as-it-is-to-flee-a-cult.

350 Nguyen, »Escape the Echo Chamber«.

351 Nguyen, »Escape the Echo Chamber«.

352 Für eine eingehendere Analyse der von Limbaugh erschaffenen Echokammer siehe Kathleen Hall Jamieson und Joseph N. Cappella, *Echo Chamber: Rush Limbaugh and the Conservative Media Establishment* (New York: Oxford University Press, 2008).

353 Robin DiAngelo, *Nice Racism: How Progressive White People Perpetuate Racial Harm* (Boston: Beacon Press, 2021), S. 45–47.

354 DiAngelo, *Nice Racism*, S. 46.

355 DiAngelo, *Nice Racism*, S. 47.

356 In einem Interview mit Isaac Chotiner rückte DiAngelo zumindest ein Stück weit von dieser strikten Auffassung ab und gestand zu, dass es wohlwollende Auseinandersetzungen zwischen Menschen geben könne, die den zentralen Aspekten ihrer Ansichten zustimmen. Isaac Chotiner,

»Robin DiAngelo Wants White Progressives to Look Inward«, *New Yorker*, 14. Juli 2021, www.newyorker.com/news/q-and-a/robin-diangelo-wants-white-progressives-to-look-inward.

357 Nguyen, »Escape the Echo Chamber«.
358 Nguyen, »Escape the Echo Chamber«.
359 Nguyen, »Escape the Echo Chamber«.
360 Shiffrin erklärt, in gerechtfertigt losgelösten Kontexten sei die »normative Annahme der Wahrheit aufgehoben, weil diese Kontexte anderen nützlichen Zwecken dienen, deren Erfüllung davon abhängt, dass die Annahme aufgehoben ist und dass die Tatsache und die Motivation dieser Aufhebung klar erkennbar sind« (*Speech Matters*, S. 16). Später räumt Shiffrin jedoch ein, dass eine gewisse Ambiguität darüber, ob wir uns in einem losgelösten Kontext befinden oder nicht, einen Beitrag zu »Kunst, Spiel, Privatsphäre und zwischenmenschlicher Selbsterkundung« leisten könne (S. 43). Daher ist es denkbar, dass sie hinsichtlich des Gebots der klaren Erkennbarkeit doch flexibler sein könnte, als das erste Zitat vermuten lässt.
361 Shiffrin, *Speech Matters*, S. 42.
362 Shiffrin, *Speech Matters*, S. 42f.
363 Shiffrin, *Speech Matters*, S. 24f.
364 Shiffrin, *Speech Matters*, S. 24f.
365 Peter Tyson, »Dogs' Dazzling Sense of Smell«, PBS, 4. Oktober 2012, www.pbs.org/wgbh/nova/article/dogs-sense-of-smell.
366 Stanley Coren, »Can Dogs See Colors?«, *Psychology Today*, 20. Oktober 2008, www.psychologytoday.com/us/blog/canine-corner/200810/can-dogs-see-colors.
367 Alison Gopnik, *Kleine Philosophen. Was wir von unseren Kindern über Liebe, Wahrheit und den Sinn des Lebens lernen können*, üb. v. Hainer Kober (Berlin: Ullstein, 2009), S. 18.
368 Gopnik, *Kleine Philosophen*, S. 29.
369 Eine begründete Einschätzung dessen, wie es sich anfühlt, ein Baby zu sein, bietet: Gopnik, *Kleine Philosophen*, S. 50–58.
370 Thomas Nagel, *What Is It Like to Be a Bat?/Wie ist es, eine Fledermaus zu sein?*, üb. v. Ulrich Diehl (Stuttgart: Reclam, 2021), S. 15.
371 Nagel, *Wie ist es, eine Fledermaus zu sein?*, S. 15–17.
372 Nagel, *Wie ist es, eine Fledermaus zu sein?*, S. 17.
373 Tania Lombrozo, »Be Like a Bat? Sound Can Show You the Way«, NPR, 28. Januar 2013, www.npr.org/sections/13.7/2013/01/28/170355712/be-like-a-bat-sound-can-show-you-the-way.
374 Um Kish geht es in: Alix Spiegel und Lulu Miller, »How to Become Batman«, *Invisibilia* (Podcast), produziert von NPR, 23. Januar 2015,

www.npr.org/programs/invisibilia/378577902/how-to-become-batman.

375 Nagel, *Wie ist es, eine Fledermaus zu sein?*, S. 47, Anm. 8.

376 A. J. Ayer formulierte es so: »Es sieht so aus, als müsste ich, um wirklich zu wissen, was ein anderer Mensch denkt oder fühlt, buchstäblich an seinen Erfahrungen teilhaben; und dann stellt sich heraus, dass ich, um in diesem Sinne an seinen Erfahrungen teilzuhaben, seine Erfahrungen machen muss, und um seine Erfahrungen zu machen, muss ich dieser Mensch sein. Somit ist es nötig, dass ich ein anderer Mensch werde, während ich gleichzeitig ich selbst bleibe, was ein Widerspruch in sich ist.« A.J. Ayer, »One's Knowledge of Other Minds«, *Theoria* 19, Nr. 1–2 (1953): S. 5.

377 Ayer, »One's Knowledge of Other Minds«, S. 6.

378 Hier orientiere ich mich an: David J. Chalmers, *The Conscious Mind: In Search of a Fundamental Theory* (New York: Oxford University Press, 1996), S. 94.

379 Thomas H. Huxley und William Jay Youmans, *The Elements of Physiology and Hygiene* (New York: D. Appleton, 1868), S. 178.

380 David J. Chalmers, *The Character of Consciousness* (New York: Oxford University Press, 2010), S. 1–28.

381 René Descartes, *Meditationen. Mit sämtlichen Einwänden und Erwiderungen*, üb. u. hg. v. Christian Wohlers (Hamburg: Felix Meiner, 2009), S. 79–97.

382 Descartes schreibt: »Weil ich ja weiß, dass alles, was ich klar und deutlich einsehe, genauso von Gott erzeugt werden kann, wie ich es einsehe, ist es ausreichend, dass ich ein Ding ohne ein anderes klar und deutlich einsehe, um sicher zu sein, dass das eine von dem anderen verschieden ist, weil es zumindest von Gott getrennt gesetzt werden kann.« (*Meditationen*, S. 85).

383 Descartes, *Meditationen*, S. 88.

384 Siehe Gert-Jan Lokhorst, »Descartes and the Pineal Gland«, *Stanford Encyclopedia of Philosophy* (Herbst 2020), hg. v. Edward N. Zalta, https://plato.stanford.edu/archives/fall2020/entries/pineal-gland.

385 Einen Überblick über Elisabeths Beitrag zur Philosophie und ihren Briefwechsel mit Descartes bietet: Lisa Shapiro, »Elisabeth, Princess of Bohemia«, *Stanford Encyclopedia of Philosophy* (Winter 2014), hg. v. Edward N. Zalta, https://plato.stanford.edu/archives/win2014/entries/elisabeth-bohemia.

386 Die Quantenmechanik könnte die Sache etwas verkomplizieren, aber nicht auf eine Art und Weise, die einem nichtkörperlichen Bewusstsein erlauben würde, einen Körper zum Handeln zu bringen. Siehe Chalmers, *Conscious Mind*, S. 156–158.

387 Das Bild des Gespensts in der Maschine stammt von Gilbert Ryle, *Der Begriff des Geistes* (Stuttgart: Reclam, 1969), S. 17.
388 Zur Fußnote: Einen Überblick über diese funktionalistischen Ansätze zum Geist bietet: Janet Levin, »Functionalism«, *Stanford Encyclopedia of Philosophy* (Herbst 2018), hg. v. Edward N. Zalta, https://plato.stanford.edu/archives/fall2018/entries/functionalism.
389 Die erste Erwähnung von Marys Raum findet sich in: Frank Jackson, »Epiphenomenal Qualia«, *Philosophical Quarterly* 32, Nr. 127 (1982): S. 130.
390 So legt es Saul A. Kripke in *Name und Notwendigkeit*, üb. v. Ursula Wolf (Frankfurt am Main: Suhrkamp, 1981), S. 174–76, dar.
391 Chalmers erläutert diese Argumente und weitere in *Conscious Mind*, S. 94–106.
392 Chalmers, *Conscious Mind*, S. 276–308.
393 Chalmers, *Conscious Mind*, S. 293–99.
394 Daniel C. Dennett, *Philosophie des menschlichen Bewusstseins*, üb. v. Franz M. Wuketits (Hamburg: Hoffmann und Campe, 1994), S. 518–521.
395 Siehe Daniel C. Dennett, »Quining Qualia«, in *Consciousness in Contemporary Science*, hg. v. A. J. Marcel und E. Bisiach (Oxford: Oxford University Press, 1988), S. 42–77.
396 Dennett, *Philosophie des menschlichen Bewusstseins*, S. 518.
397 Dennett, *Philosophie des menschlichen Bewusstseins*, S. 507.
398 Dennett, *Philosophie des menschlichen Bewusstseins*, S. 528.
399 Dennett, *Philosophie des menschlichen Bewusstseins*, S. 611, Anm. 5.
400 Für weitere Informationen darüber, ob Qualia epiphänomenal sind, siehe Chalmers, *Conscious Mind*, S. 150–160.
401 Das Zitat in der Fußnote stammt aus: Dennett, *Philosophie des menschlichen Bewusstseins*, S. 518.
402 Chalmers, *Conscious Mind*, S. 189–191.
403 Zur Fußnote siehe: Frank Jackson, »Mind and Illusion«, *Royal Institute of Philosophy Supplement* 53 [2003]: S. 251–71.
404 Galen Strawson, *Was mich umtreibt. Tod, Freiheit, Ich ...*, üb. v. Wera Elisabeth Homeyer (Stuttgart: Octaven, 2019), S. 178–212.
405 Strawson, *Was mich umtreibt*, S. 214–248.
406 Strawson, *Was mich umtreibt*, S. 243.
407 Strawson erklärt seine Ansicht in einem Interview mit Robert Wright, »What Is It Like to Be an Electron? An Interview with Galen Strawson«, *Nonzero*, 28. Juni 2020, https://nonzero.org/post/electron-strawson.
408 Chalmers, *Conscious Mind*, S. 277.
409 Siehe zum Beispiel Colin McGinn, »Can We Solve the Mind-Body Problem?«, *Mind* 98, Nr. 391 (1989): S. 346–66.

410 Mein Dank gilt Gordon Belot, der mich darauf hinwies, dass sich Rex' Gedankengang zuerst bei Archytas fand.
411 Carl Huffman, »Archytas«, *Stanford Encyclopedia of Philosophy* (Winter 2020), hg. v. Edward N. Zalta, https://plato.stanford.edu/archives/win 2020/entries/archytas.
412 Auszug aus Eudemos' Bericht über Archytas' Argument. Carl A. Huffman, *Archytas of Tarentum: Pythagorean, Philosopher and Mathematician King* (Cambridge: Cambridge University Press, 2005), S. 541.
413 Lukrez, *De Rerum Natura*, I. S. 968–979. Eine Auseinandersetzung damit findet sich in: David J. Furley, »The Greek Theory of the Infinite Universe«, *Journal of the History of Ideas* 42, Nr. 4 (1981): S. 578.
414 Isaac Newton, *Über die Gravitation. Texte zu den philosophischen Grundlagen der klassischen Mechanik*, üb. v. Gernot Böhme (Frankfurt am Main: Klostermann, 1988), S. 41.
415 Einen Überblick zu Parmenides' Überlegungen bietet: John Palmer, »Parmenides«, *Stanford Encyclopedia of Philosophy* (Winter 2020), hg. v. Edward N. Zalta, https://plato.stanford.edu/archives/win2020/entries/parmenides.
416 Simplicius, *On Aristotle's Physics* 6, üb. v. David Konstan (London: Bloomsbury, 1989), S. 114, Abschnitt 1012.20.
417 »Das ist eben auch der Grund, weshalb *Zenons* Beweis eine Falschheit annimmt, (der da besagt), es sei nicht möglich, das Unendliche durchzugehen oder das unendliche Viele Punkt für Punkt einzeln zu packen in begrenzter Zeit: In *doppeltem* Sinne werden doch sowohl Erstreckung wie auch Zeit ›unbegrenzt‹ genannt, und allgemein alles Zusammenhängende überhaupt, (nämlich) entweder nach *Teilung* oder nach ihren *Grenzpunkten*; (Dinge,) die nach dem ›wieviel‹ unzählig sind, kann man tatsächlich nicht ergreifen in begrenzter Zahl, dagegen, was nach der Teilung (unbegrenzt ist,) wohl; auch die Zeit selbst ist in diesem Sinne unbegrenzt. Also in ›unbegrenzter‹ und nicht in begrenzter (Zeit) ereignet es sich, das Unendliche durchzugehen, und man ergreift die unendlich Vielen (eben) mit unendlich Vielem, nicht mit Begrenztem.« Aristoteles, *Philosophische Schriften Band 6*, üb. v. Hans Günter Zekl (Hamburg: Felix Meiner, 2019), S. 164–65 (*Physik*, Buch 6.2).
418 Siehe Aristoteles, *Philosophische Schriften 6*, S. 249 (*Physik*, Buch 8.8).
419 Hier und bei der gesamten Darlegung von Zenons Paradoxon stütze ich mich auf: Nick Huggett, »Zeno's Paradoxes«, *Stanford Encyclopedia of Philosophy* (Winter 2019), hg. v. Edward N. Zalta, https://plato.stanford.edu/archives/win2019/entries/paradox-zeno.
420 Eine Erörterung der gängigen Lösungen und ihrer Alternativen findet

sich bei: Bradley Dowden, »Zeno's Paradoxes«, *Internet Encyclopedia of Philosophy*, abgerufen am 8. November 2020, https://iep.utm.edu/zeno-par.

421 Das erklärt Carlo Rovelli eingehend in: *Die Wirklichkeit, die nicht so ist, wie sie scheint*, üb. v. Enrico Heinemann (Reinbek bei Hamburg: Rowohlt, 2016), S. 32–34.

422 Eine Einschätzung dazu bietet: Rovelli, *Wirklichkeit*, S. 188–90.

423 Wer eine Einführung in die in der Fußnote erwähnte Moralphilosophie von Dewey sucht, findet sie hier: Elizabeth Anderson, »Dewey's Moral Philosophy«, *Stanford Encyclopedia of Philosophy* (Winter 2019), hg. v. Edward N. Zalta, https://plato.stanford.edu/archives/win2019/entries/dewey-moral.

424 Der bekannteste Naturwissenschaftler, der nichts mit Philosophie anfangen kann, ist wohl Neil deGrasse Tyson, aber er ist bei Weitem nicht der einzige. Siehe George Dvorsky, »Neil deGrasse Tyson Slammed for Dismissing Philosophy as ›Useless‹«, *Gizmodo*, 12. Mai 2014, https://io9.gizmodo.com/neil-degrasse-tyson-slammed-for-dismissing-philosophy-a-1575178224.

425 Chris Baraniuk, »It Took Centuries, but We Now Know the Size of the Universe«, BBC Earth, 13. Juni 2016, www.bbc.com/earth/story/20160610-it-took-centuries-but-we-now-know-the-size-of-the-universe.

426 Nick Bostrom, »Infinite Ethics«, *Analysis and Metaphysics* 10 (2011): S. 9–59.

427 Eine verständliche Einführung in Hilberts Hotel findet sich hier: World Science Festival, »Steven Strogatz and Hilbert's Infinite Hotel«, YouTube-Video, 7. Januar 2015, www.youtube.com/watch?v=wE9fl6tUWhc.

428 Seth Fishman, *A Hundred Billion Trillion Stars* (New York: HarperCollins, 2017).

429 European Space Agency, »How Many Stars Are There in the Universe?«, abgerufen am 8. November 2020, www.esa.int/Science_Exploration/Space_Science/Herschel/How_many_stars_are_there_in_the_Universe.

430 Thomas Nagel, »The Absurd«, *Journal of Philosophy* 68, Nr. 20 (1971): S. 719; und Thomas Nagel, »Geburt, Tod und der Sinn des Lebens«, in *Der Blick von Nirgendwo*, üb. v. Michael Gebauer (Frankfurt am Main: Suhrkamp, 1992), S. 359–98.

431 Nagel, »The Absurd«, S. 718.

432 Nagel, »Geburt, Tod und der Sinn des Lebens«, S. 371–72.

433 Nagel, »The Absurd«, S. 725f.

434 Sarah Buss, »Some Musings about the Limits of an Ethics That Can Be Applied – A Response to a Question about Courage and Convictions

That Confronted the Author When She Woke Up on November 9, 2016«, *Journal of Applied Philosophy* 37, Nr. 1 (2020): S. 26.
435 Buss, »Some Musings«, S. 21–23.
436 Buss, »Some Musings«, S. 17.
437 Buss, »Some Musings«, S. 21.
438 Buss, »Some Musings«, S. 18.
439 Wie Nagel betont, ist die Größe des Universums für sich gesehen kein guter Grund dafür, uns selbst für unbedeutend zu halten. Doch darüber nachzudenken, hilft uns, aus uns herauszutreten, sodass wir unsere Bedeutungslosigkeit erkennen können (»The Absurd«, S. 717, 725).
440 Zur Fußnote: Zu diesem Schluss kommt übrigens auch Nagel – siehe Nagel, »The Absurd«, S. 727.
441 Das Original findet sich in: John Wisdom, »Gods«, *Proceedings of the Aristotelean Society* 45 (1944–1945): S. 185–206. Flews Version ist enthalten in: Antony Flew, »Theology and Falsification«, in *New Essays in Philosophical Theology*, hg. v. Antony Flew und Alasdair MacIntyre (New York: Macmillan, 1955), S. 96–98.
442 Flew, »Theology and Falsification«, S. 96–98.
443 Flew, »Theology and Falsification«, S. 96–98.
444 Ludwig Wittgenstein, *Vorlesungen und Gespräche über Ästhetik, Psychoanalyse und religiösen Glauben*, hg. v. Cyril Barrett, üb. v. Ralf Funke (Frankfurt am Main: Fischer Taschenbuch, 2000), S. 75.
445 Lara Buchak, »Can It Be Rational to Have Faith?«, in *Probability in the Philosophy of Religion*, hg. v. Jake Chandler und Victoria S. Harrison (Oxford: Oxford University Press, 2012), S. 225–27.
446 Blaise Pascal, *Gedanken über die Religion und einige andere Themen*, hg. v. Jean-Robert Armogathe, üb. v. Ulrich Kunzmann (Stuttgart: Reclam, 2004), S. 227.
447 Einen Überblick darüber bietet Alan Hájek, »Pascal's Wager«, *Stanford Encyclopedia of Philosophy* (Sommer 2018), hg. v. Edward N. Zalta, https://plato.stanford.edu/archives/sum2018/entries/pascal-wager.
448 Die gleichen Bedenken zur Wette äußert William James in *Der Wille zum Glauben und andere popularphilosophische Essays*, üb. v. Theodor Lorenz (Stuttgart: Fr. Frommanns, 1899), S. 5f.
449 Siehe Anselm von Canterbury, *Proslogion/Anrede*, üb. v. Robert Theis (Stuttgart: Reclam, 2005).
450 Gaunilos Antwort findet sich in: »Was jemand anstelle des Toren hierauf erwidern könnte«, *Proslogion*, S. 77–89. Eine Analyse liefert: Kenneth Einar Himma, »Anselm: Ontological Arguments for God's Existence«, *Internet Encyclopedia of Philosophy*, abgerufen am 20. August 2019, https://iep.utm.edu/ont-arg.

451 Einen Überblick bietet Graham Oppy, »Ontological Arguments«, *Stanford Encyclopedia of Philosophy* (Frühjahr 2020), hg. v. Edward N. Zalta, https://plato.stanford.edu/archives/spr2020/entries/ontological-arguments.

452 Dieses Zitat verdanken wir Einsteins Assistenten, Ernst Straus. Siehe Ernst Straus, »Assistent bei Albert Einstein«, in *Helle Zeit – dunkle Zeit. In Memoriam Albert Einstein*, hg. v. Carl Seelig (Zürich: Europa, 1956), S. 72.

453 Mehr zu Einsteins Frage findet sich in: Dennis Overbye, »Did God Have a Choice?«, *New York Times Magazine*, 18. April 1999, https://timesmachine.nytimes.com/timesmachine/1999/04/18/issue.html.

454 Einen unterhaltsamen Ritt durch mögliche Antworten bietet: Jim Holt, *Gibt es alles oder nichts? Eine philosophische Detektivgeschichte*, üb. v. Hainer Kober (Reinbek bei Hamburg: Rowohlt, 2014).

455 J. L. Mackie, »Evil and Omnipotence«, *Mind* 64, Nr. 254 (1955): S. 200.

456 Zur Fußnote siehe: Mackie, »Evil and Omnipotence«, S. 201.

457 Mackie, »Evil and Omnipotence«, S. 201f.

458 Mackie, »Evil and Omnipotence«, S. 203.

459 Siehe Mackie, »Evil and Omnipotence«, S. 206.

460 Siehe Mackie, »Evil and Omnipotence«, S. 207.

461 Mackie, »Evil and Omnipotence«, S. 209.

462 Ein Überblick über Leibniz' Überlegungen hinsichtlich des Problems des Bösen findet sich hier: Michael J. Murray und Sean Greenberg, »Leibniz on the Problem of Evil«, *Stanford Encyclopedia of Philosophy* (Winter 2016), hg. v. Edward N. Zalta, https://plato.stanford.edu/archives/win2016/entries/leibniz-evil.

463 Voltaire nimmt die Vorstellung, dass wir in der besten aller möglichen Welten leben, in seinem Roman *Candide oder Der Optimismus* satirisch aufs Korn. Siehe *Candide oder Der Optimismus*, üb. v. Jürgen von Stackelberg (Frankfurt am Main: Insel, 2007).

464 Marilyn McCord Adams, »Horrendous Evils and the Goodness of God«, *Proceedings of the Aristotelian Society, Supplementary Volumes* 63 (1989): S. 302–304.

465 Adams, »Horrendous Evils«, S. 300.

466 Adams, »Horrendous Evils«, S. 303.

467 Adams, »Horrendous Evils«, S. 302.

468 Adams, »Horrendous Evils«, S. 302.

469 Adams, »Horrendous Evils«, S. 309f.

470 Adams, »Horrendous Evils«, S. 307.

471 Adams, »Horrendous Evils«, S. 307–309.

472 Adams schreibt diesen Gedanken Roderick Chisholm zu (»Horrendous Evils«, S. 299).

473 Adams, »Horrendous Evils«, S. 307.
474 Laut Adams (»Horrendous Evils«, S. 305) geht dieser Gedanke auf Juliana von Norwich zurück, die erste Frau, die ein Buch auf Englisch verfasste (Ende des 14. Jahrhunderts). Weitere Informationen zu Juliana finden sich hier: »Julian of Norwich«, *British Library*, abgerufen am 1. Mai 2021, www.bl.uk/people/julian-of-norwich.
475 Adams, »Horrendous Evils«, S. 305.
476 Adams, »Horrendous Evils«, S. 305f.
477 Was folgt, ist eine leicht abgewandelte Version des Gesprächs zwischen Abraham und Gott in Genesis 18.
478 Plutarch, *Plutarchs vergleichende Lebensbeschreibungen*, Bd. 1, hg. v. Otto Güthling, üb. v. Johann Friedrich Salomon Kaltwasser (Leipzig: Reclam, 1921), S. 36.
479 Thomas Hobbes, *Vom Körper (Elemente der Philosophie I)*, üb. v. Max Frischeisen-Köhler (Hamburg: Felix Meiner, 1967), S. 114.
480 Eine unterhaltsame Erörterung der Fragen rund um die Themen Identität und Kunst bietet: Michael Lewis, »The Hand of Leonardo«, *Against the Rules* (Podcast), https://atrpodcast.com/episodes/the-hand-of-leonardo-s1!7616f.
481 Weitere Ratschläge rund um philosophische Gespräche mit Kindern – und eine umfangreichere Liste von Fragen, die man stellen kann – finden sich hier: Jana Mohr Lone, *The Philosophical Child* (London: Rowman & Littlefield, 2012), S. 21–39.
482 Robert Nozick, *Philosophical Explanations* (Cambridge, MA: Belknap Press, 1981), S. 4.
483 Bertrand Russell, *Probleme der Philosophie*, üb. v. Eberhard Bubser (Frankfurt am Main: Suhrkamp, 1967), S. 17.